»Im Namen des Volkes … Die kanadischen Hells Angels vor Gericht«

von Paul Cherry

Übersetzt von Rudolf Mast

Lizenznehmer:

© Stattverlag KG; Berlin, Germany

ISBN 978-3-937542-08-9
1. Auflage
Copyright © der deutschen Ausgabe 2013 Stattverlag KG, Berlin

Titel der kanadischen Originalausgabe «The Biker Trails – Bringing Down The Hells Angels», © 2005 Paul Cherry

Für S. und C.

Inhalt

Fotos:

John Mahoney, «The Montreal Gazette»: Seiten 49, 74, 104, 107, 109, 362 und 378
Marcos Townsend, «The Montreal Gazette»: Seiten 39, 96 und 297
Rest: Beweismaterial der Krone
Cover: © Patrick Swan/Corbis

Vorwort

Da sich dieses Buch mit Verbrechen und Gerichtsverfahren beschäftigt, soll es mit einem Geständnis beginnen. Ich habe nicht an allen Verhandlungen teilnehmen können, die in diesem Buch behandelt werden. Die drei wichtigsten Prozesse, über die in diesem Buch berichtet wird, erstreckten sich über mehrere Monate, in einem Fall sogar über mehr als ein Jahr. Als Prozessbeobachter für «The Gazette» hatte ich täglich über Verbrechen zu berichten. Und um über alle wichtigen Details schreiben zu können, war es unerlässlich, im Anschluss an die Anhörungen die Tonaufnahmen gründlich abzuhören.

Deshalb wäre es mir ohne die Hilfe verschiedenster Personen nicht möglich gewesen, über alles, was wichtig und interessant war, auf dem Laufenden zu bleiben. Zu ihnen gehören die Journalisten, die jeden einzelnen Verhandlungstag verfolgt haben. Dazu zählen Isabelle Richer von Radio Canada, Marc Pigeon vom «Journal de Montréal», Charles André Marchand und vor allem André Cédilot von «La Presse», der mich zusammen mit Michel Auger vom «Journal de Montréal» stets ermutigt und dadurch sehr unterstützt hat.

Dieses Buch zu schreiben wäre mit nicht möglich gewesen ohne die Unterstützung des Autors Lee Lamothe. Auch Antonio Nicaso, der mehrere Bücher über das organisierte Verbrechen verfasst hat, hat mir mit seinem Rat sehr geholfen.

Zudem möchte ich allen Mitarbeitern des ECW-Verlages danken, die mir beigestanden haben, allen voran Jack David, David Caron, Mary Bowness, Crissy Boylan, Emiliy Schultz und Emma McKay.

Es muss nicht eigens betont werden, dass das Schreiben eines Buches Zeit erfordert, und ohne Ross Teague und George Kalogerakis, den früheren und den amtierenden Lokalredakteur bei «The Gazette», die komplizierte Dienstpläne erstellt haben, um mir Zeit zum Schreiben einzuräumen, hätte ich über weitaus weniger dieses kostbaren Gutes verfügt.

Ein weiteres kostbares Gut, auf das ich während des Schreibens jederzeit zurückgreifen konnte, war fremder Rat, wofür ich vor allem Guy Ouellette danke, einem ehemaligen Beamten der Sûreté von Quebec und in der gesamten Provinz wohl der beste Kenner der Bikerkriminalität, ferner Gary Francoeur, Rita Legault vom «Sherbrooke Record», Peter Edwards vom «Toronto Star» und Adrian Humphries von der «National Post».

Das in diesem Buch bearbeitete Material zusammenzustellen erforderte die Hilfe vieler Bediensteter von Gerichten in ganz Quebec.

Darüber hinaus gibt es zahlreiche Menschen, darunter Freunde und Verwandte, denen ich zu danken habe, die aber nicht möchten, dass ihr Name in einem solchen Buch auftaucht.

Einleitung

Müllmänner unerwünscht

Die meisten Debatten über kriminelle Machenschaften wie den Drogenhandel lösen bei der normalen gesetzestreuen Bevölkerung Kopfschütteln aus. „Wer ist verantwortlich für diese Explosion?" oder „Was bringt jemanden dazu, in meiner Straße den jungen Mann zu erschießen?" – so lauten die Fragen, auf die sie Antworten suchen, wenn zwei kriminelle Organisationen in einer Großstadt wie Montreal um die Vorherrschaft kämpfen. Es dauerte zwar eine Weile, aber irgendwann hatte der Krieg zwischen den Hells Angels und einer kriminellen Vereinigung namens The Alliance – die Allianz –, der 1994 begann, auch für den sogenannten kleinen Mann sein letztes Geheimnis verloren.

Im August 1995, nach einer Serie von Explosionen und Morden und vor allem nach dem Tod eines unschuldigen Jungen, war den meisten Menschen in Quebec bewusst, worum es in dem Krieg ging und wer die beiden Kriegsparteien waren. Während die meisten kriminellen Organisationen es vorziehen, im Verborgenen zu wirken, trugen die Hells Angels und die Rock Machine, eine rivalisierende Gang, ihre Clubabzeichen auf ihren Lederwesten und gaben sich so für jedermann zu erkennen. Wie Politiker oder Firmen bemüht sind, sich in den Köpfen der Menschen als unverwechselbare „Marke" einzunisten, so verteilten die beiden Motorradclubs T-Shirts und Baseballcaps an Drogenhändler, mit denen sie kooperierten.

Die „Operation Springtime" läutete 2001 das Ende des sogenannten „Bikerkrieges" ein. Am 28. März 2001 schwärmten über 2.000 Polizeibeamte in ganz Quebec aus. Sie nahmen mehr als 130 Festnahmen vor und beschlagnahmten im großen Stil Clubeigentum, darunter 20 Gebäude, 70 Schusswaffen, 8,6 Millionen kanadische Dollar sowie 2,7 Millionen US-Dollar.

Der groß angelegten Razzia vorausgegangen waren zwei systematische polizeiliche Ermittlungen, das „Project Rush" und das „Project Ocean". Für das „Projekt Rush" wurde erstmals die eben erst verabschiedete Gesetzgebung zur Verfolgung von Bandenkriminalität benutzt. Es erlaubte Ermittlern und Staatsanwälten, auch solche Mitglieder wegen Mordes an ihren Rivalen zu belangen, die in ihren Clubs eine untergeordnete Rolle spielten.

Das Hauptziel des „Projektes Rush" waren die Hells Angels, deren Mitglieder im Bikerkrieg die treibende Kraft waren. Die polizeilichen Ermittlungen zogen sich über Jahre hin, in denen mittels Abhöreinrichtungen, endlosen Stunden polizeilicher Überwachung und den Einsatz von Informanten Beweise beschafft wurden. Es begann 1998 damit, dass die Polizei Mitglieder der Hells Angels aus Montreal und eines sie unterstützenden Clubs namens Rockers ins Visier nahm. Schließlich wurden die Ermittlungen Beamten der Regional Integrated Squad übertragen, einer Sondereinheit, die sich aus Angehörigen der kanadischen Bundespolizei Royal Canadian Mounted Police (RCMP), der Sûreté von Quebec und der Montreal Urban Community Police, der lokalen Polizei, zusammensetzte. Ihr Vorbild hatte diese Einheit in der früheren Wolverine Squad, einer Elitetruppe zur Bekämpfung der Bikerkriminalität.

Das „Projekt Rush" mündete in einer weiteren Aktion, dem „Projekt Ocean", in dessen Verlauf die Polizei überrascht feststellte, wie strikt durchorganisiert die Hells Angels unterdessen waren. Durch das „Projekt Ocean" erhielt die Polizei Kenntnis davon, wie der Club die Einnahmen aus dem Drogenhandel verwaltete. Obwohl sich das „Projekt Ocean" eher zufällig aus dem „Projekt Rush" ergab, erbrachte es Beweise, die zur Festnahme von mehr Hells Angels führten als jede andere kanadische Polizeiaktion der letzten zehn Jahre.

Der letzte Akt dieser Ermittlungen war schließlich die „Operation Springtime 2001". Sie führte dazu, dass der Drogenhandel in Montreal im besagten Jahr kurzfristig zum Erliegen kam. Doch die Männer, die der unter Druck gesetzten und schließlich zerschlagenen Alliance angehörten, gruppierten sich neu und schlossen sich den Bandidos an, einer den Hells Angels vergleichbaren internationalen Bikergang. Durch die neuen Mitglieder verstärkt, unternahmen die Bandidos alles, um von den einsitzenden Hells Angels die Herrschaft über den Drogenhandel zu erben. Der Versuch wurde jedoch jäh unterbrochen, als am 1. Juni 2002 jeder in Quebec, der mit den Bandidos in Verbindung stand, im Zuge der „Operation Amigo" verhaftet wurde. Grundlage der polizeilichen Aktion waren 62 Haftbefehle, die zu Anklagen wegen

René Charlebois (rechts neben dem Mann mit dem Hells Angels-Aufnähern) freut sich über die Harley-Davidson, die ihm der Club zur Hochzeit geschenkt hat.

Drogenhandels und gemeinschaftlich geplanter Morde führten.

Obwohl die meisten Menschen in Quebec wussten, worum es bei dem Bikerkrieg ging, sorgten die Details, die im Laufe der sich an die Projekte „Rush" und „Ocean" anschließenden Gerichtsverfahren ans Licht kamen, für erstaunte Gesichter. Das galt vor allem für die Erkenntnis, um wie viel Geld es in dem Konflikt ging und wie sehr die Hells Angels davon überzeugt waren, vor polizeilichen Verfolgungen sicher zu sein. Schwer zu beantworten blieben die Fragen, wie alles angefangen hatte und warum der Konflikt derart eskalieren konnte, dass am Ende mehr als 160 Opfer zu beklagen waren, darunter zahlreiche Unschuldige und Unbeteiligte. Für eine Antwort kann sich dieses Buch dankenswerterweise auf die Informationen einer Person stützen, die von Anfang an dabei war. Genauer gesagt, handelt es sich um die Aufzeichnungen jener Beamten der Royal Canadian Mounted Police, für die Dany Kane als Informant arbeitete. Durch Kane erhielt die RCMP Zugang zu einer Welt, die ihr 1994, als der Konflikt zwischen den verfeindeten Drogenhändlern ausbrach, noch verschlossen war.

Selbstverständlich enthielten die Berichte, die Kane bei seinen Führungsoffizieren ablieferte, auch Lügen, mit denen er sich selbst in ein besseres Licht stellen wollte. So versuchte er zum Beispiel im Jahr 1995, durch „Tipps", die er der Polizei zukommen ließ, einen Mord, den er selbst begangen hatte, jemand anderem anzuhängen. Doch auch als man ihm auf die Schliche gekommen war, baute die Polizei für ihren

Versuch, Informationen über die Hells Angels zusammenzutragen, weiter auf Kane. Wenn man Kane für einen zumindest halbwegs vertrauenswürdigen Augenzeugen der Anfänge des Bikerkrieges hält – und es gibt Beweise, die eine solche Einschätzung zulassen –, dann geben seine Berichte am verlässlichsten darüber Auskunft, wie es im Jahre 1994 um die Hells Angels in Montreal bestellt war. Kane lieferte auch Informationen über die Männer, die sich zum Nomads Charter zusammenschlossen, um zwei Ziele zu erreichen: den Krieg gegen die Alliance zu gewinnen und das „Business" auf jene Regionen Kanadas auszuweiten, die noch nicht von den Hells Angels beherrscht wurden.

Für die Ausweitung nach Westen wollten sich die Nomads auch Kanes Hilfe bedienen. Und auf diese Aufgabe bereiteten sie ihn gerade vor, als er im Herbst 1994 erstmals das Büro von Interpol in Ottawa betrat und jemanden sprechen wollte, der sich mit dem Bikerkrieg auskannte. Er wurde an Sergeant Jean-Pierre Lévesque von der RCMP verwiesen, der als Profiler für den Criminal Intelligence Service Canada (CISC) arbeitete, einer Organisation, die die Zusammenarbeit der verschiedenen Polizeieinheiten koordiniert und für den reibungslosen Informationsfluss sorgt. In seinem Büro in Ottawa erhielt Lévesque alle Informationen, die Beamte in allen Landesteilen Kanadas über Motorradbanden zusammentrugen. Lévesque begriff die Chance, die sich ihm bot, und verabredete ein Treffen mit Kane. Schließlich nahm er Kontakt zu Pierre Verdon auf, der für die RCMP in Montreal ermittelte.

Zu diesem Zeitpunkt blickte Kane schon auf eine etwa siebenjährige Laufbahn als Krimineller in und am Rande der Bikerszene zurück. Er war Mitglied eines Clubs namens Concordes gewesen, der seinen Sitz in Saint-Hubert hatte, einem Städtchen am Südufer des Sankt-Lorenz-Stroms. Später schlossen sich die Concordes den Evil Ones an, die ebenfalls im Süden von Montreal beheimatet waren und als Unterstützer der Hells Angels galten.

Doch statt sich an den wachsenden kriminellen Unternehmungen der Hells Angels zu beteiligen, beschloss Kane, seine Heimatstadt zu verlassen und sich seinen eigenen Geschäften zu widmen, darunter Drogenhandel sowie der Schmuggel von Zigaretten und Waffen. Mit den Evil Ones blieb er zwar in Verbindung, aber sehr bald musste er feststellen, dass sein Einfluss ohne Unterstützung eines Clubs rapide schwand. Im Sommer 1993 nahm er das Angebot von zwei Mitgliedern der Hells Angels aus Montreal an, Präsident eines eben erst entstandenen Ablegers in Ontario zu werden. Das Vorhaben scheiterte jedoch, und Kane landete hinter Gittern, wofür er später die „Schwachköpfe" verantwortlich machte, auf die er sich eingelassen hatte. Doch kaum war er wieder auf freiem Fuß, hatte er nichts Besseres zu tun, als umgehend Kontakt zu den Hells Angels aufzunehmen.

Gegenüber Lévesque und Verdon erklärte sich Kane zu einer langfristigen Zusammenarbeit mit der RCMP bereit. Sein ultimatives Ziel war es, Mitglied der Hells Angels zu werden, was seiner Schätzung nach drei bis fünf Jahre dauern würde, drei bis fünf Jahre, in denen er die Polizei mit Informationen versorgen konnte. In Verdons Aufzeichnungen über das erste Treffen mit Kane taucht als einziges Motiv Kanes auf, dass er erwartete, für seine Informationen gut bezahlt zu werden. Lévesque und Verdon war klar, dass sie mit Kane eine einmalige Chance vor sich hatten, und beschlossen, ihn als bezahlten Informanten zu verpflichten. Um seine wahre Identität zu verschleiern, erhielt er als Tarnbezeichnung die Nummer „C2994".

Am 4. November 1994 erwähnte Kane erstmals den Namen Maurice „Mom" Boucher. Er hatte plötzlich große Bedenken, mit der Polizei zusammenzuarbeiten und einen derart mächtigen Anführer einer kriminellen Organisation zu betrügen. Verdon erwähnt das am Ende der 20 Seiten langen Aufzeichnungen, die allein bei diesem Treffen entstanden. Er schreibt: „Die Quelle fürchtet eine undichte Stelle aufseiten der Polizei. Die Quelle befürchtet auch, dass ein Beamter, der im Jahr 55.000 Dollar verdient, von der anderen Seite gekauft werden könnte. Der Quelle zufolge ist ein Mann wie Maurice „Mom" Boucher, einer der reichsten und einflussreichsten Mitglieder der Hells Angels überhaupt, jederzeit bereit und in der Lage, einem Beamten, der entsprechende Informationen liefert, das Doppelte zu bezahlen."

1994 war der Name Boucher in Quebec noch nicht so berühmtberüchtigt, wie er später werden sollte. Doch jeder Polizist, der mit dem organisierten Verbrechen in der Provinz befasst war, kannte ihn selbstverständlich, denn der Träger des Namens war zum Albtraum frustrierter Beamter geworden. In den florierenden Drogenhandel der Hells Angels schien Boucher zwar verwickelt zu sein, trotzdem kamen nie genügend Beweise zusammen, um ihm den Prozess zu machen. Am Ende des Jahres 1994 war Boucher, 41 Jahre alt, Kopf des Hells Angels

Charters Montreal, das seinen Sitz in Sorel hatte, 60 Kilometer nord-östlich von Montreal. Sieben Jahre zuvor war er den Hells Angels bei-getreten.

Das Charter Montreal wurde am 5. Dezember 1977 gegründet und war das erste auf kanadischem Gebiet. Bis dahin waren die Hells Angels vor allem in den USA, Australien und England vertreten. Das erste Charter überhaupt war am 17. März 1948 in San Bernardino, Kalifornien, gegründet worden. Doch auch schon vor der Eröffnung der Hells-Angels-„Dependance" in Quebec hatte es in der Provinz gewalt-tätige Bikergangs gegeben, die in Montreal und einigen kleineren Städte ihr Unwesen trieben. Die Hells Angels aus New York waren mit einem Club in Montreal befreundet, der sich Popeyes nannte. Die Popeyes hatten in Quebec Schlagzeilen gemacht, lange bevor sie sich den Hells Angels anschlossen. Mit einer Gang namens Devil's Disciples waren sie in einen blutigen Krieg verwickelt, und zirka ein Jahr bevor der Club in den Hells Angels aufging, wurden mehrere Mitglieder der Popeyes in einer kleinen Stadt nordwestlich von Montreal verhaftet, nachdem sie ein Hotel verwüstet und drei Frauen als Geisel genommen hatten. Die Popeyes waren mit anderen Clubs verbündet, die in Que-bec beheimatet waren: den Missiles aus der Gegend um Saguenay und den Sex Fox aus Chibougamou (auf ihrem Abzeichen trugen die Sex Fox aber keinen Fuchs, sondern die Zeichentrick-Figur Wile E. Coyote)

Zu den Mitgliedern der Popeyes, die sich den Hells Angels anschlos-sen, gehörte auch Yves „Le Boss" Buteau, ein einflussreicher Biker, der enge Kontakte zu anderen Clubs in der Provinz unterhielt. Nach sei-nem Tod hieß es in der Presse, dass er ein charismatischer Mann und von Natur aus ein Anführer gewesen sei, Eigenschaften, die ihm dabei halfen, die Grundsätze der Hells Angels in andere Regionen Kanadas zu verbreiten. Als Buteau 1983 erschossen wurde, war er nationaler kanadischer Präsident der Hells Angels. Der Schütze, ein 22-jähriger Drogendealer namens Gino Goudreau, der einem rivalisierenden Motorradclub nahestand, tauchte zunächst unter, bis er einige Monate später gefasst wurde. Er sagte aus, dass er in verschiedenen Parkanlagen Sorels und in einer Bar mit dem Namen Le Petit Bourg mit Haschisch gehandelt habe – in jener Bar also, in der er am 8. September 1983 Buteau und einen zweiten Biker namens Guy Gilbert erschossen hatte.

Bei einer Vernehmung durch den Untersuchungsrichter sagte er aus, dass er in den vier Monaten vor der Tat mehrfach von den Hells Angels bedroht worden sei.

Goudreau will am fraglichen Abend im Le Petit Bourg Billard gespielt haben, als Buteau ihn zum wiederholten Mal bedroht und ihn aufgefordert hatte, die Bar zu verlassen. Goudreau will sich dem gefügt haben, doch auf dem Weg nach draußen seien ihm drei Biker gefolgt, die sich ihm in den Weg gestellt hätten, als er und seine Freundin gerade auf sein Motorrad steigen und verschwinden wollten. Erneut habe Buteau ihn bedroht, ihn aufgefordert, die Stadt noch am selben Abend zu verlassen und schließlich den Reißverschluss seiner Jacke geöffnet und nach der Pistole gegriffen, die im Hosenbund steckte. Mit dem Stolz eines Revolverhelden aus einem Hollywood-Western berichtete Goudreau, dass er einfach schneller gezogen hatte als Buteau. Aus einer Gepäcktasche seines Motorrads hatte er eine Pistole geholt, das Feuer eröffnet und Buteau getroffen, weil der ihm am nächsten stand. Die Waffe hatte Goudreau erst wenige Wochen zuvor bei einem Kunden gegen eine größere Menge Haschisch eingetauscht. Buteau wurde vier Mal getroffen, die Kugeln trafen sein Herz, einen Lungeflügel und eine Arterie. Buteau und Gilbert starben, ein weiterer Hells Angel wurde verletzt. Goudreau wurde wegen zweifachen Totschlags angeklagt, jedoch freigesprochen, weil er glaubhaft machen konnte, dass er in Notwehr gehandelt hatte.

Am Tag nach Buteaus Beerdigung fand ein Junge eine Bombe, die mit einem ferngesteuerten Zünder ausgerüstet war. Sie lag an der Straße zum Friedhof, die tags zuvor viele Biker passiert hatten. Als die Polizei die Bombe untersuchte, fand sie Dynamit sowie 50 Pfund Nägel und Schotter. Man nahm an, dass die Bombe in der Nacht vor der Beerdigung deponiert und versteckt worden war. Bis zu seinem Tod galt Buteau als treibende Kraft bei dem Vorhaben, den Namen und die Denkweise der Hells Angels erst in Quebec und dann auch in anderen Provinzen Kanadas zu etablieren.

Buteau wurde von Michael „Sky" Langlois ersetzt, auch er ein einflussreicher Hells Angel, der in den kommenden Jahren dazu beitrug, den schlechten Ruf der Hells Angels zu mehren. Doch mit seiner Entscheidung, den Club auch für Gewalttäter zu öffnen, hatte Buteau da schon längst den Grundstein gelegt für die Ausrichtung der Hells

Angels, die sich auf die Formel bringen lässt: Gefangene werden nicht gemacht.

Luc Michaud gehörte zu jenen Mitgliedern der Missiles, die dazu auserkoren waren, den Hells Angels beizutreten. Die Missiles waren in dem Örtchen Saint-Gedeon unweit von Saguenay beheimatet, wo sie die 1.750 Einwohner terrorisierten. Sie handelten offen und für jedermann ersichtlich mit Drogen und veranstalteten in Wohngebieten Schießübungen. In den späten 1970er Jahren betrieb Michaud im Auftrag der Hells Angels eine Stripperinnen-Agentur, ehe er 1980 zum Vollmitglied ernannt wurde. Er gehörte damit dem zweiten Charter in der Provinz Quebec an, das seinen Sitz in Laval hatte, einer Stadt, die nördlich von Montreal auf einer Insel im Sankt-Lorenz-Strom liegt. Zwei Jahre später aber bat er darum, in das Charter Montreal wechseln zu dürfen, weil ihm und einigen anderen Hells Angels klar geworden war, dass manche Mitglieder des Charters Laval zu undiszipliniert waren, um mit ihnen eine schlagkräftige, durchorganisierte Gemeinschaft zu bilden. Michaud galt als fanatischer Verfechter der „reinen Lehre" in Form des Verhaltenskodex der Hells Angels und als treibende Kraft hinter dem „Lennoxville Purge", der Ermordung von fünf Mitgliedern des Charters Laval am 24. März 1985. Für seine Beteiligung daran wurde er wegen fünffachen Mordes angeklagt und zu einer lebenslangen Haftstrafe verurteilt, wovon er laut Urteil mindestens 25 Jahre absitzen muss.

1993 allerdings wollte Michaud, der noch immer im Gefängnis saß, nichts mehr mit den Hells Angels zu tun haben und wurde ausgeschlossen. Offensichtlich war während der Haft aus ihm ein anderer Mensch geworden. 2001 beantragte er unter Berufung auf Paragraf 745.6 des kanadischen Strafgesetzbuches, auch „Paragraf der letzten Hoffnung" genannt, eine Neuaufnahme seines Verfahrens. Die Strafe wurde daraufhin insofern abgemildert, als dass er schon nach 20 Jahren die Möglichkeit bekommen sollte, vorzeitig entlassen zu werden. Zu der Rolle, die er bei den Morden gespielt hatte, erklärte er, dass er seine Waffe lediglich dafür verwendet hatte, einen der fünf Hells Angels in Schach zu halten, die später erschossen wurden.

Im Mai 2003 erhielt Michaud erstmals Freigang und überraschte mit seiner Wandlung alle offiziellen Stellen. Zwei Jahre verbrachte er im offenen Vollzug, um sich Schritt für Schritt wieder in die Gesellschaft eingliedern und ein ziviles Leben aufbauen zu können. Gegenüber dem Ausschuss, der über seine Bewährung zu entscheiden hatte, erklärte er, dass er als Mitglied der Hells Angels für deren kriminellen Machenschaften blind gewesen sei und sich ihnen in dem dringenden Wunsch angeschlossen hatte, irgendwo dazuzugehören. Im Juni 2005 kam er schließlich auf Bewährung frei.

David „Wolf" Carroll

Zu den fünf Hells Angels, die 1985 im Clubhaus des Charters Sherbrooke ermordet wurden, gehörte auch Michel „Willie" Mayrand, ein früheres Mitglied der Marauders, eines Motorradclubs aus der Bergbaustadt Asbestos, gelegen in den „Eastern Townships" zwischen Quebec City und Montreal. Die Marauders gehörten zu jenen kleineren Clubs, aus denen die Hells Angels in den ersten Jahren ihre Mitglieder rekrutierten, um in Quebec Fuß zu fassen. Ein Jahr bevor Mayrand ermordet wurde, war sein Bruder Richard dem Hells Angels Charter Montreal beigetreten. Nach den Morden an seinem Bruder und den anderen Hells Angels sah Richard Mayrand keinen Anlass, die familiären Bande über den Club zu stellen, sondern blieb weiterhin Mitglied der Hells Angels. Er musste sogar kurze Zeit ins Gefängnis, weil er bei einem Verhör durch den Staatsanwalt, der ihn zu den Ereignissen von Sherbrooke befragen wollte, die Aussage verweigert hatte. Später wurde er einer der führenden Köpfe des Nomads Charter und eine Schlüsselfigur bei der Ausweitung des Clubs nach Ontario. Schließlich gehörte er zu jenen Bikern, die 2001 im Zuge der „Operation Springtime" verhaftet wurden.

Durch die Bereitschaft, fünf ihrer eigenen Leute derart grausam aus dem Weg zu räumen, erlangten die Hells Angels von Quebec traurige Berühmtheit, und auch die weitere Entwicklung des Clubs blieb davon nicht unberührt. In der Folge wurde das Charter Montreal quasi gesprengt, weil zahlreiche Mitglieder entweder unter dem Verdacht festgenommen wurden, an den Morden beteiligt gewesen zu sein, oder

untertauchten. Das Charter benötigte daher frisches Blut, junge Männer, die bereit waren, einer Organisation beizutreten, die dadurch für
Aufsehen gesorgt hatte, dass sie die eigenen Leute hingerichtet hatte.

Boucher wurde 1987 zum Mitglied des Charters Montreal ernannt.
Dort traf er auf Walter „Nurget" Stadnick, der sein Patch bereits 1982
erhalten hatte. Die beiden Männer bestimmten die weitere Entwicklung des Club maßgeblich, und das nicht nur in Quebec, sondern auch
im übrigen Kanada

Vor dem Wechsel zu den Hells Angels hatte Stadnick den Wild Ones
angehört, einem Club aus Hamilton. Wie Boucher und die meisten
anderen Mitglieder der Nomads war er in einem Arbeiterviertel groß
geworden, anders als die anderen stammte er jedoch aus Ontario. Zwischen 1971 und 1988 wurde er mindestens vier Mal wegen Vergehen
verurteilt, die er in Hamilton oder Toronto begangen hatte. Die mit
sechs Monaten längste Haftstrafe hatte er wegen Verstößen gegen das
Waffenrecht bekommen. Und obwohl er nicht dem gängigen Bild
eines Bikers und Clubmitglieds entsprach, wurde er nationaler Präsident der Hells Angels. Er ist nur 1,65 Meter groß und schlank. Bei seinen Auftritten vor Gericht sprach er leise, höflich und mit einem
Lächeln auf den Lippen. Aber er ist auch ein Überlebenskünstler.

Am 8. September 1984, dem Tag, an dem sich der Tod von Yves
Buteau zum ersten Mal jährte, war Stadnick mit einer Gruppe von zirka
20 Bikern mit dem Motorrad auf dem Highway 143 in Höhe von
Saint-Pie-de-Guire unterwegs, einer kleinen Stadt vor den Toren von
Drummondville. Aus Drummondville stammte Buteau, und dort war
er auch begraben worden. Unter den Bikern, mit denen Stadnick unter-
wegs war, befanden sich weitere wichtige Mitglieder aus dem Charter
Montreal und dem künftigen Charter Sherbrooke. Sie wollten zu dem
Friedhof, auf dem Buteau lag, um ihm die Ehre zu erweisen. Denis
Houle, der später dem Nomads Charter angehören sollte, fuhr seine
rote Harley, Baujahr 1984. Auch Michel „Sky" Langlois, Buteaus
Nachfolger als Präsident des Charters Montreal, war dabei, genau wie
Ronald Lauchlin MacDonald, der künftige Präsident des Charters
Halifax.

Zur gleichen Zeit fuhr ein 57-jähriger Geistlicher mit seinem Auto
über die Landstraße 13 zu einem Termin, der der Vorbereitung des
Papstbesuches im selben Jahr diente. Der Pfarrer hatte sich offensicht-

lich verspätet. Er übersah ein Stoppschild, fuhr in die Gruppe Motorradfahrer und löste eine Art Kettenreaktion aus. 13 Motorräder wurden in den Unfall verwickelt, vier davon fingen Feuer. Ein Anwärter der Hells Angels mit dem Namen Daniel Mathieu starb in einem Krankenhaus von Sherbrooke. Stadnick erlitt schwere Verbrennungen und verlor mehrere Finger. Auch im Gesicht erlitt er Verbrennungen, die 20 Jahre später noch gut zu sehen waren.

1996, Boucher war mit dem Bikerkrieg in Montreal beschäftigt, reiste Stadnick quer durch Kanada, um Kontakte zu knüpfen beziehungsweise zu pflegen, die bei der Ausweitung des Clubs nach Westen behilflich sein konnten. Stéphane Sirois, ein Mitglied der Rockers, begleitete Stadnick im selben Jahr nach Winnipeg, wo die Hells Angels ein Charter der Rockers gründen wollten, um dort Drogen zu verkaufen, die aus Montreal geliefert werden sollten. Nicht einmal ahnen konnte Stadnick, dass Sirois später unehrenhaft aus dem Club ausgeschlossen werden und sich als Informant der Polizei andienen würde. Stadnick erklärte Sirois, dass für ihn bereits einige Drogendealer in Manitoba arbeiteten, und daher war die Gründung eines Puppet-Clubs in Winnipeg nur konsequent. Wie die Geschäfte in Manitoba liefen, ist schwer zu sagen, aber vier Jahre zuvor wurde auf dem Flughafen von Winnipeg ein Gepäckstück beschlagnahmt, das die Polizei Stadnick zuschrieb. Es enthielt 80.000 kanadische Dollar. Stadnick wurde verdächtigt, das Geld mit illegalen Geschäften verdient zu haben, aber weil die Beweise nicht reichten, wurde die Anklage fallen gelassen. Sirois half Stadnick auch dabei, die Reise nach Saskatchewan vorzubereiten, wo sie aus Anlass des Geburtstages des Clubs Mitlieder der Rebels besuchen wollten. Dabei sprach Stadnick offen über seinen Traum, die Hells Angels zum einzigen Motorradclub in Kanada zu machen. Zwei Jahre später wurden die Rebels vorläufige Mitglieder der Hells Angels.

Am 21. Juli 2000 kam Stadnick der Erfüllung seines Traums ein weiteres Stück näher. Die Polizei in Winnipeg hatte seit geraumer Zeit das Clubhaus der Los Bravos überwacht, und so waren sie nicht sonderlich überrascht davon, was sich eines Tages dort abspielte. Die Mitglieder des Clubs versammelten sich vollständig und mit den Clubabzeichen auf dem Rücken vor der Tür, ehe sie gemeinsam ins Haus gingen. Kurz darauf traf Stadnick ein und trug eine große weiße Tasche ins Haus, die offensichtlich prall gefüllt war. Wenig später hörte die Polizei einen lauten Freudenschrei. Als die Männer das Haus verließen, trugen sie neue Abzeichen auf ihren Kutten, die verkündeten, dass die Los Bravos ab sofort Anwärter der Hells Angels waren.

Tags darauf observierte die Polizei von Winnipeg Stadnick, wie er mit Mitgliedern der Satan's Choice in einem Striplokal feierte. Die Satan's Choice stammten aus Ontario, jener Provinz, die auf der Wunschliste der Hells Angels ganz oben stand. Und obwohl sie beide in Ontario wohnten, hielten sich Stadnick und sein Clubbruder Donald „Pup" Stockford während des Bikerkriegs oft in Montreal auf. Ursprünglich nahm die Polizei an, dass die beiden, verstärkt durch David „Wolf" Carroll, dem dritten und letzten englischsprachigen Mitglied des Nomads Charters, in Ontario ein eigenes Charter gründen wollten.

Trotz des Altersunterschiedes von zehn Jahren schienen sich Stadnick und Stockford bestens zu verstehen, wie rangniedere Clubmitglieder berichteten, als sie später als Informanten arbeiteten. Wenn sie in Quebec waren, sah man sie fast nur zusammen. Sirois sagte später dazu, dass Stadnick und Stockford während des Bikerkrieges aus Sicherheitsgründen oft im gut gesicherten Clubhaus der Rockers in der Gilford Street in Montreal übernachteten. Und obwohl sie kein Französisch sprachen, nahmen die beiden Männer aus Ontario regelmäßig an den monatlichen Treffen der Hells Angels in Montreal teil. Nach ihrer Festnahme im Rahmen der „Operation Springtime 2001" forderten sie eine Gerichtsverhandlung auf Englisch. Sie beantragten, dass ihnen 500.000 Dokumente, die die Staatsanwaltschaft als Beweise gegen die Hells Angels vorlegte, in einer englischen Übersetzung zur Verfügung gestellt werden sollten, was ungefähr 23 Millionen Dollar gekostet hätte. Ihr Antrag wurde von einem Richter abgelehnt, der meinte, dass sie zufrieden sein könnten, wenn ihnen die Beweismittel in einer englischen Zusammenfassung vorgelegt würden.

Der Antrag der beiden war ein weiterer Beleg dafür, dass sich weder Stadnick noch Stockford, obschon seit Langem Mitglieder der Hells Angels von Quebec, je ernsthaft bemüht hatten, Französisch zu lernen. Aus der akustischen Überwachung der beiden im Zuge des „Projektes Rush" geht hervor, dass die französischsprachigen Mitglieder des Clubs Englisch sprechen mussten, wenn sie mit Stadnick oder Stockford telefonierten. Einem Informanten zufolge, der auch im Verfahren gegen sie aussagte, war ein Übersetzer, in diesem Fall ein Anwärter der Hells Angels, nötig, damit er ihnen erklären konnte, wie sie das „Angel Dust" verschneiden konnten, das sie von ihm bezogen hatten. Auch wenn sie nicht in dem Gebiet lebten, auf dem der Bikerkrieg tobte, waren Stadnick und Stockford in höchster Alarmbereitschaft. 1995 berichtete Dany Kane der RCMP, beide Männer hätten darüber geklagt, dass bei ihnen ominöse Pizzaboten geklingelt hatten, obwohl sie gar keine Pizza bestellt hatten. Kane zufolge behauptete Stadnick auch, während einer Ausfahrt mit seiner Harley-Davidson in Hamilton beinahe entführt worden zu sein. Für den Vorfall machte er Mitglieder der Outlaws verantwortlich, einem Club, der in Ontario schon seit Langem vertreten war. Er berichtete Kane, dass an einer Ampel ein Pickup neben ihm gehalten und jemand versucht habe, ihn in den Wagen zu zerren. Doch er habe den Angreifer abschütteln und auf seinem Motorrad fliehen können. Damals war Stadnick ins Visier der Polizei geraten, weil er im Verdacht stand, zwischen Thunder Bay, Ontario, und Winnipeg, Manitoba, einen neuen Vertriebsweg für den Drogenhandel aufzubauen.

Schon im Dezember 1994, der Bikerkrieg dauerte erst fünf Monate, konnte Kane seinem Verbindungsoffizier bei der RCMP berichten, dass die Befehle für die Angriffe auf die Rock Machine von Boucher kamen. Die Rock Machine setzte sich aus Männern zusammen, mit denen Boucher früher einmal befreundet gewesen war. Die Hells Angels hatten den Drogenhändlern auf den Straßen von East End, einem Stadtteil Montreals, ein Ultimatum gestellt: Entweder sie kauften ihre Ware exklusiv von den Hells Angels, oder sie würden es bereuen.

Die Rock Machine war lange vor Ausbruch des Bikerkrieges von Salvatore und Giovanni Cazzetta gegründet worden, zwei Brüdern, die in den Kreisen, die in Montreal mit Drogen handelten, über einigen Einfluss verfügten. Dieser Einfluss machte sie natürlich auch für die Polizei interessant. Aber wie die Cazzetta-Brüder später betonen sollten, waren sie, während der Bikerkrieg tobte, fast ständig im Gefängnis.

Auch wenn die Clubhierarchie ähnlich angelegt war wie bei den Hells Angels, handelte es sich bei der Rock Machine nicht um einen Motorradclub. Das wurde der Club erst 1999, als seine Mitglieder beschlossen, sich den Bandidos anzuschließen. Doch zu Beginn des Bikerkrieges war die Rock Machine eine von mehreren kleineren Gruppierungen, die gemeinsam die kriminelle Organisation Alliance bilde-

Maurice „Mom" Boucher (links)

ten und sich weigerten, vor den Hells Angels zu kuschen. Die Mitglieder trugen einen Fingerring mit einem großen, von Diamanten umringten „A". Weil die Rock Machine den Hells Angels in vielerlei Hinsicht glich, war sie der sichtbarste Teil der Alliance. Und wie die Hells Angels gaben sich die Mitlieder der Rock Machine durch Clubabzeichen auf der Rückseite ihrer Lederwesten zu erkennen. Dealer, die mit ihnen sympathisierten, erhielten entsprechend gestaltete T-Shirts und Baseballcaps.

Von den Hells Angels übernahm die Rock Machine auch die hierarchische Struktur, die sich dort über viele Jahre international bewährt hatte. Diese Struktur sah vorläufige Mitgliedschaften vor, die verhindern sollten, dass sich unerwünschte Personen und vor allem Informanten der Polizei einschlichen. Die unterste Stufe in dieser Hierarchie bilden die sogenannten „Hangarounds", Sympathisanten, die sich mindestens acht Monate lang bewähren müssen, um die zweite Stufe zu erreichen, die der „Prospects". Das sind Anwärter auf eine Vollmitgliedschaft, die, um die Zugehörigkeit zu einem Charter zu dokumentieren, auf ihren Westen bereits den unteren Aufnäher tragen dürfen. Der Zeit als Anwärter dauert in der Regel ein Jahr. Nur die, die anschließend mit allen Rechten und Pflichten in den Club aufgenommen werden, dürfen sich Vollmitglieder nennen und das eingetragene Warenzeichen der Hells Angels tragen, einen mit Flügeln versehenen Totenkopf mit dem Spitznamen „Death Head". Eine weitere Stufe bilden die „Friends", die „Freunde". Der Ausdruck wird von den Hells Angels gelegentlich verwendet, um Menschen zu bezeichnen, die für den Club zwar arbeiten, aber nicht die Absicht haben, ihm beizutreten.

Während des Bikerkriegs benutzten die Hells Angels ihnen unterlegene Clubs für die „Drecksarbeit", die sie ihnen übertrugen. Einer dieser Clubs, die Rockers, teilten mit ihnen zwar die hierarchische Struktur, doch die Anwärter hießen bei ihnen „Striker".

Zur Alliance gehörte wiederum der Dark Circle, ein Zusammenschluss von erfolgreichen Drogendealern, die, ehe der Bikerkrieg begann, ihre Millioneneinnahmen in Immobilien und legale Geschäfte angelegt hatten. In der Alliance fungierte der Dark Circle als eine Art stiller Teilhaber, der Morde, Brandstiftungen und Erpressungen finanzierte. Zu Beginn des Krieges zählte der Dark Circle kaum 18 Mitglieder, die nach Aussagen früherer Mitglieder im Juli 1994 beschlossen, sich auf eine Auseinandersetzung mit den Hells Angels einzulassen. Ihr Plan war es, dem Club einen schweren Schlag zu versetzen, ohne Spuren dafür zu hinterlassen, wer den Schlag ausgeführt hatte. Deshalb verzichteten die Mitglieder darauf, Lederwesten mit Clubabzeichen zu tragen. Stattdessen erhielt jedes Mitglied einen Ring, darauf die Abbildung der Krallen eines Adlers und ein Diamant. Anders als andere Clubs hatte der Dark Circle keinen Präsidenten, sondern wurde von einem vierköpfigen Vorstand geleitet, dessen Mitglieder in Quebecs Unterwelt über großen Einfluss verfügten. Vor dem Eintritt in die Alliance unterhielten Mitglieder des Dark Circle auch gute Beziehungen zum Charter Sherbrooke der Hells Angels, waren jedoch nicht bereit, Boucher und dessen Drang zu tolerieren, den Drogenhandel von Montreal zu beherrschen. Zum vierköpfigen Vorstand gehörte auch Michel Duclos, ein ehemaliger Lehrer, der als kultivierter und intelligenter Mann beschrieben wird. Später behauptete er, dass er sich dem Dark Circle nur angeschlossen hatte, um sich und seine Geschäfte vor den Hells Angels zu schützen. Während er eine Strafe wegen versuchten Mordes absaß, entschloss sich Duclos, den Club zu verlassen; und noch im Gefängnis brach er jeglichen Kontakt zu Mitgliedern der Alliance ab.

Ein weiteres Mitglied des Führungsgremiums des Dark Circle war Salvatore Brunetti, ein Mann, der nach Jahren des Krieges mit den Hells Angels zu den einstigen Rivalen überlief. Auch er wurde im Zuge der „Operation Springtime 2001" verhaftet, obwohl er dem Club da erst wenige Monate angehörte. Die beiden letzten Mitglieder des Vorstandes überlebten den Bikerkrieg, obwohl auf ihr Leben ein Kopfgeld ausgesetzt war, weil sie Mordpläne gegen Mitglieder der Hells Angels finanziert haben sollen. Einer der beiden Männer erklärte der Nationalen Bewährungskommission später, dass er keinen Wert darauf lege, vorzeitig aus der Haft entlassen zu werden, weil er in Freiheit um sein Leben fürchten müsse. Der andere verstieß 1998 gegen ein ungeschriebenes Gesetz der Unterwelt und half der Polizei, zwei Anhänger der Hells Angels festzunehmen, die ihn ermorden wollten.

Zu dem Verbund namens The Alliance gehörte auch der Pelletier-Clan, eine von mehreren Brüdern angeführte Bande, die bis zu dem Ultimatum der Hells Angels große Teile des Drogenhandels im östlichen Montreal kontrolliert hatte. Als der Anführer des Clans, Sylvain Pelletier, am 28. Oktober 1994 von einer explodierenden Bombe getötet wurde, zweifelte keiner der Drogendealer in Montreal noch daran, dass in den Straßen, Parks und Bars der Stadt, in denen mit Drogen gehandelt wurde, Krieg ausgebrochen war.

Zu dieser Zeit, im Januar 1995, zahlte die RCMP Kane für jeden Besuch, bei dem er Informationen lieferte, 1.000 Dollar. Seine Berichte wurden immer detaillierter, vor allem hinsichtlich der Pläne, die Boucher für das neue Nomads Charter hegte. Kanes Berichte legten den Schluss nahe, dass es unter den Hells Angels zu einem Zerwürfnis gekommen war, weil einige Mitglieder aus Montreal damit einverstanden waren, dass Boucher einen Krieg mit der Alliance anzettelte. Kane wusste auch zu berichten, dass das Charter Montreal einstweilen keine neuen Mitglieder mehr aufnahm, weil die älteren Mitglieder von den letzten Beitrittskandidaten arg enttäuscht gewesen waren. „Künftige Mitglieder werden sich so beweisen müssen, dass keine Zweifel an ihrer Eignung besteht", notierte Verdon nach einem Treffen mit Kane Anfang 1995.

Bei demselben Treffen berichtete Kane auch, dass das Nomads Charter am 24. Juni 1995 aus der Taufe gehoben werden sollte. Und tatsächlich wurde es an diesem Datum offiziell gegründet. Der Ausdruck „Nomads" wird von den Hells Angels überall auf der Welt benutzt, um damit spezielle Elite-Charter zu bezeichnen, deren Mitglieder nicht an territoriale Grenzen gebunden sind. Das neue Nomads Charter setzte sich vor allem aus langjährigen, erfahrenen Mitgliedern zusammen, die aktiv am Bikerkrieg beteiligt waren.

„Laut vorliegenden Informationen sollen die Nomads nach eigenen Regeln und in ganz Kanada aktiv sein. Die Leitung wird Maurice

‚Mom‘ Boucher übernehmen, und die Rockers werden sich ihnen anschließen", notierte Verdon und lieferte damit eine sehr genaue Beschreibung dessen, was tatsächlich eintreten sollte. Der ersten Notiz folgten weitere, die sich ebenfalls als weise Voraussagen erwiesen.

„Mom Boucher sagte, dass es sich bei den nächsten Männern, die die H.A. Nomads aufnehmen werden, nicht um Müllmänner handeln wird. [...] Die Nomads werden ihre Anwärter künftig von den Rockers beziehen."

Von einer Ausnahme abgesehen, rekrutierte Boucher tatsächlich auf diese Weise neue Mitglieder, solange der Bikerkrieg andauerte.

René Charlebois und Normand Robitaille gehörten zu den Ersten, die auf diesem Wege zu den Hells Angels stießen. Charlebois und Robitaille begannen ihrer Karriere im weit gespannten Netzwerk der Hells Angels als Mitglieder der Rockers, jenes Clubs also, den Boucher 1992 selbst gegründet hatte. Der Club war eine Ansammlung von Drogendealern und Schlägertypen, die im Auftrag der Hells Angels im östlichen Montreal mit Kokain und Haschisch handelten. Ehe er im April 1997 zu den Rockers stieß, war Charlebois, so ein Informant, ein erfolgloser Kleinkrimineller, der von einem Fast-Food-Restaurant im Osten Montreals aus Drogen und geschmuggelte Zigaretten verkaufte. Zuvor schienen sich seine beruflichen Kompetenzen auf Kreditkartenbetrug beschränkt zu haben. Dabei flog er jedoch mehrfach auf. Seine Mitgliedschaft bei den Rockers und später bei den Hells Angels brachte Charlebois einen Status ein, von dem er als selbstständiger Dealer, der seine Ware zusammen mit fettigen Sandwiches verkaufte, nicht einmal hätte träumen können. In seiner Zeit bei den Rockers hat er mit dem Drogenhandel pro Monat schätzungsweise 12.000 Dollar verdient. Ein Informant teilte der Polizei mit, dass Charlebois und zwei weitere Rockers mit einem Drogenhändler in British Columbia ein Geschäft mit einem Wert von 1,7 Millionen Dollar abgewickelt hatten. Charlebois brüstete sich damit, bei diesem Geschäft einen Gewinn von 45.000 Dollar gemacht zu haben. Doch in seiner Steuererklärung für 1996 gibt er Einnahmen von 18.000 Dollar an.

Seine Situation scheint sich weiter verbessert zu haben, als er im Jahr 2000 Mitglied der Hells Angels wurde. Charlebois wurde oft in einem Cadillac Seville gesehen – den eine von ihm eigens gegründete Firma geliehen hatte. Als im Zuge der „Operation Springtime 2001" sein luxuriöses Haus durchsucht wurde, kam die Polizei zu der Erkenntnis, dass der Bewohner einen kostspieligen Lebenswandel führte. Sie stieß auf teure Weine, darunter eine Flasche 1989er Château Haut-Brion mit einem Wert von zirka 1.325 Dollar und eine Flasche 1990er Château Lafite. In dem Haus wurden mehr als 7.000 Dollar Bargeld und fünf Chips des Spielcasinos von Montreal im Wert von jeweils 1.000 Dollar gefunden. In seiner Zeit als Angel wurde Charlebois auf Schritt und tritt von einem Mitglied der Rockers als Bodyguard begleitet, selbst dann, wenn er legalen Geschäften nachging, zu denen eine Auto-waschanlage gehörte. Charlebois' pompös ausgerichtete Hochzeit am 5. August 2000 sorgte für einige Aufregung, weil Fotos davon in der Boulevardzeitung «Allô Police», die fast ausschließlich über Verbrechen berichtet, abgedruckt wurden. Für die Hochzeit waren auch die Sän-ger Ginette Reno und Jean-Pierre Ferland engagiert worden. Wenige Monate vor der Hochzeit hörte die Polizei ein Telefongespräch mit, bei dem Charlebois in einem Motel für seine Gäste 14 Zimmer bestellte. Dem Angestellten, der die Buchung entgegennahm, erklärte er, dass er Hells Angels sei und sich unter den Gästen, die am fraglichen Wochen-ende anreisen würden, zahlreiche Clubmitglieder befinden würden.

Auch Dany Kane war zu der Hochzeit eingeladen. Zwei Jahre zuvor war es ihm gelungen, ein Gericht im Bundesstaat Nova Scotia als freier Mann zu verlassen, weil der Richter sich gezwungen sah, ein Mordver-fahren gegen Kane aus formalen Gründen einzustellen. Während er auf den Beginn dieses Prozesses wartete, konnte die RCMP ihn nicht als Informanten einsetzen. Immerhin hat er von 1994 bis 1997 für sie gear-beitet und dafür insgesamt 250.000 Dollar kassiert. Die Hells Angels hatten bereits Verdacht geschöpft, dass Kane ein Spitzel war. Aber irgendwie war es Kane gelungen, das Vertrauen sowohl der Polizei als auch der Hells Angels zurückzugewinnen.

Am 23. August 1999 traf sich Kane mit Benôit Roberge, einem Beamten der Polizei von Montreal und Mitglied der Regional Integra-ted Squad. Roberge war seit 1990 mit geheimen Operationen beschäf-tigt, die sich vor allem gegen Bikerclubs richteten. Schon nach weni-gen Monaten unterschrieb Kane einen Vertrag, der ihn nicht bloß zu einem gelegentlichen Tippgeber, sondern zu einem offiziellen Infor-manten der Sûreté von Quebec machte, der verpflichtet war, detailliert über alles zu berichten, was er mit den Hells Angels unternahm, und es gegebenenfalls vor Gericht zu bezeugen. Kane und Roberge sprachen mehrmals die Woche miteinander und trafen sich einmal wöchentlich persönlich.

Auch die Rockers hatten ihn wieder in ihren Kreisen aufgenommen, sodass Kane in Kontakt zu Männern wie Boucher kam. Der Polizei eröffneten sich dadurch bislang unbekannte Möglichkeiten. Bislang hatte sie nicht einmal in Erfahrung bringen können, wo die Rockers ihr monatliches Treffen abhielten. Der Club hatte Mittel und Wege gefunden, sich der Überwachung durch die Polizei zu entziehen. Dafür benutzten sie beispielsweise Visitenkarten von Restaurants und Hotels. Jede der Karten war mit einer Nummer versehen. Am Tag vor dem Treffen, das in der Szene „Kirchgang" genannt wird, wurden den Mitgliedern mit einer verschlüsselten Nachricht Datum und Uhrzeit des Treffens mitgeteilt. Statt eines Ortes aber wurde eine Nummer genannt. Selbst wenn es der Polizei gelang, die Mitteilung abzufangen, kannte die Polizei nur eine Nummer, keinen Ort. Doch mit Kane als Informant wusste die Polizei schon Stunden vor dem Treffen, wo und wann es stattfinden würde. Dank dieser Informationen konnten Spezialeinheiten die Versammlungen der Rockers, die in Tagungsräumen verschiedenster Hotels stattfanden, auf Video aufzeichnen.

Um Kanes Tarnung zu vervollkommnen, stattete die Polizei ihn mit Geld aus. So erhielt er 1.000 Dollar, um ein Hochzeitsgeschenk für Charlebois zu kaufen. Tage nach der Hochzeit fand man Kanes Leiche in seinem Haus in St. Luc, dazu einen eigentümlichen Abschiedsbrief, in dem es um moralische Fragen, sexuelle Neigungen und den inneren Konflikt ging, der daraus resultiert, gleichzeitig ein Biker und ein Informant zu sein.

Monate vor Kanes Tod hatte Normand Robitaille ihn als seinen Chauffeur auserkoren. Er musste Robitaille quer durch Montreal und die umliegende Gegend kutschieren, ihn zu Treffen mit anderen Mitgliedern der Hells Angels und gelegentlich auch zu Treffen mit Mitgliedern der Mafia bringen. Wenn sich Robitaille mit anderen Hells Angels zum Squashspielen traf, fuhr Kane ihn hin. Eines Tages erzählte Robitaille Kane von Plänen, die Geschäftsstrategie der Hells Angels auf ein neues Geschäftsfeld zu erweitern. Der Plan sah vor, sämtliche Pfandhäuser von Quebec auf einer Webseite zu vereinen, um die Produkte auch über das Internet verkaufen zu können. Dafür wollte sich

Robitaille mit Maurice „Mom" Boucher und Robert Savard, einem berüchtigten Kredithai, zusammentun. Die Idee klang nicht schlecht, schließlich versuchten seinerzeit auch andere Online-Shops, das E-Business auszubauen. Doch die Hells Angels trieb nicht der Ehrgeiz, Amazon abzulösen. Vielmehr sah ihr Plan vor, alle Pfandhäuser, die nicht mit ihnen gemeinsame Sache machen wollten, niederzubrennen. Wenige Wochen später erzählte Robitaille Kane, dass der Plan Gestalt annahm und die Hells Angels vorhätten, Kane und einen zweiten Mann in die Pfandhäuser Quebecs zu schicken, um die Lage zu sondieren.

Robitaille war 1994 von den Rockers zu den Hells Angels gekommen. Vier Jahre später, im Alter von 30 Jahren, wurde er das jüngste Mitglied der Nomads. Dort traf er überwiegend auf Hells Angels, die schon erste graue Haare hatten. Robitaille war zirka 20 Jahre jünger als Mitglieder wie Boucher und Stadnick und stand dafür ein, dass der Club in Quebec eine Zukunft haben würde. In den letzten Jahren des Bikerkrieges wurde er oft an Bouchers Seite gesehen. Auch bei allen wichtigen Treffen der Hells Angels mit anderen kriminellen Organisationen im Jahr 2000 war er dabei. Die neue Generation von Hells Angels bestand überwiegend aus adretten Männern, die auf ihr Äußeres achteten und regelmäßig Sport trieben. Die Zeit der Saufgelage gehörte ebenso der Vergangenheit an wie das Image des verwegenen Bikers, der stundenlang auf seiner Harley-Davidson ausharrt. Tatsächlich wirkten viele der jüngeren Hells Angels auf den schweren Motorrädern ziemlich verloren. Doch um den internationalen Regeln des Clubs zu entsprechen, mussten sie gelegentlich ein paar Runden damit drehen.

Normand Robitaille schien schnell zu lernen und zu begreifen. 1995, er war noch ein Rocker, hatte er an einem schlecht vorbereiteten Erpressungsversuch teilgenommen und war dafür einige Jahre ins Gefängnis gewandert. Wenige Jahre später schloss er sich zusammen mit Charlebois einem Team der Rockers an, die den Drogenhandel in jenen Gegenden Montreals kontrollierten, die für die Hells Angels am einträglichsten waren. Im Zuge des „Projektes Rush", in dem Robitaille unter Beobachtung stand, fand die Polizei in einem seiner Koffer Unterlagen zu einem „Unternehmenskonzept", das vorsah, im großen Stil Grundstücke und Immobilien zu übernehmen. In diesem Licht ergab auch die Idee mit den Pfandhäusern Sinn. Dieselbe Strategie hatten die Hells Angels benutzt, um weite Teile des Drogenmarktes von Quebec zu übernehmen. Was sprach dagegen, sie in einem anderen Geschäftsfeld auszuprobieren, einem Geschäftsfeld, in dem sich finstere Gestalten tummelten, die kaum die Polizei zu Hilfe rufen würden?

Für die Hells Angels war dieses Vorgehen typisch. Und am Ende des Jahres 2000 schien es ja auch bestens zu funktionieren.

1. Kapitel

Der Höhepunkt

Das hatten sie wohl kaum kommen sehen.

Am Abend des frostigen, ungemütlichen 29. Dezember 2000 hatte der Hochmut der Hells Angels seinen Höhepunkt erreicht. Unter den Augen der Polizei versammelten sich mehr als 300 Männer, die mit Clubabzeichen versehene Lederjacken trugen, in einem imposanten weißen, dreigeschossigen Gebäude an der Prince Street in Sorel, zirka eine Stunde Autofahrt von Montreal entfernt. Das Haus hatte dem ersten Charter auf kanadischem Boden, das am 5. Dezember 1977 gegründet worden war, viele Jahre als Treffpunkt und Rückzugsort gedient.

Im Inneren des Hauses begingen Hells Angels aus ganz Quebec eine der größten Partys in der Geschichte des Clubs. Und weil dessen Mitglieder inzwischen die erstaunliche Fähigkeit hatten, millionenschwere Drogendeals abzuwickeln, ohne der Polizei ins Netz zu gehen, hatten sie auch nichts unternommen, um die Versammlung geheim zu halten. Jeder, der das Haus sah, konnte mit Bestimmtheit sagen, dass es mehr war als nur ein gewöhnliches Clubhaus. Im kalten Wind wehte eine Fahne mit dem bedrohlichen Erkennungszeichen des Clubs, dem geflügelten Totenkopf. An mehreren Stellen des Hauses und des Grundstückes, das es umgab, waren Überwachungskameras installiert. Das Einzige, was an dieser Party an jede andere erinnerte, die in dieser Woche, in der die meisten Kanadier Ferien hatten, irgendwo in Kanada stattfand, war, dass sich jemand das kalte Wetter zunutze gemacht und auf dem Balkon mehrere Kästen Bier kalt gestellt hatte.

Doch es handelte sich um keine gewöhnliche Party. Es war der Anfang einer beispiellosen Entwicklung, die vor Monaten niemand hätte vorhersehen können, und sei es nur deshalb, weil sie den radikalen Bruch mit den angestammten Traditionen der Hells Angels bedeutete. Der Club nutzte das bunkermäßig ausgebaute Clubhaus in Sorel, um quasi über Nacht massenhaft neue Mitglieder aufzunehmen. Dutzende Angehörige von Motorradclubs aus Ontario mit Namen wie Satan's Choice und ParaDice Riders hatten sich für eine Zeremonie versammelt, bei der sie dem mächtigsten Motorradclub der Welt Treue schworen.

Jahrelang hatten die Hells Angels mit dem Gedanken gespielt, in Ontario ein Charter einzurichten, um ihn aus verschiedensten Gründen immer wieder zu verwerfen, nicht zuletzt, weil es sich als unmöglich erwiesen hatte, Männer zu finden, die dem Stand der Organisation und Disziplin gerecht wurden, den die Hells Angels in Quebec erreicht hatten. Der Polizei war bekannt, dass einflussreiche Hells Angels aus Quebec die Expansion nach Ontario seit Langem gründlich prüften. Aufzeichnungen, die von einem Treffen der Hells Angels im Jahre 1994 stammten, belegten, dass der Club damit begonnen hatte, die ParaDice Riders zu umwerben. 1997 aber, und auch das belegten Aufzeichnungen, die im Besitz der Polizei waren, wurden Mitglieder der Hells Angels angehalten, insgeheim Vorbereitungen zur Gründung eines Charters in Ontario zu treffen. Das Charter Montreal war eine Art Brückenkopf des Clubs in Kanada. Je einflussreicher und gefürchteter es wurde, desto mehr strebten seine Mitglieder danach, den Einfluss auch nach British Columbia, Nova Scotia und Manitoba auszuweiten.

Vor allem die Mitglieder des Nomads Charter schienen auf eine Ausweitung erpicht. Es entstand Mitte der 1990er Jahre, ungefähr zur selben Zeit, in der der Bikerkrieg begann, auf Initiative von Maurice „Mom" Boucher, der damals 41 Jahre alt und seit sieben Jahren bei den Hells Angels war. Von Informanten erfuhr die Polizei, dass Boucher zunehmend frustriert davon war, wie passiv sich manche Mitglieder des Charters Montreal im blutigen Konflikt mit anderen Drogendealern in Montreals East End verhielten. Aus Berichten des Informanten Kane wusste die Polizei auch, dass Boucher für sein Nomads Charter nur solche Leute wollte, die gewillt waren, sich an dem Krieg zu beteiligen. Später, so war es vorgesehen, sollten sich potenzielle neue Mitglieder des Nomads Charters zunächst bei den Rockers bewähren, einem Club, den Boucher wenige Jahre zuvor selbst gegründet hatte.

Der Übertritt

In einer extrem ungewöhnlichen Aktion nahmen die Hells Angels Mitglieder von alteingesessenen Motorradclubs aus Ontario auf, ohne dass sie den üblichen Prozess durchlaufen mussten. Normalerweise

Ein neu aufgenommenes Mitglied der Hells Angels verlässt voller Stolz auf sein Patch das Clubhaus in Sorel, Quebec. Dieses Foto entstand bei einer Überwachungsaktion der Polizei anlässlich einer Party am 29. Dezember 2000, mit der der Wechsel mehrerer Dutzend Mitglieder kleinerer Motorradclubs zu den Hells Angels begangen wurde.

muss jeder, der in den Club wollte, bestimmte, zumeist langwierige Etappen absolvieren, um schließlich den begehrten Status eines Vollmitgliedes zu erlangen. Das System der „Anwärterschaft", das in den Vereinigten Staaten entwickelt wurde, war eine jahrzehntealte Tradition, dank der sich der Club der Loyalität und Zuverlässigkeit eines potenziellen Mitglieds vergewissern konnte. In manchen Fällen dauerte es Jahre, bis jemand das Recht erhielt, den Aufnäher mit dem Death Head zu tragen. Jetzt aber hatten die Hells Angels von Quebec die Erlaubnis anderer Charter überall auf der Welt, mehr als 160 Männer an einem Tag in den Club aufzunehmen – ein Schachzug, der ihre Arroganz und Abgebrühtheit unterstrich. Noch vor Sonnenuntergang fuhr vor dem Haus ein Lastwagen vor, der zwei professionelle Nähmaschinen geladen hatte. Einige Unterstützer des Clubs schleppten sie eine Treppe hinauf ins Haus, wo sie vor neugierigen Blicken geschützt waren.

Draußen hockten Beamte der Sûreté von Quebec und der Ontario Provincial Police (OPP), die die Kälte und den Umstand verfluchten, dass sie ihren Weihnachtsurlaub hatten unterbrechen müssen, um eine Party zu observieren. Die Bestätigung dafür, dass der „Patchover" genannte massenhafte Übertritt zu den Hells Angels stattfinden würde, stammte aus einem Paket, das an der kanadischen Grenze durchsucht worden war. Es enthielt Dutzende Aufnäher, die in Österreich bestellt worden waren, wo der Club sie exklusiv herstellen ließ. Die Polizei hatte auch Gespräche abgehört und erfahren, dass langjährige Hells Angels wie Donald „Pup" Stockford und Richard „Dick" Mayrand fast den gesamten Dezember über damit beschäftigt waren, die Übernahme vorzubereiten. Nun filmten die Beamten, wie Mitglieder der Hells Angels in protzigen SUVs und Minivans die Auffahrt zu dem Clubhaus entlangfuhren. Die Polizei registrierte peinlich genau, welche Mitglieder sich sehen ließen, aber genauso sehr interessierte sie, wer von den Anhängern und Helfershelfern Aufgaben wie den Wachschutz übernahm. Die jungen Männer, die an jenem Nachmittag am Gartentor standen, wussten wahrscheinlich gar nicht, dass das, was sie taten, später vor Gericht gegen sie verwendet werden konnte. Aufgrund von Änderungen der kanadischen Gesetze gegen die organisierte Kriminalität konnte ihnen die Staatsanwaltschaft Dinge wie Schmierestehen als Unterstützung einer kriminellen Vereinigung auslegen.

Für diejenigen Beamten, die sich seit vielen Jahren mit den Hells Angels von Quebec befassten, war das „Patchover" der Clubs aus Ontario keine große Überraschung, allenfalls dessen Ausmaß und Tempo. Nur wenige Wochen zuvor war die Rock Machine, der Hauptrivale der Hells Angels im blutigen Bikerkrieg, davon in Kenntnis gesetzt worden, dass sie den Bandidos beitreten konnten, dem einzigen Motorradclub mit internationaler Mitgliederschaft, der den Vergleich mit den Hells Angels nicht zu scheuen brauchte. Nach sechs Jahren Krieg war die Rock Machine erheblich geschwächt, und das galt auch für The Alliance, den Zusammenschluss von Clubs und einflussreichen Drogendealern, die gegen die Hells Angels kämpften. Doch nun hatten sie die Bandidos von Quebec als Verbündete, zusätzlich die neuen Chapter, die sie im Laufe des Sommers in Ontario gegründet hatten. Die Hells Angels von Quebec waren gezwungen zu reagieren, vor allem darauf, dass die Bandidos in Quebec angekommen waren, und das in einer Art und Weise, die ihren „Modus Operandi", ihrer üblichen Verfahrensweise entsprach – wirkungsvolle Einschüchterung des Gegners, die sich nicht zuletzt auf das Mehr an Masse stützt.

In einer für sie typischen Demonstration ihrer Macht stellten die Hells Angels mehrere Dutzend Männer, die zu ihrem System aus Helfern und Unterstützern gehörten, rund um das Gebäude als Wachen auf. Fabrikneue Walkie-Talkies wurden ausgeteilt, und ein Anwärter gab eine kurze Einführung in die Benutzung. In einem kleinen Hotel, nur wenige Kilometer entfernt, warteten Vollmitglieder der Hells Angels aus ganz Kanada darauf, in streng bewachten Kleinbussen zum Clubhaus gebracht zu werden. Trotz der Partystimmung war allen klar, dass der Krieg mit der Rock Machine und der Alliance andauerte, ein Krieg um die lukrativsten Absatzmärkte für Drogen wie Kokain und Haschisch in Städten wie Montreal und Quebec City, der bis zu diesem Zeitpunkt bereits 150 Menschen das Leben gekostet hatte,

Vor dem Hotel in Sorel stand der 29-jährige Paul „Schtroumpf" Brisebois, Anwärter auf eine Mitgliedschaft in Bouchers Nomads Charter aus Montreal, ein untersetzter, dicklicher Mann, der seinem Spitznamen (Schtroumpf ist der französische Ausdruck für Schlumpf) alle Ehre machte. Brisebois wirkte nervös, während er sich um den Transport seiner Vorgesetzten kümmerte. Der streitlustige Untergebene, der die Leiter zum Anwärter sehr schnell erklommen hatte, war sieben Monate zuvor am Mord an einem Drogenhändler beteiligt gewesen, der im Auftrag der Rock Machine arbeitete. Am 1. Mai 2000 wurde der 25-jährige Patrick Turcotte erschossen, als er eine Videothek in Verdun verließ, einer Arbeitervorstadt von Montreal. Wochen später wurde Brisebois vom „Striker", eine Art Laufbursche, zum Vollmitglied der Rockers ernannt. Die Polizei nahm das als Beleg für ihre These, dass ein Mord der schnellste Weg war, um in der Hierarchie eines Clubs aufzusteigen. Sieben Monate später machte Brisebois einen weiteren großen Schritt, indem er von den Rockers als Anwärter in das Nomads Charter wechselte. Andere ehemalige Rockers hatten mehr als fünf Jahre gebraucht, bis ihnen dieser Schritt gelungen war. Dass Brisebois je zu den Hells Angels gehören würde, war zu Beginn seiner Karriere als Drogendealer nicht absehbar. Mit 18 hatte er begonnen, aus angemieteten Wohnungen heraus mit Kokain und Marihuana zu dealen. Nun, mit 29, stand er kurz vor der Vollmitgliedschaft bei den Hells Angels, was ihn zum Partner eines Netzwerkes machen würde, das mit dem Drogenhandel Jahr für Jahr mehrere Millionen Dollar umsetzte.

Eigentlich durfte Brisebois gar nicht an der Party teilnehmen. Eine Anordnung des Gerichts verbot ihm jeglichen Kontakt zu Kriminellen. Und genau für die organisierte er nun auch noch den Transport. Die Polizei griff sich ihn, drückte ihn gegen einen Streifenwagen, durchsuchte ihn nach Waffen und legte ihm Handschellen an. Es war wohl die einzige Störung, die die Hells Angels an diesem Tag zu beklagen hatten. Denn obwohl ihr Anführer Maurice „Mom" Boucher, der Gründer des Nomads Charter, hinter Gittern saß, wo er auf seinen zweiten Prozess wegen der Anstiftung zum Mord an zwei Gefängniswärtern wartete, ließen es sich andere Mitglieder der Nomads wie Denis Houle, Walter Stadnick und René Charlebois nicht nehmen, mit ihren neuen Brüdern aus Ontario ausgiebig zu feiern. Sie hatten sogar einen Fotografen von «Allô Police» eingeladen, Aufnahmen zu machen und der Welt kundzutun, dass die Hells Angels wieder einmal Zuwachs bekommen hatten. Unterdessen nähte eine Schneiderin unablässig Clubabzeichen auf die Westen der neuen Mitglieder.

Als die Nacht den Tag ablöste, müssen sich die Mitglieder des Nomads Charters unbesiegbar gefühlt haben. Auch wenn Boucher im Gefängnis saß, hatte der Club im Bikerkrieg die Oberhand. Es war ein Konflikt, wie ihn Quebec nie zuvor gesehen hatte, weil eine der beiden Kriegsparteien so sehr auf die Vormachtstellung in einer wichtigen Großstadt erpicht war, dass Mord quasi an der Tagesordnung war. Zu diesem Zeitpunkt hatten die Hells Angels mehr als 100 Mitglieder in sechs Chartern, die sich über ganz Quebec verteilten, mit dem Nomads Charter von Montreal an der Spitze. Sehr bald schon sollte es kein Insiderwissen mehr sein, dass die Nomads kurz davor waren, im Kokainhandel in Montreal die ersehnte Monopolstellung zu erreichen. Dank der Kontakte, die sie über Jahre aufgebaut hatten, und auch dank der acht neuen Charter, die quasi über Nacht in Ontario entstanden waren, konnten die Mitglieder dieses aggressiven Charters der Hells Angels sogar damit rechnen, in Städten wie Toronto, Hamilton und Oshawa

Marktanteile zu erobern. Alles schien nach dem Willen der Hells Angels zu laufen.

Scott Robertson, ein Mitlied eines der Clubs aus Ontario, die sich in jener Nacht aufgelöst hatten, verließ das Clubhaus in Sorel und präsentierte voller Stolz das Hells-Angels-Abzeichen auf seiner Lederweste. Als ein Polizist ihn ansprach und bat, ein Foto machen zu dürfen, willigte Robertson mit Freude ein. Mayrand, der erst vor wenigen Monaten von dem vergleichsweise beschaulichen Charter Montreal gewechselt war, um Boucher zu ersetzen und die Nomads in taktischen Fragen zu unterstützen, trat erschöpft vor die Tür. Guy Ouellette von der Sûreté, der seit mehr als einem Jahrzehnt gegen die Hells Angels ermittelte, führte ein kurzes Gespräch mit ihm. Mayrand sagte, dass ein langer Tag hinter ihm liege. Sergeant Ouellette erwiderte, dass sein Tag noch ein wenig länger werden würde – er müsse noch herausfinden, wie viele Mitglieder der Club nach dieser Nacht hatte. Mayrand zuckte die Schultern und teilte Ouellette mit, dass die Polizei es fortan mit 168 neuen Hells Angels zu tun hatte.

Am Tag nach der Party versuchte Maurice „Mom" Boucher sich darüber zu informieren, was genau in Sorel geschehen war. Von seiner Zelle aus, die in einem speziellen Trakt des Frauengefängnisses lag – zu dieser Maßnahme hatte man aus Sicherheitsgründen gegriffen –, rief Boucher Pierre Provencher an, ein Mitglied der Rockers, dem er vertraute. Die Polizei hörte selbstverständlich mit, wie sich Provencher über die Party ausließ. Er schwärmte Boucher davon vor, wie großartig alles gewesen sei. Dann führte sie das Gespräch Richtung Westen, nach Ontario, und zu den Möglichkeiten, die ihnen dank der 168 neuen Mitglieder nun offenstanden.

„Das ist nicht irgendeine Provinz", so Provencher über das Territorium, dass sich die Hells Angels im Handstreich erschlossen hatten.

„Und eine große Provinz obendrein", ergänzte Boucher.

Boucher und Provencher konnte nicht wissen, dass zeitgleich in einem Büro der Staatsanwaltschaft im Gericht von Montreal eine Arbeit nach vielen Jahren der Vorbereitung kurz vor ihrem Abschluss stand. Die abgehörte Unterhaltung der beiden war nur ein kleines Glied einer langen Beweiskette. Die Polizei verfügte über stundenlange Mitschnitte und hatte die Abschriften mehrfach gründlich studiert und ausgewertet. Das Gleiche galt für heimlich gemachte Videoaufnahmen von Treffen der Rockers. All der Aufwand diente einem Zweck, der größter Geheimhaltung unterlag: Das Netzwerk, das Boucher und die übrigen Nomads im Laufe der Jahre errichtet hatten, sollte mit einem Schlag zerstört werden.

Nur drei Monate später, kurz vor Sonnenaufgang am 28. März 2001, klopften mehr als 2.000 Polizisten aus ganz Quebec an zahllose Türen und verhafteten Dutzende Männer, darunter auch alle Mitglieder des Nomads Charters, deren sie habhaft wurden. Die Aktion lief unter dem Codenamen „Operation Printemps 2001" (bzw. Springtime).

Alle Verhafteten sahen sich mit Haftbefehlen wegen Vergehen konfrontiert, die von Drogenhandel bis zum vorsätzlichen Mord reichten. Unter ihnen befanden sich 42 Männer, die 23 der schlimmsten Verbrechen angeklagt wurden, darunter ein geplanter Bombenanschlag auf ein Haus in Verdun, das dem Boden gleich gemacht werden sollte. 13 Männer wurden des vorsätzlichen Mordes beschuldigt. Die Beweise für diese Anklagen stammten aus dem „Projekt Rush". 49 Namen von Verhafteten standen auch in einem anderen Haftbefehl, der aus dem „Projekt Ocean" resultierte. Die Namensträger wurden beschuldigt, die Drogen, die das Netzwerk am Laufen hielten, entweder besorgt oder mit ihnen gehandelt zu haben.

Paul „Schtroumpf" Brisebois

Brisebois, ein klein gewachsener Mann, der wenige Wochen zuvor bei der Party in Sorel den Transport seiner Vorgesetzten organisiert hatte, war einer der 42 Clubmitglieder, die im Zuge des „Projekts Rush" angeklagt wurde. Zu den Anklagepunkten gehörte der Mord an Patrick Turcotte in Verdun. Brisebois wusste recht genau, was ihn nun erwartete. Im Frühjahr 1990, er war gerade 18, war bei der RCMP die Beschwerde eines Mannes eingegangen, der in der Straße wohnte, in der Brisebois mit Drogen dealte. Es musste einfach auffallen, wie viele Menschen sein Apartment betraten und wenig später wieder verließen. Die Mounties baten einen Beamten der städtischen Polizei von Montreal, bei Brisebois Drogen einzukaufen. Der Beamte ging in Zivil zu Brisebois, klingelte und wurde eingelassen. Brisebois wollte nur wissen, woher der

Paul Brisebois wird am 29. Dezember 2000 verhaftet.

neue Kunde die Adresse der illegalen Apotheke hatte. Dann ging er zum Wohnzimmertisch und entnahm vor den Augen des Beamten einem Margarinepäckchen, das wiederum in einem Bierkrug steckte, ein kleines Tütchen mit Kokain.

Mit diesem Beweis in Händen bekam die RCMP einen Durchsuchungsbeschluss für das Apartment. Bei der Durchsuchung wurden zahlreiche weitere Tütchen mit Kokain sowie eine kleinere Menge Haschisch gefunden. Brisebois wurde verhaftet, angeklagt und bis zum Beginn eines eventuellen Prozesses auf Kaution entlassen. Während sein Fall noch auf dem Amtsweg war, wurde er erneut ertappt, wie er unweit des Apartments, in dem er beim ersten Mal aufgeflogen war, Kokain verkaufte. Beide Vergehen trugen ihm eine 13-monatige Haftstrafe ein.

Zehn Jahre später hatte Brisebois seinen rasanten Aufstieg in der Hierarchie der Hells Angels angetreten. Fast genauso lange hatte die Polizei gegen die Hells Angels ermittelt, und der eigentliche Erfolg der

„Operation Springtime 2001" war es, dass fast alle Vollmitglieder der Nomads verhaftet werden konnten, darunter einige, die dem Club schon seit mehr als zehn Jahren angehörten.

Denis Houle

Mit 47 Jahren hatte Denis Houle, der einst den Spitznamen „Pas Fiable" – nicht vertrauenswürdig – trug, schon 20 Jahre als Hells Angels auf dem Buckel und mehrere Gefängnisaufenthalte hinter sich. Lange vor der Aktion vom März 2001 hatte er der Polizei unmissverständlich erklärt, dass er sich ausschließlich dem Club und dessen Gesetzen verpflichtet fühle.

„Als ich zu den Hells kam, habe ich eine Familie gefunden", hatte er dem Gefängnispsychologen während einer neunjährigen Haftstrafe

Denis Houle

erklärt, die er für die Verstrickung in die Morde an fünf Hells Angels im Jahr 1985 bekommen hatte. Dieses abscheuliche Verbrechen ist unter den Namen „Massaker von Lennoxville" bekannt geworden, weil die fünf Clubmitglieder am 24. März 1985 als Gäste in das Clubhaus der Hells Angels von Sherbrooke gekommen waren, wo man sie dann kaltblütig ermordet hatte. Nach dem Blutbad wurden die Leichen in Schlafsäcke gesteckt, mit Hanteln beschwert und in einen Fluss geworfen. Die Hells Angels hatten die eigenen Leute vor allem deshalb eliminiert, weil sie Kokain konsumierten, das der Club lieber für gutes Geld verkaufen wollte. Bei dem Ereignis, das Kanada für die Gewaltbereitschaft der Hells Angels sensibilisierte, spielte Houle nur eine Nebenrolle. Der bereits erwähnte Psychologe erklärte gegenüber der Nationalen Bewährungskommission, dass Houle während der Haft die Mitgliedschaft bei den Hells Angels als Kraftquelle erlebte, und beschrieb ihn als stabile Persönlichkeit und überzeugten Kriminellen. Das Leben in seiner Ersatzfamilie ermöglichte Houle einen Lebensstandard, der, wie die Gerichtsunterlagen aus dem Jahr 2001 belegen, mit den Angaben auf seiner Steuererklärung nicht zu vereinbaren war. Ihm gelang es offenbar, 4,5 Millionen Dollar in der Karibik zu verstecken, obwohl er offiziell nur 80.000 Dollar besaß, und zwar in Gestalt eines Hauses in Nova Scotia. Zu Beginn der Haft wurde Houle dabei ertappt, wie er im Gefängnis Drogen verkaufte und andere Häftlinge bedrohte. Deshalb wurde er von einem Gefängnis mit normalen Sicherheitsbestimmungen nach Donnacona verlegt, einem Hochsicherheits-Gefängnis nahe der Stadt Quebec. Die Bewährungskommission verweigerte ihm in den frühen 1990er Jahren die vorzeitige Entlassung, weil er nicht bereit war, sich über seine Rolle bei den Morden von Lennoxville zu äußern. 1993 erklärte er der Kommission, dass er nicht darüber reden wolle, weil die Verfahren gegen andere Hells Angels, denen die Beteiligung zur Last gelegt wurde, noch nicht abgeschlossen waren. In den Berichten der Kommission, die während Houles Haftzeit entstanden, ist von einer bedingungslosen Loyalität dem Club gegenüber die Rede, die seinem Spitznamen Hohn sprach. 1994 wurde ihm diese Loyalität dadurch gedankt, dass er als einer der Gründungsmitglieder des Nomads Charters auserkoren wurde, obwohl er die vergangenen sieben Jahre im Gefängnis verbracht hatte.

Nur halb im Scherz sprach die Polizei vom Nomads Charter als der „Elite" der fünf anderen Charter, die der Club 2001 in Quebec unterhielt. Zu den neu geschaffenen Nomads gehörten einige der einflussreichsten Mitglieder des Clubs in ganz Kanada. Die Leitung lag in den Händen von Boucher, einem Mann, der als Drogenboss im East End von Montreal so einflussreich geworden war, dass ein kurzer Aufenthalt hinter Gittern Mitte der 1990er Jahre unter seinen Dealern von den Rockers für Panik, Unsicherheit und Versorgungsengpässe sorgte. Wie einige andere Gründungsmitglieder der Nomads auch hatte Boucher hohe Ämter im Club bekleidet, darunter das des Präsidenten des Charters Montreal. Dank der Berichte von Dany Kane, einem Unterstützer der Hells Angels, der 1994 Informant wurde, wusste die Polizei schon vor der eigentlichen Gründung der Nomads am 24. Juni 1995 von der neuen Organisation. Und schon Monate vor diesem Datum war Houles Haftverschonung widerrufen worden, weil bekannt geworden war, dass er an der Gründung beteiligt war.

Houle saß wegen Trunkenheit am Steuer, Drogenbesitzes und Beleidigung der Beamten, die ihn verhaftet hatten. In seinem Auto hatte die Polizei das neue Abzeichen der Nomads gefunden. Nun kannten sie auch den Verwendungszweck der neuen Patches.

Ein Bericht für die Bewährungskommission offenbart, dass Houle, obwohl er die Schule mit 15 Jahren verlassen hatte, in Tests, denen er sich in Haft freiwillig unterzog, eine erhebliche Intelligenz bewies. Hinter Gittern holte er seinen Schulabschluss nach und belegte Kurse in Buchhaltung. Als er auf Bewährung auf freiem Fuß war, behauptete er gegenüber der Kommission, dass er als Handelsvertreter arbeitete und 30.000 Dollar verdiente. Er stand auch in Verbindung zu einer kleinen Recyclingfirma, die anderen Mitgliedern der Hells Angels gehörte. Er ließ aber auch nie einen Zweifel daran, dass er, sobald er keine Bewährungsauflagen mehr zu erfüllen hatte, sich wieder den Hells Angels anschließen würde.

Gegen Ende seiner Haftstrafe wurde Houle in ein normales Gefängnis in der Nähe von Montreal verlegt, wo Mitglieder der Alliance versuchten, ihn aus dem Weg zu räumen. Zusammen mit einem anderen Hells Angels hielt er sich gerade im Gefängnishof auf, als von jenseits des Gefängniszauns aus einem halbautomatischem Gewehr elf Schüsse in ihre Richtung abgefeuert wurden. Der Anschlag schlug jedoch fehl. Vier Monate später wurden vier Männer, die der Alliance nahe standen, wegen versuchten Mordes festgenommen. Vor Gericht bekannten sich alle vier schuldig und kamen mit Gefängnisstrafen unter drei Jahren davon. Zwei der verhafteten Männer waren Informanten der Polizei; sie behaupteten, dass Mitglieder des Dark Circle, dem Kopf der Alliance, den Mord an Houle angestiftet und die Täter nach Kräften unterstützt hätten.

Die Aussagen der Informanten vor Gericht boten tiefe Einblicke in die Hintergründe des Bikerkrieges. Wenn die Hells Angels nicht schon längst wussten, wer bei der Alliance die Fäden in der Hand hielt, dann wussten sie es jetzt. Besagte Mitglieder des Dark Circle, einer Ansammlung recht einflussreicher Drogendealer der Provinz, die sich den Hells Angels und deren Streben, den Drogenmarkt zu beherrschen, widersetzten, wurden einen Monat nach dem gescheiterten Anschlag auf Houle verhaftet. Die Namen der beschuldigten Mitglieder des Dark Circle fanden sich später auf einer „Todesliste" der Hells Angels wieder. Mindestens sechs der 17 Männer, die sich Anklagen wegen Verschwörung und versuchten Mordes gegenübersahen, wurden später selbst zur Zielscheibe von Attentaten.

Binnen zwei Jahren wurden zwei von ihnen erschossen, ein Dritter entkam diesem Schicksal nur, weil die Attentäter den Falschen erwischten, nämlich Serge Hervieux, einen 38-jähriger Vater zweier Kinder und eines von mehreren unschuldigen Opfern. Ein Mitglied des Dark Circle bat daraufhin die Behörden darum, seine siebenjährige Haftstrafe absitzen zu können, weil er um seine Leben fürchtete, wenn er auf freien Fuß kam, solange der Bikerkrieg andauerte.

Der erste von zwei erfolgreichen Mordanschlägen ereignete sich in der Nacht des 25. September 1998. Jean Rosa, 32, wurde vor seinem Haus in Laval, einem Vorort von Montreal, erschossen. Man fand ihn in der Nähe seines Pontiac Grand Prix, wo er in seinem eigenen Blut lag und noch Lebenszeichen von sich gab. Im Krankenhaus konnte man jedoch nur noch seinen Tod feststellen. Der Arzt, der ihn untersuchte, fand sieben Einschusswunden und sechs Austrittswunden, darunter auch die tödlichen Kopfverletzungen. Nicht einmal einen Monat später, am 22. Oktober 1998, wurde Pierre Bastien, ein jähzorniger Barbesitzer und Mitglied des Dark Circle, vor seinem Haus in Laval erschossen. Gegen 20 Uhr fuhr er vor seinem Haus vor und saß noch im Wagen, als jemand mehrere Schüsse auf ihn abgab. Derweil kauerte seine achtjährige Tochter auf dem Rücksitz und fürchtete um ihr Leben. Eine Kugel riss ein tödliches Loch in Bastiens Herz. Erst vor wenigen Monaten hatte er eine 30-monatige Haft wegen des geplanten Mordes an einem Hells Angels abgesessen.

Houle saß zum Zeitpunkt der „Operation Springtime" bereits im Gefängnis. Und dort erfuhr er auch, was man ihm vorzuwerfen hatte. Genauso erging es Gilles „Trooper" Mathieu, der schon 50 Jahre alt und seit Langem Mitglied der Hells Angels war. Mehr als ein Jahrzehnt hatte er sich nicht mehr vor Gericht verantworten müssen, bis am 15. Februar 2001, wenige Wochen nach der Party von Sorel, Mathieu, Houle und sechs weitere Männer, die entweder den Rockers angehörten oder Mitglied der Nomads waren, in der Innenstadt von Montreal festgenommen wurden. Sie hatte sich in einer Hotelsuite getroffen und beugten sich gerade über Fotos ihrer Feinde von den Bandidos.

„Wir nehmen nicht an, dass sie Sammelbilder austauschen wollten", erklärte Commander André Durocher von der Montreal Urban Community Police bei der Pressekonferenz nach der Festnahme. Eines der Fotos, das im Hotel gefunden wurde, war ein Porträt von Alain Brunette, dem Präsidenten eines Bandido-Chapters, der erst vor wenigen Tagen von einer Gewehrkugel verwundet wurde, als er mit seinem Auto auf einem Highway nördlich von Montreal unterwegs war.

Alain Brunette, Präsident eines Chapters der Bandidos.

Während sich die Mitglieder des Nomads Charters trafen, hielten Mitglieder der Rockers an mehreren strategischen Punkten im Hotel Wache. Als die Polizei die acht Männer festnahm, fand sie bei jedem eine geladene Schusswaffe und zirka 10.000 Dollar Bargeld. Mathieu und die anderen bekannten sich des unerlaubten Waffenbesitzes schuldig und wurden zu einem Jahr Gefängnis verurteilt. Im Gegenzug für ihr Schuldbekenntnis erklärte sich der Vertreter der Staatsanwaltschaft, André Vincent, bereit, sie nicht auf Grundlage der neuen Bundesgesetze zur Bekämpfung der organisierten Kriminalität anzuklagen, die nicht zuletzt mit Blick auf die gewalttätigen Motorradclubs von Quebec erlassen worden waren. Vincent schwieg sich darüber aus, was ihn zu diesem Schritt veranlasst hatte, aber er war auch einer der wenigen, die in die Vorbereitung der „Operation Springtime 2001" eingeweiht waren. Und Männer wie Houle und Mathieu wegen eines Vergehens zu verfolgen, das ihnen maximal drei Jahre Haft einbringen würde, war in den Augen eines Staatsanwalts, der wusste, was die Mitglieder der Nomads in wenigen Wochen erwartete, schlicht Zeitverschwendung.

Gilles „Trooper" Mathieu

Während Boucher in den späten 1990er Jahren von der Polizei nahezu pausenlos observiert wurde, schien Mathieu beim Präsidenten des Nomads Charter stets ein offenes Ohr zu finden. Manche meinten sogar, er sei in dieser Zeit einer der engsten Vertrauten Bouchers gewesen.

Im Zuge der Ermittlungen, die 2001 zu den besagten Verhaftungen führten, benutzte die Polizei Doppelagenten, um die niedrigeren Ränge des Clubs zu infiltrieren. Bespitzelt und verraten zu werden war für Mathieu keine neue Erfahrung. Mehr als 20 Jahre zuvor hatte die RCMP einen Doppelagenten auf ihn und ein paar andere Leute angesetzt, die gemeinsam einen Drogenring bildeten, der mit LSD handelte. Dem Agenten gelang es, bei einem Dealer aus Montreal 5.000 Portionen der Droge zu einem Preis von 1,45 Dollar je Einheit zu kaufen. Es hatte den Anschein, dass Mathieu als Leibgarde für einen Mann arbeitete, der das LSD von einem Ort zirka eine Autostunde westlich von Montreal in die Stadt brachte. Der Doppelagent fuhr derweil wie vereinbart zum Wohnhaus des Dealers, dessen Frau ihm mit dem Hinweis, die Drogen seien noch unterwegs, bat, sich ein wenig zu gedulden. Schließlich fuhr ein grauer Pontiac vor, und ein Mann stieg aus. Die bestellten Drogen hatte er bei sich. Daraufhin übernahm ein Kommando des RCMP die Initiative und verhaftete den Dealer. Mathieu und ein weiterer Mann saßen noch in dem grauen Pontiac und mussten zusehen, wie die RCMP den Drogenhändler festnahm. Doch bevor sie fliehen konnten, ereilte sie das gleiche Los.

Als der Fall vor Gericht kam, behauptete Mathieu, von nichts gewusst zu haben. Unter Berufung auf entsprechende Aussagen des Drogendealers und des Fahrers des Pontiac versuchte er dem Richter weiszumachen, dass er nur ein 31 Jahre alter Schiffsinspektor aus einer kleinen Stadt im Westen Quebecs sei, der zufällig zur falschen Zeit am falschen Ort gewesen war. Tatsächlich war Mathieu den Hells Angels schon am 5. Dezember 1980 beigetreten. Zu seiner Verteidigung erklärte er Richter Patrick Falardeau, dass er und seine Frau wenige Stunden vor dem Drogendeal zu einem Freund gefahren seien, um ihn zu besuchen. Dort hätten sie einen der Männer angetroffen, die später verhaftet wurden. Mathieu behauptete, dass er nur deshalb mit den

Gilles „Trooper" Mathieu

anderen in den Pontiac gestiegen sei, weil sie nach Montreal fahren wollten, wo er einen anderen Freund besuchen wollte, um mit ihm die Lackierung mehrerer Autoteile zu besprechen. Während der Fahrt sei der Drogendeal mit keinem Wort erwähnt worden, so jedenfalls Mathieu.

„Er leugnet jegliche Beteiligung an der Straftat. Zudem hat er keinerlei Vorstrafen", schrieb Falardeau, obschon Mathieus Geschichte einige Ungereimtheiten aufwies, allen voran die, dass er vor der weiten Fahrt nach Montreal den Mann, der die Autoteile lackieren sollte, nicht einmal angerufen hatte, um sicherzugehen, dass er ihn auch antraf. Mathieu behauptete später, er sei zu einem Jahr Gefängnis, für zwei Jahre ausgesetzt auf Bewährung, verurteilt worden, weil er eine Mitfahrgelegenheit nach Montreal genutzt hatte.

In seiner Zeit als Hells Angels hat Mathieu wahrscheinlich mehrere Millionen Dollar beiseite geschafft. Während der Ermittlungsverfahren, die sich an die „Operation Springtime" anschlossen, wurden Beweise vorgelegt, die darauf hindeuteten, dass er in einer Einkaufspassage in Edmonton ein Geschäft besaß, das einen Wert von 2,3 Millionen Dollar hatte. Ein Informant hatte der Polizei auch gesagt, dass Mathieu zirka eine Million Dollar in einer Steueroase gebunkert hatte.

In den Jahren nach der Verurteilung wegen Drogenhandels konnte Mathieu es vermeiden, ins Gefängnis zu müssen. Er gehörte zu den wenigen Hells Angels, die nicht wegen des Massakers von Lennoxville angeklagt wurden – er konnte beweisen, dass er erst nach den Morden zum Clubhaus gekommen war.

Dafür wurden Mathieu und andere Mitglieder der Nomads wie Houle und Boucher verdächtigt, an den 13 Morden beteiligt gewesen zu sein, derer die Hells Angels im Zuge der „Operation Springtime 2001" beschuldigt wurden. Die Staatsanwaltschaft verglich sie mit Piraten auf einem Schiff: Alle hatten ein gemeinsames Ziel, und jeder wusste, was nötig war, um dieses Ziel zu erreichen.

Normand Robitaille

Zu den Piraten auf dem Schiff der Nomads gehörte auch Normand Robitaille, der damals erst 32 Jahre alt, aber trotzdem schon Vollmitglied des Nomads Charters der Hells Angels war. Sein Aufstieg in der Hierarchie war derart rasant verlaufen, dass manch einer verwundert die Stirn runzelte. Mit 27, er war nach einer Verurteilung wegen Drogenhandels aus dem Jahr 1995 vorläufig auf freiem Fuß, wurde er wegen räuberischer Erpressung, Freiheitsberaubung und Waffenbesitzes festgenommen. Als er vor die Bewährungskommission trat, war er erst ein Jahr lang Mitglied bei den Rockers. Am 23. Mai 1995 kam er wieder hinter Gittern, und schon im November kursierte der Verdacht, dass er dort ein kleines Drogennetzwerk betrieb.

Während er seine Strafe absaß, erzählte Robitaille der Bewährungskommission, dass seine Entscheidung, sich einem Motorradclub anzuschließen, dem Wunsch entsprang, seinen Kundenstamm zu vergrößern und mehr Geld zu verdienen. Einem Gefängnispsychologen gestand er, dass er sich im Klaren darüber gewesen sei, dass seine einzige Chance zu überleben darin bestanden habe, die Rockers zu verlassen. Nach seiner Entlassung beschloss Robitaille offenbar, das Risiko, sich den

Normand Robitaille

Hells Angels anzuschließen, sei es wert. Schnell stieg er in der Club-hierarchie auf, und schon am 5. Oktober 1998 war er ein Nomad. Am 9. Juni 1999 hätte sich die Einschätzung, die er gegenüber der Berufungskommission gemacht hatte, um ein Haar bewahrheitet. Robitaille saß in einem Restaurant in Montreal, als zwei Schüsse auf ihn abgegeben wurden. Einer traf ihn an der rechten Schulter, der andere am Rücken. Er wurde in ein Krankenhaus gebracht und behandelt, doch er weigerte sich, mit der Polizei auch nur zu reden.

Jean-Guy Bourgoin

Jean-Guy Bourgoin galt als Mittäter bei jener Erpressung, für die auch Robitaille hinter Gitter musste. Als Mitglied der Rockers war Bourgoin quasi vom ersten Tag an in den Bikerkrieg involviert.

Wie Robitaille führte auch Bourgoin gegenüber der Bewährungs-kommission seine Kriminalität auf starken Drogenkonsum zurück. Ein Psychologe, der ihn während seiner Haft mehrfach traf, schrieb in seinem Gutachten für die Kommission: „Er wirkt noch ausgesprochen unreif und ist sich seiner Identität als Mann nicht richtig bewusst. Als Folge von Aggressionen gegenüber dem abwesenden Vater hat er sein Bild von der Rolle und Aufgaben eines Familienvaters korrigieren und anpassen müssen." Der Psychologe riet Bourgoin, ganz auf das Familienleben zu setzen, um der Kriminalität zu entkommen. Doch kaum war seine zweijährige Haft beendet, wurde klar, dass Bourgoin, der keinen Schulabschluss hatte, die Rockers als seine Familie ansah. Für ihn waren die anderen Clubmitglieder Brüder, und die Mitglieder des Clubs, dem sie unterstanden, nannten er und die anderen Rockers „mon oncles" – meine Onkel.

Ein Vorfall aus dem Jahr 1998, an dem Bourgoin beteiligt war, lenkte die öffentliche Aufmerksamkeit auf die Rockers. Am 15. September jenes Jahres feierten Bourgoin und andere Clubmitglieder in einer angesagten Bar am Saint-Laurent-Boulevard, als auf der Tanz-fläche ein Streit entbrannte. Stephen Reid, ein 1,90 Meter großer Foot-ballballspieler von den Montreal Alouettes, lieferte sich mit den Bikern ein Wortgefecht, als Anthony Calvillo, der Quarterback desselben Teams, und einige andere Mannschaftskollegen die Bar betraten. Alle

Beteiligten wurden vor die Tür geschickt, wo der Streit weiterging und schließlich handgreiflich wurde. Bourgoin schlug mit einem der Metallpfosten, zwischen denen sich die Besucher vor dem Einlass in Reih und Glied aufstellen, auf Reid ein, der Wunden am Hinterkopf, Nacken und den Ellbo-gen davontrug.

„Sieh mich an", sagte Bourgoin. „Für den Fall, dass du mich anzeigst, habe ich mir dein Gesicht gemerkt." Doch Reid zeigte ihn an, und Bourgoin musste wegen Körper-verletzung 2.000 Dollar Strafe zahlen.

Zwei Jahre nach der Auseinandersetzung mit den Spielern der Alouettes wurde Bour-goin, der große Teile des Drogenhandels in Montreals Szeneviertel Plateau kontrollierte, heimlich von einem Mann kontaktiert, den er für seinen Bruder hielt. Stéphane Sirois

Jean-Guy Bourgoin

hatte die Rockers verlassen, war aber zu ihnen zurückgekehrt, nachdem er von der Polizei dazu gebracht worden war, als Doppelagent zu arbei-ten. Als er mit Bourgoin am 2. Februar 2000 in einem Sushirestaurant in Montreal saß, trug er ein verstecktes Aufnahmegerät. Sirois beteu-erte, wieder zu den Rockers gehören zu wollen. Von Bourgoin wollte er wissen, wie er dort schnell Karriere machen konnte.

Während sie aßen, informierte Bourgoin Sirois darüber, was den Hells Angels ein erfolgreicher Schlag gegen ihre Feinde wert sein könnte. Er ratterte Zahlen herunter, als gäbe es eine entsprechende

Tabelle. Wichtiger aber war, dass er auf diese Weise zu erkennen gab, wie sehr die Hells Angels daran interessiert waren, ihre Rivalen aus dem Weg zu räumen. Ein hochrangiges Vollmitglied der Rock Machine umzubringen brachte 100.000 Dollar ein, für weniger wichtige gab es zwischen 50.000 und 25.000 Dollar. In seiner Zeit als Doppelagent fand Sirois auch heraus, dass Bourgois als Mitglied des Drogenkartells der Nomads monatlich zirka 7.000 Dollar einstrich.

Während des ersten Prozesses, der auf Grundlage der im Zuge des „Projektes Rush" gesammelten Informationen eröffnet wurde, sprach Sirois gegenüber der Jury über die Gründe dafür, dass er die Rockers verlassen hatte. Er behauptete, Boucher persönlich habe ihn vor die Wahl gestellt, sich zwischen einer Frau, mit der er zusammen war, und dem Club zu entscheiden. Der frühere Freund der Frau war umgebracht worden, und Gerüchte besagten, dass er als Informant für die Polizei gearbeitet hatte. Sirois entschied sich für die Frau und setzte damit eine Entwicklung in Gang, die die Hells Angels bitter bereuen sollten.

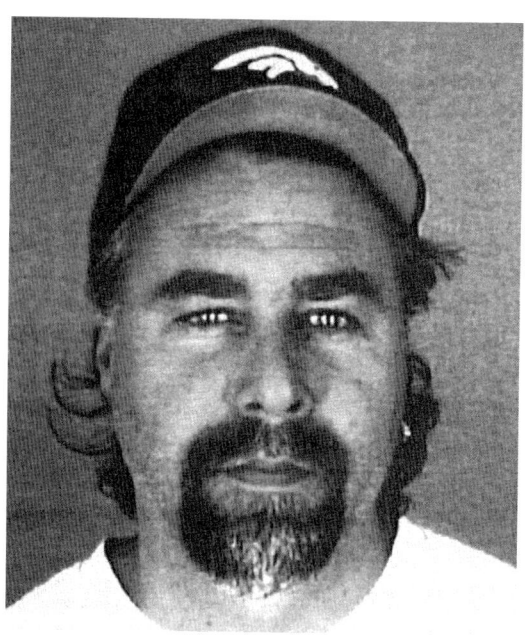

Daniel Lanthier

Daniel Lanthier

Die Rockers wurden von einem Komitee angeführt, zu dem wie Bourgoin auch Daniel „Boteau" Lanthier gehörte – ein Mann, der zwar keiner regelmäßigen Arbeit nachging, aber dennoch in einem 150.000 Dollar teuren Eigenheim in einem Vorort südlich der Montreal Island wohnte. Bis zu seiner Festnahme konnte man ihn regelmäßig in

Luxusautos sehen. Als Kronzeuge sagte Stéphane Sirois den Behörden, dass Lanthier mit dem Drogenhandel monatlich zirka 12.000 Dollar verdiente. Diese Schätzungen basierten auf den Einzahlungen der Rockers in den Fonds, in den jedes Mitglied zehn Prozent seiner Einnahmen abführen musste. Von dem Geld wurden Dinge wie Anwaltshonorare bezahlt und, wie Sirois behauptete, Waffen angeschafft.

Ein verurteilter Drogenhändler namens Ronnie Harbour, der ebenfalls für die Polizei arbeitete, behauptete, dass Lanthier wie Bourgoin von Beginn an in den Bikerkrieg verstrickt war. Der Dealer sagte aus, dass beide Männer schon zu den Hells Angels gehörten, als am 28. Oktober 1994 der 32-jährige Sylvain Pelletier vom gleichnamigen Clan, der aufseiten der Alliance gegen die Hells Angels kämpfte, zu Tode kam, als sein Jeep in die Luft gejagt wurde. Der Mord an Pelletier, der vermutlich auf Befehl von Boucher verübt wurde, diente zugleich als Fanal und Ankündigung, dass die Hells Angels künftig mit allen so verfahren würden, die sich weigerten, ihre Drogen für sie zu verkaufen.

Lanthier trat den Rockers offiziell am 15. April 1994 bei, und noch im Laufe des Frühlings bekam er dafür die Quittung. Bei einer Routinekontrolle wurden er und zwei weitere Männer von Beamten der Montreal Urban Community Police in einem Park im East End verhaftet. Lanthier und die beiden anderen schienen überrascht, als sie die Beamten auf Fahrrädern auf sich zukommen sahen, so erinnerte sich einer der Beamten vor Gericht. Das Trio flüchtete zu zwei weißen Autos, die in der Nähe geparkt waren. Die Beamten folgten ihnen, aber als sie die Autos erreichten, erblickte einer von ihnen in einem der Autos eine Schusswaffe. Einem seiner Kollegen fiel auf, dass es Lanthiers Beifahrer plötzlich eilig hatte, das Handschuhfach zu schließen. Die Situation drohte zu eskalieren, als die Beamten, die unterdessen Verstärkung bekommen hatten, ihre Waffen zogen und Lanthier und seine Begleiter aufforderten auszusteigen.

In den beiden Autos fand die Polizei eine chromverzierte 9 mm-Pistole mit einem schwarzen Kreuz auf dem Griff, zusätzlich unter einer Rückbank eine kleinkalibrige Pistole. Beide Waffen waren geladen. In einem Kofferraum lagen drei kugelsichere Westen. Lanthiers Beifahrer erklärte, dass die Waffen ihm gehörten, und musste vier Monate ins Gefängnis. Lanthier wurde freigesprochen. Der Vorfall lief nach einem

Muster ab, dem die Polizei in den kommenden Jahren noch oft begegnen sollte: Von Anhängern der Rockers wurde erwartet, dass sie die Vollmitglieder entlasteten und die Schuld auf sich nahmen. Die Hells Angels wiederum erwarteten diese Form der Loyalität von den Rockers.

Gregory Wooley

Gregory Wooley war ein weiteres Mitglied der Rockers, der zur Zielscheibe des „Projekts Rush" wurde. Wooley war in einem Problembezirk im Norden von Montreal aufgewachsen und hatte sich dort einer Straßengang angeschlossen. Sie setzte sich aus den Kindern Haitianischer Einwanderer zusammen, die sich geballt im Norden Montreals und im Stadtteil St. Michel angesiedelt hatten. Obwohl er ein Schwarzer war, stieg er in der Hierarchie der „weißen" Rockers schnell auf. Als Schwarzer wusste er aber auch, dass es für ihn nahezu unmöglich war, jemals ein Hells Angel zu werden. Dem stand die Regel der Hells Angels entgegen, laut der nur Weiße Mitglieder werden konnten. Doch das schien Wooley nicht abzuschrecken.

Wie Houle und Mathieu saß Wooley im Gefängnis, als die „Operation Springtime" durchgeführt wurde. Als die Anklage erhoben wurden, erholte er sich noch von einer schwere Kopfverletzung, die er sich in einem Hochsicherheitsgefängnis zugezogen hatte. Am 31. Januar 2001 ging Wooley bei einer Schlägerei im Sportraum des Gefängnisses zu Boden. Dabei fiel er mit dem Hinterkopf auf die Metallstrebe eines Fitnessgerätes. Der Mann, der Wooley beinahe umgebracht hatte, saß wegen Mordes, hatte aber keinerlei Verbindung zum Bikerkrieg. Für den Angriff auf Wooley wurde er nie belangt, aber der für Wooleys Bewährung zuständige Beamte sprach später wegen der Kontakte Wooleys in die Bikerszene von einem „selbstmörderischen Unterfangen".

Am 5. April 2000 fragten sich einige Beamte der Polizei von Montreal, ob Wooleys Glückssträhne gerissen war. Das Vollmitglied der Rockers wollte gerade ein Flugzeug besteigen, das ihn nach Haiti bringen sollte, als bei der Sicherheitsprüfung seines Gepäcks ein 44er Smith & Wesson gefunden wurde. Wooley wurde verhaftet und gab zu, dass die Waffe ihm gehörte, was ihm seine erste längere Haftstrafe einbrachte.

Richtig verstehen konnten die Ermittler der Polizei von Montreal Wooleys Fehltritt nicht, und einige vermuteten, dass er geglaubt haben könnte, unantastbar zu sein. Auffällig war zudem der Zeitpunkt, zu dem Wooley Kanada verlassen wollte, denn erst zwei Wochen zuvor waren zwei Mitglieder des Clubs Syndicate, der die Rockers unterstützte und von Wooley geführt wurde, in einem Stripclub in der Nähe von Montreal ermordet worden.

Von links nach rechts: Bruno Lefebvre, Pierre Provencher und Gregory Wooley.

Wenige Monate zuvor hatte ein Richter in einem Prozess wegen diverser Waffendelikte vermeintliche Beweise, die gegen Wooley vorgelegt worden waren, zurückgewiesen und Wooley freigesprochen. Auf einem Bürgersteig war eine Waffe gefunden worden, und in unmittelbarer Nähe hatte die Polizei Wooley bei einer Verkehrskontrolle angehalten. An diesem Sommerabend des Jahres 1999 war er auf einem Motorrad in Montreals Innenstadt unterwegs. Laut offiziellem Polizeibericht wurde er rausgewunken, weil zu schnell gefahren und der Auspuff seines Motorrades zu laut war. An einer Straßenkreuzung wurde er von Constable Michel Bureau gestoppt, einem Beamten, der später aussagte, dass er Wooley, der seine Weste mit den Clubabzeichen trug, sofort erkannt habe. Der Beamte stellte fest, dass Wooley nur einen Führerschein auf Probe besaß, der ihn dazu verpflichtet, nur in Begleitung eines routinierten Motorradfahrers zu fahren. Bureau ging daraufhin zu seinem Streifenwagen, um eine Anzeige aufzunehmen, als ihm auffiel, dass Wooley eine hektische Bewegung machte und an seiner Jacke nestelte.

„Ich wusste natürlich, dass Mr. Wooley schon in Mordfälle verwickelt war. Er war als gewalttätig bekannt, und er ist der einzige Schwarze, der in einen Motorradclub aufgenommen wurde. Es gab also bestimmte Gründe dafür anzunehmen, dass er Gewalt anwenden würde", sagte Bureau vor Gericht. Er rief Verstärkung, und fünf Minuten später waren fünf Polizisten mit einem vermeintlichen Verkehrsvergehen beschäftigt. Bureau gestand später, dass er Angst um seine Sicherheit gehabt und versucht habe, mit Wooley zu verhandeln.

„Ich schlage dir ein Geschäft vor", will er zu Wooley gesagt haben. „Du zeigst mir, was unter deiner Jacke ist, und ich lasse dein Motorrad nicht abschleppen." „Du hast hier nichts zu melden", erwiderte der Biker. Daraufhin will Bureau sein Angebot nachgebessert und Wooley zugesagt haben, nichts zu unternehmen, wenn sich unter der Jacke Drogen finden würden. Doch Wooley verweigerte erneut jede Kooperation. Bureau forderte ihn ein drittes Mal auf, ihm „zu zeigen, was unter deiner Jacke ist." Wooley sagte ein drittes Mal „Nein" und erinnerte die Beamten daran, dass er ein freier Mann war. Daraufhin erinnerten ihn die Beamten daran, dass er wegen der Verkehrsvergehen verhaftet sei, und noch während er auf dem Motorrad saß, begannen sie ihn zu durchsuchen. Sie fanden keinerlei Waffen, aber ganz in der Nähe wurde auf dem Bürgersteig eine halbautomatische Springfield Armory entdeckt.

Als der Fall vor Gericht landete, weigerte sich der Richter, der die Beweismittel zu begutachten hatte, zu glauben, dass es sich bei der Polizeiaktion um eine Routinekontrolle gehandelt habe. Er hielt es für wahrscheinlicher, dass sie zu einer Überwachungsaktion gehört hatte, in deren Zuge die Verkehrsverletzungen genutzt worden waren, Wooley zu durchsuchen. Der Richter urteilte, dass die verfassungsmäßigen Rechte des Bikers verletzt worden waren und die Beweismittel, die aus der Polizeiaktion stammten, nicht berücksichtigt werden konnten. Einen Monat später wurde der Biker vom Vorwurf des unerlaubten Waffenbesitzes freigesprochen.

Als sich dieser eigentümliche Vorfall ereignete, war Wooley bei der Polizei von Montreal schon bestens bekannt. Sie verdächtigten ihn mehrerer Morde, und während er wegen anderer Vergehen in Untersuchungshaft war, hatte er sich in mindestens drei Fällen mit Mithäftlingen geprügelt. In allen drei Fällen sprechen die Berichte davon, dass er „mit exzessiver und hemmungsloser Gewalt" vorgegangen sei. Und in den Tagen vor der Schlägerei im Fitnessraum war Wooley bei dem Versuch aufgeflogen, PCP ins Gefängnis zu schmuggeln. Die Bewährungskommission ging später davon aus, dass der Versuch zu einem gemeinsam mit anderen Insassen ausgehecken Plan gehörte, mithilfe der Droge Gewalt, Chaos und schließlich eine Meuterei anzustiften.

„Unsere Informationen deuten zudem darauf hin, dass Sie der Kopf dieser Verschwörung waren", erklärte die Kommission in dem Bescheid, mit dem sie Wooleys Antrag auf vorzeitige Entlassung ablehnte. Gründe dafür gab es mehrere. Einer war, dass in einem Sicherheitsbericht des Gefängnisses unterstellt wurde, dass Wooley zu Beginn seiner Haft Kopf eines Drogenrings gewesen sei, der mit Crack handelte, und dass er bis zuletzt immer wieder Drogen ins Gefängnis geschmuggelt hatte. Ebenfalls zu Beginn seiner Haft benannte ein Psychologe als Wooleys Hauptproblem den unbändigen Zorn, einen Zorn, den er nicht kontrollieren konnte. In seinem Gutachten schrieb der Psychologe auch, dass es Wooley an Urteilsvermögen und Selbstachtung mangele und er im Alter von 16 Jahren einen Selbstmordversuch begangen hatte.

Im April 2001 verweigerte sich Wooley allen weiteren psychologischen Untersuchungen. Die neun Anklagen wegen Mordes, die aus dem „Projekt Rush" resultierten, waren für ihn kein Neuland. Am 28. März 1997 war er beschuldigt worden, das 25-jährige Mitglied der Rock Machine namens Jean-Marc Caissy getötet zu haben. Der hatte gerade einen Freizeitpark in Montreal betreten wollen, um mit ein paar Freunden Hockey zu spielen, als ihn eine tödliche Kugel traf. Nicht einmal drei Wochen später verhaftete die Polizei den Schützen, einen Anhänger der Hells Angels mit dem Namen Aimé Simard. Der Schütze bot sich der Polizei als Informant an und beschuldigte mehrere Mitglieder der Rockers, darunter Wooley, den Mord geplant und in Auftrag gegeben zu haben. Wooley und seine Freunde wurde verhaftet und angeklagt, doch die Jury sprach sie von dem Vorwurf frei, was bei Polizei und Behörden in Quebec Zweifel am Wert von Informanten aufkommen ließ.

Doch Informanten und Doppelagenten lieferten einen Gutteil der Beweise, die 2001 zu den Festnahmen im Zuge der „Operation Springtime" führten. Ihre Informationen versetzten die Strafverfolgungs-behörden in die Lage, sich ein Bild von einem Drogennetzwerk zu machen, das entschlossen war, den Drogenmarkt Montreals vollstän-dig unter Kontrolle zu bringen.

„Wir reden hier über einen Krieg. Das sollten wir nicht vergessen", sagte Staatsanwalt Vincent am 21. Oktober 2001 bei einem der soge-nannten Mega-Prozesse, die aus der „Operation Springtime" resultier-ten. Vor einem Jahr waren fünf Nomads gefasst worden, ausgestattet mit Schusswaffen, Geld und Fotos ihrer Feinde. Seinerzeit hatte die Staatsanwaltschaft sie laufen lassen. Nun konnte sie fast allen von ihnen wegen der Beteiligung an einem gewaltigen und tödlichen Konflikt den Prozess machen.

2. Kapitel

Mom

„Die Idee zu wachsen und den Drogenhandel in Montreal vollständig unter Kontrolle zu bringen stammte von Maurice Boucher."
Stéphane Sirois, ehemaliges Mitglied der Rockers, der bei Verhandlungen mit den Hells Angels im Auftrag der Polizei ein verstecktes Aufnahmegerät bei sich trug.

Im Zentrum des Konflikts, der zum Krieg zwischen den Hells Angels und der Alliance führte, stand ein Mann namens Mom.

Maurice „Mom" Boucher duldete keine Konkurrenz, weshalb er unbarmherzig darauf aus war, sie zu eliminieren. Als er 1992 mit den Rockers seinen eigenen Club gründete, erwartete er von den Dealern bedingungslose Loyalität und bestand darauf, dass sie sich derselben Struktur und denselben Regeln unterwarfen, die für ihn als Mitglied der Hells Angels galten. Und als er den Eindruck hatte, dass manche Hells Angels aus dem Charter Montreal für den Krieg nicht den genügenden Biss mitbrachten, gründete er 1995 kurzerhand sein eigenes Charter.

Doch schon viele Jahre vor dem Beginn des Bikerkrieges kannte die Polizei Boucher als eine große Nummer im organisierten Drogenhandel in Kanada. Im Zuge einer Aktion der RCMP, die den Namen „Projekt Jaggy" trug und 1992 begann, geriet Boucher ins Visier der Ermittler, die erstaunt zur Kenntnis nahmen, wie eng die Hells Angels auch in andere Formen der organisierten Kriminalität verwickelt waren. Das „Projekt Jaggy" diente ursprünglich dem Zweck, den Plan zu durchkreuzen, 3,2 Tonnen Kokain von Jamaika nach Kanada zu schmuggeln. Die Polizei hatte einen Tipp bekommen, dass sich Hells Angels des Charters Quebec City mit Leuten aus dem Osten Kanadas treffen wollten, um Schmuggelrouten auszuarbeiten.

Alle Mann an Bord!

André Imbeault, Gründungsmitglied des Charters Quebec City, und Richard Hudon, verabredeten mit einem Mann namens Fennie Bungay ein Honorar in Höhe von 1,5 Millionen Dollar dafür, dass Bungay ein Schiff präparierte, das für den Schmuggel benutzt werden sollte. Zusätzlich bekam Bungay 240.000 Dollar, um das Schiff zu kaufen. Im Rahmen ihrer Überwachung der neuen Partnerschaft stellte die RCMP fest, dass weitere Hells Angels an Bord geholt wurden, darunter Daniel Beaulieu und Marius Perron.

Das Schiff, das Bungay kaufte, hieß Arctic Trader. Um es seetüchtig zu machen, investierte er im April und Mai 1993 75.000 Dollar. Ende Juni aber überbrachte Perron Hudon die schlechte Nachricht, dass die Artic Trader nicht zum Einsatz kommen würde. Um ihre Verluste auszugleichen, hatten die Hells Angels einen Spezialisten aus Edmundston in New Brunswick engagiert, der alle Ausgaben stoppte. Doch binnen eines Monats erholten sich die Hells Angels offenbar von dem Rückschlag, denn das neue Schiff, die Fortune Endeavor konnte in Marystone, Nova Scotia, in See stechen. Wie die Polizei später feststellte, wurde dieses illegale Geschäft in der Hauptsache von Hells Angels betrieben. Nach Abschluss des „Projektes Jaggy" würde man sie dafür belangen. Boucher gehörte zwar nicht zu diesen Männern, sein Name tauchte allerdings immer wieder in den Protokollen auf, die RCMP-Beamten von der Überwachung der Schlüsselfiguren erstellten.

Raynald Desjardins und die Mafia von Montreal

Eine der ersten polizeilichen Überwachungen wurde am 25. Mai 1993 durchgeführt, als sich Imbeault mit einem Mann namens Raynald Desjardins traf, der, wie sich später herausstellte, den Drogenschmuggel per Schiff finanzierte. An jenem Tag wurde er von Boucher begleitet, der seine Weste mit den Abzeichen der Hells Angels trug. Dass sich die beiden Männer kannten und gemeinsam auftraten, nahmen die Ermittler aufmerksam zur Kenntnis. Desjardins war der Polizei als rechte Hand von Vito Rizzuto bekannt, seines Zeichens der Pate der Mafia von Montreal. Was Desjardins den Hells Angels anzubieten

Raynald Desjardins

hatte, war der Zugang zu den finanziellen Mitteln der Mafia und seine persönliche Erfahrung im Drogenhandel, die mindestens bis ins Jahr 1980 zurückreichte. Schon 1986 hieß es in Ermittlungsberichten der Polizei, dass Desjardins die Mafia von Montreal mit Drogen versorge.

Das „Projekt Jaggy" endete für Desjardins mit einer Verurteilung zu 15 Jahren Gefängnis – eine der höchsten Strafen, die ausgesprochen wurden. Er nutzte die Zeit, um bestehende Kontakte auszubauen und neue zu knüpfen. Während er seine Strafe absaß, liefen mindestens zwei Ermittlungsverfahren gegen ihn, in denen es um Gewaltverbrechen wie einen fehlgeschlagenen Mordversuch ging, den er vom Gefängnis aus angeordnet haben soll. Als er am 2. Juni 2004 nach Verbüßung von zwei Drittel seiner Strafe entlassen wurde, war sein Einfluss ungebrochen, obwohl er mehr als ein Jahrzehnt hinter Gittern verbracht hatte. Dort hatte er sich sowohl mit Angehörigen der Mafia als auch mit Hells Angels zusammengetan. Und in einem Bericht vom Februar 2004 ist festgehalten, dass er häufig gegen die Gefängnisordnung verstoßen hat.

„Sie haben über die Jahre eine wichtige Position an der Spitze einer kriminellen Organisation bekleidet und die entsprechenden Kontakte in Gefangenschaft aufrechterhalten", bilanziert die Bewährungskommission. Dennoch waren sie per Gesetz dazu verpflichtet, ihn aus der Haft zu entlassen. Ihnen blieb nur, Desjardins nachdrücklich zu warnen, dass er umgehend wieder ins Gefängnis wandern würde, wenn er im Laufe der kommenden fünf Jahre, während der er noch unter Bewährung stand, die alten Verbindungen wieder aufnehmen würde. Außerdem wurde er dazu verdonnert, jeden Monat eine Aufstellung seiner Einnahmen und Ausgaben vorzulegen.

Die Justizvollzugsbeamten hingegen waren froh, Desjardins los zu sein. Während seiner Haftzeit, im April 1995, hatte er, so der Verdacht, zwei Mitgefangene beauftragt, den Häftling William Fisher zu ermorden. Laut dem Abschlussbericht des CISC, das den Vorfall untersuchte, ging es bei dem Konflikt darum, dass Desjardins den Flügel des Gefängnisses, in dem er selbst saß, drogenfrei wissen wollte. Zudem soll er während seiner Zeit im Leclerc-Gefängnis versucht haben, einen Mithäftling zu vergiften. Zudem soll er hinter mehreren gewalttätigen Vorfällen gestanden haben.

2001, bei einem gescheiterten Versuch, vorzeitig entlassen zu werden, behauptete er, der organisierten Kriminalität abgeschworen zu haben. „In meiner Position brauche ich für einen solchen Schritt niemanden um Erlaubnis zu fragen", sagte er. Doch als er am 25. September 2002 das Gefängnis für einen Tag verlassen durfte, wurde er zusammen mit Francesco Cotroni gesehen, dem Sohn von Frank Cotroni, der wiederum ein einflussreiches Mitglied jener Mafiaorganisation war, die nach seiner Familie benannt war. „Frank Cotroni starb im Sommer 2004 an Hirnkrebs.) Desjardins und Cotronis Sohn erklärten später, ihr Treffen habe keinerlei besondere Bedeutung gehabt, eine ungeplante, eher zufällige Begegnung zweier Männer, von denen einer Hafturlaub hatte und der andere auf Bewährung frei war. Massiven Ärger mit der Bewährungskommission brachte den beiden das Treffen trotzdem ein.

Mom und die Fortune Endeavor

Schon 1993 hatte es Desjardins in der Unterwelt zu solcher Berühmtheit gebracht, dass die Polizei seinen Namen und den von Vito Rizzuto in einem Atemzug nannte. Desjardins fuhr in einem teuren Mercedes Benz herum, verbrachte seine Zeit auf einer 40 Fuß langen Luxusjacht und besaß eine stattliche Sammlung seltener Oldtimer. Und außer bei der Begegnung Desjardins mit Imbeault, seinem Kollegen von den Hells Angels aus Quebec, im Jahr 1993 wurde Boucher Wochen später in Longueil ein zweites Mal in Begleitung der „rechten Hand" von Vito Rizzuto gesehen.

Im Sommer 1993 wurden zudem mehrere Telefonate abgehört, die Boucher mit Desjardins beziehungsweise dessen Geschäftspartner Julio Cesari führte. Ungefähr zur selben Zeit hatte Imbeault einem Informanten der RCMP anvertraut, dass Desjardins die Schmuggelaktion mit der Fortune Endeavor finanzierte. Die Polizei fand auch heraus, dass sich Desjardins und Rizzuto regelmäßig absprachen. Ein besonders aufschlussreicher Tag war der 17. August 1993. Ein Überwachungsteam beobachtete, wie Boucher das Büro von Desjardins Firma Amusements Deluxe verließ und in ein Auto stieg. Der Mann von den Hells Angels schien offensichtlich zu ahnen, dass er von der Polizei überwacht wurde, denn zu dem Treffen war er mit einem Auto gekommen, das auf die Mutter von Luc „Bordel" Bordeleau, einem Mitglied der Rockers, zugelassen war.

Tags zuvor hatte die Fortune Endeavor, von Jamaika kommend, zwar kanadische Gewässer erreicht, war dort aber auf erhebliche Schwierigkeiten mit der Hafenbehörde von Halifax gestoßen. Aus Sorge vor einer offiziellen Durchsuchung des Schiffs verpackte die Besatzung die 750 Kilogramm Kokain in Kunststoffrohre, die sie mit Blei und Eisenketten beschwerten, um die Fracht über Bord gehen zu lassen – doch anders als ursprünglich vorgesehen nicht in Küstennähe, sondern auf offener See. Am 17. August, jenem Tag, an dem sich Boucher und Desjardins trafen, bestieg Imbeault in Shippagan, New Brunswick, ein Motorboot, um mithilfe des Sonars die Drogen ausfindig zu machen. Mit an Bord war Bordeleau, der nicht nur Gründungsmitglied der Rockers und ein enger Freund Bouchers war, sondern auch ein leidenschaftlicher Taucher. Doch nach acht Tagen intensiver Suche im Sankt-Lorenz-Golf brachen die beiden das Unternehmen ab, die Drogen blieben verschwunden. Als Bordeleau und die übrige Crew ohne ihren illegalen Schatz an Land gingen, wurden sie von der RCMP beobachtet. Den Beamten fiel auf, dass Bordeleau nichts tat, um zu verbergen, dass er stets bewaffnet war. Die Polizei ging davon aus, dass Boucher ihn eigens für die Aktion zur Bergung des Kokains rekrutiert hatte. Das sollte bei der Anhö-

Maurice „Mom" Boucher (links) und Luc „Bordel" Bordeleau (rechts).

rung der Bewährungskommission Thema werden, als Bordeleau wegen seiner erfolglosen Tauchgänge fünf Jahre Haft absaß. Denn auch wenn er in die Details des Kokainschmuggels nicht eingeweiht war, wurde er kurz nach dem Abbruch der Schatzsuche zusammen mit Hauptverantwortlichen wie Imbeault und Desjardins angeklagt. Das Kokain wurde übrigens ein Jahr später von den kanadischen Streitkräften lokalisiert.

Boucher wurde nicht einmal verhaftet. Seine Telefonate mit Desjardins waren für die Ermittler wenig ergiebig. Dafür war unterdessen klar geworden, dass er in der lukrativen Drogenszene von Quebec eine große Nummer war. Der Weg dorthin war lang und schmutzig gewesen.

Mom – ein Mann und sein Umfeld

Boucher kam am 21. Juni 1953 in Causapscal zur Welt, einem Ort auf der Halbinsel Gaspé am Zusammenfluss der beiden Flüssen Matapedia und Causapscal. Der Name des Ortes stammt aus der Sprache der Mi'kmaq und bedeutet übersetzt „steiniger Ort".

Als er zwei Jahre alt war, zog seine Familie von dem friedlichen, abgelegenen Dorf in ein eher raues Viertel von Montreal, wo Bouchers Vater als Eisenflechter auf dem Bau arbeitete. Seine Mutter blieb derweil zu Hause, um auf Boucher und seine sieben Geschwister aufzupassen, drei Brüder und vier Schwestern. Details über seine Kindheit finden sich in einem Gerichtsbericht, der zusammengestellt wurde, als Boucher 21 Jahre alt und ein Kleinkrimineller mit, wie er selbst zugab, erheblichen Drogenproblemen war. Der Bericht wurde im Februar 1975 von dem Kriminologen Guy Pellerin erstellt, der mit Boucher, dessen Mutter, einem Freund und einem Ermittler der Polizei von Montreal gesprochen hatte.

Als Pellerin seinen Bericht schrieb, wurde Boucher des Einbruchdiebstahls beschuldigt. Insgesamt wurden ihm drei verschiedene Einbrüche angelastet, die er im Herbst 1974 begangen hatte. Die erste Verhaftung erfolgte in den ersten Minuten des 5. November, als Boucher die Fenster der Eingangstür eines Lebensmittelgeschäfts in Hochelaga Maisonneuve einschmiss, jenem Stadtteil für Menschen mit geringem

Einkommen, in dem er aufgewachsen war. Im Laden griff er sich 23 Stangen Zigaretten, mit denen er fliehen wollte. Allerdings hatte er eine Alarmanlage ausgelöst, deren Heulen die Besatzung eines Streifenwagens auf den Plan gerufen hatte. Am Tatort angekommen, sahen sie Boucher, der vor dem Laden stand. Zu seinen Füßen lag ein grüner Plastiksack, der die Zigaretten enthielt.

Nachdem Bouchers Personalien aufgenommen worden waren, wurde er unter der Bedingung auf freien Fuß gesetzt, sich bis zum Abschluss des Verfahrens gesetzestreu zu verhalten. Doch nach nur wenig mehr als drei Wochen brach er in eine Wohnung an der Hochelaga Street ein und stahl der Bewohnerin den Fernseher im Wert von 400 Dollar. Boucher hatte die Eingangstür aufgebrochen, sich das Fernsehgerät gepackt und war wieder gegangen. Im Oktober fand die Polizei den Fernseher sowie weitere technische Geräte, die in einem Fachgeschäft entwendet worden waren, in Bouchers Wohnung. Boucher behauptete, zum Zeitpunkt der Einbrüche unter dem Einfluss von Drogen gestanden zu haben und sich an nichts erinnern zu können.

In seinen Gesprächen mit Pellerin behauptete Boucher, den harten Drogen abgeschworen zu haben. Selbst in der Zeit, in der er den Drogen noch bedenkenlos zugesprochen hatte, will er sich immer darüber im Klaren gewesen sein, welche Schäden der Drogenkonsum nach sich ziehen könnte. Seine Freundin Diane Leblanc war im achten Monat schwanger, und Boucher sprach gegenüber dem Kriminologen von der Verantwortung, die künftig auf seinen Schultern liegen würde.

In seinem noch jungen Leben hatte Boucher bereits LSD, Kokain und Heroin probiert. Nun behauptete er, in den letzten zwei Monaten vor seiner Verhaftung keine harten Drogen genommen zu haben. Er gab allerdings zu, dass er weiterhin Alkohol und weiche Drogen wie Marihuana konsumierte. Pellerin wollte er das damit erklären, dass er süchtig war und die weichen Drogen dafür benutzte, die Sucht zu bekämpfen. Amphetamine will er deswegen nicht mehr genommen haben, weil sie ihn in die Paranoia trieben – Als Belege dafür nannte er ständige Angst und den Umstand, dass er meist mit einem Gewehr in der Hand schlief.

Als Jugendlicher hatte Boucher ein gutes Verhältnis zu seiner Mutter, ein problematisches zu seinem Vater, einem grobschlächtigen Mann mit, so der Bericht, einem massiven Alkoholproblem. Zudem war Bouchers Vater ein sehr strenger Mann, der seinen Kindern nichts durchgehen ließ. Boucher und seine Geschwister entfremdeten sich zunehmend von ihrem Vater, und zumal Boucher entwickelte eine Art Desinteresse für ihn. Wenn er mal wieder zu schreien anfing, verließ Boucher einfach den Raum. Und Bouchers Mutter erzählte dem Kriminologen, dass sie sich wegen der übertriebenen Strenge ihres Mannes oft auf die Seite der Kinder geschlagen hatte.

Mit 17 oder 18 Jahren verließ Boucher die Schule. Seine Leistungen dort waren durchwachsen, und für den Unterricht hat er sich nie richtig interessiert. Kurz nach dem Abgang von der Schule verließ er auch sein Elternhaus. Es folgte eine Zeit, in der sich Boucher und sein Vater permanent in den Haaren lagen, was Boucher jedoch nicht davon abhielt, mit seiner Mutter Kontakt zu halten. Dafür suchte er sich eigens eine Wohnung in der Nähe seines Elternhauses. Er nahm diverse Jobs an, aber immer nur für kurze Zeit, weil er der Auffassung war, dass sie zu schlecht bezahlt waren, um vernünftige Zukunftsaussichten zu bieten. Gegenüber Pellerin gab er auch zu, dass seine Konzentration und Belastbarkeit durch den Drogenkonsum gelitten hatten.

Kurz vor seiner Festnahme 1974 hatte Boucher beschlossen, auf dem Bau zu arbeiten. Dass er denselben Beruf wie sein Vater ausüben wollte, erklärte er gegenüber dem Kriminologen damit, dass er dort gutes Geld verdienen könnte. Doch zu dieser Zeit lag die Bautätigkeit in Montreal brach. Es gab Streiks und Aussperrungen. Boucher fand trotzdem einen Job, doch als schon nach einer Woche Schluss war, war er ziemlich entmutigt.

Pellerin, der sich mit Bouchers Fall befasste, bestätigte, dass die drei Monate in Haft für Boucher eine schwere Zeit gewesen seien. Boucher litt an Schlafstörungen und unter Entzug. Dem Kriminologen erklärte er, dass die einzigen Drogen, die er sich im Gefängnis beschaffen konnte, von einem Arzt stammten und gegen die Schlafstörungen helfen sollten. Die dreimonatige Haft beschrieb Pellerin als eine Lehre für Boucher; allerdings hegte er große Zweifel, ob der die erwünschten Konsequenzen daraus ziehen würde. So warnte er davor, Bouchers Behauptung, keine Drogen mehr nehmen zu wollen, Glauben zu schenken. Schließlich sagte das ein Mann, der das dringende Ziel hatte, aus der Haft entlassen zu werden.

„Er steht vor einer richtungsweisenden Entscheidung", schrieb Pellerin in einer Zusammenfassung seines Berichts und fügte hinzu, dass man davon ausgehen müsse, dass, sofern Boucher weiterhin Drogen nahm, auch seine kriminelle Karriere weitergehen würde. „Die Zeit wird zeigen, ob seine Motive echt sind und er die Kraft hat, sein Leben zu ändern." Am 11. April 1975 brachte Bouchers Freundin einen Sohn zur Welt, Françis. Dass er nun Vater war, wirkte sich auf Boucher jedoch nicht so aus, wie der Kriminologe gehofft hatte. Fünf Monate nach der Geburt seines Sohnes wurde Boucher erneut eingesperrt. Der Richter, für den Pellegrin seinen Bericht verfasst hatte, teilte nicht die Auffassung, dass die Haft, die Boucher bereits hinter sich hatte, abschreckende Wirkung haben könnte – er verurteilte Boucher zu zweieinhalb Monaten Gefängnis. Als er wieder raus kam, setzte er sein Leben als Krimineller fort. Jahre später begrüßte er auch seinen Sohn Françis bei den Rockers, dem Club, in dem er Dealer, Schläger und Killer versammelt hatte. Bouchers „richtungsweisende Entscheidung", von der Pellegrin gesprochen hatte, war für die Laufbahn als Krimineller gefallen.

Am 5. November 1975, Pellegrin hatte seinen Bericht erst vor wenigen Monaten abgeschlossen, beging Boucher seine erste Straftat als Vorbestrafter. Um 5.40 Uhr stürmte er zusammen mit seinem Komplizen Laurent David eine Fleischerei und bedrohte den 71-jährigen Inhaber mit einem Gewehr und einem Schlachtermesser. Die Beute betrug exakt 138,39 Dollar. Für den Überfall gab es drei Zeugen, und so dauerte es nicht lange, bis Boucher und David verhaftet und eingesperrt wurden. Die Strafe lautete 40 Monate Gefängnis, und für Boucher hieß das, dass er erstmals in einem Bundesgefängnis landete, wo er fast die gesamte Zeit absitzen musste. Bis dahin hatte er sich nur geringerer Vergehen wie Diebstahl schuldig gemacht. Auch David war bis dahin nur für Vergehen wie Diebstahl und den Besitz von Falschgeld aufgefallen und mit geringen Strafen davongekommen.

Wie Boucher hielt auch Laurent David an seinem Leben als Krimineller fest. Doch anders als bei Boucher wurde Davids weitere Karriere stark von seiner Drogen- und Alkoholsucht bestimmt. Als Boucher 1995 begann, mit den Hells Angels Nomads eine Truppe von Millionären aufzubauen, die entschlossen waren, für das Machtmonopol auf dem Drogenmarkt zu töten, saß David wegen einer Straftat im

Gefängnis, die der, die er und Boucher zwanzig Jahre zuvor begangen hatten, bis aufs Haar glich. Mit 47 Jahren beging David noch immer bewaffnete Überfälle, darunter 1993 einen, bei dem er eine 9mm-Pistole verwendete. Die zurückliegenden Jahre hatte er in irgendwelchen Bars oder mit dem Versuch verbracht, beruflich auf einen grünen Zweig zu kommen, sei es als Krankenpfleger, sei es als Versicherungsvertreter. Der Erfolg war so oder so bescheiden. Ein Psychologe, der ihn 1994 untersuchte, kam zu dem Schluss, dass David unreif und narzisstisch veranlagt war. Er war zwar recht intelligent, aber seine Kariere als Krimineller wurde nicht zuletzt vom Alkohol vereitelt.

Das nächste Mal, dass Boucher eine Straftat beging, war 1978, kurz nachdem er die 40 Monate abgesessen hatte. Seinen Komplizen kannte er dieses Mal ungleich besser als beim letzten Mal. Boucher und sein nächst jüngerer Bruder Christian wurden beschuldigt, im Dezember 1978 zwei Mal in dasselbe Haus eingebrochen zu sein. Beim ersten Mal sollen sie einen Fernsehapparat, andere elektronische Geräte und Bücher entwendet haben. Nicht einmal zwei Wochen später, wenige Tage nach Weihnachten, sind sie erneut in das Haus am Pie-IX-Boulevard eingebrochen, dieses Mal, um das Kleinkalibergewehr des Bewohners zu stehlen. Dem Hauseigentümer schlugen sie ins Gesicht, dann zwangen sie ihn, einen Kaufvertrag für das Gewehr zu unterschreiben. Schließlich richteten sie das Gewehr gegen einen Freund des Hausbesitzers, der zu Besuch war, und nötigten ihn, sein Bargeld auszuhändigen, 222 Dollar. Als die Brüder Boucher gingen, drohte Christian den beiden Opfern, sie umzubringen, wenn sie die Polizei rufen würden. Das taten sie trotzdem, aber die Verfahren gegen die Bouchers mussten eingestellt werden.

Wie sein Bruder Maurice hatte auch Christian, bevor er in Zusammenhang mit dem Überfall verhaftet wurde, nur wegen kleinerer Vergehen gesessen, in erster Linie Autodiebstahl und Einbruch. Und nach der Festnahme am Ende des Jahres 1978 schlug er einen anderen Weg ein als sein Bruder, obwohl er mit ihm in den frühen 1990er Jahren eine Wohnung in der Leclaire Street teilte. Wenn Christian Boucher mit dem Gesetz in Konflikt kam, dann weiterhin nur wegen kleinerer Vergehen. 1986 wurden er und sein Bruder Patrick nach einem Einbruch festgenommen. Während sich Christian schuldig bekannte und auf freien Fuß gesetzt wurde, musste sein Bruder für zwei Jahre ins Gefängnis. 1990 saß Christian Boucher vier Monate, weil er eine Frau bedroht hatte. 1992, als sein Bruder Maurice mithilfe der Hells Angels und der Rockers seine Machtbasis ausbaute, klaute Christian weiterhin Autos und musste wegen eines gestohlenen Mazdas 626 fünf Monate hinter Gitter.

Patrick Boucher war drei Jahre jünger als Maurice, und wie sein großer Bruder pendelte er als Erwachsener zwischen Freiheit und Gefängnis. In den frühen 1990er Jahren, er saß gerade eine zweijährige Gefängnisstrafe wegen des Einbruchs ab, wurde sein Antrag auf Haftverschonung abgelehnt. Erst als er zwei Drittel seiner Strafe verbüßt hatte, kam er auf Bewährung frei, was jedoch kurz darauf widerrufen wurde, als die Polizei von Montreal ihn dabei erwischte, wie er volltrunken in seine eigene Wohnung einbrechen wollte. 1988 erhielt Patrick Boucher zwei Jahre Gefängnis, weil er eine Frau mit vorgehaltener Waffe überfallen hatte. Drei Jahre später musste er wegen eines Einbruchs erneut für 18 Monate hinter Gitter. Das Ende der 1990er Jahre erlebte er als Häftling, nachdem er bei einem Einbruch den Beamten, der ihn festnehmen wollte, verletzt hatte – was ihm nur deshalb möglich war, weil eine zweijährige Haftstrafe zur Bewährung ausgesetzt worden war.

Noch in den frühen 1990er Jahren schien es, als solle Maurice Boucher eine ebenso unbedeutende kriminelle Figur bleiben wie seine Brüder. Ende Dezember 1981 wurde er verhaftet, weil er in ein Haus im East End eingebrochen war, doch um wenigstens auf Kaution freizukommen, erklärte er den Behörden, dass er bei einem Hersteller für Haushaltsgeräte in der Notre Dame Street East einen Job hatte und mit Diane Leblanc zusammenlebte. Die Firma hatte ihn am 7. Juli 1979 eingestellt. Boucher bekam etwas mehr als 10 Dollar pro Stunde. Glaubt man Briefen, die bei Gericht vorgelegt wurden, machte er diesen Job mindestens vier Jahre lang. Boucher und sein Komplize wurden beschuldigt, eine Scheibe eingeschlagen zu haben und in das Haus eingestiegen zu sein. Dort hatten sie ein Radio, einen Kassettenrekorder und andere Gerätschaften mitgenommen. Doch einige Monate später wurde die Anklage gegen ihn fallen gelassen, weil das Opfer es nicht für nötig befand, vor Gericht zu erscheinen und gegen Boucher auszusagen.

Erst 1982, Boucher hatte mal wieder gesessen, zeichnete sich allmählich ab, dass er mehr war als ein kleiner Dieb, der irgendwelche

Scheiben einschmiss, sich seine Beute griff und verschwand. Er wurde verhaftet, weil er angeblich versucht hatte, einen Mann, der in einem Café arbeitete, zu nötigen und zu erpressen. Das Opfer behauptete, dass Boucher ihn dazu zwingen wollte, einen Raub zu begehen, damit er, Boucher, seine Schulden bezahlen konnte. Es wurde zwar keine Anklage erhoben, aber die Polizei schien Boucher fortan im Visier zu haben. Im entsprechenden Bericht findet sich eine Notiz, die darauf hindeutet, dass sie einen Informanten auf Boucher ansetzte. Darin heißt es, dass Boucher von einer Brasserie im Bezirk Hochelaga Maisonneuve aus operierte. Ein Jahr später, im Juni 1983, wurde Boucher erneut verhaftet, weil er eine gestohlene Kreditkarte verwendet hatte. Er musste 250 Dollar Strafe zahlen. Wenige Monate später folgte die nächste Festnahme, dieses Mal wegen Diebstahls. Dieses Mal betrug die Strafe 300 Dollar, zusätzlich eine zweijährige Bewährungszeit.

Boucher und die SS

Etwa zur selben Zeit trat Boucher dem SS bei, einem Motorradclub mit Sitz in Pointe aux Trembles an der Ostspitze der Insel, auf der Montreal liegt. Normand „Biff" Hamel, den Boucher später als Gründungsmitglied zu den Nomads holte, war schon seit 1981 im SS. Ein weiteres Mitglied war Salvatore Cazzetta, ein Mann, der in den kommenden Jahren eine bedeutende Rolle in Bouchers Leben spielen sollte. Cazzetta und sein Bruder Giovanni gründeten später die Rock Machine, einen Club, der sich ausdrücklich gegen die Herrschaftsansprüche stellte, die die Hells Angels und vor allem Maurice „Mom" Boucher in den frühen 1990er Jahren im östlichen Montreal erhoben.

Normand „Biff" Hamel

Die Brüder Cazzetta

Wie Boucher begann auch Salvatore Cazzetta seine Karriere als Kleinkrimineller, der über das, was er tat, nicht großartig nachdachte. 1975 wurde er verhaftet, weil er an Thanksgiving einen Ford Mustang geklaut, ihn anschließend zerlegt und in Einzelteilen verkauft hatte. Der Polizei machte er die Ermittlungen denkbar leicht, weil er das Gerippe des Wagens hinter seinem Haus abstellte. Zwei Jahre später verdiente er sich seine erste Strafe in einem Bundesgefängnis, indem er zusammen mit seinem Bruder in eine Bar einbrach und lächerliche 300 Dollar erbeutete – in Münzen, die aus den Zigarettenautomaten stammten. Ein Grund, warum er dafür zwei Jahre aufgebrummt kam, war, dass Cazzetta einen Polizisten über den Haufen rannte, der ihn in seinem Versteck im Keller aufgespürt hatte.

1980 überkam ihn unvermittelt das Bedürfnis, Biker zu werden. Er wurde erwischt, wie er des Nachts um das Haus einer Frau herumschlich, um ihre Harley-Davidson zu klauen. Erst Jahre später und im Zusammenhang mit einer anderen Festnahme bekam die Polizei mit, dass sich Cazzetta das Bild einer Harley-Davidson und das Wort „Brothers" auf den Arm hatte tätowieren lassen.

1981, er saß gerade in der Haftanstalt namens Bordeaux, war Cazzetta in bandenmäßige Aktivitäten verstrickt. Wayne Story, ein Mithäftling, spielte gerade Karten, als andere Insassen den Raum stürmten und Story mit Metallstangen attackierten und erschlugen. Doch die Beweislage gegen Cazzetta und die vier anderen Häftlinge, denen der Mord angelastet wurde, war dünn. Ein Geschworenengericht sprach sie am 17. Dezember 1981 von dem Vorwurf frei.

1982 hatte Cazzetta für Recht und Gesetze nur noch ein müdes Lächeln übrig. Am 26. November warf er das Schaufenster eines Bekleidungsgeschäfts an der Centre Street ein und griff sich, was er gebrauchen konnte. Der Mieter eines anderen Geschäftes beobachtete Cazzetta – der schon damals die für ihn charakteristischen Pferdeschwanz und Bart trug –, wie er mit 26 Lederjacken über der Schulter aus dem Schaufenster stieg. Sein Hund folgte ihm, was die Identifizierung erheblich vereinfachte. Eine andere Zeugin, die gerade auf dem Heimweg war, sagte der Polizei, dass sie Cazzetta wenige Minuten vor dem Einbruch in unmittelbarer Nähe des Bekleidungsgeschäfts gesehen hatte. Der Mann habe betrunken gewirkt. Stunden später, nachdem der Mieter den Inhaber des Ladens über den Vorfall informiert hatte, setzte der sich in sein Auto, fuhr durch die Gegend und hielt Ausschau nach einem mysteriösen Räuber mit Pferdeschwanz. Nach wenigen Minuten hatte er Cazzetta nur wenige Straßen weiter aufgespürt. Er hatte denselben Hund bei sich, der bei dem Einbruch gesehen worden war. Für den Diebstahl der Lederjacken saß Cazzetta zwei Jahre minus einen Tag. Kurz nach seiner Entlassung war er in eine Drogensache verstrickt. Der Besitz von 56 Gramm PCP brachte ihm eine Strafe von zwei Monaten Gefängnis ein.

Ein Jahrzehnt später wusste die Polizei durch Informanten, dass die Brüder Salvatore und Giovanni Cazzetta an der Spitze der Rock Machine standen, die ihrerseits im Drogenhandel, auf dem Gebiet der Prostitution und im Kreditgeschäft mitmischte. Obwohl Salvatore einer der Hauptfiguren im Bikerkrieg war, saß er quasi die gesamte Zeit über im Gefängnis. 1994 war er für den Versuch festgenommen worden, 200 Kilo Kokain durch die USA nach Kanada zu schmuggeln, anschließend an die USA ausgeliefert und in Florida verurteilt worden. Er verbrachte drei Jahre in einem US-Gefängnis, wo er seinen Schulabschluss nachholte. Dann kam er zurück nach Kanada, wo er in einem Gefängnis in Sainte-Anne-des-Plaines die restliche Strafe absitzen sollte. Als im Juni 2004 zwei Drittel verbüßt waren, wurde er auf Bewährung entlassen. Salvatore strahlte förmlich, als ihm klar wurde, dass es ihm erspart blieb, die Reststrafe im offenen Vollzug zu verbringen. Den drei Mitgliedern der Bewährungskommission versicherte er, dass er fest vorhabe, nach Ontario zu gehen. „Dort bin ich weniger bekannt", sagte er und fügte hinzu, dass die rohe Gewalt, in die der Bikerkrieg ausgeartet war, „nicht sein Ding" sei. Die Schuld an der Entwicklung gab er denjenigen Mitgliedern der Rock Machine, die nach seiner Verhaftung 1994 die Macht übernommen hatten. Er sah die Zukunft der Rock Machine eher als „Zusammenschluss von Geschäftsleuten" mit der Absicht, Kleidung in Boutiquen zu verkaufen.

Wie sein Bruder bestritt auch Giovanni Cazzetta jede Verstrickung in den Bikerkrieg. Als er im Mai 2005 vor die Bewährungskommission trat, sagte er, dass die Rock Machine viele Jahre vor dem Beginn des Bikerkrieges gegründet wurde, und wies darauf hin, dass er bei dessen Ausbruch im Gefängnis saß. Er ergänzte, dass die Mitglieder zum Zeitpunkt der Gründung der Rock Machine auf dem Drogenmarkt von Montreal eine gewichtige Rolle gespielt und genug verdient hatten, um zufrieden zu sein. Gegenüber der Kommission behauptete er, dass die Hells Angels den Bikerkrieg angezettelt hatten und die Entwicklung vielleicht anders verlaufen wäre, hätte er zum fraglichen Zeitpunkt nicht hinter Gittern gesessen.

Giovanni Cazzetta, der mit seinen 48 Jahren an den Schläfen bereits ergraute, ansonsten aber eine längere Haft wegen Drogenhandels und des Besitzes von Geld, das aus illegalen Geschäften stammte, an Leib und Seele gut überstanden hatte, erklärte, dass er nach Calgary ziehen wolle, um dort in der Bauindustrie zu arbeiten. „Ich habe es so gewollt", antwortete Cazzetta auf die Frage, wie er nach einer Kindheit, in der er weitgehend auf sich selbst gestellt war, zu einem einflussreichen Drogendealer geworden war. Nun aber wollte er sich von den Mitgliedern der Rock Machine, die unterdessen den Bandidos beigetreten waren, lösen. Dasselbe erzählte er auch 2004, als er von einem Hochsicherheitsgefängnis in eine gewöhnliche Haftanstalt in Laval verlegt werden sollte.

1997, Cazzetta war nach einer Verurteilung wegen Drogenvergehen auf Bewährung frei, wurde er wegen derselben Sache erneut verhaftet. Im Mai 2005 erklärte er gegenüber der Bewährungskommission, dass er ursprünglich Montreal hatte verlassen wollen, um nicht in den Krieg hineingezogen zu werden. Er behauptete, dass er sich die Inhaftierung von 1997 eingehandelt hatte, weil er sich verpflichtet gefühlt habe, seinen Freunden beizustehen, die ohne ihn nicht an größere Mengen Kokain gekommen wären. „Ich hatte die entsprechenden Kontakte", sagte er und fügte hinzu, dass er die Nähe zur Rock Machine schon deshalb gesucht hatte, weil es seiner Sicherheit diente.

Giovanni Cazzetta blieb bei seiner Behauptung, dass er mit der zunehmenden Gewalt im Rahmen des Bikerkrieges nichts zu tun hatte. Daraufhin fragte ihn Paul Mercier, ein Mitglied der Bewährungskommission, ob er sich je vor Augen geführt habe, wie viele andere Opfer der Krieg gekostet hatte, etwa all die Süchtigen, die beide Kriegsparteien zu verantworten hatten. „Es müssen ziemlich viele gewesen sein", gestand Giovanni Cazzetta zu, fügte aber hinzu: „Mein Entschluss steht fest: Mit Kriminalität will ich nichts mehr zu tun haben." Die

Kommission lehnte seinen Antrag auf vorzeitige Entlassung dennoch ab.

Trotz der Tatsache, dass viele führende Köpfe des Bikerkrieges aus dem SS hervorgingen, blieb der Club selbst eher unbedeutend und löste sich irgendwann Mitte der 1980er Jahre auf.

Vollmitglied

Maurice Boucher war im Begriff, von einem gewöhnlichen Kriminellen zu einem Gewaltverbrecher zu werden. Während des Sommers 1984 vergriff er sich an einer 16-Jährigen und bedrohte sie mit einer Waffe. Kurz danach wurde er verhaftet und nach wenigen Tagen schuldig gesprochen. Die Strafe lautete 23 Monate Gefängnis. Die ersten Tage verbrachte er in Joliette, Quebec, dann wurde er nach Montreal verlegt, wo er blieb, bis er im Januar 1986 entlassen wurde. Dass er im Gefängnis saß, hinderte Boucher jedoch nicht daran, weiterhin Straftaten zu begehen. Aus der Haft heraus gelang es ihm, alle zwei Wochen Arbeitslosengeld zu kassieren. Der Schwindel flog erst auf, als er ohnehin entlassen werden sollte.

Am 1. Mai 1987 aber begann eine neue Ära, in der für solche Streiche kein Platz mehr war. Boucher bekam die Abzeichen überreicht, die ihn als Vollmitglied der Hells Angels im Charter Montreal auswiesen. Das Charter Montreal war das erste, das in Kanada gegründet worden war, und ein Jahrzehnt alt, als Boucher ihm beitrat. Als Folge des Massakers von Lennoxville waren viele Mitglieder des Charters untergetaucht oder im Gefängnis. Fieberhaft wurde nach neuen Mitgliedern gesucht. Bouchers Freund vom SS, Normand „Biff" Hamel, war dem Charter erst wenige Monate zuvor beigetreten. Die Polizei wunderte sich später darüber, dass Boucher sein Patch nur drei Tage vor dem Tod des 23-jährigen Martin Huneault bekommen hatte, des jungen Anführers eines Clubs namens Death Riders, der in einer Brasserie in Laval erschossen wurde. Die Death Riders und die Hells Angels galten als verfeindet.

In den Minuten vor seinem Tod hatte Huneault mit seiner Freundin ein Bier getrunken und dabei ein Eishockeyspiel im Fernsehen angeschaut. Im Raum befanden sich sechs Gäste und die Bedienung, die sich gerade an der Kasse aufhielt. Die Tür ging auf, jemand kam herein, ging auf Huneault zu, baute sich wenige Zentimeter vor ihm auf und drückte ab. Von drei Kugeln getroffen, brach Huneault zusammen. Eine hatte ihn mitten ins Gesicht getroffen, eine durchschlug seinen rechten Arm und landete als Querschläger in der Brust. Der Polizei fiel auf, dass wenige Tage nach Huneaults Tod Mitglieder der Death Riders zusammen mit Boucher und Hamel gesehen wurden.

Die beiden waren zu dieser Zeit schon enge Freunde. Später beschrieb mindestens einer ihrer gemeinsamen Freunde das Verhältnis der beiden so, dass Hamel mehr von einem Geschäftsmann hatte als Boucher. Doch auch Hamel hatte den Hang zur Gewalt. 1986, kurz bevor er den Hells Angels beitrat, wurde Hamel ins Untersuchungsgefängnis Parthenais eingesperrt, das zum Hauptquartier der Sûreté von Quebec gehörte. Die Zelle teilte er sich mit einem Dutzend anderer Häftlinge, von denen einer unvermittelt zu schreien begann, er wolle sich einem Lügendetektortest unterziehen. Weil sich Hamel von dem Lärm gestört fühlte, schlug er den Mann zusammen.

Nach dem Vorstrafenregister beurteilt, war Hamel wesentlich früher als Boucher im organisierten Drogenhandel aktiv. Während des Sommers 1978 war die Polizei von Montreal einem Drogennetzwerk auf der Spur, das in der City operierte. In das Netzwerk vorzudringen hatte viel Zeit gekostet, und die Ermittlungen hatten sie zu einer Bar mit dem Namen El Cid geführt. Ein Informant hatte einem verdeckten Ermittler gesagt, dass er dort PCP kaufen könne. Also erstand der verdeckte Ermittler bei Hamel 46 Kapseln zum Preis von 115 Dollar. Dafür musste er nur ins El Cid gehen und nach Hamel fragen, der aufgrund seines langen Bartes, der ihn fast das ganze Leben als Erwachsener begleitete, aber auch leicht zu erkennen war. Hamel saß unter einem an der Wand montierten Fernseher, als der verdeckte Ermittler ihm seinen Wunsch vortrug. Die beiden Männer gingen nach draußen und brachten das Geschäft im Mietwagen des Ermittlers über die Bühne.

Hamel wurde nicht umgehend verhaftet, sondern erst, als die Polizei das gesamte Netzwerk auffliegen ließ. Angeklagt wurde er wegen des Verkaufs des PCP. Während er auf seine Verhandlung wartete, wurde er ein zweites Mal festgenommen. Diesmal hatte die Polizei bei ihm nahezu dieselbe Menge PCP gefunden, die er wenige Monate zuvor dem verdeckten Ermittler verkauft hatte. Die Drogen waren im Bad der

Mom Boucher siegesgewiss.

Wohnung versteckt, in der Hamel und seine Freundin lebten. Eine nahezu identische Menge fand sich auch im Schlafzimmer des Paares. Im Oktober 1979 bekannte sich Hamel der Drogenvergehen schuldig und wurde zu einem Jahr Gefängnis verurteilt.

Glaubt man Ronnie Harbour, der im Rahmen des „Projektes Rush" als Informant arbeitete, war Hamel bereits ein bedeutender Drogenhändler, als er dem SS beitrat. Harbour gab zu, dass er selbst vom El Cid aus dealte, jener Bar also, in der einst auch Hamel mit Drogen gehandelt hatte. Harbour verkaufte in Hamels Auftrag bis zu 20 Gramm Kokain pro Nacht. Zudem erzählte er den Ermittlern, dass sich Boucher, Hamel und Gaetan Comeau, ein weiterer Hells Angel aus dem Charter Montreal, in den frühen 1990er Jahren zu einem Drogenkartell zusammengeschlossen hatten.

Die Liste der Straftaten, die Boucher nach seinem Beitritt zu den Hells Angels beging, spiegeln ziemlich genau sein Engagement in dem gewalttätigen Club wider. 1988 wurde er von der Regionalpolizei Peel verhaftet, nachdem er versucht hatte, in Mississauga, Ontario, einen Lastwagen zu kapern. Als Waffe hatte er ein mit Nägeln gespicktes Brett benutzt. Gegen die Zusage, sich schuldig zu bekennen, konnte Boucher erreichen, dass der Fall nach Montreal transferiert wurde. Dort hinterlegte Hamel eine Sicherheit von 10.000 Dollar, damit Boucher freigelassen werden konnte. Boucher beschaffte das Geld über seine Firma Irazu Inc., die im Im- und Export arbeitete. Aus Gerichtsakten geht hervor, dass die Firma hauptsächlich Produkte aus Costa Rica einführte. Einer der Handelsvertreter, die für die Firma arbeiteten, war Richard Muselle, ein älterer Herr, der den Hells Angels später dabei half, mehrere Millionen Dollar in seinem Haus zu verstecken, weil die Polizei herausgefunden hatte, in welchen Wohnungen die Nomads die Einnahmen aus dem Drogenhandel aufbewahrten. Zumindest oberflächlich betrachtet, war Irazu Inc. eine ganz normale, legale Firma, die wegen eines Streits um Kaffeebohnen aus Costa Rica sogar einen Prozess anstrengte. Irazu hatte einer anderen Firma aus Montreal eine größere Menge Kaffeebohnen verkauft und warf dem Kunden nun vor, sie um 3.300 Dollar betrogen zu haben. Bouchers Firma gewann den Prozess, und ein Richter sprach ihnen das Geld zu.

Boucher hielt das Versprechen, das er in Ontario gegeben hatte, bekannte sich schuldig und wurde zu fünf Monaten Haft verurteilt, weil er in Mississauga versucht hatte, einen Lastwagen zu stehlen. Die Strafe wurde für zwei Jahre zur Bewährung ausgesetzt. Ein Jahr nach der Verurteilung wurde er festgenommen, weil er in Sorel, wo das Charter Montreal ein Clubhaus unterhielt, einen Polizisten belogen hatte. Erneut bekannte sich Boucher schuldig und stand vor der Wahl, 200 Dollar zu zahlen oder für fünf Monate hinter Gitter zu wandern. Aus welchen Gründen auch immer entschied sich Boucher für die Haft, weshalb er den Beginn des neuen Jahrzehnts in der Bordeaux-Haftanstalt in Montreal erlebte. Im März 1990 wurde er entlassen. Sieben Monate später wurde er wieder verhaftet, weil er mit einem Revolver Kaliber .38 angetroffen worden war. Erneut bekannte er sich schuldig. Dieses Mal aber entschloss er sich, 900 Dollar Strafe zu zahlen, statt für fünf Monate ins Gefängnis zu gehen. Kurz nach seiner Verhaftung behauptete er, dass er in Halifax lebte. Später nannte er als Wohnsitz die Adresse des Clubhauses der Hells Angels in Sorel.

Am 21. Juni 1992, seinem 39. Geburtstag, unternahm Boucher mit einigen Freunden einen Ausflug mit seinem Motorboot, das aber von der Wasserschutzpolizei Sorel angehalten wurde. Weil Boucher keine Zulassung für das Boot vorlegen konnte und einige Passagiere keine

Schwimmweste trugen, musste er 200 Dollar Strafe bezahlen. Das blieb in jenem Jahr Bouchers einziger Konflikt mit den Behörden, was vor allem deshalb erstaunlich ist, weil er erst wenige Monate zuvor die Rockers gegründet hatte, einen Zusammenschluss von Drogendealern, die Bouchers Drogen verkauften und von ihm Anweisungen erhielten – ein deutliches Zeichen dafür, dass der Drogenhandel in Montreal blühte.

Zwei der ersten Mitglieder der Rockers waren Richard und Patrick Lock, Vater und Sohn, die beide mit Drogen handelten. Schon vor ihrer Zeit bei den Rockers galten die Locks als große Nummern im Drogengeschäft, und laut einem Mann namens Jean Dubé, der sich als Informant verdingte, lieferten sie sogar größere Mengen Drogen an Dealer in Ontario.

Monate nach der Gründung der Rockers wurde Boucher erneut wegen Verstoßes gegen das Waffengesetz verhaftet. Im Mai 1993 war er in Anjou, einem Vorort von Montreal, von der Polizei angehalten worden, und bei der Durchsuchung seines Autos fielen den Beamten eine verbotene Kampfsport-Waffe und ein ausziehbarer Schlagstock in die Hände. Erneut bekannte sich Boucher schuldig, ehe der Fall vor Gericht landete, und akzeptierte eine Geldstrafe in Höhe von 500 Dollar. Zu dieser Zeit, also etwa Mitte der 1990er, gab Boucher verschiedene Adressen an, mal das Clubhaus in Sorel, mal Wohnungen, die in unmittelbarer Nachbarschaft lagen. Fakt ist jedenfalls, dass Bouchers Sohn Françis seine prägenden ersten Lebensjahre in oder in der Nähe des Hauptquartiers der Hells Angels verbrachte. 1994, wenige Tage vor seinem 19. Geburtstag, erwies er sich als gelehriger Sohn seines Vaters und verübte zusammen mit zwei minderjährigen Freunden einen Überfall auf ein Wohnhaus. Im August 1994 bekannte er sich schuldig. Er musste 500 Dollar Strafe zahlen und 100 Stunden gemeinnützige Arbeit ableisten. Bouchers Sohn, sein Komplize Martin Brizard und der andere Jugendliche, dessen Name nicht überliefert ist, kamen glimpflich davon, wenn man bedenkt, dass sie ursprünglich wegen bewaffneten Raubüberfalls und Freiheitsberaubung angeklagt werden sollten.

Doch 1994 hatte Vater Boucher wahrlich anderes zu bedenken als die ersten Schritte seines Sohnes als Krimineller.

Fronten werden gezogen

Wie mehrere Informanten später vor Gericht oder in schriftlichen Stellungnahmen darlegten, wurden 1994 in dem Konflikt, der später Bikerkrieg heißen sollte, die Fronten gezogen. Die Hells Angels und vor allem Boucher stellten die Drogenhändler vor ein Ultimatum: Entweder ihr kauft die Droge exklusiv bei uns, oder ihr tragt die Konsequenzen.

Viele, die sich später mit den Anfängen des Krieges befassten, nennen den 19. Oktober 1994 als Schlüsseldatum. Kurz nach seiner Entscheidung, die Drogen der Hells Angels statt die des Pelletier-Clans zu verkaufen, war Maurice Lavoie in Repentigny erschossen worden. Es war, als wollte der Pelletier-Clan den Hells Angels eine Botschaft zukommen lassen. Eine 22-jährige Frau, die neben Lavoie im Auto gesessen hatte, überlebte den Anschlag, obwohl sie von drei Kugeln getroffen wurde. Wenige Monate zuvor hatte Pierre Daoust, ein Mitglied der Death Riders und eng mit den Hells Angels verbunden, ein ähnliches Schicksal ereilt. Am 13. Juli 1994 gegen 10.30 Uhr hielt er sich in der Motorradwerkstatt auf, deren Mitinhaber er war, als drei maskierte Männer hereinmarschierten. Zwei von ihnen gingen auf Daoust zu, und nachdem sie sich vergewissert hatten, dass der Richtige vor ihnen stand, eröffneten sie das Feuer. Daoust wurde ins Krankenhaus gebracht, wo er nach einer Stunde starb. Aus einer Waffe waren acht Kugeln abgefeuert worden, die ihn zwischen den Schulterblättern getroffen hatten, wo sie Lunge und Herz verletzten. Sechs weitere Kugeln aus einer zweiten Waffe hatten seinen Magen und den Brustkorb getroffen. Kugeln aus einer dritten Waffe steckten in seinen Hoden und der linken Hüfte. Sein Herz-Kreislauf-System brach zusammen, und er verblutete.

Viele Beobachter sehen in Daoust das erste Opfer des Bikerkrieges. Als Lavoie starb, waren bereits zwei Dealer, die sich auf die Seite der Hells Angels geschlagen hatten, tot, und der Konflikt drohte außer Kontrolle zu geraten. Die allgemein anerkannte Lesart der Ereignisse in der Unterwelt lautet, dass sich mit dem Tod Lavoies die Lage dramatisch zuspitzte. Manche meinen, dass Boucher zurückschlug, indem er die Ermordung von Sylvain Pelletier in Auftrag gab. Pelletiers Freund Patrick Call war am Tag nach dem Mord an Lavoie verhaftet worden, und die Fingerabdrücke des Pelletier-Clans fanden sich überall am Tatort. Neun Tage nach dem Mord an Lavoie wurde Pelletier durch eine explodierende Bombe getötet, die in seinem Jeep deponiert worden war. Seine Freundin, die im siebten Monat schwanger war, war gerade ausgestiegen, als der Wagen in die Luft flog.

Einige Monate später berichtete Dany Kane der RCMP von Gerüchten, laut denen Mitglieder der Rowdy Crew, eines Puppet-Clubs der Hells Angels, Pelletier ins Jenseits befördert hatten. Die Polizei hatte die Mitglieder des Clubs bereits im Verdacht. Ein Mitglied der Rowdy Crew hatte eine Wohnung gegenüber von Pelletiers Haus angemietet und am Tag nach Pelletiers Tod wieder gekündigt. Der Motorradclub Rowdy Crew war in einer kleinen Stadt östlich von Montreal ansässig und wurde von Mitgliedern der Hells Angels kontrolliert. Wer genau den Mord ausgeführt hatte, war den Dealern in den Straßen des East Ends ziemlich egal. Pelletiers Tod war ein Fanal, das nach monatelangem Gerede über einen möglichen Krieg dieser Krieg Wirklichkeit geworden war.

Im November, wenige Wochen nach Pelletiers Tod, beriefen die Mitglieder der Alliance ein Treffen in einer Bar in Montreal ein und beschlossen, Boucher umzubringen. Der Plan sah vor, einen mit Sprengstoff beladenen Lkw vor einem Restaurant abzustellen, in dem Boucher regelmäßig verkehrte, und die Explosion auszulösen, sobald er sich näherte. Sylvain Pelletiers Bruder Harold nahm an dem Treffen ebenso teil wie zirka ein Dutzend Drogendealer, in deren Interesse es lag, dass Boucher von der Bildfläche verschwand. Martin Pellerin, ebenfalls Mitglied der Alliance, wurde beauftragt, das Dynamit auf den Lkw zu laden und dafür Sorge zu tragen, dass die Bombe explodierte, wenn Boucher das Restaurant erreichte. Martin Simard, ein weiteres Mitglied der Alliance, war bereit, die Aktion zu finanzieren und das Dynamit zu kaufen. In den Komplott einbezogen waren auch die Mitglieder der Alliance René Pelletier, Bruno Lévesque, Hubert Lanteigne und ein Mann namens Normand Tremblay. Der Lkw wurde vor dem Restaurant abgestellt, und die Mitglieder der Alliance warteten darauf, dass Boucher auftauchte. Doch das tat er nicht, jedenfalls nicht, bevor einem Mitarbeiter der Stadtverwaltung der im Parkverbot abgestellte Lkw aufgefallen war. Er ließ ihn kurzerhand abschleppen. Die Alliance sorgte dafür, dass das Dynamit explodierte – netterweise zu einem Zeitpunkt, als sich niemand in der Nähe befand.

Damals belieferte Dany Kane die RCMP erst seit wenigen Monaten mit Informationen. Er hatte viel Zeit mit Scott Steinert verbracht, einem aggressiven US-Amerikaner, der offenbar bereit war, alles zu tun, um ein Hells Angels zu werden. Noch vor dem Attentat auf Pelletier hatte Kane der RCMP mitgeteilt, dass Steinert für die Hells Angels Sprengstoff beschaffte und die Hells Angels davon überzeugt waren, dass das gescheiterte Attentat Boucher und Steinert galt, die sich oft in dem Restaurant, vor dem der Lastwagen abgestellt worden war, trafen und besprachen.

Der Informant Dany Kane

Im Laufe des ersten Treffens, bei dem sich Kane entschied, als Informant zu arbeiten, sagte er den Beamten des RCMP, dass David „Wolf" Carroll und Walter „Nurget" Stadnick ihn angeheuert hatten, damit er die Leitung von drei Chartern eines Puppet-Clubs aus Ontario namens Demons Keepers übernehmen konnte. Der Plan scheiterte kläglich. Kane zufolge hatte Caroll ein ziemliches Alkoholproblem und war notorisch pleite, so dass es den Demons Keepers an der erforderlichen Unterstützung fehlte, um die Drogendealer in Städten wie Ottawa, Cornwall und Toronto einschüchtern zu können. Zudem beschrieb Kane die Männer, die für die Demons Keepers rekrutiert wurden, als „Schwachköpfe".

Im Frühjahr 1994 wurden die Pläne vorläufig auf Eis gelegt, kurz darauf wurde Kane Steinert vorgestellt, der damals Anwärter des Charters Montreal war. Steinert erzählte Kane von seinem Plan, die Hells Angels auch in Städten wie Belleville und Kingston zu etablieren. Bei seinem zweiten Treffen mit der RCMP, das auf dem Parkplatz eines Hotels in Ottawa stattfand, sprach Kane darüber, was die anderen Hells Angels von Steinert hielten. Der Amerikaner, der offensichtlich die Rückendeckung von Robert „Tiny" Richard, dem nationalen Präsidenten der Hells Angels, hatte, galt als habgierig und unbesonnen.

Am 7. November 1994 rief Kane Corporal Verdon an und teilte ihm mit, dass die Hells Angels einen Mann töten wollten, der in einem Drogenprozess gegen Steinert aussagen wollte. Verdon fand heraus, dass der Mann gerade ins Gerichtsgebäude von Longueuil gebracht werden sollte und informierte die Sûreté.

Im Januar 1995 fragte Steinert Kane, ob der nicht Mitglied der Rockers werden wolle. Steinert erklärte, dass Boucher persönlich Interesse daran habe, dass Kane zu seinem Club gehörte. Noch im selben Monat berichtete Kane der RCMP, dass sich Steinert und Gaetan Comeau, ein langjähriges Mitglied der Hells Angels, auf die Suche nach Paul „Sasquatch" Porter begeben hatten, einem führenden Mitglied der Rock Machine. Einige Tage später sagte Kane, dass Boucher und Steinert auf dem Highway 40 Jagd auf André „Frisé" Sauvageau, auch er ein Mitglied der Rock Machine, gemacht hatten, bis unvermittelt zwei Wagen der Sûreté aufgetaucht waren. Mit solchen Aktionen schien sich Steinert Bouchers Respekt sichern zu wollen.

Kane beschrieb Boucher als gewieften Kriminellen, der früh zu Bett ging und morgens früh wieder aufstand. Boucher soll das Kane gegenüber damit begründet haben, dass es für das Geschäft vorteilhaft sei, weil die Polizei ihn Tags über schlechter überwachen konnte. Kane zufolge bezog Boucher interne Informationen aus der Montreal Urban Community Police, was Kane insofern nicht überraschte, als dass er schon länger wusste, dass die Hells Angels bereit waren, für gute Informationen gutes Geld zu bezahlen. Für Informationen darüber, was die Polizei über seine Organisation wusste, zahlte Boucher das Doppelte dessen, was ein Polizist im Monat verdiente. Im März 1995 erzählte Boucher Kane, dass er bei der Polizei über eine Quelle verfüge, die ihm geraten habe, sich eine Zeitlang zurückzuhalten, weil die Polizei ihn im Visier habe. Kanes Führungsoffiziere bei der RCMP hielten es für keinen Zufall, dass Boucher zur selben Zeit davon sprach, zu der die Polizei von Montreal im Begriff war, eine neue Spezialeinheit zur Bekämpfung des organisierten Verbrechens zu bilden. Zu ihren Aufgaben sollte es gehören, die Aktivitäten Bouchers und seines Handlangers André „Toots" Tousignant zu überwachen.

Kane berichtete von einem eigentümlichen Zwischenfall, der sich zutrug, nachdem er, Boucher und einige Handlanger der Hells Angels in einem heruntergekommenen Restaurant im Stadtteil Hochelaga Maisonneuve gegessen hatten. Als sie den Laden verließen, fuhr ein Mann in einem Ford Mustang vor und sprach kurz mit Boucher. Es war offensichtlich, dass sie befreundet waren, weil sie sich die Hände reichten und Boucher den Kopf durchs Fenster steckte, um sich mit dem Fahrer zu unterhalten. Als der wieder davonfuhr, fiel Kane das Nummernschild des Mustang auf. Boucher drehte sich zu Kane und den anderen Männern um und sagte: „Das war mein Freund von der

Dany Kane (links)

Polizei. Er ist heute damit dran, mich zu observieren."

Kanes Kontaktpersonen bei der RCMP hatten die Sorge, dass Boucher bereits ein so enges Netz gespannt hatte, dass er über seine Quelle bei der Polizei erfahren würde, wenn die Ermittler das Kennzeichen des Mustangs in der zentralen Datenbank überprüfen würden. Sollte das der Fall sein, dann würde Boucher auch wissen, dass einer der Männer, mit denen er an jenem Tag gegessen hatte, ein Informant war. Deshalb wurde das Kennzeichen erst einige Tage später und mit äußerster Diskretion überprüft. Es stellte sich heraus, dass der Wagen auf einen ehemaligen Mitarbeiter einer Sicherheitsfirma zugelassen war. Die Freundin des Mannes wohnte in unmittelbarer Nachbarschaft zu einem der Wohnsitze, die Boucher unterhielt. Wie es schien, wollte Boucher an jenem Tag unter den Männern, mit denen er im Restaurant saß, tatsächlich einen Informanten enttarnen.

Kanes detaillierte Berichte verschafften der RCMP noch nie dagewesene Einblicke in die Struktur und Funktionsweise der Hells Angels. So berichtete Kane seinen Kontaktmännern, dass das gescheiterte Bombenattentat auf Boucher nicht der erste Versuch gewesen war, ihn zu töten. Im November 1994 soll Boucher laut Kane den Mord an einem Typen namens Eric Morgan in Auftrag gegeben haben, der lauthals angekündigt hatte, den Hells Angel zu töten. Erst später begriff die Polizei, dass Stéphane Eric Morgan gemeint war, der, so Kane, einst im Auftrag Bouchers mit Drogen gehandelt, aber irgendwann beschlossen hatte, die Seite zu wechseln und sich der Rock Machine anzuschließen. Morgan war später unter jenen 13 Opfern, deren Ermordung Boucher

Dany Kane (untere Reihe Mitte) inmitten anderer Mitglieder der Rockers. Ebenfalls auf dem Foto zu sehen sind René Charlebois (untere Reihe rechts) und Jean-Guy Bourgoin (untere Reihe links).

und anderen Mitgliedern der Nomads im Rahmen des „Projektes Rush" zur Last gelegt wurde.

Als sich der Bikerkrieg 1994 zuspitzte, teilte Kane der RCMP mit, dass sich die Hells Angels darüber im Klaren waren, mit der Alliance eine schlagkräftige Organisation finanzstarker Drogenhändler vor sich zu haben. Er fügte hinzu, dass Boucher deshalb konkrete Pläne zur Gründung eines Nomads Charters hegte.

Der Informant Harold Pelletier

Monate nach dem gescheiterten Bombenanschlag auf Boucher berichtete Kane der RCMP, dass einige der Männer, die an der Verschwörung beteiligt gewesen waren, die Alliance verlassen und Boucher verraten hatten, wer die Hintermänner des Mordversuches waren. Konkrete

Details über die Verschwörung erfuhr die Polizei aber erst wesentlich später und durch einen Mann, der ebenfalls darin verstrickt war. Ein Jahr nach dem kläglichen Scheitern des Attentats wandte sich Sylvain Pelletiers Bruder Harold an die Polizei und bezichtigte sich des Mordes an einem Mann namens Michel Beaulieu, ein Fall aus dem Jahr 1983. Mit der Aussicht konfrontiert, von den Hells Angels gnadenlos gejagt zu werden, befand Pelletier, damals 37 Jahre alt, dass er hinter Gittern sicherer sei, und bot sich als Informant an, was bedeutete, dass er über alle Verbrechen, die er je begangen hatte, detailliert Auskunft geben musste.

Er erzählte, wie er Beaulieu mit einer Pistole von Smith & Wesson, Kaliber .38, erschossen hatte. Aus nächster Nähe hatte er drei Kugeln auf Gesicht und Hals seines Opfers abgegeben. Zwei der Kugeln drangen in Beaulieus Schädel ein, wo sie tödliche Verletzungen bewirkten. Pelletier hatte Beaulieu am 7. August 1983 kurz vor sechs Uhr morgens und damit in einem Moment erwischt, in dem er noch im Bett lag und daher quasi wehrlos war. Pelletier hatte mit einem Messer das Fliegengitter am Hintereingang aufgeschnitten. Es war ein heißer Tag, und deshalb stand die Tür selbst offen. Die Waffe hatte Pelletier am Tatort zurückgelassen. Beaulieus Freundin hatte sich schlafend gestellt und gehofft, mit dem Leben davonzukommen. Sie war durch die Schüsse wach geworden, hatte aber die Augen geschlossen gehalten. Was vor sich ging, wurde ihr spätestens klar, als sie das Blut ihres Freundes auf der Haut spürte. Nachdem Pelletier gegangen war, schlich sie ins Wohnzimmer und rief die Polizei.

Bereits wenige Stunden nach der Schießerei hatten die Beamten der Mordkommission eine Theorie entwickelt, die zum Pelletier-Clan führte. Beaulieus Mutter hatte ausgesagt, dass ihr Sohn bei einem der Brüder Pelletier eine Hypothek aufgenommen hatte. Ein Freund von Beaulieu sagte der Polizei, dass der für eine Bande mit Haschisch gedealt hätte, seinen Lebensunterhalt aber eigentlich mit manipulierten Verkehrsunfällen verdient und zuletzt Schwierigkeiten gehabt hatte, seine Rechnungen zu bezahlen. Doch auch wenn zahlreiche Spuren zum Pelletier-Clan führten, brachten die Beamten für eine Mordanklage nicht genügend Beweise zusammen. Der Fall blieb ungeklärt, bis Pelletier, um sich der Entwicklung zu schützen, die der Bikerkrieg nahm, beschloss, ein Informant der Polizei zu werden.

Nach seiner Festnahme machte Pelletier zwischen dem 17. Oktober 1995 und dem 18. Juni 1996 mehrere Aussagen. Im Gegenzug für seine Bereitschaft dazu wurde ihm der Mord an Beaulieu trotz der Kaltblütigkeit, mit der er ihn ausgeführt hatte, nur als Totschlag angelastet. Dabei war die Kaltblütigkeit schon bemerkenswert: Wenige Stunden, bevor er ihn ermordete, hatte sich Pelletier mit Beaulieu in einer Bar getroffen. Sogar angestoßen hatte er mit dem Mann, den er umbringen wollte. Dank des Geständnisses wurde die lebenslängliche Haftstrafe dahingehend abgemildert, dass ihm die Möglichkeit eingeräumt wurde, nach zehn Jahren die Entlassung auf Bewährung zu beantragen. Die Abmachung mit Pelletier sah überdies vor, dass er während seiner Haftzeit für Informationen monatlich 140 Dollar bekam. Nach seiner Entlassung sollte er drei Jahre lang jede Woche 450 Dollar erhalten.

Harold Pelletier erklärte, dass er Beaulieu getötet hatte, weil der den Pelletier-Clan um Geld betrogen hatte. Er gestand darüber hinaus, zwischen 1983 und 1996 an 17 Morden beteiligt gewesen zu sein. Und obwohl das Bombenattentat auf Boucher gescheitert war, galt Pelletier bei seinem Clan als verlässlicher Killer. Zu seinen besten Zeiten verdiente er 20.000 Dollar pro Woche. Wegen der Fülle an Informationen, die Pelletier über den gleichnamigen Clan und die Welt der Biker lieferte, willigte die Staatsanwaltschaft in das Abkommen mit Pelletier ein.

Doch dann verstieß Pelletier gegen zwei Punkte der Vereinbarung, die er mit den Behörden getroffen hatte. Zum einen hatte er sich verpflichtet, als Informant keine Straftaten mehr zu begehen, zum anderen hatte er zugesagt, sich im Gefängnis anständig zu benehmen. Die Vereinbarung mit ihm war jedoch hinfällig, als die Gefängnisleitung von Pelletiers Plan erfuhr, einen Mithäftling zu töten. Aus diesem Grunde wurde im September 2002 auch sein Antrag auf vorzeitige Entlassung abgelehnt. Ein Jahr zuvor hatte die Polizei im Zuge der „Operation Springtime" eine Kopie der Vereinbarung mit Pelletier in einer Wohnung von Luc „Bordel" Bordeleau gefunden. Sie gehörte zu einer Datei, die Bordeleau über rivalisierende Gangster angelegt hatte.

Bei den Vernehmungen durch die Polizei in den Jahren 1995 und 1996 hatte Pelletier den Ermittlern mehrere Namen von Männern genannt, die an dem Treffen, bei dem der Mord an Boucher beschlossen worden war, teilgenommen hatten. Zirka ein Jahr nach Pelletiers Festnahme verhaftete die Polizei vierzehn Männer, die verdächtigt wurden, an der Verschwörung beteiligt gewesen zu sein. Mindestens vier von ihnen wurden verurteilt und wanderten hinter Gitter. Andere mussten aus Mangel an Beweisen auf freien Fuß gesetzt werden. Einige von ihnen wurden zu maßgeblichen Figuren im Bikerkrieg, darunter Yvon „Mon Mon" Roy, Serge „Merlin" Cyr und Gilles Lambert. Diese drei gehörten auch zu dem Personenkreis, den die Hells Angels eliminieren wollten.

Serge „Merlin" Cyr, Mitglied der Rock Machine, die sich später den Bandidos anschloss.

Zu denen, die zwar beschuldigt, aber freigelassen werden mussten, gehörte auch Tony Jalbert. Wenige Monate vor dem gescheiterten Attentat war Jalbert von den Hells Angels zur Alliance gewechselt, der er während des gesamten Bikerkrieges und offenbar auch noch danach die Treue hielt. In seiner Zeit als Hells Angel machte er, ohne es wissen zu können, Boucher mit jemandem bekannt, der wesentlich dazu beitragen würde, die Hells Angels des Mordes zu überführen. Kaum war bekannt geworden, dass Pelletier mit der Polizei zusammenarbeitete, bat Jalbert darum, in eine Einzelzelle verlegt zu werden. Im Gefängnis war er wegen der Beteiligung an einem versuchten Diebstahl großer Mengen Dynamits. Den Behörden erklärte er seinen Wunsch damit, dass er Angst um sein Leben habe und lieber allein in einer Zelle sitzen würde als mit Mithäftlingen, die möglicherweise auf Rache aus waren.

Jalbert war Mitglied der Rock Machine, als der Club beschloss, sich den Bandidos anzuschließen. 2005 musste er erneut ins Gefängnis, weil er nach einer Verurteilung wegen mehrerer Verstöße gegen Drogen- und Waffengesetze Bewährungsauflagen nicht erfüllt hatte. Ihm war es verboten, mit anderen Kriminellen Kontakt aufzunehmen. Doch dann wurde er gesehen, wie er in einem Studio trainierte, das den Hells Angels gehörte. Der Bewährungskommission versuchte er weiszumachen, dass ihn ausschließlich gesundheitliche Gründe dorthin verschlagen hatten. Doch dass er wieder in Haft musste, lag vor allem daran, dass er eine Freundin mit dem Tod bedroht hatte.

Auch Serge Boutin und Jean-Richard Larivière konnte eine Beteiligung an dem Mordkomplott gegen Boucher nicht nachgewiesen werden, so dass sie freigelassen werden mussten. Die beiden waren unabhängige Drogendealer, die sich während des Bikerkrieges je nach Situation mal auf die eine, mal auf die andere Seite schlugen. Als sie des Mordversuches an Boucher beschuldigt wurden, waren sie bereits Mitglieder der Rockers, und Boucher war ihr Boss. Gut möglich, dass einer der beiden bei dem Treffen, bei dem die Alliance Boucher töten wollte, als Maulwurf fungierte.

Doch das gescheiterte Bombenattentat war nicht der erste geplatzte Versuch, Boucher zu ermorden. Monate zuvor hatte die Polizei Jean „Le Français" Duquaire und Michel Boyer auf der Jacques Cartier-Brücke in einem gestohlenen Auto erwischt. Im Auto fanden sich eine .375 Magnum und zwei halbautomatische Pistolen von Cobray, die im Bikerkrieg bevorzugte Waffe. Später setzte sich in der Unterwelt die Überzeugung durch, dass Duquaire und Boyer an jenem Sommertag des Jahres 1994 unterwegs waren, um Boucher umzubringen.

Die Rache der Hells Angels ließ nicht lange auf sich warten. Boyer, der für den Pelletier-Clan Drogen verkaufte, wurde am 17. Oktober 1995 vor seinem Haus in Repentigny erschossen. Duquaire stand über Jahre ganz oben auf der Liste der Todeskandidaten. Auf dieser Liste der Hells Angels fand sich auch Normand Baker, ein Mitglied der Rock Machine. Er wurde am 4. Januar 1994 in Mexiko erschossen. Kane berichtete der RCMP, dass die Hells Angels ihn eliminiert hätten, weil er ihren Informationen zufolge Pierre Daoust getötet hatte, der einer der ersten Opfer des Bikerkriegs war. Die Hells Angels glaubten zudem, dass Baker hinter dem fehlgeschlagenen Attentat auf Normand Robitaille steckte. Am 14. Juli 1994 hatte in einer Garage in der Rouen Street ein Unbekannter das Feuer auf Robitaille eröffnet. Er überlebte den Überfall mit leichteren Verletzungen. François Hinse, später Mitglied des Hells Angels Charters Trois Rivières, wurde kurz nach dem Mord an Baker in Mexiko verhaftet, die Tatwaffe wurde bei ihm gefunden.

Der Fall schien klar. Zeugen hatten dabei geholfen, Hinse noch am Tatort festzunehmen, und die Polizei hatte die Tatwaffe. Doch Kane zufolge waren die Hells Angels zuversichtlich, dass Hinse die Beschuldigungen widerlegen könnte und nur sehr kurze Zeit hinter Gittern verbringen müsste. Es hieß, dass die Polizei in Mexiko, die ohnehin für Bestechlichkeit bekannt war, von den Hells Angels gekauft worden war. Vor allem Boucher soll, wie Kane der RCMP berichtete, beste Kontakte nach Mexiko unterhalten haben. Später sprach der Informant über Gerüchte, laut denen sich Mitglieder des Charters Trois Rivières darüber beschwert haben sollen, dass sie der Freikauf von Hinse viel Geld gekostet hatte.

In den ersten Monaten des Jahres 1995 wurde Boucher selten ohne die Begleitung eines Mitglieds der Rockers als Leibwache gesehen. Doch auch die Polizei war meist nicht weit. Am 24. März 1995 saß Boucher neben André „Toots" Tousignant von den Rockers im Auto, als eine Streife der Sûreté sie anhielt. Bei Boucher wurde eine geladene 9mm-Pistole von Walther gefunden, bei der die Seriennummer entfernt worden war. Kane will, wie er später der RCMP berichtete, von Marc Sigman, der den Rockers nahe stand, erfahren haben, dass die Sûreté Boucher während der Befragung wegen der Waffe verraten hat, dass es in seiner Organisation einen Informanten der Polizei gab.

Kane zufolge soll Boucher den Tipp sehr ernst genommen und eine Liste mit möglichen Verdächtigen aufgestellt haben. Sigman war sehr besorgt, weil er gehört hatte, dass er auf der Liste stand, und Boucher ihn weder lange noch gut kannte. Sigman vertraute Kane an, dass Boucher darüber hinaus auch Kane, Tousignant, Paul „Fon Fon" Fontaine, Steinert und eine sechste, dem Club eher lose verbundene Person verdächtigte.

Wenige Tage später sprach Steinert mit Kane und riet ihm, zu entspannen und das Gerede um einen Informanten nicht so ernst zu nehmen. Doch es war ernst. Die RCMP stellte Nachforschungen an und erfuhr, dass ein Ermittlungsbeamter während der Gerichtsverhandlung gegen Boucher hatte zugeben müssen, dass bestimmte Informationen, die die Polizei über Boucher hatte, aus einer vertraulichen Quelle stammten. Die Aussage hörte auch Tousignant, der an diesem Tag gekommen war, um den Prozess gegen Boucher zu verfolgen. Kane war aufgefallen, dass die Hells Angels den Kontakt weitgehend mieden und nur wenige Worte wechselten. Kane erklärte sich das damit, dass es zwischen dem Charter Montreal und dem Nomads Charter zu Spannungen gekommen war. Und auch wenn er Boucher, dem Präsidenten des Nomads Charter deutlich näher gekommen war, war Steinert weiterhin ein Anwärter des Charters Montreal, von dem sich Boucher zu diesem Zeitpunkt bereits losgesagt hatte. Kane berichtete der RCMP, dass Steinert im Auftrag der Hells Angels die Kontrolle über den Drogenhandel in Manitoba übernehmen wollte. Doch Walter „Nurget" Stadnick, ein langjähriges Mitglied des Charters Montreal, der zusammen mit Boucher ins Nomads Charter gewechselt war, sträubte sich gegen das Vorhaben, weil sich die Nomads die Erweiterung Richtung Westen selbst auf die Fahnen geschrieben hatten. Intern brodelte es bei den Hells Angels also ganz gewaltig, so Kane.

Nach der Verhaftung wegen Waffenbesitzes erhielt Boucher nicht die Möglichkeit, durch eine Geldzahlung einer Haftstrafe zu entgehen. Er wurde zu sechs Monaten Gefängnis verurteilt, die Bewährungszeit betrug drei Jahre. Die Verurteilung löste eine Folge eigentümlicher Ereignisse aus, die Boucher später bereuen sollte.

Maurice Boucher und Stéphane „Godasse" Gagné

Noch wusste Boucher es nicht, aber während seiner Haft sollte der Kontakt zu einer bestimmten Person wieder aufleben. Am 27. März 1995 wurde er von Montreal in ein Gefängnis nach Sorel verlegt. Zu diesem Zeitpunkt war Boucher bereits seit 8 Jahren bei den Hells Angels, die in Sorel ein Clubhaus betrieben, so dass Boucher auf die anderen Häftlinge großen Einfluss ausübte. Um seine Macht zu unterstreichen, machte es sich Boucher zur Angewohnheit, seine Mitgefangenen herumzukommandieren. Einer dieser Mitgefangenen war Stéphane „Godasse" Gagné, ein Drogendealer, den Boucher bereits kannte, und ein Mann, den er besser nie getroffen hätte. Tony Jalbert hatte die beiden miteinander bekannt gemacht. Jahre später sollte Gagné gegen die Hells Angels und vor allem gegen Boucher aussagen.

Gagné erklärte, dass er Boucher zum ersten Mal im Sommer 1993 begegnet war, kurz nachdem ihm die Rockers 15 oder 20 Verkaufsportionen Kokain abgenommen hatten. Er dealte im East End mit Drogen. Boucher war von Gagné beeindruckt und erlaubte ihm, in seinem Auftrag Kokain zu verkaufen. Ein Teil des Geschäfts wurde vorab und in bar abgewickelt, ein anderer Teil „sur le bras". So nannte es

Montreals Unterwelt, wenn ein Dealer seine Ware auf Pump bekam und erst später bezahlen musste.

Kurz darauf wurde Gagné bei dem Versuch geschnappt, einem Doppelagenten Drogen zu verkaufen, und kam ins Bordeaux-Gefängnis, wo Jean „Le Français" Duquaire, Michel Boyer und Stéphane Morgan herauszufinden versuchten, zu welcher Kriegspartei er gehörte. Duquaire legte ein Foto von Boucher auf den Fußboden und verlangte von Gagné, auf es zu pinkeln. Gagné weigerte sich und wurde zusammengeschlagen. Kurz nach diesem Vorfall wurde Gagné ins Gefängnis von Sorel verlegt, wo er Boucher ein bisschen besser kennenlernen sollte. Sie gingen gemeinsam zu den Treffen der Anonymen Alkoholiker und der Drogenberatung. Gagné beantragte, in denselben Flügel verlegt zu werden, in dem auch Boucher einsaß, was jedoch abgelehnt wurde. Immerhin verbrachten sie die Mahlzeiten meistens zusammen. Einmal beklagte sich Boucher darüber, dass es zwei- oder dreimal pro Woche Sheperd's Pie gab, ein Gericht aus mit Kartoffelbrei überbackenem Hackfleisch. Es hing ihm und anderen Häftlingen zum Halse heraus, und er meinte, dass man etwas unternehmen müsse. Gagné verstand das als Aufforderung, sich des Problems anzunehmen. Er versuchte eine Protestaktion der Gefangenen anzuzetteln, bei der sie sich weigern sollten, Sheperd's Pie zu essen. Ein Mitgefangener verriet das Vorhaben, woraufhin Gagné dafür sorgte, dass die Person eines Nachts zusammengeschlagen wurde.

Jean Dubé, der der Polizei Informationen über die Rockers lieferte, berichtete, dass für den Teil des Gefängnisses, in dem Boucher untergebracht war, im Juni 1995 alle Freizeitaktivitäten untersagt wurden. Daraufhin soll Boucher Dubé aufgefordert haben, den Gefängnispool unbrauchbar zu machen. Anstatt den Auftrag selbst auszuführen, gab Dubé ihn weiter. Doch als die Kacheln des Schwimmbads mit einer Rasierklinge zerstört worden waren, erhielt Dubé zur Belohnung eine Stange Zigaretten.

Die schaurigste Geschichte aus Bouchers Zeit in Sorel hat Nicole Quesnel erlebt, die Direktorin des Gefängnisses. Ihr Wohnhaus wurde am 9. Juni 1995 in Brand gesteckt. Später sagte sie der Polizei, sie sei sicher, dass der Auftrag dazu von Mom Boucher stammte. In den Wochen vor dem Brand hatte Boucher sieben Mal die vorzeitige Entlassung beantragt. Die Direktorin hatte alle Anträge abgelehnt, weil er immer noch ein Hells Angel war und sich sein Verhalten im Gefängnis keinen Deut geändert hatte. Die letzte Ablehnung hatte sie vier Tage vor dem Brand ausgesprochen. Wenige Tage nach dem Brand, als sie erneut über einen Antrag Bouchers beraten musste, machte er eine Bemerkung, mit der er ihr offenbar zu verstehen geben wollte, dass er hinter dem Feuer steckte.

Für den Brand wurde Boucher nie belangt, aber die Polizei wusste nun, wie einflussreich die Hells Angels waren und welches Ausmaß Bouchers Hochmut angenommen hatte. Kurz nach dem Vorfall, am 14. Juli 1995, wurde Boucher in ein Gefängnis nach Cowansville verlegt, wo er die verbleibenden zwei Wochen absaß.

Fünf Monate hatte Boucher im Gefängnis gesessen, in dieser Zeit viel Unheil angerichtet und angeblich sogar Teile des Gefängnispersonals terrorisiert. Doch parallel dazu geriet sein Drogennetzwerk in Schwierigkeiten. Bouchers Ansehen in der Unterwelt von Montreal war offenbar so groß, dass die Rockers unter Berufung auf ihn größere Mengen Drogen auf Kredit bekamen. Doch im Mai 1995, Boucher war erst wenige Wochen im Gefängnis, mussten die Rockers plötzlich feststellen, dass es für sie immer schwieriger wurde, Kokain und Haschisch in den gewünschten Mengen zu beschaffen. Im Gegenzug schienen sich die Rivalen von der Rock Machine im Aufwind zu befinden, denn sie übernahmen einige Gebiete, die die Rockers seit 1992 kontrolliert hatten. Vor allem das Schwulenviertel von Montreal war ein heiß umkämpftes Areal. Kane zufolge ärgerte sich Paul „Fon Fon" Fontaine ganz besonders über die schlechte Versorgung mit Nachschub; er beklagte sich darüber, dass er für ein Kilo Kokain vorab 35.000 Dollar bezahlen musste, was zu Zeiten Bouchers nicht denkbar gewesen wäre. Bis zum Juni hatten die Rockers eine Verschwörungstheorie entwickelt, laut der die Mafia den Engpass herbeigeführt hatte und ihre Geschäfte offenbar nur mit Boucher machen wollte.

Im selben Sommer bereitete Steinert den Hells Angels gravierende Probleme. Laut Kane kontrollierte er eine Bar in der Cresnet Street, einer immer noch populären Gegend, wo sich durstige Touristen und junge Bürger Montreals treffen. Steinert geriet mit dem Türsteher einer benachbarten Bar in Streit und ließ alle Vorsicht fahren. Nach Feierabend knöpfte er sich den Mann vor und schlug ihn brutal zusammen. Das Problem dabei war, dass der Mann für einen anderen Hells

Angel arbeitete. Doch statt den Fehler einzugestehen, wurde Steinert geradezu übermütig. Kane gegenüber kündigte er an, dass er künftig in Winnipeg Drogen verkaufen wolle, ganz gleich, ob es Stadnick oder den anderen Hells Angels passte.

Am 25. Juli wurde Boucher aus dem Gefängnis entlassen. Damit war der Mann, der Steinert bislang unterstützt hatte, wieder ein freier Mann. Aber da waren die Dinge schon zu sehr im Fluss, um sie aufzuhalten.

Ein böses Erwachen

Am 9. August 1995 geschah etwas, das den Einwohnern von Quebec schmerzlich bewusst machte, dass in ihren Straßen ein Krieg zwischen den rivalisierenden Biker-Gangs tobte. Der Weckruf kam in Gestalt einer Bombenexplosion in der Adam Street von Montreal, unweit des Olympiastadions. Die Detonation tötete den 26-jährigen Marc Dubé, der in seinem Jeep saß und auf einen Freund wartete. Der elfjährige Daniel Desrochers, der in der Nähe mit einem Freund spielte, wurde von einem Metallteil des Autos, das wie ein Geschoss durch die Luft flog, am Kopf getroffen. Er erlitt schwere Kopf- und Hirnverletzungen, denen er wenige Tage später erlag. Sein Tod löste in der Bevölkerung einen Aufschrei der Empörung aus, so dass die Regierung sich gezwungen sah, etwas zu tun, um die Polizei in die Lage zu versetzen, gegen die Hells Angels und die Alliance vorzugehen und den zunehmend gewalttätigen Krieg zwischen ihnen zu beenden.

Dubé hatte zwar Kontakte in die Drogenszene, aber eine Theorie, die bald die Runde machte, ging davon aus, dass die Bombe eigentlich Normand Tremblay gegolten hatte, einem Mitglied der Alliance, dessen SUV dem von Dubé glich. Es stellte sich heraus, dass Tremblay Dubé wenige Tage vor der Explosion sogar noch Reifen für dessen Auto verkauft hatte. Kurz nach dem Tod von Dubé und Daniel Desrochers wurde Tremblay wegen versuchten Mordes und Sprengstoffbesitzes verhaftet. Er beschloss, sich der Polizei als Informant anzudienen. Seine Aussagen, die er unter Eid ablegte, landeten wenig später bei den Hells Angels.

Die Medien, die nach Gründen für Desrochers' Tod suchten, ignorierten weitgehend, dass Tremblay gestanden hatte, an dem fehlgeschlagenen Bombenattentat auf Boucher im Jahr 1994 beteiligt gewesen zu sein. Das Geständnis legte er zwar erst im Januar 1997 ab und damit mehr als zwei Jahre nach dem Tod des elfjährigen Jungen, trotzdem lieferte er damit ein starkes Indiz dafür, dass die Hells Angels hinter der Explosion standen, die den Jungen aus dem Leben riss. Zehn Jahre nach Daniels Tod, Ostern 2005, erlag seine Mutter Josée Anne Desrochers in einer Klinik einer Lungenentzündung. Obwohl sie die am Bikerkrieg beteiligten Gruppen mehrfach öffentlich kritisiert und strengere Gesetze gegen die organisierte Kriminalität gefordert hatte, durfte sie nicht mehr erleben, dass die Mörder ihres Sohnes vor Gericht gestellt wurden.

Gut eine Woche nach Daniel Desrochers' Tod berichtete Kane der RCMP, dass sich Steinert sowohl im Vorfeld der Explosion als auch im Anschluss daran eigentümlich verhalten hatte. Er behauptete, dass Steinert kurz vor dem Ereignis bei einem Mann, der mit den Hells Angels in Kontakt stand, drei Bombensätze bestellt hatte. Zudem behauptete Kane, dass die Hells Angels bei dem Mann schon seit Monaten Sprengstoff kauften. Laut Kane soll Steinert auf prompte Lieferung gedrängt haben, weil, wie er Kane gegenüber geäußert haben soll, die Dinge „Spitz auf Knopf" standen. Doch nach dem Tod eines unschuldigen Jungen hat Steinert die bestellten Bombensätze nie wieder erwähnt. Stattdessen soll er andere Clubmitglieder gefragt haben, was ihrer Meinung nach mit dem Verantwortlichen passieren sollte. Auf den Vorschlag, den Täter zu eliminieren, reagierte er mit Schweigen. Kane zufolge sollen die Hells Angels den Anschlag verurteilt haben, weil ein Kind ums Leben gekommen war und die Tragödie die Polizei auf den Plan gerufen hatte, die ihre Aktivitäten in der Folge massiv verstärkte.

Die Helfershelfer des Clubs waren lange vorher entsprechend instruiert worden. Bei einer Vernehmung zwei Wochen vor der Explosion, die Desrochers tötete, sagte Kane aus, dass David „Wolf" Carroll den Rockers und anderen Verbündeten der Hells Angels untersagt haben soll, Bomben einzusetzen. Hintergrund war, dass am 14. Juli des Jahres eine Bombe, die in einem Wohnhaus in einer Kleinstadt nördlich von Montreal deponiert worden war, um ein Haar zwei Kinder getötet hatte. In dem Haus fand die Polizei später geringe Mengen Kokain und schlussfolgerte daraus, dass der Anschlag dem Bruder des Hausbesitzers gegolten hatte, der Kontakt mit der Alliance unterhielt.

Daniel Desrochers' Tod sorgte dafür, dass der Bikerkrieg stärker ins Visier der Polizei geriet. Mehrere Mitglieder sowohl der Hells Angels als auch der Rock Machine wurden unter Beobachtung gestellt. Nach seiner Verurteilung wegen Waffenbesitzes war Boucher erst wenige Monate wieder auf freiem Fuß, als er erneut verhaftet wurde. Die Polizei hatte ein Gespräch abgehört, in dessen Verlauf er Steven „Bull" Bertrand, einen Freund und Kollegen als Drogendealer, darin erinnert hatte, dass sich bestimmte Probleme am ehesten mithilfe eines Baseballschlägers lösen ließen. Die gerichtliche Anhörung am 27. Oktober 1995 machte deutlich, wie weit er in der Hierarchie der Hells Angels aufgestiegen war. Denn obwohl es darin um eine vergleichsweise geringfügige Straftat ging, die zudem in keinem Zusammenhang mit dem Bombenattentat stand, waren die Medien durch den Tod Desrochers' und der Tatsache, dass er laut Polizei ein Opfer des Bikerkrieges war, derart hellhörig geworden, dass sie von Bouchers Anhörung ausführlich berichteten.

Sergeant Guy Ouellette, ein erfahrener Ermittler der Sûreté von Quebec, argumentierte im Sinne der Staatsanwaltschaft, um zu erreichen, dass Boucher der Prozess gemacht wurde. Ouellette ermittelte schon seit mehreren Jahren gegen die Hells Angels und war am 6. September 1994 in die Abteilung der Sûreté berufen worden, die sich ausschließlich mit den verschiedenen Motorradclubs befasste. Und am 5. Oktober 1995 hatte er zu jenen Ermittlern der Sûreté, der Montreal Urban Police und der RCMP gehört, die sich zu einer Sondereinheit zusammenschlossen, die Carcajou beziehungsweise Wolverine genannt wurde und eine Reaktion auf die Empörung der Öffentlichkeit war, die Desrochers' Tod ausgelöst hatte.

Zu den Aufgaben Ouellettes in der Sondereinheit gehörte es, solche gerichtlichen Anhörungen vorzubereiten. Er besaß ein phänomenales Gedächtnis und die erstaunliche Fähigkeit, sich kleinste Details über einzelne Biker zu merken und bei Bedarf abzurufen. Im aktuellen Fall sollte er die „Geschäftsbereiche" der Hells Angels beschreiben. „Sie sind in mehreren Branchen aktiv", erklärte er. „Sie mischen bei allem mit, was Gewinn abwirft. Das meint zunächst alles, was mit Drogen zu tun hat, von der Einfuhr bis zu allen Formen des Handels, aber auch Prostitution und das Betreiben von Striplokalen, Geldwäsche – eben alles, womit sich Geld verdienen lässt."

Als Bouchers Anwalt Leo-Rene Maranda zu dieser Aussage Stellung nehmen sollte, verglich er seinen Mandanten mit einem Soldaten, den man nicht für alle Vergehen einer ganzen Armee verantwortlich machen könne. Der Richter ignorierte den Einwand und fragte Ouellette nach der Position, die die Hells Angels im Drogenhandel von Quebec bekleideten. „In puncto Drogenimport stehen sie an der Spitze der Pyramide. Sie kontrollieren den Straßenhandel, und sie kontrollieren den Handel, der in Bars abgewickelt wird." Ouellette fügte hinzu, die Polizei gehe davon aus, dass die Hells Angels gegen konkurrierende Drogendealer im östlichen Montreal vorgehe und dabei auf Überfälle, Bombenattentate und Mordanschläge setze.

Der Bikerkrieg war zwar erst ein Jahr alt, aber laut Schätzungen der Polizei hatte er bereits zwischen 25 und 30 Menschenleben gefordert. Ouellette wies darauf hin, dass die Hells Angels zu Beginn der Auseinandersetzung in Quebec vier Charter unterhalten hatten. „Anfang März 1995 wurde ein fünftes Charter gegründet, das sich ‚Nomads' nennt. Nach allem, was wir wissen, ist Mr. Boucher der Präsident dieser Nomads. Dabei handelt es sich um ein Charter, das einerseits wie jedes andere der insgesamt zehn funktioniert, die wir in Kanada haben. Andererseits sind die Nomads aber nicht an territoriale Grenzen gebunden, und das gilt auch für den Handel mit Drogen oder andere kriminelle Unternehmungen. Ihren Aktivitäten können sie in Quebec nachgehen, aber auch in jeder anderen Provinz. Derzeit können wir beobachten, dass … Alle Informationen, die uns vorliegen, sprechen dafür, dass der Krieg, wie er sich heute darstellt, von den Nomads angezettelt wurde, genauer von den Männern, die sich im März 1995 unter diesem Namen zusammengeschlossen haben."

Ouellette kam auch auf die Probleme zu sprechen, die Boucher während seines letzten Aufenthalts im Gefängnis bereitet hatte. Er hatte darum gebeten, nicht in die Bordeaux-Haftanstalt, eingewiesen zu werden, da sie ihm zu sehr von Gewalt geprägt schien, sondern nach Sorel überstellt zu werden. Dort sei nicht nur das Haus der Direktorin Quesnel Ziel eines Brandanschlags geworden, sondern auch das eines Aufsehers.

Dann legte Ouellette detailliert alle Beweise dar, die die Polizei im aktuellen Fall gegen Boucher zusammengetragen hatte. Steven „Bull" Bertrand beschrieb er unverblümt als einen Mann, der mit Boucher befreundet war und in seinem Auftrag einen Drogenring betrieb. Bertrands Probleme begannen am 23. September 1995 gegen drei Uhr morgens. In einer Bar am Saint Laurent Boulevard geriet er mit ein paar anderen Männern über die Frage in Streit, wer dort Drogen verkaufen durfte. Im Laufe der Unterhaltung schlug ihm einer der Männer ins Gesicht. Bertrand ging zu Boden, woraufhin die beiden anderen Männer ihn mit Fußtritten malträtierten. In den folgenden Stunden führte Bertrand mehrere Telefonate und versuchte zweimal, Boucher zu erreichen. Als der um 5.33 Uhr zurückrief, berichtete Bertrand ihm, dass er zusammengeschlagen worden sei und ein blaues Auge davon getragen habe.

„Mr. Boucher ordnete an, den Vorfall nicht auf sich beruhen zu lassen, sondern Vergeltung zu üben", so Ouellette, der hinzufügte, dass Boucher Bertrand aufgefordert habe, das Problem mithilfe eines Baseballschlägers zu lösen. Bertrand aber soll erwidert haben, dass er bei seinen vielen Telefonaten in jener Nacht erfahren hatte, dass sich einer der Angreifer freundschaftlich mit Hells Angels vom Charter Trois Rivières unterhielt. Drei Tage später hörte die Polizei eine weitere Unterhaltung von Boucher und Bertrand mit. Boucher hatte sich etwas umgehört und beschlossen, Bertrand grünes Licht für die Strafaktion zu erteilen. Er fügte jedoch hinzu, dass ein Anwärter des Charters Trois Rivières namens Mario Brouillette Bertrand den Rat übermitteln ließ, es lieber bleiben zu lassen.

Bertrand wurde daraufhin unsicher, aber Boucher riet ihm, das, was man ihm angetan hatte, nicht auf sich sitzen zu lassen. Um respektiert zu werden, musste er sich der Sache annehmen. Im Laufe der Unterhaltung fielen die Worte: „Kein falscher Friede", womit Boucher meinte, dass Bertrand die Angelegenheit nicht auf sich beruhen lassen sollte und auf die Schläge, die er bezogen hatte, eine passende Antwort geben musste. Damals war der Polizei bereits bekannt, dass Boucher auf einem größeren Anwesen in Contrecoeur lebte, zu dem ein eigener Reitstall gehörte. Sein Sohn François lebte nebenan in einem Haus, an das er dank einer Hypothek gekommen war, die ihm, wie aus Unterlagen hervorging, die der Polizei durch das „Projekt Rush" in die Hände

René Charlebois

geraten waren, der Leiter einer Zweigstelle der Bank von Montreal eingeräumt hatte, gegen den zur selben Zeit wegen Betrugs ermittelt wurde. Darüber hinaus stand er im Verdacht, René Charlebois von den Nomads ohne entsprechende Sicherheit eine Grundschuld eingeräumt zu haben. Noch bevor die „Operation Springtime 2001" begann, wurde der Bankmanager beschuldigt, zwischen 1996 und 1999 durch solche Hypothekengeschäfte mehrere Millionen Dollar veruntreut zu haben. Kaum dass Bordeleau 1993 aus der Haft entlassen worden war und die Tauchexpedition im Sankt-Lorenz-Golf hinter sich gebracht hatte, bezog er in Contrecoeur ein Haus in Bouchers Nachbarschaft.

„Mr. Boucher ist der Urheber beziehungsweise Anstifter des Bikerkrieges in Quebec. Er steht einer Gruppierung vor, die sich Rockers nennt", sagte Ouellette während der Anhörung. Maranda wollte daraufhin von ihm wissen, was er aus eigenem Erleben über die Hells Angels oder Maurice Boucher berichten könne. Er fragte ihn, was er, Ouellette, über den Bikerkrieg und Bouchers Verstrickung darin genau wisse. Maranda war ein erfahrener und gewiefter Anwalt. Ihm wird klar gewesen sein, dass er mit seiner Frage Gefahr lief, ein Schleusentor zu öffnen – und das auf die Gefahr hin, die Chancen seines Mandanten dadurch drastisch zu verschlechtern. Ouellette erwiderte, dass wegen mehrerer Morde und Bombenexplosionen, die im Zusammenhang mit dem Bikerkrieg standen, gegen Boucher ermittelt wurde. An erster Stelle stünde der Vorwurf, ein Mordkomplott gegen Yvon „Mon Mon" Roy von der Alliance geschmiedet zu haben.

Als der Zeitpunkt gekommen war, dass die Verteidigung ihre Sicht der Dinge darstellen sollte, rief sie einen Gebrauchtwagenhändler in den Zeugenstand, der bestätigte, dass Boucher für ihn arbeitete und auf Kommissionsbasis Autos verkaufte. Er erklärte, dass er Boucher seit zwei Jahren kenne. Boucher arbeite meist im Außendienst und habe in den letzten zwölf Monaten mit dem Verkauf von neuen und gebrauchten Autos zirka 70.000 Dollar verdient. Wenn das stimmte, dann war Boucher ein bemerkenswert guter Verkäufer, denn immerhin hatte er fünf der letzten zwölf Monate hinter Gittern verbracht. Die Anhörung endete damit, dass Boucher gegen Kaution freigelassen wurde. Zu den Auflagen gehörte, dass er keinen Kontakt zu Mitgliedern oder Anhängern der Hells Angels aufnehmen durfte. Doch auf der Liste standen auch die Namen von Personen, die nicht zu den Hells Angels gehörten, darunter Vito Rizzuto, der Anführer der Mafia von Montreal, und Gaetan Rivet, ein ehemaliger Offizier der Sûreté, der in den 1990er Jahren den Dienst quittiert hatte und nun versuchte, seine ehemaligen Kollegen vor der Öffentlichkeit schlecht zu machen. Später wurde er wegen Kreditbetrugs verurteilt. Auch Robert Savard, einer der berüchtigtsten Kredithaie Montreals, gehörte zu jenen Menschen, um die Boucher einen großen Bogen zu machen hatte.

Doch was seinen Umgang betraf, war Boucher zu dieser Zeit ohnehin schon wählerischer geworden. Laut Kane hatte er sich André Chouinard, ein Mitglied der Rockers, als rechte Hand und Drogenkurier erwählt. Kane zufolge war die Wahl auf Chouinard gefallen, weil er zuverlässig war und keinerlei Vorstrafen hatte. Am 31. Januar 1996 bekannte er sich der Anstiftung zu schwerer Körperverletzung schuldig und musste 2.000 Dollar Strafe bezahlen.

Zwei Wochen zuvor war sein Sohn Françis verhaftet worden, weil er einen Revolver von Smith & Wesson bei sich trug, ohne eine Genehmigung dafür zu haben. Wenige Monate später wurde die Anklage wegen unerlaubten Waffenbesitzes fallen gelassen, aber Moms Sohn bekannte sich schuldig, am 9. September 1995 bei einem Aufenthalt in den Bergen nördlich von Montreal einen Polizisten belogen und damit gegen Bewährungsauflagen verstoßen zu haben, denen er seit seiner Verurteilung wegen Einbruchs im Jahr 1994 unterlag. Er musste 250 Dollar Strafe bezahlen. Obwohl er weiterhin kein Mitglied der Rockers war und es auch in den kommenden Jahren nicht wurde, bekam Bouchers Sohn Anfang 1995 ein Gebiet zugesprochen, in dem er für den Club mit Drogen handeln konnte. Das war eines der ersten Indizien für Bouchers Wunsch, sein Sohn möge einst in seine Fußstapfen treten.

Irgendwann hatte sich Françis das Word „Warrior" – Krieger – auf die Brust tätowieren lassen, doch bei den Mitgliedern der Rockers war er unter dem Spitznamen „Le Fils" bekannt – was Französisch ist und „Der Sohn" bedeutet. Wie sein Vater gab er auf seiner Steuererklärung an, mit Autos zu handeln und auf diese Weise pro Jahr mehr als 80.000 Dollar einzunehmen. Tatsächlich aber residierte unter der Adresse des Autohauses, bei dem er zu arbeiten behauptete, das Hauptquartier des Nomads Charters. Die Polizei glich die Angaben mit den Daten des Straßenverkehrsamtes ab und stellte fest, dass auf die Firma nie auch nur ein einziges Auto zugelassen gewesen war. Auch Mom Boucher bediente sich verschiedenster Firmen, um seine Aktivitäten als Hells Angels zu verschleiern. Eine davon war die Recyclingfirma Les Produits Recycle Action, bei der er als Geschäftsführer fungierte. Bei seiner Anhörung vor der Bewährungskommission 1994 hatte Denis Houle angegeben, für genau diese Firma zu arbeiten. In den Jahren, in denen Boucher im Bikerkrieg engagiert war, gab er in seiner Steuererklärung eine jährliche Einnahme von 53.000 Dollar an. Er war mit Diane Leblanc verheiratet, der Mutter von

Françis Boucher

Françis, und lebte mit ihr gemeinsam auf seinem Anwesen in Contrecoeur. Allerdings war der Polizei aufgefallen, dass er häufig seine Freundin Louise Mongeau besuchte, die in Boucherville, einem Vorort von Montreal, wohnte. 1995 wurde Mongeau wegen des Besitzes von Haschisch angeklagt. Die Menge war so erheblich, dass man sie in Verdacht hatte, damit zu handeln.

Expansionspläne

Etwa im Jahr 1996 schien auch Boucher des Bikerkrieges überdrüssig, weshalb er, wie Informanten später vor Gericht aussagten, plante, auf einen grausamen Schlag so viele Mitglieder der Rock Machine wie möglich zu töten. Boucher war sich im Klaren darüber, dass er unter ständiger Beobachtung der Polizei stand. Deshalb ging er dazu über, Treffen und Versammlungen mit anderen Clubmitgliedern im Gerichtsgebäude von Montreal abzuhalten, um so den Anschein zu erwecken, dass weder seine Helfershelfer noch die Mitglieder der Hells Angels gegen Auflagen verstießen, die ihnen den Kontakt mit Kriminellen untersagten. Kane behauptete zudem, dass der Anführer der Hells Angels geschäftliche Dinge mithilfe verschlüsselter Faxmitteilungen regelte und den Kreis derer, die in Details seines Drogenhandels eingeweiht waren, bewusst klein hielt. Bei alledem blieb er ein notorischer Frühaufsteher, der Besprechungen oft schon vor 9.30 in einer Brasserie im East End abhielt.

Im Januar 1996 strebten die Versuche der Hells Angels, sich über ganz Kanada auszubreiten, ihrem Höhepunkt entgegen. Kane berichtete der RCMP, dass Steinert und sein Partner Donald Magnussen eine größere Drogenlieferung per Schiff nach Thunder Bay gebracht hatten. Die Lieferung umfasste 69 Pfund Marihuana, 200 Ecstasy-Pillen und mehrere Pfund Haschisch. Kanes Angaben zufolge handelte es sich bei dem Lieferanten um einen Mann, der bei Steinerts Stripper-Agentur angestellt war. Kane fügte jedoch hinzu, dass Steinert nicht mehr der unbekümmerte Hells Angels war, der er vor dem Tod des elfjährigen Daniel Desrochers gewesen war. Zunehmend plagte ihn die Angst, dass er an die USA ausgeliefert werden könnte. Gelegentlich sprach er davon, dass er nach Brasilien oder Mexiko auswandern wollte, wo er, wie Boucher ihm erklärt hatte, als Abgesandter der Hells Angels von Quebec binnen eines Jahres zum Millionär werden könnte. Andere Hells Angels aber, so Kane, hatten das Vertrauen in Steinert und seinen Kumpanen Magnussen bereits verloren. Allen voran David „Wolf" Carroll hielt Magnussen für einen Polizeispitzel, und er verachtete Steinerts rüde Methoden.

Auch Kane hatte so seine Probleme. Im Februar 1996 konfrontierte ihn Daniel Lanthier von den Rockers mit einer schriftlichen Stellungnahme, die er einst gegenüber der Polizei abgegeben hatte. Sie stand zwar in keinerlei Zusammenhang mit seiner Arbeit als Informant, sorgte aber für eine solche Unruhe, dass Kane schließlich aufgefordert wurde, seine Clubabzeichen abzugeben. Lanthier wies ihn darauf hin, dass die Hells Angels niemanden akzeptieren würden, der mit der Polizei sprach – und schon gar nicht jemanden, der ihr schriftlich etwas anvertraute. Trotzdem wurde Kane gestattet, bei den Rockers zu bleiben, und binnen zwei Wochen fand er heraus, dass Boucher im Besitz eines vertraulichen Polizeiberichts war. Der Bericht war mehr als ein Jahr alt und von den Ermittlern persönlich archiviert worden. Doch Kane zufolge hatte Boucher ein Treffen einberufen, in dessen Verlauf er darauf zu sprechen kam, dass Robert Johnson, der den Rockers nahe stand, in einem Mordfall unter Verdacht stand, bei dem es nur den Täter und das Opfer gab, aber keinerlei Zeugen.

Obwohl manche Hells Angels Magnussen und Steinert misstrauten, wurde zumindest Letzterem im März 1996 das Abzeichen überreicht, das ihn zum Vollmitglied des Charters Montreal machte. Kane berichtete der RCMP, dass Steinert auch das Patch mit der Aufschrift „Filthy Few" bekommen hatte, ein Abzeichen, das nach Auffassung der Polizei nur solche Mitglieder bekamen, die für den Club getötet hatten. Darüber hinaus bekam Steinert einen goldenen Anstecker, den ein Hells Angel getragen hatte, der wenige Monaten zuvor einem Herzschlag erlegen war.

Während Steinert also offenbar beim Charter Montreal gut angesehen war, stand Donald Magnussen noch immer in dem Verdacht, mit der Polizei zusammenzuarbeiten. Wenige Wochen nachdem Kane der RCMP von diesem Verdacht erzählt hatte, argwöhnten andere Mitglieder der Hells Angels, dass Magnussen auch hinter dem Mord an David Boyko stecken könnte, der einem Motorradclub in Winnipeg namens Los Bravos angehört hatte. Boyko war in Halifax erschossen worden, wo er eine Party der Hells Angels besuchen wollte. Die Los Bravos gehörten zu jenen Clubs, mit deren Hilfe die Hells Angels sich über das ganze Land ausbreiten wollten. Nun aber fürchtete man, dass Magnussen einen Strich durch die Rechnung gemacht haben könnte. Mitglieder der Los Bravos brachen die Gespräche mit den Hells Angels aus Quebec ab. Kane zufolge waren die Hells Angels bereit, Magnussen zu opfern, und David „Wolf" Carroll angeblich entschlossen, ihn eigenhändig aus dem Weg zu räumen.

Im Oktober 1996 berichtete Kane der RCMP, dass Steinert zunehmend darunter litt, dass das Nomads Charter dem Charter Montreal, von dem sich Boucher abgespalten hatte, mangelndes Engagement im Bikerkrieg vorwarf. Steinert bildete innerhalb des Charters Montreal eine Untergruppe, die sich stärker einbringen wollte. Laut Kane sollen zu dieser Gruppe auch Michel Lajoie Smith und Normand Labelle, beides Mitglieder der Hells Angels, sowie Magnussen und Marc Sigman gehört haben. Auch Kane selbst sei aufgefordert worden, sich der Gruppe anzuschließen, doch die geforderte „Aufnahmegebühr" in Höhe von 100.000 Dollar habe ihn davon Abstand nehmen lassen. Das Geld benötigte Steinert, um davon die Lavigueur-Villa zu kaufen, ein

Anwesen mit 17 Zimmern auf der Insel Ile aux Pruches, die zu Laval gehört und früher im Besitz einer Familie gewesen war, der ein Lotteriegewinn mehr Unglück als Glück gebracht und die daher in Quebec traurige Berühmtheit erlangt hatte. Kane behauptete, dass Steinert und Magnussen einen Steuerberater aufgesucht hatten, mit dem die Hells Angels öfter zusammenarbeiteten.

Ungefähr zur selben Zeit erhielt André „Toots" Tousignant, ein enger Freund Bouchers, für den er als Chauffeur gearbeitet hatte, den Auftrag, Magnussen umzubringen. Er hatte sogar schon begonnen, die Gewohnheiten seines Opfers auszuspionieren. Doch weil er sich schwertat, den Auftrag auszuführen, wurden später Kane 10.000 Dollar geboten, wenn er Magnussen aus dem Wege räumen würde. Weil dieses Problem den Hells Angels im November 1996 immer noch Kopfschmerzen bereitete, soll Boucher beschlossen haben, ein Vollmitglied der Hells Angels mit dem Mord zu beauftragen. Er hielt es für ausgeschlossen, dass Steinert und Richard „Dick" Mayrand, ein einflussreiches Mitglied des Charters Montreal, damit einverstanden wären, wenn ein Helfershelfer jemanden töten würde, der dem Charter Montreal so eng verbunden war wie Magnussen. Kane behauptete, dass Stadnick in die engere Wahl kam, weil er mit seinen Plänen, den Club Richtung Westen auszuweiten, von dem Mord am ehesten profitieren würde.

Erschwerend kam hinzu, dass das Nomads Charter just in der Zeit, als es den Mord an Magnussen plante, vom Charter Montreal mit der Frage konfrontiert wurde, ob es Magnussen als Hangaround akzeptieren würde, immerhin der erste Schritt auf dem Weg zu einer regulären Mitgliedschaft bei den Hells Angels. Die Nomads sollen Kane zufolge geantwortet haben, dass sie damit kein Problem hätten. Doch unmittelbar nach dem Treffen, bei dem die Frage aufgekommen war, hielten die Nomads eine eigene Versammlung ab, auf der sie sich darüber einig wurden, dass unter den gegebenen Umständen nur ein Vollmitglied Magnussen aus dem Weg räumen konnte.

Im Februar 1997 berichtete Kane von dem Gerücht, dass Magnussen in einer Bar am St. Laurent Boulevard einen Verwandten von Vito Rizzuto, dem Paten der Mafia von Montreal, zusammengeschlagen hatte. Nun war ihm neben den Nomads auch die Mafia auf den Fersen. Kane behauptete, dass Magnussen das Haus nicht mehr ohne Begleitung verließ.

Auch Steinert steckte derweil in Schwierigkeiten. Im November 1996 war er offiziell aus Kanada ausgewiesen worden, seither versuchte er, den Vollzug des Beschlusses zu verzögern. Und irgendwann im Verlauf des Jahres 1997 verschwanden sowohl Steinert als auch Magnussen. Ihre Leichen wurden später nahe Quebec City im Sankt-Lorenz-Strom treibend gefunden. Bevor sie ermordet worden waren, hatte man sie schwer misshandelt.

Das Jahr 1997 war selbst nach den Maßstäben des Bikerkriegs ein außergewöhnliches. Allein in Quebec wurden 28 Morde gezählt, die mit dem Krieg in Verbindung standen, mehr als in den drei vorangegangenen Jahren zusammen. Hinzu kamen 30 versuchte Morde, die die Polizei ebenfalls dem Konflikt zurechnete. Die größte öffentliche Aufmerksamkeit erregte jedoch der Mord an zwei Gefängnisaufsehern, die auf Befehl Bouchers hin getötet worden waren, um so das Justizsystem zu destabilisieren. Stéphane „Godasse" Gagné, den Boucher 1995 im Gefängnis von Sorel kennengelernt hatte, wechselte die Seiten, sagte gegen seinen Freund aus und lieferte die Beweise, auf deren Grundlage Boucher wegen der Morde belangt werden konnte.

Im ersten Prozess trat Gagné als Kronzeuge auf, und als der Richter Jean Guy Boilard die Geschworenen zum letzten Mal auf ihre Aufgaben und Pflichten einschwor, erinnerte er sie daran, dass der Fall mit Gagnés Aussage stand und fiel. Falls sie ihm den Wandel vom Killer zum Informanten abnahmen, dann müssten sie die Beweise würdigen, die für die Richtigkeit seiner Aussage sprachen. Wenn sie ihm nicht glaubten, dann wäre das Verfahren beendet, und alle könnten nach Hause gehen. Die Geschworenen entschieden sich für Letzteres. Nach dreitägiger Beratung sprachen sie Boucher am 27. November 1998 frei. Er raunte ihnen ein „Merci" zu und verließ das Gericht als freier Mann, begleitet von zahlreichen Mitgliedern der Rockers. Normand Robitaille, der erst wenige Wochen zuvor Mitglied der Nomads geworden war, legte den Arm um Boucher. Beide lächelten zufrieden, als sie auf die Straße traten.

Am selben Abend besuchte Boucher eine Boxveranstaltung in Verdun, und einige Zuschauer jubelten, als er von den anwesenden Hells Angels begrüßt wurde – Boucher war in Montreal zu einer prominenten Figur geworden. Dank seiner Drahtgestellbrille und des breiten Lächelns wurde er überall erkannt, erst recht nach all dem Medienrummel um seinen Prozess. Beamte, die die Hells Angels nach Abschluss des Verfahrens überwachten, stellten mit Befremden fest, dass Boucher in Hochelaga Maisonneuve zu einer Art Volksheld geworden war. Wenn er auf der Hochelaga Street, wo das Studio war, in dem er regelmäßig trainierte, oder der Bennett Street, wo die Nomads ihr Hauptquartier hatten, unterwegs war, jubelten die Menschen ihm zu.

Unterdessen ging der Bikerkrieg weiter, und die Hauptrivalen der Hells Angels, die Rock Machine, landeten einen wichtigen Etappensieg, indem sie Normand Hamel töteten, ein Gründungsmitglied der Nomads und langjährigen Freund Bouchers. Hamel wurde am 17. April 2000 auf einem Parkplatz in Laval erschossen, nachdem er mit seiner Frau und seinem Kind aus einer Arztpraxis gekommen war. Boucher fuhr in einem Volkswagen an den Tatort, der gerade von Beamten der Spurensicherung abgesucht wurde. Kaum eine Stunde nach der Ermordung Hamels hörte die Polizei ein Gespräch zwischen zwei Mit-

Dany Kane (zweiter von links) vor dem Bestattungsinstitut, in dem die Hells Angels eine Totenfeier für Normand „Biff" Hamel vom Nomads Charter abhielten, der umgebracht worden war.

gliedern der Rockers mit, in dem es um den Tod eines Mannes ging, den zu schützen ihre Aufgabe gewesen wäre. Dany St.-Pierre trug seinem Clubkameraden Ronald „Popo" Paulin auf, alle Mitglieder der Rockers in Alarmbereitschaft zu versetzen.

Später am Abend sprach Normand Bélanger, der später Mitglied des Nomads Charter werden sollte, mit einem Freund, und auch dieses Gespräch hörte die Polizei mit. Bélanger bezeichnete den Tod Hamels als „Teil des Spiels, das wir spielen", fand ihn letztlich aber doch „ziemlich widerwärtig", vor allem, weil der Mord in Anwesenheit von Hamels Frau und Kind passierte.

Am 12. Mai 2000 reagierten die Hells Angels auf die Ermordung Hamels mit einem Angriff auf zwei Mitglieder der Rock Machine. Tony Duguay und Denis Boucher wurden beschossen, als sie durch Saint Laurent fuhren, einem Vorort von Montreal. Beide überlebten den Anschlag, allerdings erlitt Duguay Schussverletzungen an beiden Armen, der rechten Hand und der Hüfte. Er trug einen Ring mit der Inschrift „Lieber tot als ehrlos". Drei Jahre später wurde er des Mordes an Hamel angeklagt, womit sich der Verdacht der Hells Angels bestätigte.

Bouchers frisch erworbener Ruhm schien ihm ein wenig zu Kopf zu steigen, denn er begann, mit seiner Bekanntheit zu spielen. Am 14. April 2000 erlangte René Charlebois, Mitglied der Rockers und einer von Bouchers besten Dealern, den Status als Vollmitglied des Nomads Charters. Zirka vier Monate später heiratete er in einer Kirche, die sich in der Nähe des Hauptquartiers der Hells Angels in Sorel befand. Die anschließende Feier auf Bouchers Anwesen in Contrecoeur sorgte für Aufsehen. Die Hells Angels hatten die populären Sänger Ginette Reno und Jean-Pierre Ferland engagiert, die aus Anlass der Hochzeit auftreten sollten. Reno, der als matronenhaft galt, schmetterte zu Ehren der Biker das Lied „My Way" und posierte später zusammen mit Boucher vor der Kamera eines Fotografen, der normalerweise für die auf Berichte über Verbrechen spezialisierte Zeitung «Hallô Police» arbeitete. Die Fotos lösten einen veritablen Skandal aus und veranlassten Reno zu einer öffentlichen Entschuldigung.

Am 8. Oktober 2000 bot Boucher erneut ein öffentliches Schauspiel, indem er im Restaurant Bleu Marin im Zentrum Montreals ein Essen ausrichtete, zu dem Mitglieder der Rock Machine und der Hells

Angels geladen waren. Im Vorfeld hatten die beiden Clubs über einen Waffenstillstand verhandelt, der bei dem Essen feierlich besiegelt werden sollte. Ein Journalist von «Hallô Police» war eingeladen worden, um den Friedensschluss zu dokumentieren. Boucher zog eine ziemliche Show ab, umarmte seinen traditionellen Feind Paul Porter und schüttelte anderen Mitgliedern der Rock Machine die Hand, so auch Frederic Faucher, der die treibende Kraft hinter den Bemühungen der Rock Machine war, sich den Bandidos anzuschließen.

Als Delegierte der Hells Angels waren neben Boucher die Nomads Michel Rose, Richard „Dick" Mayrand und Normand Robitaille anwesend. Als Robitaille das Restaurant verließ, bemerkte er zwei Polizisten, die penibel notierten, wer alles an dem Treffen teilnahm. Robitaille ging zu ihnen und sagte voraus, dass nun, da der Bikerkrieg beendet war, der Etat der Polizei drastisch sinken würde. Nach dem Essen zog die gesamte Gruppe ins Super Sexe weiter, einer Stripteasebar in der Sainte-Catherine Street im Zentrum von Montreal, wo die Party weiterging.

Die Nomads nahmen den „Waffenstillstand" zum Anlass, der Rock Machine ein Ultimatum zu stellen. Noch im Jahr 2000 boten sie allen Mitliedern an, sich ihnen anzuschließen und dabei denselben Rang zu behalten, den sie bei der Rock Machine bekleideten. Um Druck auszuüben, setzten sie jedoch eine Frist.

Boucher war es durch seinen Schachzug gelungen, landesweit in die Schlagzeilen zu kommen. Das Scheitern des Abkommens mit der Rock Machine erlebte er allerdings hinter Gittern. Zwei Tage nach dem Treffen im Bleu Marin kassierte das Berufungsgericht den Freispruch aus dem Prozess wegen der Morde an den beiden Gefängnisaufsehern. Bemängelt wurde vor allem, dass Richter Boilard unzulässigen Einfluss auf die Geschworenen genommen hatte. Der Prozess wurde neu aufgerollt.

Während er auf den Beginn der Verhandlungen wartete, verklagte Boucher mithilfe seines Anwalts Robert Lemieux die Regierung von Quebec auf 30 Millionen Dollar Schadenersatz. Lemieux hatte zuvor bereits Mitglieder der Front de Libération du Québec vertreten, einer terroristischen Vereinigung, die während der sogenannten Oktoberkrise 1970 für Entführungen und Mord verantwortlich gewesen war. Die Klage begründete er damit, dass Boucher bis zum Beginn des zweiten Prozesses unrechtmäßig festgehalten wurde und dass die Provinz

Paul „Sasquatch" Porter in seiner Zeit als Mitglied der Rock Machine.

einen unschuldigen Mann verfolgte. Allerdings behauptete er auch, dass Boucher als Koch arbeitete, und die Klageschrift enthielt zahlreiche sachliche und orthografische Fehler. Die Klage wurde kurzerhand zurückgewiesen.

Beim zweiten Verfahren kamen die Geschworenen zu der Überzeugung, dass Boucher über genügend Macht und Einfluss verfügt hatte, um den Mord an den beiden Aufsehern anzuordnen, und sprachen ihn am 5. Mai 2002 in zwei Fällen des heimtückischen Mordes schuldig. Das zog automatisch eine lebenslange Haftstrafe nach sich, 25 Jahre musste er mindestens absitzen, ehe er die vorzeitige Entlassung beantragen konnte. Doch auch hinter Gittern fanden sich noch immer Leute, die Boucher nach dem Leben trachteten.

Maurice „Mom" Boucher hinter Gittern

Am 13. August 2002 gegen 20.30 wurde im Hochsicherheitstrakt des Gefängnisses von Sainte-Anne des-Plaines eine Gruppe von Häftlingen in den Gemeinschaftsbereich gebracht. Einer von ihnen war Gary Brent Huska, ein Mann aus Saskatchewan, der seine Freundin mit einem Steakmesser erstochen hatte und dafür zu lebenslanger Haft verurteilt worden war. Er lauerte Boucher auf und griff den Hells Angels an, als der aus einer Drehtür heraustrat. Als Waffe verwendete Huska eine Klinge, die er im Hosenbein versteckt hatte. Sie war aus Plastik, zirka 25 Zentimeter lang, knapp drei Zentimeter breit und ausgesprochen scharf. Huska hatte den Gemeinschaftsbereich unmittelbar vor Boucher betreten und an einem Tisch gewartet, der neben der Tür stand.

Im Gefängnis musste Boucher ohne seine Handlanger auskommen, die ihn beschützten, doch als er nun angegriffen wurde, sprangen ihm mehrere Mithäftlinge zu Hilfe. Boucher trat ein paar Schritte zurück und sah zu, wie seine Helfer das Kommando übernahmen und Huska attackierten. Ein Wärter rief Verstärkung herbei. Als die Männer ankamen, sahen sie, wie sechs oder sieben Häftlinge Huska unter sich begruben. Die Wachen forderten sie auf, den Kampf einzustellen, was die meisten auch taten. Nur Jean Roch Lefrançois ließ nicht locker, sondern versuchte, Huska zu einer Duschkabine zu bugsieren. Aus der Menschentraube, die sich gebildet hatte, kam die Aufforderung: „Mach ihn kalt!" Einer der Aufseher nahm sich ein Herz und trennte Lefrançois von seinem Opfer. Huska lag auf dem Fußboden vor den Duschen. Sein Körper wies mehrere Einstiche auf. Lefrançois wurde angewiesen, sich auszuziehen, und nach einem Messer oder einer Klinge durchsucht. Ehe sich die Wachen um Huska kümmerten, legten sie Schutzkleidung an, um nicht mit seinem Blut in Berührung zu kommen. Unterdessen war eine Krankenschwester eingetroffen. Zirka zehn Minuten nach dem Vorfall wurde Huska auf die Krankenstation gebracht. Dort erwiesen sich seine Verletzungen als so schwerwiegend, dass eine Einweisung in ein reguläres Krankenhaus geboten war.

Der Gemeinschaftsbereich wurde gesperrt, damit er kriminaltechnisch untersucht werden konnte. Einige Gefangene weigerten sich jedoch, in ihre Zellen zurückzukehren, so dass eine Sondereinheit gerufen werden musste, die die Ordnung wiederherstellen sollte. Trotzdem dauerte es bis 22.30, bis der Gemeinschaftsbereich geräumt war. Seit dem Attentat waren fast zwei Stunden vergangen. In dieser Zeit hatten die Gefangenen Karten gespielt, fern gesehen und darauf gewartet, dass die Gefängnisleitung kommt und das Heft in die Hand nimmt. Ebenfalls in dieser Zeit war die Sûreté benachrichtigt und aufgefordert worden, die Ermittlungen zu übernehmen. Alle Gefangenen, die an dem Vorfall beteiligt waren, landeten zur Strafe in Isolationshaft, auch Boucher.

Huska wurde nach einigen Wochen aus dem Krankenhaus entlassen. Für den Mordanschlag auf Boucher musste er sich nie vor Gericht

Normand Bélanger (links) und Dany St. Pierre von den Rockers.

verantworten, obwohl er sich etwas Ähnliches schon einmal hatte zu Schulden kommen lassen. In einem Gefängnis von Saskatchewan hatte er einen Mithäftling mit einem Messer angegriffen und freimütig zugegeben, dass er ihn hatte umbringen wollen, weil der Mann wegen eines Sexualdeliktes saß. 1984 hatte sich Boucher an einer 16-Jährigen vergriffen und war dafür ins Gefängnis gewandert. Manche glauben, dass Huska ihn deshalb töten wollte. Lefrançois wurde für seinen Angriff auf Huska übrigens auch nie belangt.

Nicht einmal einen Monat nach dem Angriff Huskas versuchte jemand anderes, Boucher aus dem Weg zu räumen. Und wie beim ersten Versuch erfolgte der Anschlag, als das Opfer die Drehtür verließ, die zum Gemeinschaftsbereich führte. Dieses Mal war es gegen 11 Uhr vormittags, und Boucher wollte zum Essen. Der Täter benutzte eine selbst gebaute Waffe, die aus Einzelteilen zusammengesetzt war, die sogar ein Insasse des Hochsicherheitstraktes ohne Mühe beschaffen konnte: eine Zeitung, ein paar Streifen einer Gardine sowie Elektrokabel und ein gewöhnlicher Lichtschalter. Die Explosion riss Boucher von den Füßen. Eine Wache erkundigte sich, ob er wohlauf sei, was Boucher bejahte.

Dieses Mal wurde die RCMP eingeschaltet, die aber kein Motiv für den Anschlag auf Boucher fand. So blieb auch im Dunkeln, wer der Täter war. Der Verdacht fiel auf Ryan Starr, ein Mann indianischen Ursprungs aus Manitoba, der eine lebenslange Strafe absaß, weil er bei einem Überfall auf ein Lebensmittelgeschäft einen Menschen getötet hatte. Wie Huska musste sich auch Starr nicht für den Anschlag auf Boucher verantworten. Die Taten selbst, aber auch die Tatsache, dass sie ungesühnt blieben, muss als Zeichen dafür gedeutet werden, dass Boucher zum Freiwild geworden war und ohne die Unterstützung anderer Hells Angels ein leichtes Ziel abgab.

Derweil häuften sich die Anzeichen, dass sich die Hells Angels von ihrem einstigen Anführer abgewandt hatten. Ein untrügliches Indiz dafür war ein Artikel, der in «Allô Police» erschien. Er enthielt ein Interview mit Normand Bélanger, der von den Hells Angels vor allem deshalb aufgenommen worden war, weil er mit der Droge Ecstasy schon Erfahrungen hatte, als die meisten Menschen in Quebec nicht einmal den Namen kannten. Er galt als enger Freund von Boucher. Seine Bikerkarriere begonnen hatte er als Mitglied der Rockers, und nach nicht einmal einem Jahr war er zum Anwärter der Nomads aufgestiegen, um schließlich zum Vollmitglied ernannt zu werden. Aus Gründen, die nicht bekannt waren, wurde ihm die Mitgliedschaft jedoch während eines Aufenthalts im Gefängnis, wo er darauf wartete, dass ihm der Prozess gemacht wurde, wieder entzogen.

Während eines der Mammutverfahren erkrankte Bélanger schwer, und die Ärzte gaben ihm nur noch wenige Monate zu leben.

Vor seinem Tod gab er einem Reporter von «Allô Police», den er bei einem Arztbesuch kennengelernt hatte, noch ein Interview. Darin beschreibt Bélanger Boucher als habgierigen Menschen und fügte hinzu, dass es alle, die bei der „Operation Springtime 2001" verhaftet worden waren, Boucher zu „verdanken" hatten, dass sie ihren Geschäften nicht in Freiheit nachgehen konnten.

3. Kapitel

Festnahmen im grossen Stil

Die „Operation Springtime" trug zwar den Codenamen „Frühjahr",
aber das Wetter am 28. März 2001 sprach diesem Namen Hohn.
Während sich in Quebec und Ontario Polizisten anschickten, den
Hells Angels und ihren Helfershelfern ein böses Erwachen zu bereiten,
betrugen die Temperaturen in und um Montreal einige Grad unter
null, und es herrschte leichter Schneefall. Eine Polizeiaktion von diesem Ausmaß hatte Kanada noch nicht erlebt. Beteiligt waren nahezu
2.000 Beamte und zivile Kräfte, die aus so unterschiedlichen Polizei-
behörden wie der RCMP, der Sûreté von Quebec, der Montreal Urban
Community Police und 23 weiteren kommunalen Polizeien stammten.
Mindestens 20 Häuser, darunter auch Luxusvillen, wurden beschlagnahmt, zusätzlich 28 Autos, 70 Schusswaffen und mehr als 8 Millionen kanadische Dollar in bar. Dass der Polizei zusätzlich 120 Kilogramm Haschisch und 10 Kilogramm Kokain in die Hände fielen, war
in Anbetracht des Ziels der Aktion nur ein Nebeneffekt. Es ging
schließlich nicht um einen beliebigen Schlag gegen das organisierte
Verbrechen. Es ging um eine groß angelegte Ermittlung, die bereits
1998 begonnen hatte, und die meisten Ziele, die verfolgt wurden,
waren bereits damals benannt worden.

Von den 42 Hells Angels beziehungsweise Rockers, gegen die im Zuge
des „Projekts Rush" Haftbefehl erlassen worden war, saßen 14 bereits
hinter Gittern. Etwa ein weiteres halbes Dutzend war zunächst unauf-
findbar, doch die meisten wurden irgendwann aufgestöbert. Zu den
Anklagepunkten, die in den Haftbefehlen genannt wurden, gehörten 13
der insgesamt über 160 Morde, die während des Bikerkrieges begangen
worden waren. Alle Mitglieder der beiden Clubs wurden des Drogenhandels und der Mitgliedschaft in einer kriminellen Vereinigung
beschuldigt. Dieser Straftatbestand war in Quebec noch relativ neu und
eigens für die Hells Angels in Gesetzesform gegossen worden. Bei zwei
weiteren Anklagen ging es um den Vorwurf, dass Mitglieder der Hells
Angels geplant hatten, durch eine gezielte Bombenexplosion möglichst
viele ihrer Widersacher auf einen Streich aus dem Weg zu räumen.

Die Beamte, die die Haftbefehle aushändigen sollten, waren angewiesen worden, auf alles zu achten, was einen Hinweis darauf geben konnte, dass der Bewohner des Hauses zu den Hells Angels oder den Rockers gehörte. In einigen Fällen verlangte das von den entsprechenden Beamten erhebliches Fingerspitzengefühl. So mussten sie entscheiden, ob Fotos, auf denen mehrere Clubmitglieder oder auch nur deren Abzeichen zu sehen waren, als Beweis dienen konnten. In anderen Fällen, etwa dem Haus von Luc „Bordel" Bordeleau in Contrecoeur, unweit des Anwesens von Boucher gelegen, fiel die Entscheidung leicht, weil Dinge vorgefunden wurden, die eine Mitgliedschaft zweifelsfrei bewiesen.

Luc „Bordel" Bordeleau und seine Rocket Launcher

Bordeleau war einer der 14 Männer, die bereits im Gefängnis saßen, als die „Operation Springtime" begann. Er verbüßte eine Strafe wegen Vergehen gegen die Waffengesetze. In seinem Haus in der Marie Victorin Street fand die Polizei Beweise dafür, dass er Informationen über Polizeispitzel und über leitende Mitglieder der Alliance zusammentrug. Dazu gehörten Kopien von schriftlichen Berichten, die der Informant Normand Tremblay der Polizei erstattet hatte. Die Polizei hielt Tremblay für das Ziel des Bombenanschlages, dem 1995 der elfjährige Daniel Deroches zum Opfer gefallen war. Bordeleau war zudem im Besitz der Kopie eines Vertrages, mit dem sich Denis Bouthillete, ein früheres Mitglied der Alliance, als Informant der Polizei verpflichtete, und zwar ungefähr zur selben Zeit, als das auch Tremblay tat. Ein weiteres Dokument, das bei Bordeleau beschlagnahmt wurde, betraf Harold Pelletier, den Bru-

Maurice „Mom" Boucher und
Luc „Bordel" Bordeleau.

der von Sylvain Pelletier, dessen Tod 1994 als Auslöser des Bikerkrieges gilt.

Dass die Hells Angels im Besitz dieser Dokumente waren, war nichts Ungewöhnliches. Wenn ein Informant vor Gericht aussagte, gingen mit den Unterlagen auch die Verträge an die Anwälte der Gegenseite. Beunruhigend war eher das Waffenarsenal, das Bordeleau in seiner Garage angelegt hatte.

Die Polizei beschlagnahmte eine Faustfeuerwaffe, drei Jagdgewehre, drei halbautomatische Maschinenpistolen von Cobray sowie große Mengen entsprechender Munition. Sogar einen Granatwerfer fand die Polizei, was die bange Frage aufwarf, welche Aktionen die Hells Angels für die nahe Zukunft geplant hatten. In einem anderen Haus in Montreal, das Bordeleau zusammen mit einer Freundin bewohnte, beschlagnahmte die Polizei mehr als 90.000 Dollar in bar sowie zahlreiche Beweise dafür, dass zu den Aufgaben des Mannes mit dem Spitznamen Bordel gehörte, Mitglieder rivalisierender Gangs zur Strecke zu bringen. Die Beamten fanden ein Blatt Papier, auf dem Name, Anschrift und Sozialversicherungsnummer von Jean „Le Français" Duquaire, dem Anführer der Bandidos, notiert waren, und eine Fernbedienung, bei der es sich, wie sich später herausstellte, um eine Dublette derjenigen Fernbedienung handelte, die die Polizei beschlagnahmt hatte, nachdem das Clubhaus der Rock Machine in der Huron Street von einer Bombe in Schutt und Asche gelegt worden war. Zum Zeitpunkt der Explosion war Bordeleau im Gefängnis, aber die Fernbedienungen waren offensichtlich von derselben Person präpariert worden.

Bordeleau war im Juni 2000 zum Anwärter des Nomads Charters ernannt worden, etwa zur selben Zeit, als das Gründungsmitglied Louis „Melou" Roy spurlos verschwand. Der Polizei war aufgefallen, wie rasch Bordeleau den Sprung vom Rocker zum Hells Angel geschafft hatte. Schließlich hatte er einen Großteil des Bikerkrieges hinter den Gittern des Leclerc-Gefängnisses von Laval verbracht.

Éric „Pif" Fournier

In den Haftbefehlen tauchte auch der Name von Éric „Pif" Fournier auf, einem Handlanger der Hells Angels, der Melou Roy als Leibwache gedient hatte. Fourniers Annäherung an den Club begann, als er eine Haftstrafe absaß, weil er 1990 mit zwei Kumpanen einen Mann in dessen Haus nahe Quebec City übel zusammengeschlagen hatte. Das Opfer erlitt mehrere Knochenbrüche, zudem richtete das Trio in dem Haus Schäden in Höhe von 3.000 Dollar an. Fournier bekannte sich der gemeinschaftlichen schweren Körperverletzung schuldig und wurde zu vier Jahren Gefängnis verurteilt. Während eines Hafturlaubs 1993 schlug er erneut einen Mann zusammen und musste weitere drei Jahre absitzen.

Ab März 1996 zählte die Polizei Fournier zu den wichtigsten Helfershelfern der Hells Angels. Damals stand er im Verdacht, im Auftrag des Clubs zwei Menschen ermordet zu haben. Doch weil die Sûreté versehentlich die vermeintlichen Tatwaffen vernichtete, musste Fournier auf freien Fuß gesetzt werden. Der Richter hielt einen fairen Prozess ohne solch wichtige Beweismittel für unmöglich. Fournier zog daraufhin nach Montreal und wurde 1998 von den Rockers aufgenommen. Acht Jahr zuvor hatte ein Gefängnispsychologe in einem Gutachten über ihn geschrieben: „Die Erfahrung lehrt uns, dass ein Mensch, der in die kriminelle Szene integriert ist, seine Aggressionen bereitwillig in den Dienst krimineller Ziele stellt. Er wird Gewalt einsetzen, um Probleme mit anderen zu lösen oder Schwierigkeiten aus dem Weg zu räumen, die ihn davon abhalten könnten, seine Ziele durchzusetzen. Zudem haben die Untersuchungen ergeben, dass der Proband für andere keinerlei Mitgefühl aufbringt, sondern sehr auf sich selbst bezogen und zur Anteilnahme mit seinen Opfern nicht fähig ist."

Éric „Pif" Fournier

Richard „Dick" Mayrand – einer der „Filthy Few"

Bei der Durchsuchung des Hauses von Richard „Dick" Mayrand an der Lafrance Street fielen der Polizei Unterlagen in die Hände, aus denen hervorging, wie nahe die Nomads ihrem Ziel gekommen waren, den illegalen Drogenhandel in Montreal monopolartig zu beherrschen. Sie fanden einen Stadtplan von Montreal, auf dem die Stadt mit einem Stift in verschiedene Teile aufgeteilt worden war. In jedem Sektor war handschriftlich der Name einer Gruppierung ergänzt worden, der das entsprechende Gebiet den „No-mads", „Montreal" oder „Trois Rivières" zuschlug. Immerhin belegte das Fundstück, dass Bouchers Charter bereit war, andere Charter der Hells Angels am Drogenhandel in der Stadt teilhaben zu lassen. Der Karte war darüber hinaus zu entnehmen, dass die Hells Angels nur eine einzige Gruppe akzeptierte, die von außen kam: die „Italiener", die einen kleineren Bereich im nördlichen Montreal für sich reklamieren durften.

Richard „Dick" Mayrand

In Mayrands Haus stellte die Polizei auch ein Nachtsichtfernglas sicher, das aus Militärbeständen stammte und fraglos für den nächtlichen Drogenschmuggel verwendet wurde. Unter den Utensilien aus dem Umfeld der Hells Angels fand sich eine Gürtelschnalle mit der Inschrift „Mtl Filthy Few AFFA" (AFFA ist die Abkürzung für Angels Forever – Forever Angels) und eine weitere mit der Inschrift „Dick, Filthy Few Montreal". Im Bad stießen die Beamten auf eine Sporttasche, die mehr als 300.000 Dollar in 20-Dollar-Scheinen enthielt.

In dem Haus standen so viele Fitnessgeräte, dass man damit ein Studio hätte betreiben können. Mayrands Karriere als Bodybuilder war etwas, worauf die Hells Angels durchaus stolz waren. Die Polizei hatte das Gespräch zwischen zwei Mitgliedern abgehört, die sich sehr erfreut darüber zeigten, dass Mayrand 1999 bei der nationalen kanadischen Meisterschaft der Bobybuilder in Edmonton den dritten Platz im Halbschwergewicht belegt hatte. Wie Bordeleau war auch Mayrand nicht zu Hause, als der Haftbefehl gegen ihn vollstreckt werden sollte. Er saß noch eine Strafe ab, nachdem er am 15. Februar 2001 in einem Hotelzimmer verhaftet worden war, wo er sich zusammen mit anderen Nomads über Portraitfotos führender Bandidos gebeugt hatte, die augenscheinlich ihre nächsten Ziele werden sollten. Mayrand und Bordeleau waren verhaftet worden, als sie das Hotel verlassen wollten.

Sebastien „Bass" Beauchamp

Anders als Bordeleau und Mayrand war Sebastien Beauchamp in seinem Haus in Mascouche, als die Polizei mit einem Haftbefehl ausgerüstet an die Tür klopfte. Doch bei der Durchsuchung stießen sie auf nichts, was der Waffenansammlung in Bordeleaus Garage vergleichbar gewesen wäre. Nicht einmal Drogen fanden sie. Beauchamp gehörte erst seit dem 16. Oktober 2000 zu den Rockers, und die Zeit, die er mit ihnen verbracht hatte, war nicht eben harmonisch verlaufen. Aus den Überwachungen der Treffen der Rockers wusste die Polizei, dass Beauchamp bei mehreren Mitgliedern der Hells Angels Schulden hatte, die sich zeitweise auf 80.000 Dollar beliefen. Einige Rockers verlangten daher Beauchamps Ausschluss, weil sie ihn nicht für wert befanden, ihr Abzeichen zu tragen.

Sechs Jahre zuvor war die nationale Berufungskommission zu einem ähnlich negativen Urteil über Beauchamp gekommen, wenn auch aus anderen Gründen. „Sie sind ein unbeherrschter und unausgereifter Mensch, der zu Gewalt greift, um Konflikte zu lösen, vor die andere Menschen Sie stellen", urteilte ein Kommissionsmitglied 1993 in einem Bericht nach einer Anhörung. Bereits mit 19 Jahren musste Beauchamp eine Strafe wegen Drogenhandels und Körperverletzung absitzen. Und trotz des jugendlichen Alters war er bereits in den Drogenschmuggel involviert. Nachdem er in einer weiteren Drogensache auf Kaution freigekommen war, schlug er einen Mann zusammen, stahl ihm Schlüssel und Kreditkarte und raubte anschließend das Apartment des Opfers aus. Dort schnappte ihn die Polizei und nahm ihn in Gewahrsam.

Bei einem späteren Hafturlaub hatte er in einem Restaurant von Burger King einen amerikanischen Touristen attackiert. Zu seiner Entlastung konnte er vorbringen, dass er betrunken war. Später machte er vor der Berufungskommission geltend, dass er ein Einzelkind und ohne Vater aufgewachsen war, obschon im Alter von einem Jahr ein Mann zu ihnen gezogen sei, den er letztlich als seinen Vater akzeptiert habe. Seinen leiblichen Vater hat er nur einmal gesehen, im Alter von 14 Jahren. Er beschrieb ihn als schweren Alkoholiker, der seine Frau schlug. Seine Muter sei ein Hippie mit den entsprechenden Ansichten gewesen. Sie habe ihn nicht erzogen, sondern tun und machen lassen, was er wollte. Schon mit elf Jahren nahm Beauchamps gelegentlich Drogen. Währenddessen bleib seine Familie nie lange am selben Ort. In einem Jahr waren sie so oft umgezogen, dass er fünf oder sechs Schulen besucht und irgendwann beschlossen hatte, nicht mehr hinzugehen, weil ihm der ständige Wechsel zu anstrengend war.

Während seiner ersten Haftstrafe kam ein Psychologe zu dem Schluss, dass Beauchamp ein ernsthaftes Drogenproblem hatte. Aufseher hatten herausgefunden, dass er Mithäftlinge mit PCP versorgte, die Droge aber auch selbst konsumierte. 1995 wurde er unter Auflagen entlassen, musste aber wieder in Haft, als man im Gefängnis feststellte, dass einige seiner ehemaligen Mithäftlinge, die regelmäßig Drogen nahmen, wiederholt Anrufe von ihm bekamen. Eine verdeckte Ermittlung ergab, dass er Drogen ins Gefängnis schmuggelte. Die 90er Jahre verbrachte Beauchamp wegen Waffen- und Drogendelikten fast vollständig hinter Gittern, und wenn er mal auf freiem Fuß war, dann bestenfalls auf Bewährung.

1999 wurde er zusammen mit anderen Mitgliedern der Rockers verhaftet, als sie vor einem Krankenhaus in Saint-Jérôme Wache standen. Die Biker sollten Sandra Gloutney, die Frau von Denis Houle, beschützen, die verletzt worden war, als sie mit der Chevrolet Corvette, die normalerweise Denis fuhr, die Einfahrt vor ihrem Haus herunterfahren wollte. Gloutney hatte die Kontrolle über den Sportwagen verloren, als von dem kleinen Wäldchen aus, das neben ihrem Grundstück lag, auf sie geschossen worden war. Die Polizei ging davon aus, dass die Männer, die vor dem Krankenhaus Wache hielten, bewaffnet waren, was

Sebastien „Bass"
Beauchamp

den Tatsachen entsprach. Wie Beauchamp trugen auch Bouchers Sohn Françis und Stéphane Jarry Waffen, als sie verhaftet wurden. Auch Normand Bélanger und Stéphane Faucher wurden festgenommen, waren jedoch nicht bewaffnet. Unter den beschlagnahmten Waffen befand sich ein Revolver Kaliber .38, der Beauchamp gehörte. Er bekannte sich des unerlaubten Waffenbesitzes schuldig und wurde zu einem Jahr Gefängnis mit zweijähriger Bewährungszeit verurteilt.

Zirka einen Monat später hörte die Polizei ein Telefonat mit, das Beauchamp vom Gefängnis aus mit Pierre Provencher führte, der seit 1994 den Rockers angehörte und inzwischen einer der Anführer war. Zu Beginn des Gesprächs machten sie Witze darüber, dass Bruno Lefebvre, ebenfalls ein Rocker, aus der Haft entlassen worden war, obwohl er erst ein Sechstel seiner Strafe abgesessen hatte. „Wie es aussieht, wollen sie uns nicht haben", sagte Beauchamp und spottete darüber, wie leicht es in Quebec war, auf Bewährung frei zu kommen, sofern die Gesamtstrafe unter zwei Jahren lag.

Dann beklagte er sich darüber, dass er wegen einer Lappalie wie einer „verdammten Knarre", die allenfalls zwei Monate wert war, ein ganzes Jahr hinter Gitter musste. Er schien vergessen zu haben, dass ihm der Besitz von Schusswaffen aufgrund früherer Bewährungsauflagen strengstens untersagt war. Schließlich stöhnte er ein wenig über die Zeit hinter Gittern, und als er sich schon verabschieden wollte, erkundigte sich Provencher noch, ob Beauchamp noch loyal zu den Rockers war und im Club bleiben wollte.

„Ah bien oui, c'est sur et certain", bestätigte Beauchamp auf Französisch (ungefähr: „Ja klar, absolut").

„In unseren Herzen und Köpfen bist und bleibst du unser Bruder", erwiderte Provencher. Einen Tag vor Weihnachten 1999 rief Beauchamp Provencher erneut an. Er war offensichtlich in philosophischer Stimmung, denn er sagte: „Manchmal denke ich an die Leute, die um sieben Uhr aufstehen, sich durch den Verkehr zur Arbeit schleppen, um zehn Dollar pro Stunde zu verdienen, und erst nachts wieder nach

Hause kommen. Die können doch nicht ganz dicht sein. Verglichen damit, sind wir geradezu normal."

Sylvain Moreau – ein Rocker mit aufbrausendem Wesen

Definitiv nicht normal waren die zahllosen Ordner mit Fotos, die die Polizei bei mehreren Mitgliedern der Nomads sicherstellten, als sie am 28. März 2001 zur ihrer groß angelegten Aktion ausholten. Darin befanden sich auch Aufnahmen von Mitgliedern der Alliance, die aus den Akten der Sûreté stammten. Irgendwie waren die Hells Angels in ihren Besitz gelangt und hatten jene Seiten kopiert, die erkennungsdienstliche Fotos, Bilder aus Überwachungskameras und geheime Aufzeichnungen enthielten, aus denen der Status hervorging, den die entsprechende Person in der Organisation bekleidete. Einer der Rockers, bei dem ein solcher Ordner gefunden wurde, war Sylvain Moreau, der in seinem Haus in Sainte Therese verhaftet wurde.

Sylvain Moreau

Moreau hatte in den späten 1990er Jahren eine dreijährige Haftstrafe wegen Drogenhandels und Waffenbesitzes abgesessen. Zugegeben hatte er lediglich, für monatlich 500 Dollar sein Haus einem Dealer als Drogenlager zur Verfügung gestellt zu haben. Als Grund gab er an, dass er von dem Geld seine drei Kinder unterstützte, zudem hatte er erhebliche Schulden aus Drogenkäufen, die zu bezahlen waren.

Moreaus Vorstrafenregister war nicht das eines Schwerkriminellen. Seit er erwachsen war, hatte er sich mit krummen Geschäften durchgeschlagen, etwa dem, gefälschte Schecks in kleineren Läden zu Bargeld zu machen. Sehr oft wurde er erwischt. Allein 1993 gestand er einen Einbruch, zwei Fälle von Hehlerei und 21 Fälle von Urkundenfälschung. Im Herbst 1987 kam eine vergleichbar umfangreiche Liste an Straftaten zusammen, darunter allein 27 Einbrüche binnen kaum zwei Monaten. Mitunter suchte er bis zu fünf Einfamilienhäuser in einer Nacht auf. Er entwendete Dinge wie Schmuck, Waffen, Mikrowellengeräte, Radios und natürlich alles Bargeld, das ihm in die Finger kam – auch eine Rolle mit 25-Cent-Münzen im Wert von 10 Dollar. Nach seiner Verhaftung gab er die meisten Einbrüche zu und wurde zu 18 Monaten Gefängnis verurteilt, die Bewährungszeit betrug zwei Jahre.

Das gesamte Jahr 1997 verbrachte er hinter Gittern, wo er für die Hells Angels, die in dem Gefängnis mit Drogen handelten, als Schuldeneintreiber arbeitete. Die Bewährungskommission war über diesen Kontakt nicht erbaut und verweigerte ihm im Sommer 1997 einen eintägigen Freigang. Im November 1998 wurde er unter der Bedingung entlassen, den Kontakt mit kriminellen Personen zu meiden. Moreau scherte sich darum offensichtlich nicht weiter. Bei Treffen der Rockers fungierte er mehrfach als Wache, und am 24. August 1999 wurde er schließlich zum Vollmitglied des Clubs ernannt. Doch obwohl er gegen die Bewährungsauflagen verstoßen hatte, blieb er auf freiem Fuß.

Mit den Rockers war Moreau mehr als einmal über Kreuz. Seinem aufbrausenden Wesen entsprechend, konnte er mitunter seinen Mund nicht halten. Normand Robitaille, ein Mitglied des Nomads Charters, musste ihm auf einem Treffen der Rockers, bei dem eine verpatzte Aktion diskutiert wurde, das Wort verbieten. Wie die geheimen Aufzeichnungen und Mitschnitte der Polizei bestätigen, war Moreau einer der wenigen Rockers, die auf den Treffen offen über kriminelle Aktivitäten sprachen. Eine Situation ist für Moreaus Einstellungen zu den Rockers und die Bedeutung, die das Patch für ihn hatte, besonders charakteristisch. Während einer Diskussion, bei der es um die Frage ging, ob sich der Club aufteilen sollte, um nicht mehr nur im East End, sondern auch im West End Montreals präsent zu sein, sagte Moreau: „Dann werden die Bullen endlich begreifen, dass sie die Rockers ernst nehmen sollten. Im Moment wissen sie zwar von uns, haben aber keine Ahnung, wie viele wir sind und wo wir agieren."

Donald „Pup" Stockford

In Ancaster, Ontario, nahm die Polizei Donald Stockford fest, ein langjähriges Mitglied der Hells Angels und Gründungsmitglied der Nomads. In seinem Haus fand die Polizei Berge von Kleidungsstücken,

Von oben links nach oben rechts: Michel Rose, Donald „Pup" Stockford, Gilles „Trooper" Mathieu, Richard „Dick" Mayrand, Denis Houle, David „Wolf" Carroll; Von unten links nach unten rechts: Walter „Nurget" Stadnick, René Charlebois, Normand Robitaille, Maurice „Mom" Boucher

die den Death Head, das Wahrzeichen des Clubs, trugen. Darunter befand sich eine Ladung T-Shirts, auf dem ein Foto des CN-Towers, des Fernsehturms von Toronto, der Aufdruck Hells Angels Ontario, das Logo des Clubs und die Worte „the first wave" prangten, womit die ursprünglichen Mitglieder bezeichnet wurden und zugleich die Ankündigung verbunden war, dass viele weitere folgen würden. Darüber hinaus beschlagnahmte die Polizei mehr als 32.000 Dollar in US- und kanadischen Scheinen und ein Testament, laut dem sich im Falle von Stockfords Ableben die Hells Angels um die Beerdigung kümmern sollten.

Die Polizei hielt Stockford schon länger für eine der Hauptfiguren der Hells Angels in Ontario, eine Annahme, die sich am 12. Dezember 2000 bestätigte. Mittels einer Wanze erhielt die Polizei von einem Telefonat zwischen Dick Mayrand und Stockford Kenntnis. Wie sich herausstellte, war es dabei um die Aufnahme der kleineren Clubs gegangen, die in einigen Wochen im Clubhaus von Sorel vollzogen werden sollte. Das Telefonat legte den Schluss nahe, dass Stockford in Ontario über jenen Einfluss verfügte, der es den Hells Angels erst ermöglichte, Mitglieder von Clubs wie der Satan's Choice den Übertritt schmackhaft zu machen. Mayrand hatte gerade sein Boxtraining beendet, als Stockford ihn anrief.

„Und?" fragte Mayrand.

„Es sieht sehr, sehr gut aus", erwiderte Stockford.

„Wirklich?" fragte Mayrand ungläubig, weil er sich nicht recht vorstellen konnte, dass die Aufnahme, für die er die Verantwortung trug, reibungslos über die Bühne gehen sollte. Ein neues Charter zu etablieren erforderte schließlich die Zustimmung aller anderen kanadischen Charter der Hells Angels.

„Wenn ich es dir sage."

„Echt?"

„Überall Zustimmung."

„Ich fasse es nicht."

„Wie gesagt: sehr, sehr positiv."

Mayrand konnte kaum glauben, was Stockford ihm erzählte. Der ergänzte, dass die Männer, mit denen er gesprochen hatte, in diesem Moment Treffen abhielten, um den Vorschlag der Hells Angels zu besprechen. Dann erörterten die beiden, wie viele neue Patches benötigt würden, um alle neuen Mitglieder damit ausstatten zu können."

„Bestell lieber ein paar mehr", sagte Stockford.

„Schon passiert", erwiderte Mayrand.

„Dann ist ja alles gut."

„Ich habe hundert Stück geordert."

„Dann ordere die gleiche Menge noch mal", erklärte Stockford und lachte.

Walter „Nurget" Stadnick

Als die Polizei die „Operation Springtime" durchführte, hielt sich Stadnick, der seit Langem Mitglied der Hells Angels war und zu den Mitbegründern der Nomads gehörte, in Jamaika auf. Eine Woche nach der Aktion wurde er in einem Hotel verhaftet und nach Montreal gebracht, wo er, genau wie Stockford, darauf bestand, auf Englisch vernommen zu werden. Die Polizei sah Stadnick als das neben Maurice „Mom" Boucher einflussreichste Mitglied der Nomads an. Alle Anzeichen sprachen dafür, dass er dafür verantwortlich war, dass sich der Club auf Provinzen wie Manitoba hatte ausdehnen können. Schon 1995 hatte der Informant Dany Kane der RCMP berichtet, dass Stadnick im Begriff

war, zwischen Thunder Bay und Winnipeg einen neuen Vertriebsweg für den Drogenhandel zu etablieren. Im Laufe des Drogenkrieges war Stadnick nachweislich mehrmals nach Winnipeg gereist. Der ehemalige Rocker und spätere Polizeiinformant Stéphane Sirois sagte später aus, dass Stadnick 1996 nach Winnipeg geschickt worden war, um dort nach Möglichkeit ein neues Charter der Rockers auszubauen.

Walter „Nurget" Stadnick

Dort arbeiteten bereits mehrere Drogendealer für ihn, und der Plan sah vor, dass die Rockers das Geschäft offiziell übernehmen sollten. Vier Jahre später, 1999, beschlossen die Hells Angels, stattdessen mit den Los Bravos einen Club aufzunehmen, der bereits etabliert war. Am 21. Juli 2000 beobachtete die Polizei wie Stadnick mit einer großen weißen Reisetasche das Clubhaus der Los Bravos betrat, gefolgt von zahlreichen anderen Bikern. Als sie wieder herauskamen, trugen die ehemaligen Mitglieder der Los Bravos auf ihren Lederwesten Abzeichen, die sie als Anwärter der Hells Angels kenntlich machten. Tags darauf feierten Stadnick und einige Mitglieder der Satan's Choice aus Ontario in einer Stripteasebar in Winnipeg.

In seinem Haus fand die Polizei ein Schriftstück, das sie hoffen ließ, Stadnick der Mitgliedschaft in einer kriminellen Vereinigung überführen zu können. Ironischerweise handelte es sich um einen Gruß zum Valentinstag von seiner zehnjährigen Nichte, die an ihren Onkel

Willy schrieb: „Bist du immer noch der Anführer der Hells Angels?"
Dann äußerte sie die Vermutung, dass Stadnick zu viel Zeit in Quebec
verbrachte. Sie fügte hinzu: „Ich hoffe, du schaffst es, dass der Club
über Quebec hinaus in ganz Kanada Fuß fasst." Über dem Telefon in
Stadnicks Haus hing ein Zettel, auf dem stand: „Pass auf, was du sagst."

Zwar gehörte er zu dem Nomads Charter, das seinen Sitz bekannt-
lich in Montreal hatte, aber zu Hause war Stadnick in Ontario.
Ursprünglich hatte er den Red Devils angehört, einem Club aus Hamilton, bis er 1985 zum Anwärter des Charters Montreal der Hells Angels
ernannt wurde. Zirka ein Jahrzehnt später gehörte er zu den Gründern
der Nomads.

Alain Dubois – wie der Vater, so der Sohn

Verglichen mit andern Clubmitgliedern, schien Alain Dubois im Drogengeschäft der Hells Angels eine untergeordnete Rolle zu spielen.
Gleichwohl tauchten in dem Haftbefehl, der bei der „Operation
Springtime" vollstreckt wurde, fast die gleichen Anklagepunkte auf wie
bei Stadnick.

Nur wenige Biker hatten auf die Art und Weise den Status als Vollmitglied der Rockers erhalten wie Dubois: als Anerkennung für seine
Fähigkeiten, die er als Drogendealer im westlichen Montreal unter
Beweis gestellt hatte. Und diese Fähigkeiten wollten sich die Hells
Angels sichern. Deshalb ordnete das Nomads Charter am 24. August
1999 die Rockers an, Dubois mit sofortiger Wirkung aufzunehmen.
Gemeinsam mit Pierre Laurin, Stéphane Jarry und Gaetan Matte wurden sie in eine Pizzeria in Verdun bestellt und dort feierlich aufgenommen. Doch Dubois legte keinen sonderlich großen Wert darauf,
Mitglied der Rockers zu sein. Es bedeutete, dass er neben seinem
eigentlichen Geschäft den Mitgliedern des Nomads Charter auf Abruf
zu Diensten sein musste. Den Kontakt zu dem Club verdankte Dubois
seiner Verwurzelung in der Drogenszene Montreals, die schon von seinem Vater herrührte. Alain war der Sohn von Jean-Guy Dubois, der zu
einer Bande gehört hatte, die einst mehrere Geschäftsbereiche im West
End kontrolliert hatte, darunter Geldverleih und Prostitution.

Als die Polizei an der Tür seines Hauses in Chateauguay klopfte, war Alain Dubois daheim. Ihm wurden Handschellen angelegt, dann wurde er abtransportiert. Derweil schickte seine Frau die Kinder in die Schule. Dass er im Rahmen einer Aktion verhaftet wurde, die sich gegen die Hells Angels richtete, muss Dubois überrascht haben, da er die Rockers schon Monate zuvor verlassen hatte. Gleichwohl fand die Polizei in seinem Haus noch allerlei Hinweise auf seine Mitgliedschaft. Als Erstes fielen ihnen T-Shirts in die Hände, auf denen Dinge wie „Support 81" gedruckt waren, was zur Unterstützung der Hells Angels aufrief. In einer Tasche, die in der Garage versteckt war, fand die Polizei eine Pistole von Ceska und einen Revolver. Schließlich stießen sie noch auf eine kugelsichere Weste und einen Kanister mit Pfefferspray.

Nach nur acht Monaten Mitgliedschaft war Dubois im April 2000 im Guten aus dem Club ausgeschieden. Nun wurde er beschuldigt, am Bikerkrieg teilgenommen zu haben. Von der Bande seines Vaters war seit Langem bekannt, dass sie große Mengen Haschisch in die Stadt schmuggelte. Ironischerweise hatten Jean-Guy Dubois und seine Brüder in den 1970er Jahren einen ähnlichen Krieg gekämpft, bei dem es um die Vorherrschaft in Montreals West End ging. So hatte Jean-Guy Dubois nur aus dem Gefängnis mitbekommen, dass sein Sohn älter wurde und seinem Vater nacheiferte. Doch dass sein Sohn sich dazu hergab, Wache zu stehen, während Mitglieder der Nomads trainierten, hätte ihn sicherlich gekränkt.

Während eines der „Kirchgang" genannten monatlichen Treffen der Rockers und der Hells Angels ließ Dubois seiner Enttäuschung freien Lauf. Das Treffen fand am 12. Oktober 1999 statt, und die Polizei filmte es heimlich mit. Nach dem Ende des offiziellen Teils blieb Dubois noch, um einen bevorstehenden Marihuanahandel zu besprechen. Wie auf dem Video zu sehen ist, informierte Pierre Provencher, der zur Leitung der Rockers gehörte, Dubois und Matte darüber, dass sie ein neues Territorium übernehmen mussten, weil der eigentlich verantwortliche Mann im Gefängnis saß. Im Laufe des Gesprächs wurde Dubois zunehmend ungehalten und verlangte schließlich, in Zukunft eher und besser informiert zu werden. Er fügte hinzu, dass ihm bei seinem Eintritt zugesagt worden war, Chateauguay, wo er wohnte, als seinen Bezirk behalten zu können. Nun aber musste er sich von Provencher berichten lassen, dass jemand von den Jokers, einem Puppet Club

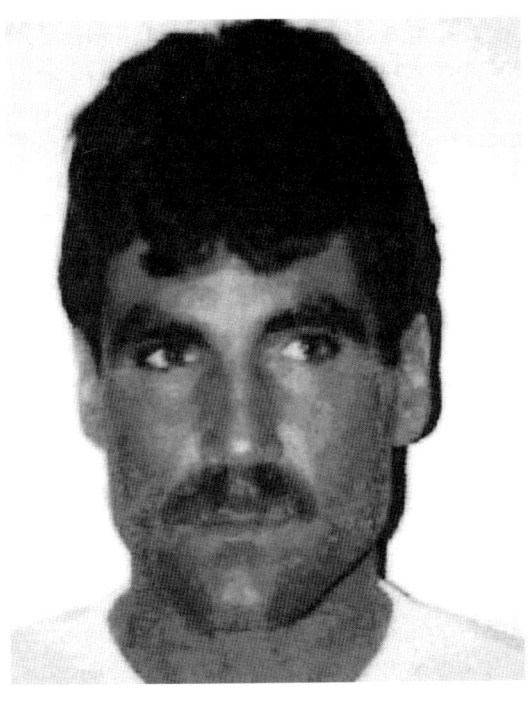
Alain Dubois

der Hells Angels, ernsthaft erwog, sich dort breitzumachen.

„Chateauguay gehört mir", sagte Dubois mit seiner markanten tiefen Stimme. Es war eine der wenigen Gelegenheiten, dass die Rockers dabei belauscht werden konnten, wie sie geschäftliche Dinge im Klartext besprachen.

Dubois konnte sein Temperament nur schwer zügeln – eine Wesensart, die ihm schon in seinen Anfangsjahren als Krimineller gelegentlich Schwierigkeiten eingebrockt hatte. Am 28. Dezember 1984 hatte er gemeinsam mit einem Cousin eine Filiale von Canadian Tire in Lasalle, einem Vorort von Montreal, überfallen. Es gab schlimmere Verbrechen, und so kam Dubois mit einer Strafe von zwei Jahren davon, die zur Bewährung ausgesetzt wurde. Doch sein aufbrausendes Wesen sorgte dafür, dass er doch noch ins Gefängnis musste. Während seinem Cousin schon der Prozess gemacht wurde, musste sich Dubois am 27. März 1985 noch einer Anhörung stellen, bei der auch ein Polizist aussagte. In einer Verhandlungspause fing Dubois den Beamten auf dem Flur ab und drohte ihm recht unverblümt, indem er sagte: „Wer sein Glück bei der Polizei sucht, sollte sich vorsehen." Später wiederholte er die Drohung weniger verklausuliert: „Im Gerichtsgebäude bist du sicher, aber draußen gelten andere Regeln."

Am 12. Juni desselben Jahres sprach er denselben Ermittler erneut an, und auch dieses Mal nutzte er dafür eine Verhandlungspause. Der Beamte telefonierte gerade an einem Münzfernsprecher, als Dubois ihm den Hörer aus der Hand riss und sagte: „Du bist ein Lügner. Du hast auf die Bibel geschworen, aber was du sagst, stimmt nicht. Du sagst das, was der Staatsanwalt hören will. Pass gut auf dich auf. Die Welt ist klein, und eines Tages könnten wir uns zufällig über den Weg laufen." Während er wegen des Überfalls nur eine Bewährungsstrafe erhielt, musste er wegen seiner Unbeherrschtheiten im Gerichtsgebäude für 90 Tage ins Gefängnis.

Dubois' Vater war der drittälteste von insgesamt neun Brüdern. Als sein Sohn auf die Welt kam, saß er hinter Gittern, weil er einen Polizisten bedroht hatte. Am 2. Juni 1977 wurde Jean-Guy Dubois zu lebenslanger Haft verurteilt, weil er einen Mann zunächst zusammengeschlagen und dann in den Lachine-Kanal geworfen hatte, wo der Mann ertrunken war. Zwei Polizisten aus Montreal, die ein gestohlenes Auto untersuchten, das am Kanal geparkt war, hatten beobachtet, wie Dubois und ein Kumpan den Mann in den Kanal warfen. Bei seiner Festnahme behauptete Dubois, dass er lediglich gepinkelt hatte und den Mann, der unter ihm im Kanal schwamm, nicht kannte.

Im Juli 1991 war Jean-Guy Dubois auf Bewährung frei gekommen, doch schon wenige Monate später wanderte er wieder ins Gefängnis. Er hatte versucht, 100 Kilogramm Haschisch zu verkaufen. Als er 1993 erneut die vorzeitige Entlassung beantragte, erklärte er gegenüber einem Psychologen, dass er in großer Armut im Stadtteil St.-Henri aufgewachsen sei. „Nur die engste Familie scheint ihm etwas wie Stabilität und Selbstachtung vermitteln zu können", schreib der Psychologe in seinem Gutachten.

Seit seiner erneuten Inhaftierung schien sich Dubois jedoch geändert zu haben. Zu dem Personal war er stets freundlich, und als Ombudsmann, zu dem er sich hatte wählen lassen, kümmerte er sich um seine Mitgefangenen und unterstützte sie bei ihren Anträgen auf vorzeitige Entlassung. Als 1994, mit 60 Jahren, seine eigene Entlassung auf Bewährung anstand, erklärte er vor der Bewährungskommission, dass ihm das Leben im Gefängnis schwerfalle. Ein Psychiater bestätigte das und sagte gegenüber der Kommission, dass es verheerende Folgen auf Dobois' Psyche habe. Damals konnte Dubois noch nicht wissen, dass er wenige Jahre später in einem Gerichtssaal sitzen und Zeuge werden würde, wie sein eigener Sohn ins Gefängnis geschickt wurde.

4. Kapitel

Mord auf Mord

Pierre „Ti-Bum" Beauchamp

Es war der 20. Dezember 1996, noch vier Tage, um Weihnachtsgeschenke zu kaufen, und Pierre „Ti-Bum" Beauchamp musste in einer der belebtesten Gegenden der City von Montreal einen Parkplatz finden. Doch trotz des ganzen Einkaufsrummels gelang es ihm, sein Auto unweit der Kreuzung von Sainte-Catherine Street und Metcalfe Street abzustellen. Nun saß er in seinem Ford Explorer, wartete, sah die vielen Menschen vorbeikommen, und als er zum dritten Mal vergeblich versucht hatte, seinen Kontaktmann per Pager zu erreichen, wurde er allmählich ungeduldig. Immerhin hatte er 60.000 Dollar bei sich.

Die letzten beiden Monate waren für Beauchamp keine gute Zeit gewesen. Der 46-Jährige war Drogendealer und arbeitete mit Mitgliedern der Rock Machine im südwestlichen Montreal zusammen. Beauchamp hatte erfahren, dass die Hells Angels ihn aus dem Weg räumen lassen wollten. Doch Beauchamp reagierte anders, als ein Mitglied der Rock Machine reagiert hätte. Dem wäre es – erst recht in diesem Stadium des Bikerkrieges – um Rache gegangen. Beauchamp ging stattdessen zur Polizei und setzte sie davon in Kenntnis, dass man ihm nach dem Leben trachtete. Auch seinen Bruder informierte er. So wurde die Sache bekannt, und Beauchamp erreichte, dass er sich in einem Restaurant in Longueuil mit Maurice „Mom" Boucher treffen konnte. Was dabei herauskam, ist nicht überliefert.

Nun saß Beauchamp also mit 60.000 Dollar Bargeld in seinem Explorer, etwa die Hälfte davon in markierten Scheinen. Ein verdeckter Ermittler der RCMP hatte damit am 18. Dezember, also vor zwei Tagen, Drogen gekauft. An wen das Geld gehen sollte, ist nicht bekannt, aber die Nummer, die Beauchamp dreimal anfunkte, gehörte Michel Sylvestre, einem früheren Schwager Bouchers und engen Verbündeten der Hells Angels.

Nicht einmal sechs Jahre später sollte Sylvestre zu den sechs ersten Männern aus Quebec gehören, die wegen Mitgliedschaft in einer kriminellen Vereinigung belangt wurden. Die Festnahme war der Abschluss einer langwierigen Ermittlung der RCMP, durch die unter anderem der Plan aufgedeckt wurde, 600 Kilogramm Kokain ins Land zu schmuggeln sowie mehrere Millionen Dollar Gewinn zu machen, indem Zigaretten zunächst in die USA transportiert werden sollten, um anschließend zurück nach Kanada gebracht und dort auf dem Schwarzmarkt verkauft zu werden – ein Geschäft, das durch die Erhöhung der Tabaksteuer in Kanada ermöglicht worden war. Einige der Verhafteten bekannten sich schuldig im Sinne der Anklage, Sylvestre aber staunte selbst, als die Anklage gegen ihn zurückgezogen wurde.

Während Beauchamp auf eine Antwort Sylvestres wartete, trat jemand an das Auto heran und feuerte durch die Seitenscheibe der Fahrertür mehrere Schüsse ab. Eine Kugel verletzte Beauchamp tödlich. Der Schütze wurde beobachtet, wie er einen Dodge Caravan bestieg, in dem ein Fahrer mit laufendem Motor auf ihn gewartet hatte. Der Dodge raste über die Metcalfe Street davon und wurde später in der Nähe der Metro-Station Bonaventure gefunden. Er war einige Tage zuvor gestohlen und mit anderen Nummernschildern versehen worden, die ebenfalls aus einem Diebstahl stammten – ein Vorgehen, das die Hells Angels bei ihren Anschlägen häufig wählten. Oft merken Autobesitzer es nicht, wenn ihre Nummernschilder fehlen. Ein gestohlenes Nummernschild an ein gestohlenes Auto zu schrauben heißt also, Zeit zu gewinnen, falls man zufällig in eine Polizeikontrolle gerät.

Alles, was man in dem Dodge fand, war der Schraubenzieher, mit dessen Hilfe er gestartet worden war. Stunden später entdeckte ein Angestellter der Metro von Montreal in der Station Bonaventure eine Waffe und eine Mütze. Es erwies sich, dass mit derselben Waffe Beauchamp erschossen worden war, und im Hut stellte die Polizei DNA sicher, die sie später Gregory Wooley zuordnen konnte, der zum Zeitpunkt des Mordes erst 24 Jahre alt und bei den Rockers noch ein unbeschriebenes Blatt war. Vier Wochen nach dem Mord an Beauchamp jedoch wurde Wooley zum Hangaround des Clubs ernannt, der zu den Unterstützern der Hells Angels gehörte. Stéphane Sirois, der sich später gegen die Rockers stellte und als Undercoveragent für die Polizei arbeitete, sagte aus, dass Wooley wenige Stunden nach Beauchamps

Tod in eine Bar spaziert sei, in der der Club verkehrte, und damit geprahlt habe, dass er „einen erwischt" habe. Bei derselben Unterhaltung will Sirois erfahren haben, dass René Charlebois an dem Mordanschlag beteiligt war und Boucher Wooley angewiesen hat, das Geld im Auto zu lassen, weil er nicht wollte, dass es wie eine geplatzte Drogenübergabe aussah.

Beauchamps Mörder fand sich später unter jenen 23 Männern wieder, gegen die im Zuge des „Projektes Rush" Anklage erhoben wurde. Jeder der insgesamt 42 Mitglieder der Hells Angels beziehungsweise der Rockers, die in der Anklageschrift namentlich genannt wurden, wurde im Zusammenhang mit dem Mord an Mitgliedern der Alliance, des Dark Circle, der Rock Machine oder der Bandidos im Zeitraum zwischen dem 15. Januar 1995 und dem 27. März 2001 belangt. Weitere Anklagepunkte waren Drogenhandel und die Verabredung dazu. Hinzu kam die Mitgliedschaft in einer kriminellen Vereinigung und Mitwisserschaft über schwere Straftaten, die andere Mitglieder in den vergangenen fünf Jahren begangen hatten. Einigen der 42 Beschuldigten wurde zudem zur Last gelegt, gleich zwei Mal den Mord an mehreren Mitgliedern der Rock Machine geplant und versucht zu haben. In beiden Fällen wurde Sprengstoff verwendet, der zwar nicht zündete, aber im Falle eines Falles mit Sicherheit Unschuldige mit in den Tod gerissen hätte.

Was den Mord an Beauchamp und zwölf ähnlich gelagerte Fälle anging, stand für die Polizei fest, dass es sich bei den Mördern um aktive Hells Angels und Rockers handelte, die zum fraglichen Zeitpunkt nicht in Haft waren. Die Staatsanwaltschaft argumentierte später, dass die 13 Fälle Gemeinsamkeiten aufwiesen – alle Opfer standen in Verbindung mit der Alliance, und in allen Fällen waren die Waffen und Fahrzeuge, die bei der Tat benutzt worden waren, angesteckt oder anderweitig „entsorgt" worden.

„Jeder der Männer, die zu Opfern wurden, war ein Hindernis bei der Verwirklichung der Ziele, die von jedem Mitglied verfolgt wurden, das sich den Werten des Clubs ebenso verpflichtet fühlte wie dem Plan, die alleinige Kontrolle über den Drogenhandel in Montreal zu erlangen", sagte der leitende Staatsanwalt André Vincent am 21. Oktober 2001 in seinem Eröffnungsplädoyer vor den Geschworenen in einem jener aufwendigen Verfahren, in denen das „Projekt Rush" mündete.

„Wir werden keine Zeugen erleben, die aussagen, dass es zwischen Opfer und Täter Streit gegeben hätte. Stattdessen werden wir zu hören bekommen, dass der Angreifer wortlos auf das Opfer zuging, schoss und den Tatort wieder verließ. Wir haben hier alle Merkmale einer kaltblütigen Abrechnung vor uns. Den Taten ging kein Streit voran, nicht einmal der um einen Parkplatz. Es gab auch keinen Wortwechsel. Es ist sogar noch perfider", sagte Vincent. „Die Beweise, die ich vorlegen werde, lassen nur den Schluss zu, dass in fast allen Fällen das Opfer seinen Mörder nicht einmal sehen konnte."

Für den Mord an Beauchamp musste sich Wooley zwei Mal vor Gericht verantworten, nachdem sein Fall von den übrigen Verfahren abgetrennt worden war. Beide Male lautete die Anklage auf heimtückischen Mord, doch ungeachtet aller Beweise, sprachen ihn die Geschworenen beide Male frei. Die Staatsanwaltschaft hatte die DNA-Spuren und die Aussage von Stéphane Sirois, der zufolge sich Wooley nur Stunden nach Beauchamps Tod der Tat gerühmt hatte.

Doch die Verteidigung weckte bei den Geschworenen Zweifel, indem sie nachwies, dass die Beweiskette löchrig war. Das betraf vor allem die DNA-Spuren: Die Polizei von Montreal konnte nicht nachweisen, wo die Haarprobe gelagert worden war, was die Möglichkeit eröffnete, dass sie nicht aus der Mütze stammte oder ihr nachträglich zugeordnet worden war.

Wooley, der schon bei früheren Fällen ungeschoren davon gekommen war, fiel es daher leicht, sich hinsichtlich weniger schwerer Vergehen schuldig zu bekennen. Am 27. Juni 2005 wurde er wegen seiner Teilnahme am Bikerkrieg zu 13 Jahren Haft verurteilt. Er hatte gestanden, an der Planung der Ermordung rivalisierender Bandenmitglieder beteiligt gewesen zu sein und mit Drogen gehandelt zu haben. Wegen der langen Untersuchungshaft durfte er auf eine Entlassung schon 2007 hoffen.

Marc Belhumeur

Marc Belhumeur war wohl einer jener Männer, die ihre Mörder nicht einmal gesehen hatten. Belhumeur, ein ehemaliger Anwärter der Rock Machine, hatte in der Brasserie La Chalutier in Montreals East End am

Münzfernsprecher telefoniert, als ein maskierter Mann auftauchte und ohne Vorwarnung schoss. Etwa zur selben Zeit, als Beauchamp von dem Mordkomplott der Hells Angels gegen ihn erfuhr, bemerkte Belhumeur, der eine Strafe wegen Drogenvergehen absaß und nur auf Bewährung frei war, dass ihm „Schatten" folgten. Wie Beauchamp ging auch er davon aus, dass seine Tage gezählt waren, und nahm das zum Anlass, seine Lebensversicherung aufzustocken. Seinen Verwandten gegenüber äußerte er Wünsche für seine Beerdigung. Dass die Hells Angels hinter ihm her waren, wurde klar, als die Sûreté mit einem Durchsuchungsbeschluss in der Hand das Hauptquartier des Clubs in Trois Rivières stürmte – und am Schwarzen Brett ein Foto von Belhumeur fand.

Gut einen Monat nach dem Mord an Beauchamp, am 24. Januar 1997 gegen 13 Uhr, wurde mit einer 9mm Smith & Wesson auf Belhumeur geschossen. Er ließ den Telefonhörer fallen und versuchte zu fliehen, wurde aber von weiteren Kugeln nahe des Eingangs zur Küche niedergestreckt – und das an seinem 25. Geburtstag. Der Schütze floh durch die Hintertür. Es hatte den Anschein, als kenne er sich in dem Lokal bestens aus – nur ein Indiz für einen geplanten Anschlag. Fingerabdrücke des Täters wurden keine gefunden, aber Sirois sagte später aus, dass René Charlebois damit geprahlt hatte, mit dem Mord an Belhumeur sein Meisterstück abgeliefert zu haben.

Yvon „Mon Mon" Roy

Nur wenige Monate nach dem Mord an Belhumeur war Yvon „Mon Mon" Roy, ein Mitglied der Alliance, von dem Verdacht freigesprochen worden, an Plänen beteiligt gewesen zu sein, Maurice „Mom" Boucher umzubringen. Laut Harold Pelletier, dem Killer, der später mit der Polizei zusammenarbeitete, hatte Roy an dem Treffen teilgenommen, bei dem beschlossen worden war, Boucher mithilfe einer Bombe ins Jenseits zu befördern. Es gab jedoch keinerlei Beweise, dass Roy auch an der Aktion selbst beteiligt gewesen war. Das änderte selbstverständlich nichts daran, dass Roy auf der Abschussliste der Hells Angels stand. Er war bekannt als Dealer, der für den Pelletier-Clan im umkämpften East End arbeitete.

Vier Mitglieder der Rockers, als es um den Club noch besser bestellt war. Von links nach rechts: Gregory Wooley, Jean-Guy Bourgoin, Stéphane „Archie" Hilareguy und Daniel Lanthier.

Die Anklage wegen der Beteiligung an der versuchten Ermordung Mom Bouchers lag schon über ein Jahr zurück, als Roy vor seinem Haus in Repentigny erschossen wurde. Es war der 30. Juli 1998, und der 57-jährige Drogendealer mähte gerade den Rasen in seinem Vorgarten, als gegen 10 Uhr zwei Männer das Feuer auf ihn eröffneten und die Magazine ihrer Waffen leerten: eines Revolvers Kaliber .38 und einer Maschinenpistole von Cobray, die mit einem Schalldämpfer versehen war. Roy wurde am Kopf, dem Hals sowie dem linken Ober- und Unterarm getroffen. Als er zu Boden gegangen war, ließ einer der beiden Schützen die Cobray am Rande der Garagenauffahrt fallen. Bestürzte Nachbarn beobachteten, wie die beiden Attentäter in einem violetten Chevrolet Cavalier flohen. Der Revolver flog kurz darauf aus der Seitenscheibe des Wagens.

Zu Beginn der Ermittlungen konzentrierte sich die Polizei darauf, das Fluchtfahrzeug ausfindig zu machen. Es stellte sich heraus, dass ein Chevrolet, der dem gesuchten entsprach, einen Tagen vor dem Attentat unter falschem Namen bei einem Autoverleih gemietet worden war. Die Polizei benötigte nicht lange, um zu ermitteln, dass es sich bei dem Mieter um einen gewissen Stéphane „Archie" Hilareguy handelte. Zwei Monate nach dem Tod Roys, am 1. Oktober 1998, wurde Hilareguy (der mit seinem lockigen roten Haar der Comicfigur Archie glich und deshalb seinen Spitznamen trug) bei den Rockers aufgenommen. Den gemieteten Cavalier hat er nie zurückgebracht, aber die Polizei fand heraus, dass Archie und René Charlebois dem Verleiher den Verlust erstattet haben. Weil bewiesen war, dass die

Rockers in den Anschlag auf Roy verwickelt waren, gehörte dieser Mord zu den insgesamt 13, wegen der im Zuge des „Projektes Rush" Anklage erhoben wurde.

Richard „Bam Bam" Lagacé

Der Mord an Richard „Bam Bam" Lagacé gehörte nicht zu den 13 Fällen, die zur Anklage kamen, auch wenn er nahezu zeitgleich mit dem Mord an Roy stattfand. Eine Stunde vor dessen Tod wurde Lagacé, ein Mitglied der Rock Machine, in Saint-Lin, einer Kleinstadt nördlich von Montreal, erschossen, als er ein Fitnessstudio verließ. Auch hier waren zwei Schützen am Werk, die jedoch spontan gehandelt hatten und erst das Haus einer Anwohnerin stürmen und sie mit vorgehaltener Waffe zwingen mussten, ihnen die Wagenschlüssel auszuhändigen, um an ein Fluchtauto zu kommen, das später verlassen vor einem Friedhof gefunden wurde. Es war bekannt, dass Lagacé seit Jahren als Drogendealer arbeitete. 1994 war er in seinem Haus in Saint-Lin festgenommen worden, und die Polizei hatte größere Mengen Kokain, Haschisch und PCP beschlagnahmt. Auch mehrere Waffen und einen Elektroschocker hatten die Beamten gefunden.

Vor Jahren war Lagacé Ziel eines Mordanschlags der Hells Angels gewesen, und in Quebec City hatte die Polizei ihn verhaftet, nachdem sie ein nobles Restaurant gestürmt hatte, wo Vertreter der Rock Machine mit George Wegers, dem damaligen nationalen Vizepräsidenten der Bandidos, zusammensaßen. Wegers war illegal nach Kanada eingereist und wurde in die USA zurückgeschickt. Das Treffen mit der Rock Machine war das erste deutliche Anzeichen dafür, dass die Bandidos die Rock Machine zu schlucken gedachten – was die Hells Angels niemals tatenlos hinnehmen würden.

Johnny Plescio

Zirka einen Monat nach dem Tod von Roy und Lagacé saß Johnny Plescio, ein Gründungsmitglied der Rock Machine, im Wohnzimmer seines Hauses in Laval und sah fern, als urplötzlich der Empfang unterbrochen wurde. Plescio stand auf, um dem Problem auf den Grund zu gehen, doch als er sich dem Fernseher näherte, der in der Nähe eines Fensters auf der Rückseite des Hauses stand, wurde er von einem Kugelhagel empfangen. Den Anschlag vom 8. September 1998 müssen mindestens zwei Täter begangen haben. Einer hatte einen Gartenstuhl unter das Fenster gestellt und sich daraufgestellt, ein zweiter das Kabel durchtrennt, das den Fernseher mit Bild und Ton versorgte. 27 Schüsse wurden auf Plescio abgefeuert, 16 fanden ihr Ziel.

Die Attentäter flohen in einem gestohlenen Chrysler Neon, der später drei Meilen weiter gefunden wurde. Er war mit Benzin übergossen und angezündet worden. Zeugen hatten beobachtet, dass zwei Männer zu einem Minivan gelaufen waren, der in der Nähe mit laufendem Motor gewartet hatte und mit den beiden davongefahren war. Nachdem der Brand gelöscht war, fand die Feuerwehr in dem Wagen zwei Schusswaffen, zwei Maschinenpistolen von Cobray mitsamt Schalldämpfer, mit denen Plescio erschossen worden war. Erst Stunden später fand man Plescios Leiche.

Für die Beerdigung hatte man Plescio ein T-Shirt mit der Aufschrift „Bandidos" angezogen. Der weltweit aktive Motorradclub hatte auch ein Blumengebinde geschickt, was ebenfalls dafür sprach, dass die Bandidos an der Rock Machine interessiert waren. Plescio hatte am Bikerkrieg vom ersten Tag an teilgenommen. Zirka ein Jahr vor seinem Tod war zweimal versucht worden, die Bar in der Bélanger Street im East End anzuzünden, die ihm gehörte. Die Polizei hatte Informationen darüber, dass er von dort aus seinen Drogengeschäften nachging.

Plescio war in den 1980er Jahren mehrfach im Gefängnis gewesen, meist wegen kleinerer Vergehen. 1983 hatte er jedoch gestanden, die Sprengung eines Lebensmittelgeschäfts in Saint-Leonard unweit von Montreal geplant zu haben. Ein Komplize hatte ihn verpfiffen. Der hatte sich unter der Bedingung der Polizei anvertraut, dass seine Mutter nichts von dem Vorfall erfuhr, weil sie ansonsten ausflippen würde. Die Polizei von Montreal hatte Plescio dabei ertappt, wie er den Laden ausspionierte, um den Anschlag vorzubereiten. In seinem Haus waren sieben Stangen Dynamit und ein Schrotgewehr gefunden worden. Nach seiner Festnahme hatte Plescio der Polizei weiszumachen versucht, ein anderer Händler habe ihm 1.000 Dollar für die Beseitigung der Konkurrenz geboten.

Bis 1993 tauchte der Name Plescio regelmäßig in den Polizeiberichten auf, die von der Überwachung des Clubhauses der Rock Machine in der Huron Street im Osten Montreals erstellt wurden. Eine Polizeistation, die in der Nähe lag, hatte sich des Objektes angenommen, weil allgemein bekannt war, dass der Club in den Bars des East Ends Drogen verkaufte. Ebenfalls 1993 hatte sich Plescio zwei Verfahren eingehandelt, weil er in zwei Fällen Polizisten mit dem Tode gedroht hatte. Während einer Verhandlungspause im Gerichtsgebäude von Montreal hatte Plescio dem Angeklagten Serge „Merlin" Cyr versprochen, den Polizisten, der soeben gegen ihn ausgesagt hatte, umzubringen. Nicht wissen konnte er, dass ein Zivilbeamter unmittelbar hinter ihm stand und jedes Wort mithörte. Etwas später wurde er beschuldigt, einen weiteren Beamten bedroht zu haben. Paradoxerweise wurde er im ersten Fall freigesprochen, im zweiten aber zu drei Monaten Gefängnis verurteilt.

Jean Rosa

Einen Monat vor Plescios Tod war Bewohnern einer anderen Gegend von Laval aufgefallen, dass in ihrer Nachbarschaft, die normalerweise sehr ruhig war, verdächtige Fahrzeuge parkten. Vom 8. August bis zum 14. September 1998 erhielt die Polizei von Laval fünf Anrufe, in denen Anwohner schilderten, sie hätten mysteriöse Autos und Minivans gesehen.

Am 1. September beschloss die Polizei, eines der Autos zu überprüfen, einen Minivan, der in der Gulbert Street stand. Ein Fahrer war weit und breit nicht zu sehen, aber den Beamten, die den Wagen untersuchten, fiel auf, dass es zwei Nummernschilder übereinander trug. Die oberen waren gestohlen und über die unteren, richtigen montiert worden. Bei der anschließenden Durchsuchung des Wagens fanden sie einen Mietvertrag mit einem Autoverleih in Sorel. Er war von einem Mann unterschrieben worden, dessen Brieftasche sich in dem Minivan fand. Später meldete er sie als gestohlen.

Mehr als drei Wochen später wurde Jean Rosa, ein Mitglied des Dark Circle, erschossen, als er vor seinem Haus aus dem Auto stieg. Ein mögliches Motiv für die Tat zeigt sich in dem Umstand, dass Rosa 1995 wegen des geplanten Mordes an einem Hells Angel angeklagt worden war.

Ehe er dem Dark Circle beitrat, hatte Rosa als Rausschmeißer in einer Bar in Montreal gearbeitet und offenbar nicht ohne Vergnügen daran mehrfach unliebsame Gäste verprügelt. Einmal hatte er einen Mann aus der Bar geworfen, weil ihm dessen Schuhe nicht gefielen. Ein anderes Mal wurden er und drei weitere Türsteher beschuldigt, einen Stammkunden zusammengeschlagen zu haben, weil er das Klo mit Toilettenpapier verstopft hatte.

Der Todesschütze hatte sich Rosa von hinten genähert und abgedrückt. Rosa hatte tödliche Verletzungen am Kopf, der Leber und der Wirbelsäule erlitten. Nach dem Anschlag war der Schütze in einen Plymouth Voyager gestiegen und davongefahren. Der Wagen wurde später in fünf Kilometer Entfernung gefunden. Wie schon im Mordfall Plescio war er auch hier angezündet worden. Der Minivan war Monate zuvor als gestohlen gemeldet worden. Im Laufe ihrer Ermittlungen fand die Polizei heraus, dass der Plymouth Voyager, den Kollegen aus Laval am 1. September durchsucht hatten, in einem weiteren Polizeibericht aus dem Sommer des Jahres erwähnt wurde. Am 25. Juni hatte die Polizei ihn angehalten, offenbar während einer Überprüfung im Zusammenhang mit einer Party der Hells Angels, die ausgeufert war. Am Steuer hatte Daniel Lanthier gesessen, Mitglied der Rockers seit 1998. Normand Robitaille und Denis Houle waren ihm auf ihren Motorrädern gefolgt.

Pierre Bastien

Wie Jean Rosa war auch Pierre Bastien Mitglied des Dark Circle, und auch er hatte gestanden, im Zuge des Bikerkrieges den Mord an einem Hells Angel geplant zu haben. Er wurde wegen versuchten Mordes zu 30 Monaten Gefängnis verurteilt und 1997 nach Verbüßung von zwei Drittel der Strafe entlassen. Bastiens Karriere als Drogendealer reichte bis mindestens 1979 zurück; seinerzeit war er beim Versuch erwischt worden, LSD zu verkaufen. Doch im Mai 1998 überraschte er die Behörden damit, dass er die Bewährungsauflagen bis ins kleinste Detail befolgte, seine Kontoauszüge vorlegte und über sein Tun und Lassen schriftlich Rechenschaft ablegte.

Am 22. Oktober 1998 kam Bastien gegen 20 Uhr an seinem Haus in Laval an. Seine achtjährige Tochter saß auf dem Rücksitz seines

Autos. Bastien parkte auf der Straße und schaltete die Innenbeleuchtung ein, um etwas nachzulesen. Augenblicke später setzte sich ein dunkler Chrysler Neon vor sein Auto. Während der Fahrer sitzen blieb, stieg der Beifahrer aus, ging zur Fahrertür von Bastiens Wagen und eröffnete das Feuer. Bastien wurde von mehreren Kugeln getroffen, die schwere Verletzungen an Herz, Leber und Magen verursachten. Zwei verirrte Kugeln flogen bis zu einem Nachbarhaus, wo sie das Fenster eines Kinderzimmers durchschlugen. Bastiens Tochter blieb unverletzt. Der Nachbar hatte die Schüsse gehört und

André „Toots" Tousignant von den Rockers.

dann gesehen, wie Bastiens Tochter auf sein Haus zugelaufen war. Er öffnete ihr die Tür, noch bevor sie sie erreicht hatte. Bastien wurde in ein Krankenhaus gebracht, wo er seinen schweren Verletzungen erlag.

Der Polizei war seit Längerem bekannt, dass Bastien auf der Todesliste der Hells Angels stand. Im Dezember 1997 hatten sie bei der Festnahme von Stéphane „Godasse" Gagné im Zuge der Ermittlungen wegen des Mordes an zwei Gefängnisaufsehern unter seinen persönlichen Dingen auch Bastiens Adresse gefunden. Nachdem er sich zur Zusammenarbeit mit der Polizei entschlossen hatte, sagte Gagné aus, dass er auf Anweisung von André „Toots" Tousignant von den Rockers Bastiens Haus observiert hatte.

Stéphane Morgan und Daniel Boulet

Gagné berichtete der Polizei, dass er neben Pierre Bastien auch Stéphane Morgan überwacht hatte. Gagné kannte Morgan aus gemeinsamen Zeiten hinter Gittern und hatte zu ihm und weiteren Mitgliedern der Rock Machine freundschaftlichen Kontakt. Zur fraglichen Zeit hatte Morgan eine einjährige Haftstrafe wegen des Handels mit PCP abgesessen. Verhaftet worden war er 1993, als er gemeinsam mit zwei anderen Männern gegen ein Uhr nachts mit einem gemieteten Chrysler New Yorker im East End unterwegs war. Ein Beamter, der mit vor Ort war, sagte vor Gericht aus, dass es ihm verdächtig vorgekommen sei, dass drei Männer in dem nagelneuen New Yorker durch einen verrufenen Stadtteil kutschierten. Morgan sollte Führerschein und Fahrzeugpapiere zeigen, konnte die Papiere aber nicht im Handschuhfach finden. Er wurde aufgefordert, auszusteigen und den Kofferraum zu öffnen, als dem Beamten eine weiße Tasche auf dem Rücksitz auffiel. Er sagte aus, dass Morgan, der eine Baseballkappe mit der Aufschrift „Rock Machine" trug, auf die Frage, was sich in der Tasche befand, geantwortet habe: „Das weißt du doch. Mach deine Arbeit." Es waren 360 Gramm PCP.

1994 informierte Danny Kane seine Kontaktleute bei der Polizei darüber, dass Morgan angekündigt hatte, Boucher umzubringen, sobald er wieder draußen sei. Kane sagte der RCMP auch, dass das Mitglied der Rock Machine vor Beginn des Bikerkrieges möglicherweise für den Anführer der Hells Angels Drogen verkauft hatte.

Am 10. November 1988, knapp drei Wochen nach dem Mord an Bastien, erreichten Morgan und sein Freund und Kollege Daniel Boulet eine viel befahrene Kreuzung im Norden Montreals und stellten den Wagen am Straßenrand ab. Boulet saß am Steuer, Morgan auf dem Beifahrersitz. In seiner Hosentasche steckte eine Pistole. Morgan war mit Gewalt bestens vertraut und hatte in den 1980er Jahren wegen Mordversuches zwei Jahre gesessen. Doch ihm blieb nicht einmal Zeit, die Pistole aus der Tasche zu holen, als ein Mann mit einer Maschinenpistole auftauchte und den Chevrolet unter Beschuss nahm. Auf dem Gehsteig blieben 25 9mm-Hülsen und ein leeres Magazin zurück. Morgan wurde von 11 Kugeln getroffen, Boulet von 13. Zufälligerweise waren die beiden Männer vor 30 Jahren am selben Tag geboren worden. Nun starben sie im Abstand von wenigen Sekunden ebenfalls am selben Tag.

In den Minuten vor dem Anschlag hatten Anwohner einen roten Ford Windstar mit zwei Insassen beobachtet, der am Straßenrand abgestellt war. Wenige Minuten nach dem Anschlag wurde die Feuerwehr gerufen, weil ein paar Blocks entfernt dasselbe Auto lichterloh brannte. In dem Wrack fand die Feuerwehr auch die Tatwaffe. Das Auto war im Mai gestohlen worden, die Nummernschilder erst vor wenigen Tagen.

In dem Wagen, in dem Morgan und Boulet zu Tode gekommen waren, fand die Polizei Kokain und nahm deshalb an, dass die beiden Männer in dem Glauben zu der Kreuzung gefahren waren, dort einen Kunden zu treffen.

Bis er starb, lebte Morgan in der Erwartung, wegen Drogenhandels eine längere Haftstrafe antreten zu müssen. Er war im Zuge einer gemeinsamen Aktion von RCMP und der lokalen Polizei in Kingston, Ontario, verhaftet worden. Die RCMP war gebeten worden, einen Mann aus Ontario zu beschatten, der nach Montreal gereist war. Dafür sollten die Mounties das Hauptquartier der Rock Machine in Montreal überwachen und jedes Auto verfolgen, das in Ontario zugelassen war. Sie observierten das Gebäude, bis die Zielperson herauskam und in ihr Auto stieg. Ihn begleitete ein weiterer Mann, bei dem es sich um Stéphane Morgan handelte, der in sein eigenes Auto stieg und dem Wagen aus Ontario bis zu einer nahe gelegenen Bar folgte. Morgan ging hinein und kam kurz darauf mit einer braunen Papiertüte wieder heraus. Als die Polizei den Mann aus Ontario später verhaftete, beschlagnahmte sie mehr als 8.000 LSD-artige Pillen.

Nach Morgans Tod fand die Polizei deutliche Hinweise darauf, dass er an der Jagd auf Mitglieder rivalisierender Clubs aktiv teilgenommen hatte. Am Tag nach dem Doppelmord durchsuchten Beamte Morgans Haus, fanden einen Ring der Rock Machine, Drogen, eine Feinwaage und ein Foto von Pierre Toupin von den Rockers.

Richard Parent

Mehrere Monate bevor Morgan und Boulet ermordet wurden war Richard Parent, der wegen Drogenhandels für die Rock Machine einsaß, auf Bewährung aus der Haft entlassen worden. Parent unterhielt enge Kontakte zu den Brüdern Cazzetta, die Gründer und Anführer der Rock Machine – er war mit ihrer Schwester verheiratet. Der Bewährungskommission hatte er versichert, dass er vom Bikerkrieg die Nase voll hatte und plane, aus Montreal wegzuziehen, um irgendwo als Maler zu arbeiten.

Doch noch während er wegen Drogenhandels erneut ins Visier der Polizei geriet, hörte die ein Telefonat mit, bei dem sich Parent über das

Clubhaus ausließ, das Scott Steinert von den Hells Angels auf einem Grundstück auf der Ile-aux-Pruches baute, das er erworben hatte. Der Polizei zufolge hörte es sich an, als plane Parent einen Anschlag auf das Haus, was der bestritt. Er behauptete, dass die Polizei ihm die Worte im Mund herumdrehe und er sich zu den Hells Angels in gänzlich anderem Zusammenhang und nur beiläufig geäußert habe.

Am 5. August 1999 kam Parent gegen 00.30 Uhr an seinem Haus an der Versaille Street im Stadtteil Little Burgundy an. Er parkte sein Auto auf der gegenüberliegenden Straßenseite und ging Richtung Haustür. Zehn Minuten zuvor hatte ein Nachbar ein Auto bemerkt, das in der Dunkelheit parkte. Als Parent den Gehsteig vor seinem Haus erreichte, stellte sich ihm ein Mann in den Weg und gab aus einer Cobray mit Schalldämpfer eine Salve ab. Von vier Kugeln getroffen, brach Parent zusammen. Daraufhin kehrte der Schütze zu dem ominösen Auto zurück, das ganz in der Nähe im Dunkeln wartete. Bevor er einstieg, warf er die Waffe in ein Gässchen, das hinter den Häusern entlangführte, wo die Polizei sie später fand. Es war ein fast perfekter Mord, bei dem der Täter so gut wie keine Spuren hinterließ.

Serge Hervieux

Der nächste Mord, der sich im Bikerkrieg ereignete, einer von 13, die im Zuge des „Projektes Rush" angeklagt wurden, war für die Hells Angels von A bis Z ein Debakel. Und anders als bei den Morden an Parent und einigen anderen wurde am Tatort eine Fülle von Spuren hinterlassen.

Erschwerend kam hinzu, dass Hervieux nicht das Ziel war. Der verheiratete Mann und Vater zweier Kinder hatte das Pech, in der gleichen Firma zu arbeiten und den gleichen Vornamen zu tragen wie Serge Bruneau vom Dark Circle. Wie Bastien und Rosa hatte Bruneau 30 Monate gesessen, nachdem er gestanden hatte, die Ermordung eines Hells Angels geplant zu haben. Nach zwei Drittel der Zeit war er entlassen worden. Er arbeitete als Drogendealer, doch hatte er auch Geld in Immobilien und legale Geschäfte wie einen Autoverleih investiert.

Drei Wochen nach der Ermordung Parents betraten zwei maskierte Männer den Autoverleih in Saint-Leonard, der Bruneau gehörte und in dem Hervieux arbeitete. Zeugen sagten später aus, dass an dem Tag, an dem Hervieux sterben musste, schönstes Sommerwetter herrschte. Der Autoverleih lag an einer belebten Straße inmitten einer für Saint-Leonard typischen Siedlung aus Doppelhäusern. Einer der beiden maskierten Männer verlangte, „Serge" zu sprechen, woraufhin sie zu Hervieux geschickt wurden. Weil sie ihn für ihr Ziel hielten, feuerte einer der Männer mit seinem Colt Python .375 Magnum sechs Schüsse auf ihn ab. Von vier Kugeln getroffen, brach Hervieux tot zusammen. Beide Lungenflügel waren verletzt, und eine Kugel hatte eine Lungenvene getroffen. Als er in seinem Büro den Knall der Schüsse hörte, versteckte sich Bruneau unter dem Schreibtisch.

Die beiden maskierten Männer verließen die Werkstatt des Autoverleihs, wobei der Schütze seine Waffe zurückließ. Sie flohen in einem gestohlenen schwarzen Chrysler Intrepid, den sie einige Straßen weiter abstellten, um den Fluchtwagen, wie bei anderen Morden zuvor geschehen, in Brand zu stecken. Doch dieses Mal fanden die Flammen nicht so recht Nahrung, und als die Polizei eintraf, war der Brand bereits erloschen.

Für die Ermittler in diesem Mordfall wichtiger waren jedoch die Fundstücke, die sie auf den Sitzen des Fluchtwagens fanden: vollkommen intakte Beweise für einen Anschlag der Hells Angels. Die Spurensicherung fand zwei Sturmhauben, ein Paar Laufschuhe, zwei Baseballcaps und zwei Paar Handschuhe. Schließlich fielen ihnen drei gefaltete Blatt Papier in die Hände, aus denen zweifelsfrei hervorging, dass der Anschlag Bruneau gegolten hatte. Bei den Papieren fanden sich Fotos, auf denen er zu sehen war, sowie Informationen über andere Mitglieder der Alliance. Zudem verdankten die Ermittler den Papieren einen wertvollen Hinweis. Fingerabdrücke, die sich darauf fanden, konnten später Jean-Richard „Race" Lavière zugeordnet werden, der Monate zuvor zum Vollmitglied der Rockers ernannt worden war. Auch Éric „Pif" Fournier hatte seine Fingerabdrücke auf den Unterlagen hinterlassen. Er erhielt sein Patch drei Monate nach dem Mord an Hervieux. Als Vollmitglieder der Rockers standen sie automatisch im Visier des „Projekts Rush". Die Polizei konnte in einer der Sturmhauben DNA-Material sicherstellen, das auch in einem Handschuh festgestellt wurde. Trotzdem gelang es der Polizei nicht, sie einer Person zuzuordnen.

Obwohl bei dem Anschlag so ziemlich alles schiefgelaufen war, sagten Zeugen aus, dass sich die beiden maskierten Männer in der Autovermietung sehr genau auszukennen schienen, als ob sie sie vorher ausgespäht hätten. Sie betraten sie durch eine offenes Werkstatttor und im Rücken eines ahnungslosen Mechanikers.

Bruneau, der Hervieux seit sieben Jahren kannte, wurde später in einem der Verfahren von Richter Réjean Paul als Zeuge geladen. Es schien ihm unangenehm zu sein, und er würdigte die 13 Angeklagten, die in einer eigens erbauten schusssicheren Glaskabine saßen, keines Blickes. Selbst das Gerichtsgebäude war für den Prozess gegen das Nomads Charter erbaut worden. Um den Gefangenentransport zu erleichtern, wurde es in unmittelbarer Nachbarschaft zum Gefängnis errichtet. Das Gericht, das den Steuerzahler 15,5 Millionen Dollar gekostet hatte, war mit der allerneuesten Technik ausgestattet. Zeugenaussagen konnten digital aufgezeichnet werden, und die Plätze der Anwälte waren mit Bildschirmen ausgestattet, auf denen die Verteidigung Videos, die als Beweismittel dienten, verfolgen konnten. Die Anklagebank war groß genug, um mehrere Angeklagte gleichzeitig aufzunehmen. Bruneau stand einige Meter von den Angeklagten entfernt, als er seine Arbeit als Autohändler beschrieb. Der Staatsanwalt Éric Marcoux forderte ihn auf, seine Erinnerungen an den Mord an Hervieux zu schildern.

„Ich habe Schüsse gehört und mich versteckt", erwiderte Bruneau. „Ich wollte warten, bis sich die Lage beruhigt hat. Dann habe ich Serge Hervieux gesehen und die Polizei gerufen."

„Was haben Sie gedacht?" fragte Marcoux.

„Ich habe einen Knall gehört, dann klirrte eine Fensterscheibe, und ich habe mich unter dem Schreibtisch versteckt. Ich wusste, dass ein Schuss gefallen war, und habe mich versteckt." Bruneaus Aussage verdeutlichte, wie sehr die Hells Angels den Anschlag auf ihn verpfuscht hatten. Einige der Fotos aus dem Fluchtwagen waren zwar bei einer Beerdigung aufgenommen worden, an der er teilgenommen hatte, zeigten aber eine andere Person. Der Fotograf hatte sie handschriftlich mit dem Vermerk „Serge Bruno" sowie einem Pfeil versehen, der auf einen unbekannten Mann zeigte.

„Glaubten Sie, der Anschlag galt Ihnen?" wollte Éric Marcoux wissen. Bruneau zögerte die Antwort lange hinaus, und sein Gesicht verriet die Angst, die ihn quälte. Schließlich fuhr er sich mit den Händen durchs Gesicht, ehe er erwiderte: „Ja." Dann berichtete er den Geschworenen reumütig, dass er ein erhebliches Vorstrafenregister hatte, in dem sich auch Drogendelikte fanden. „Deshalb war ich sicher, dass ich gemeint war. Ich nahm an, dass sie es wegen meiner Verwicklungen in den Drogenhandel auf mich abgesehen hatten."

„Wer waren Ihre Partner?" fragte Marcoux. Bruneau wurde sichtlich unruhig und schien sich ausgesprochen unwohl in seiner Haut zu fühlen. Die Verteidiger protestierten entschieden gegen die Frage des Staatsanwalts. Doch Bruneau überwand sich schließlich und erklärte, dass er mit Jean Rosa und Pierre Bastien zusammengearbeitet hatte.

Trotz des Fehlschlages und obwohl sie einen unschuldigen Mann getötet hatten, dauerte es nur gut einen Monat, bis die Hells Angels erneut mordeten.

Tony Plescio

Man konnte den Eindruck gewinnen, dass die Hells Angels die Anschläge auf ihre Rivalen immer nachlässiger verübten. Am 1. Oktober 1999 wurde Johnny Plescios Bruder Toni auf dem Parkplatz eines McDonald-Restaurants im Norden von Montreal ermordet. Dort wollte er seine Familie absetzen, die zu einer Kinderparty wollte. So planvoll und überlegt die Mörder von Johnny Plescio vorgegangen waren – sie hatten das Empfangskabel seines Fernsehers durchtrennt, um Plescio ans Fenster zu locken –, so dilettantisch und leichtsinnig agierten die Mörder seines Bruders Tony.

Aus nächster Nähe schossen sie ihm sechs Mal in den Kopf beziehungsweise den Hals. Eine Kugel aber verfehlte ihr Ziel und traf Plescios Frau, die gerade Windeln aus dem Kofferraum holte. Die Kugel verletzte sie am Fuß, aber ihr gelang es, das Kind in Sicherheit zu bringen. Für ihren Mann, der aus dem Auto gefallen war und blutüberströmt auf dem Asphalt lag, kam jede Hilfe zu spät. Zufällige Zeugen rannten in Panik davon, darunter viele junge Mütter, die um das Leben ihrer Kinder fürchteten. Der Schütze stieg zu einem Komplizen in ein wartendes Auto. Als die beiden eine Brücke über den Rivière-des-Prairies passierten, die Richtung Laval führte, versuchte der Schütze, die Tatwaffe in den Fluss zu werfen. Stattdessen landete die .375 Magnum auf der Fußgängerbrücke, die darunter verlief. Dort konnte die Polizei sie später sicherstellen.

Wie sein Bruder Johnny war auch Tony Plescio Mitglied der Rock Machine gewesen. 1990 war er erwischt worden, als er Kokain für 30 Dollar je Viertelgramm verkaufte. Als Stützpunkt diente ihm jene Bar in der Bélanger Street, die seinem Bruder Johnny gehörte und während des Bikerkrieges zwei Mal Ziel eines Brandanschlages geworden war. Zum Zeitpunkt des Anschlags auf ihn stand eine Verurteilung wegen Drogen- und Waffendelikten unmittelbar bevor.

Doch schon Jahre vor dem Ausbruch des Bikerkrieges hatte Plescio für Schlagzeilen gesorgt. 1985 wurde er im Zusammenhang mit einem eigentümlichen Vorfall verhaftet, in den auch Alex Hilton verwickelt war, einer der boxenden Brüder, die es in den 1980er Jahren zu einiger Berühmtheit brachten. 1984 waren Alex und sein Bruder Davey kanadische Meister in ihrer jeweiligen Gewichtsklasse, und der jüngere Bruder Matthew hatte eine vielversprechende Karriere vor sich. Doch der Name Hilton stand nicht nur für gehobenen Boxsport, sondern auch für Verbrechen. Die Familie war mit dem Mafiaboss Frank Cotroni verbandelt, aber bei den Straftaten der Brüder hatte meist weniger die Mafia als vielmehr der Alkohol seine Hand im Spiel. Vor allem Alex war mehrfach verhaftet worden, weil er im Rausch über die Stränge geschlagen war.

Am 11. Februar 1985 verließen Plescio und Alex Hilton nach einer durchzechten Nacht den Action Disco Club, eine Bar an einer Zufahrt zum Trans-Canada-Highway im Osten Montreals. Auf dem Parkplatz angekommen, öffnete Hilton den Kofferraum seines Autos und holte ein Gewehr heraus. Ein Zeuge, der Boxer Serge Cusson, sagte später aus, dass Hilton mehrfach in die Luft geschossen habe, ehe sich Plescio die Waffe griff und es seinem Kumpel nachtat. Niemand wurde verletzt, aber eine Kugel durchschlug die Fensterscheibe eines Hauses, das in der Nähe stand. Und Informationen der Polizei zufolge war es vor der Ballerei in der Bar zu einer Auseinandersetzung gekommen. Plescio musste ein Bußgeld bezahlen und wurde zu einer Bewährungsstrafe verurteilt.

Patrick Turcotte

Am 1. Mai 2000 wurde Patrick Turcotte erschossen, als er eine Videothek verließ. Turcotte war ein Drogendealer, der mit der Rock Machine zusammenarbeitete. Am späten Nachmittag wollte er die Straße überqueren, als aus einem blauen Lieferwagen ein Mann ausstieg und ihm mehrmals in den Rücken schoss. Dann stieg der Schütze wieder auf den Beifahrersitz, und der Wagen brauste davon. Die Waffe, mit der Turcotte erschossen wurde, eine Maschinenpistole von Beretta mit einem eigens angefertigten Schalldämpfer, wurde später in unmittelbarer Nähe des Tatorts unter einem geparkten weißen Auto gefunden. Zwei zufällige Zeugen versuchten noch, Turcotte wiederzubeleben. Als sie den Gürtel seiner Hose öffneten, fiel eine Waffe aus dem Hosenbund. Sie landete unweit von Turcottes Pager.

Zehn Minuten nach den Schüssen explodierte wenige Straßen weiter der blaue Van, der bei der Tat benutzt worden war. Er war am Vormittag in Brossard gestohlen worden. Zeugen beobachteten zwei Männer, die kurz vor der Detonation wegliefen. Die Polizei konnte unweit des Wracks zwei Paar Handschuhe sicherstellen, die DNA-Spuren enthielten. Sie führten die Ermittler schnurstracks zu Pierre „Peanut" Laurin und Paul „Schtroumpf" Brisebois, die zum Tatzeitpunkt den Rockers angehörten, doch am 11. Dezember zu Anwärtern der Hells Angels ernannt wurden.

Im Februar 2003 ging es bei einem Prozess um den Mord an Turcotte, als Real Charbonneau, der Anwalt von Brisebois, den Richter Réjean Paul beleidigte, nachdem er ihn bei der Vernehmung eines Zeugen der Anklage unterbrochen hatte. Paul wies Charbonneau aus dem Saal und beendete die Sitzung. Charbonneau wurde von der Verhandlung ausgeschlossen, später jedoch begnadigt. In der Zwischenzeit war das Verfahren gegen Brisebois von denen gegen die zwölf anderen Clubmitglieder abgetrennt worden. Monate später kam der Prozess vollständig zum Erliegen, weil einige der Angeklagten ein Arrangement mit der Staatsanwaltschaft eingingen und gegen die Bereitschaft auszusagen Vergünstigungen in Aussicht gestellt bekamen.

Brisebois und Laurin erhielten diese Chance nicht, weil die Beweislast gegen sie erdrückend war. Später jedoch konnte ihnen die Staatsanwaltschaft im Mordfall Turcotte ein Geständnis abringen. Im Gegenzug erhielten sie zwar eine lebenslängliche Strafe, jedoch mit der Möglichkeit, nach zehn Jahren entlassen werden zu können. Die dreijährige Untersuchungshaft wurde, anders als üblich, nicht doppelt angerechnet, weshalb sie mindestens sieben Jahre sitzen müssen, ehe sie die Entlassung beantragen können. Zusätzlich gestanden die beiden, weitere Morde geplant und mit Drogen gehandelt zu haben sowie Mitglieder einer kriminellen Vereinigung gewesen zu sein.

François Gagnon

François Gagnons Mörder ging in etwa so schlampig vor wie die Mörder von Turcotte beziehungsweise Hervieux. Trotzdem war er ein deutliches Anzeichen dafür, dass den Hells Angels entweder die Ziele für ihre Mordanschläge ausgingen oder die Rock Machine große Mühen hatte, zuverlässige Leute für den Drogenhandel zu finden: Gagnon dealte zwar mit Drogen, war aber nervlich nicht stabil genug, um zuverlässig zu sein.

Schon die Anfänge seiner kriminellen Laufbahn deuten darauf hin, dass seine Laufbahn als Dogendealer vorgezeichnet war. Am 4. Juni 1977 wurde er mit 27 Gramm Haschisch und sieben Gramm Marihuana erwischt. Zwei Jahre später wurde er wegen des Handels mit Kokain angeklagt. Im Sommer 1980 wurde er festgenommen, weil er erneut mit allerdings geringen Mengen Kokain gehandelt hatte. 1986 fand man bei ihm 25 Gramm Haschisch.

1987 wurde er bei dem Versuch ertappt, 42 Gramm Haschisch ins Bordeaux-Gefängnis zu schmuggeln. Ihm war übers Wochenende Freigang gewährt worden, und bei seiner Rückkehr kam dem Personal der Verdacht, dass Gagnon Drogen einschmuggeln wollte. Weil sie annahmen, dass er sie in seinem Magen transportierte, steckten sie ihn in eine spezielle Zelle mit einer Toilette ohne Spülung. Auf die Bestätigung ihrer Vermutung mussten sie nicht lange warten. Nach der ersten Nacht betraten die Wachen die Zelle, um Gagnon zu kontrollieren. Der saß auf seinem Bett, neben ihm mehrere mit Haschisch gefüllte Präservative. Als er die Wachen bemerkte, nahm er sie und warf sie in die Toilette.

Noch in den frühen 1990er Jahren gab es Anzeichen dafür, dass Gagnon als Drogendealer sehr aktiv war. Trotzdem musste er sich ab zirka 1995 auch wegen anderer Delikte verantworten. 1997 stand er vor Gericht, weil er einen Polizisten aus Montreal und dessen Familie bedroht hatte. Dasselbe hatte er mit dem Premierminister Jean Chrétien gemacht. Ein Richter forderte ein psychiatrisches Gutachten an, und weil Gagnon sich bereit erklärte, sich behandeln zu lassen und Medikamente zu nehmen, wurde das Verfahren eingestellt. Doch schon im Jahr darauf wurde er wegen mehrerer befremdlicher Vergehen belangt. Beispielsweise hatte er die Gartenmöbel einer Frau beschädigt. Am 22. Juli 1998 schickte er ein Päckchen an Michel Auger, einen Reporter des «Journal de Montréal», das die Sicherheitskräfte des Verlages in Alarmbereitschaft versetzte. Erneut forderte der Richter ein psychiatrisches Gutachten an.

Am 22. September 1998 wurde Gagnon verhaftet, weil er Beamte der Montreal Urban Community Police bedroht hatte. Und auch hier holte der Richter den Rat eines Psychiaters ein. Doch dieses Mal sträubte sich Gagnon gegen die Untersuchung. Schließlich schrieb der Psychiater dem zuständigen Richter einen Brief, in dem er die Gründe darlegte, warum er Gagnon nicht hatte untersuchen können. Darin heißt es unter anderem, dass Gagnon „sich einer Untersuchung nur stellen würde, um seinen Anspruch auf Sozialhilfe nicht zu verlieren und sich bei der Gelegenheit Tranquilizer verschreiben zu lassen". Der Arzt schilderte zudem, dass Gagnon, der weit über 100 Kilogramm wog, betrunken zu den Terminen erschien und aggressiv wurde, wenn ihm die Tranquilizer verweigert wurden.

Nachdem die Hells Angels jahrelang die Mitglieder rivalisierender Clubs ins Visier genommen hatten, von denen es manche zu einem Vermögen gebracht hatten, beschlossen sie nun, Jagd auf Gagnon zu machen, einen Mann, der Psychopharmaka nehmen musste, um zu funktionieren.

Gagnon saß in der Küche seiner Wohnung im Norden von Montreal, als ein oder zwei Männer leise die Hintertreppe heraufstiegen. Gagnon wurde von dem kleinen Innenhof aus erschossen, der hinter der Küche lag. Drei Kugeln stammten aus einer Smith & Wesson, Kaliber .357 Magnum, drei weitere aus einem Revolver Kaliber .38. Vier Kugeln trafen Gagnon, der sofort tot war. Der oder die Schützen flohen in einem blauen Dodge Caravan, der kurz darauf ein paar Straßen weiter auffiel, weil er mitten auf der Straße eine Vollbremsung hinlegte.

Drei Männer stiegen aus, sprangen über einen Gartenzaun und entkamen unerkannt.

Am Tatort stellte die Polizei eine der Waffen sicher, mit denen auf Gagnon geschossen worden war, sowie einen Revolver von Ruger, Kaliber .375. Außerdem stellten sie einen gefüllten Benzinkanister und eine Packung Leuchtmunition sicher. Offensichtlich hatten Gagnons Mörder alle Spuren beseitigen wollen, waren daran aber kläglich gescheitert. Die Polizei fand auch zwei paar Laufschuhe, und unweit des Fundorts des Autos entdeckte sie in einer Mülltonne zwei Paar Handschuhe. Die Fingerabdrücke auf der Packung mit Leuchtmunition stammten von Stéphane „Archie" Hilareguy, einem Mitglied der Rockers, der im Verdacht stand, in den Mord an Yvon „Mon Mon" Roy verwickelt zu sein. Seine DNA fand sich überdies in einem Paar Laufschuhe. In dem anderen Paar stellte die Polizei eine DNA-Spur sicher, die später Éric „Pif" Fournier zugeordnet werden konnte. Und in einem der Handschuhe aus der Mülltonne fanden sich Spuren einer DNA, die zu derjenigen passte, die nach dem Mord an Hervieux sichergestellt worden war.

Die Fingerabdrücke auf der Leuchtmunition legten den Schluss nahe, dass Hilareguy die Anweisung hatte, nach dem Mord an Gagnon alle Beweise zu vernichten, es jedoch nicht zustande gebracht hatte. Sein Name war nun mit mindestens zwei Anschlägen der Hells Angels verknüpft, und offenbar ihnen die Aufmerksamkeit, die er erregte, unterdessen zu gefährlich geworden. Am 16. Juni 2000, nicht einmal zwei Wochen nach Gagnons Tod, stand Hilareguys Kind weinend vor dem väterlichen Haus in St.-Roch, das lichterloh brannte. Nachdem die Flammen gelöscht waren, fand die Polizei im Inneren des Hauses die Leiche von Hilareguys 30-jähriger Freundin Natacha Desbiens. Sie war erschossen worden, bevor das Haus in Flammen aufging. Einige Monate später wurden Hilareguys sterbliche Überreste in Potton gefunden, einer kleinen Ortschaft südöstlich von Montreal, unweit der Grenze zu den USA.

5. Kapitel

Geld im Überfluss

Am 20. Oktober 2004 betrat Stéphane Plouffe, ein langjähriges Mitglied des Hells Angels Charters Montreal, das Gerichtsgebäude von Montreal und stellte sich, wie ein vor geraumer Zeit geschlossenes Abkommen es vorsah, der Sûreté von Quebec. Schon wenige Stunden später stand er in einem Gerichtssaal und bekannte sich des Drogenhandels schuldig. Plouffe war seit mehr als drei Jahren auf der Flucht vor der Polizei, und seine Kapitulation bedeutete das Ende eines der erfolgreichsten Prozesse in der Geschichte Quebecs.

Das „Projekt Ocean" war für die Ermittler, die Jahre damit zugebracht hatten, jene Beweise zusammenzutragen, die 2001 zur „Operation Springtime" geführt hatten, eine unerwartete Dreingabe. Es fiel ihnen quasi in den Schoß, obwohl dadurch mehr Vollmitglieder der Hells Angels ins Netz gingen, als es in den Jahren zuvor durch viele Ermittlungen gelungen war (eine Ausnahme ist das „Projekt Rush", das parallel gelaufen war und 2001 zur „Operation Springtime" geführt hatte). Das „Projekt Ocean" versetzte die Sûreté zudem in die Lage, eine alte Rechnung mit Gerald Matticks zu begleichen, einem Mann, der aufgrund seines Einflusses im Hafen von Montreal zu den wichtigsten Figuren im Umkreis von Boucher und den Hells Angels gehörte.

Am selben Tag, an dem sich Plouffe stellte, wurde er zu drei Jahren Gefängnis verurteilt. Die Polizei wusste nicht, wie es ihm gelungen war, seit 2001 der Verhaftung zu entgehen. Als er sich nun anschickte, für längere Zeit hinter Gittern zu verschwinden, wurden merkwürdigerweise andere Gefangene, die schon vor langer Zeit Vergehen hatten, die ihnen im Zuge der „Operation Ocean" zur Last gelegt worden waren, und dafür weitaus längere Haftstrafen bekommen hatten, auf Bewährung entlassen.

Die Nomads-Bank

Von den 51 Personen, gegen die in Verbindung mit dem „Projekt Ocean" Anklage erhoben wurde, wurden 50 verurteilt, 36 davon zu

Haftstrafen von mehr als vier Jahren. Lediglich ein Mann, ein Hells Angel namens Guy Dubé, kam ungeschoren davon, weil der Verdacht gegen ihn nicht erhärtet werden konnte. Mit der Vielzahl an Beweisen konfrontiert, die die Polizei in nur sechs Monaten zusammengetragen hatte, bekannten sich die meisten anderen spätestens wenige Monate nach ihrer Verhaftung schuldig. Die Männer waren denkbar unterschiedlich. Die Spannbreite reichte vom Vollmitglied der Hells Angels bis zu Leuten, die behaupteten, allenfalls geahnt zu haben, dass sie mit dem Club zusammenarbeiteten.

Im Fokus der Ermittlungen stand eine Reihe von Apartments, die Mitglieder des Nomads Charters benutzt hatten, um den Geldfluss aus einem Unternehmen zu steuern, das zu einem wahren Drogenimperium herangewachsen war und sich über ganz Kanada erstreckte. Das System, zu dem Tresore, Geldzählmaschinen und eine akkurate Buchhaltung gehörte, wurde vor Gericht als Nomads-Bank bezeichnet, weil dort in manchen Wochen mehr Geld umgesetzt wurde als in vielen regulären Banken des Landes. Mit der Führung dieser Bank betrauten die Hells Angels Leute ohne Vorstrafen, um die Polizei so von jenen Orten fernzuhalten, wo die Millioneneinnahmen über den Tisch gingen. Laut einem Ermittler gehörten zu der Organisation einige 60-Jährige, aber auch ein paar Männer jenseits der 80.

„Sie haben keinerlei Vorstrafen. Man vertraut solche Summen nicht bekannten Straftätern an, bei denen das Risiko, von der Polizei kontrolliert zu werden, viel größer ist", sagte der Beamte später vor Gericht.

Doch als die Polizei im September 2000 Jean-Richard „Race" Larivière verfolgte, ein Mitglied der Rockers, der kurz davor stand, zum Anwärter des Nomads Charters ernannt zu werden, fiel ihr auf, dass der Verdächtige häufig ein bestimmtes Apartmenthaus in der Beaubien Street aufsuchte. Die daraufhin angeordnete Überwachung erlaubte tiefe Einblicke in das Finanzsystem der Hells Angels und förderte eine Flut von Beweisen gegen die 50 Männer zutage, die schließlich verurteilt wurden. Die Liste der Helfer reichte von einer Großmutter mit teuren Hobbys, die sich etwas dazuverdiente, indem sie Geldboten die Tür zum Apartmenthaus öffnete, bis hin zu Vollmitgliedern der Hells Angels aus ganz Quebec, die im Auftrag des Charters Bareinzahlungen vornahmen oder, was öfter vorkam, Überweisungen tätigten. In seinem Plädoyer, das der Staatsanwalt André Vincent am 23. September 2003 hielt, legte er dem Richter Réjean Paul dar, was er von der Nomads-Bank hielt.

„Es geht um Summen, die alles übersteigen, was ein Mittelständler in Kanada mit legalen Geschäften verdienen kann. Die Monatsumsätze reichen bis 18.104.000 Dollar. Die Summe entspricht einer verkauften Menge von 452 Kilo Kokain und 115 Kilo Haschisch." Diese und andere Details wurden am 9. April 2001 bekannt, als sich Jean Adam und Dominic Tremblay, beides eher kleine Lichter im großen Netzwerk der

Jean-Richard „Race" Larivière

Nomads-Bank, vor der Bewährungskommission äußerten. Nun konnte ganz Kanada einen Blick darauf werfen, worum es im Bikerkrieg tatsächlich ging: um Drogengeld in Millionenhöhe.

Richard Despaties, ein Beamter der Sûreté von Quebec, wurde ebenfalls von der Bewährungskommission befragt.

„Wann haben Ihre Ermittlungen begonnen?" wollte die Vorsitzende der Kommission wissen.

„Ende Juli 2000, aber mit einem anderen Fall. Wir hatten einen Informanten namens Dany Kane, der die Nummer IN3683 trug", erwiderte Despaties. Er bezog sich auf den Informanten, der als Mitglied der Rockers die Polizei seit dem Beginn des Bikerkrieges mit Informationen versorgt hatte. „Dany Kane war Mitglied der Rockers und arbeitete für Normand Robitaille von den Nomads als Chauffeur. Nach allem, was ich weiß, hatte Robitaille Kane seine lederne Brieftasche gegeben, damit er auf sie aufpasste. Kane hat sie durchsucht und dabei verschiedene Dokumente gefunden, sie fotokopiert und an seine Kontaktmänner bei der Polizei weitergeleitet."

Im Sommer 2000 hatte Robitaille tatsächlich Kane als seinen Fahrer und Boten auserkoren. Das war nur möglich, weil er ihm vertraute. Dass Kane parallel auch noch für die Polizei arbeitete, wäre ihm nie in den Sinn gekommen. Doch Kane arbeitete schon seit Oktober 1994 als Informant. Dafür hatte er über Interpol telefonisch Kontakt mit Jean-Pierre Lévesque von der Sûreté aufgenommen. Lévesque hatte sich mit ihm verabredet. Am 18. Oktober 1994 hatten sich er und sein Kollege Pierre Verdon um 18 Uhr im Best Western Hotel in Dorval mit Kane getroffen. Um zu beweisen, dass er nicht mit leeren Händen kam, hatte Kane den Beamten Details aus dem Innenleben der Hells Angels und der Evil Ones, eines ihrer Puppet Clubs, erzählt.

„Die Quelle ist bemerkenswert gut informiert", schrieb Verdon in den Notizen, die er nach dem ersten Treffen anfertigte. Es war der Auftakt einer engen Zusammenarbeit, die erst endete, als Kane 1997 wegen eines Mordes in Nova Scotia verhaftet wurde. Der Prozess endete damit, dass Kane das Gericht als freier Mann verlassen und sich wieder den Rockers annähern konnte. Weil er Führungsmitgliedern der Hells Angels so nahe kam wie kaum ein anderer, war die Polizei an einer Zusammenarbeit mit ihm weiterhin sehr interessiert. Daran änderte auch der Umstand nichts, dass er bei seiner zweiten Verpflichtung als Informant bekannte, im Auftrag des Clubs gemordet zu haben.

Im September 1999, zirka zwei Jahre nach seiner Festnahme in Nova Scotia, arbeitete Kane für die Sondereinheit Regional Integrated Squad und bekam neue Führungsoffiziere zugeteilt. An seiner Arbeit änderte das jedoch nicht viel. Wie früher bei der RCMP lieferte er Informationen und erhielt dafür Geld. Im März 2000 unterzeichnete er einen Vertrag, der ihn zum offiziellen Doppelagenten der Polizei machte und ihn verpflichtete, gegebenenfalls auch vor Gericht auszusagen. Bevor er unterschrieb, musste Kane alle Straftaten, die er begangen hatte, offen legen, darunter einen Mord, den er als Mitarbeiter der RCMP begangen hatte. Damals hatte er versucht, die Tat durch falsche Informationen jemand anderem anzuhängen.

Die finanzielle Vergütung, die im Vertrag genannt wird, sagt viel über den Wert Kanes als Informant aus. Für die Zusammenarbeit mit der Sûreté erhielt er drei Raten à 500.000 Dollar, zahlbar nach Abschluss der „Operation Springtime 2001" und dem Ende der Gerichtsverfahren, die aus dem „Projekt Rush" resultierten, bei denen er als Kronzeuge auftrat. Zudem verpflichtete sich die Sûreté in dem Vertrag, Kane bestimmte Kosten zu erstatten, darunter eine Hypothek, 587 Dollar Monatsrate für sein Motorrad und die Leihgebühr für einen Chrysler Neon und zwei Plymouth Voyager. Und da Normand Robitaille ihn aufgefordert hatte, sich modischer zu kleiden, erhielt er von der Polizei 600 Dollar für die entsprechende Garderobe. 1.000 Dollar bekam er, um für René Charlebois ein Hochzeitsgeschenk zu kaufen. Und weil er an die Rockers zehn Prozent seiner Einnahmen abführen musste, bekam er auch dafür Geld. Die Polizei geriet dadurch in eine unangenehme Situation, weil sie den Club indirekt finanziell unterstützte.

Am Ende sollte Kane nicht ein einziges Mal in den Zeugenstand treten. Stattdessen nahm er sich aus nicht bekannten Gründen das Leben. Seine Leiche wurde am 7. August 2000 in der Garage seines Hauses in Saint-Luc gefunden. Er war an einer Kohlenmonoxidvergiftung gestorben, nachdem er den Motor seines Autos gestartet und die Abgase ins Innere geleitet hatte.

Im Wissen, dass er unter ständiger Beobachtung der Polizei stand, hatte Robitaille Kane eines Tages gebeten, ihn an einer Metrostation abzusetzen. Im Gegenzug hatte er ihm seine Brieftasche anvertraut. Als Kane sie übernahm, war es gegen 17 Uhr. Er fuhr los, um sich mit seinen Kontaktmännern der Polizei zu treffen, die die Papiere aus der Brieftasche kopierten. Nach drei Stunden erhielt Kane die Brieftasche zurück und konnte Robitaille wie geplant an einer anderen Metrostation als der, an der er ihn abgesetzt hatte, wieder auflesen. Die Ermittler stießen in Robitailles Unterlagen auf die Namen von fünf Männern, die mit der Rock Machine in Verbindung standen. Dass sich Robitaille für seine Rivalen interessierte, konnte niemanden verwundern. Doch die verschlüsselten Einträge im Kassenbuch, die ebenfalls aus Robitailles Brieftasche stammten, vermochten die Beamten nicht zu entschlüsseln.

Die Schatzkammer wird geöffnet

„Sie fanden sich auf mehr als jeder zweiten der 14 Seiten, auf denen jede Menge Namen standen, von denen wir keinen einzigen kannten. Und hinter jedem Namen stand eine Zahl", sagte Despaties und händigte den Anwälten Kopien der Dokumente aus, um die es ging. „Im Büro haben wir uns die Dokumente gründlich angesehen, aber nicht verstanden, weil die Namen, die dort genannt sind, zu keinem der Biker passen, die wir kennen. Uns war nur klar, dass es sich um Abrechnungen für Drogengeschäfte handelte." Despaties führte aus, das die Zahlen neben den Namen auch im Zusammenhang mit Daten und Terminen auftauchten. In einer Spalte stand hinter den Zahlen die Abkürzung BL, in einer anderen die Abkürzung BR. Seine erste Idee sei es gewesen, dass die Abkürzungen für die französischen Worte „blanc" und „brun" standen. Dank sechsjähriger Erfahrung in der Drogenbekämpfung habe er gewusst, dass der Ausdruck „blanc" – weiß – für Kokain stand und der Ausdruck „brun" – braun – für Haschisch.

Dann berichtete er, dass die Polizei zu der Zeit, als ihr die Dokumente in die Hände fielen, vollauf mit dem „Projekt Rush" beschäftigt war, das kurz vor dem Abschluss stand. Deshalb hatte Kanes Fundstück nicht oberste Priorität und geriet in Vergessenheit.

„Die Dokumente landeten in der Asservatenkammer. Die Ermittlungen wurden nicht weiter verfolgt, abgesehen von dem Umstand, dass Dany Kane, unser Informant in dieser Angelegenheit, mit bestimmten Mitgliedern Drogengeschäfte machte", erklärte Despaties der Kommission. „Wenn er ein Kilo Kokain kaufen wollte, musste er sich an Jean-Richard Larivière halten. Deshalb haben wir im September 2000 begonnen, den Mann zu beobachten. An einem der ersten Tage der Beschattung fuhr Mr. Larivière zu einem Apartmenthaus mit der Adresse Beaubien Street 7415. Komisch kam uns vor, dass das Haus einen Eingang zur Beaubien Street hatte und im östlichen Teil des Gebäudes eine Tiefgarage. Mr. Larivière betrat das Haus jedoch durch eine Fluchttür, für die man einen Schlüssel benötigte. Wir wunderten uns zwar, nahmen aber an, dass er dort ein Familienmitglied besuchte. Kurz darauf fuhr Mr. Larivière erneut zu dem Haus, und dann ein drittes Mal. Da wurde uns klar, dass dort etwas Wichtiges vor sich ging. Wir haben das Haus mehrere Wochen lang observiert, um herauszufinden, was sich dort abspielte."

Despaties berichtete, dass die Polizei während der Überwachung des Hauses feststellte, dass ein bekannter Drogenhändler namens Paul Gaudreau mehrfach das Apartment 504 aufsuchte. Über den kommunalen Energieversorger erfuhren sie, dass in der Wohnung so gut wie kein Strom verbraucht wurde. Zudem fiel ihnen auf, dass nachts fast nie Licht brannte. Neugierig geworden, forsteten die Beamten einen ein Monat alten Bericht durch, in dem das Haus an der Beaubien Street erwähnt wurde. In dem Bericht wurde beschrieben, wie ein Überwachungsteam der Polizei am 31. August 2000 Sylvain Laplante, einem Mitglied der Rockers, in einem roten Ford Taurus gefolgt war, als er von seinem Haus in Valleyfield, einer kleinen Stadt in Quebec nahe der Grenze zu Ontario, aufbrach. Stunden später war er in einem Buick Century vor dem Apartmenthaus in der Beaubien Street vorgefahren und hatte es mit einer Brieftasche in der Hand betreten.

Laut Despaties hatte diese Information genügt, um einen Durchsuchungsbeschluss zu erwirken. „Wir sind in das Apartment gegangen. Darin standen kaum Möbel. Auffällig war auch, dass so gut wie keine Kleidung vorhanden und der Kühlschrank leer war. Wir nahmen deshalb an, dass dort niemand wohnte." Dafür erfuhren sie, dass der Mieter ein früherer Angehöriger des kanadischen Militärs war, der in Hull lebte. Die Polizei hörte ein Gespräch mit, dass der Mann mit Richard Gemme führte, dem Buchhalter der Nomads-Bank. Gemme meinte, dass der Mann gut daran getan hatte, den Militärdienst zu quittieren. Denn wenn die Polizei herausfinden sollte, dass er seine Wohnung den Hells Angels überließ, würde das sicherlich umfangreiche Ermittlungen nach sich ziehen.

Am 16. Oktober 2000 installierte die Polizei mit richterlicher Genehmigung ein Abhörgerät und eine Videokamera in der fraglichen Wohnung. Bis dahin hatten sich die Beamten mit normaler Observation begnügen müssen. Despaties erklärte, dass zunächst vor allem unverdächtige Menschen das Haus betreten hätten. Interesse erregte erst Jacques Nepveu, ein früheres Mitglied der Rowdy Crew, eines Unterstützer-Clubs der Hells Angels aus Lavaltrie, einer Stadt östlich von Montreal. Obwohl er die Rowdy Crew verlassen hatte, unterhielt Nepveu noch enge Kontakte zum Hells Angels Charter Montreal. Am 3. Oktober betrat Nepveu das Haus Beaubien Street 7415. Er hatte eine Tasche bei sich. Als er das Haus wieder verließ, hatte er keine Tasche mehr bei sich.

Sechs Tage später inspizierte Sergeant Pierre Boucher von der Sûreté zum ersten Mal heimlich die fragliche Wohnung. Despaties schilderte das Weitere später so: „Als die Kamera und das Abhörgerät installiert waren, stellten wir fest, dass die Leute dienstags kamen, vor allem dienstags, aber auch mittwochs, und zwar in der Zeit zwischen acht Uhr morgens und vier Uhr nachmittags. Die Person, die sich um die Wohnung kümmerte, war ein Mann namens Robert Gauthier. Er wohnte allerdings nicht dort, sondern irgendwo anders in Montreal.

Jean-Richard „Race" Larivière, ein Anwärter des Nomads Charters.

Was sich dort abspielte, lief immer nach dem gleichen Muster ab: Die Leute gingen zum Apartment 504, betraten es und überreichten Mr. Gauthier eine Tasche. Dann gingen sie wieder. Charakteristisch für Mr. Gauthiers Vorgehen war, dass er auch dann noch extreme Vorsicht walten ließ, wenn die Kunden gegangen waren. Er lugte durch den Spion in der Tür und sah durch die Terrassentür. Wenn er sicher war, dass der Kunde weggefahren war, verließ er das Apartment kurz und kehrte nach einer Minute zurück. Wir erklärten uns das damit, dass es eine weitere Wohnung geben musste, zu der Mr. Gauthier ging, denn er nahm immer die Tasche mit."

„Und wenn er zurückkam?" fragte Tremblay.

„Kam er mit leeren Händen", erwiderte Despaties und fügte hinzu, dass die Polizei im Laufe der Wohnungsüberwachung herausgefunden hatte, dass Gauthier in das Apartment 403 ging, das eine Etage tiefer lag. Unterdessen lief in Apartment 504 der Fernseher. Wenn jemand mit einer Tasche voller Geld kam, wurde das Radio laut gestellt, weshalb Despaties zufolge fast kein Gespräch mitgehört werden konnte.

Um die Lücken in der Überwachung zu schließen, erwirkte die Polizei am 24. Oktober einen Durchsuchungsbeschluss, der es ihnen erlaubte, auch das Apartment 403 elektronisch zu überwachen. Es war eine nur spärlich möblierte Viereinhalbzimmerwohnung mit einem

Safe im Schlafzimmerschrank. Die Rechnung dafür lag in einer Küchenschublade. Kleidungsstücke fanden sich ebenso wenig wie Lebensmittel.

„Es war alles wie in Apartment 504, außer dass in einem Schrank jede Menge Sporttaschen gestapelt waren", berichtete Despaties. „Und zwar in allen Größen und Marken." Ein anderer Ermittler erinnerte sich später daran, dass der Stapel mit den Taschen 1,5 Meter hoch war.

„Uns fiel auf, dass Gauthier die Taschen von 504 nach 403 brachte und dann wieder nach 504 ging, wo er den nächsten Kunden erwartete. Wenn er Feierabend gemacht hatte, gingen wir in die Wohnung. Wir hatten einen Schlüssel und konnten nachsehen, wie viel Geld in den Taschen war. Die Spanne reichte von 5.000 Dollar bis 60.000 Dollar." Zudem stießen die Ermittler in den Taschen auf Notizzettel mit einem Code darauf. Im Zuge der Ermittlungen fand die Polizei nach und nach heraus, welcher Dealer sich hinter welchem Code verbarg.

Die Beamten konnten auch in Erfahrung bringen, dass die Kuriere, die das Geld in die Wohnung brachten, sehr genaue Anweisungen hatten. Carl Ouellette, der für das Charter Quebec Botendienste übernahm und einer der Männer war, die im Zuge des „Projektes Ocean" verhaftet wurden, verriet der Polizei später ein wichtiges Detail, das den Behörden bis dato entgangen war. Ouellette zufolge musste er an Tagen, an denen er Botendienste zu erledigen hatte, zirka eine Stunde, bevor er das Apartmenthaus erreichte, mittels eines Pagers eine verschlüsselte Nachricht senden. Die Mitteilung enthielt auch die genaue Uhrzeit, zu der er „empfangen" werden wollte. Dann wartete er, bis er per Pager grünes Licht bekam. Den Ermittlern fiel ein Mann auf, den sie später als Stéphane Chagnon identifizieren konnten, der ins Apartment 403 ging, die Taschen öffnete, das Geld zählte und die Summe in einem Computer festhielt. Am 25. Oktober betrat die Polizei das Apartment 403 und kopierte ein Kassenbuch sowie den Inhalt einer Diskette und der Festplatte eines Laptops. Das Passwort stellte dabei keine Hürde dar, es lautete absurderweise „0000".

„Seit Anfang November 2000 wurde das Haus auch von außen ständig überwacht. Alle Kunden, die Geld abliefern wollten, wurden gefilmt. Bei den meisten konnten wir auch die Autokennzeichen ermitteln", so Despaties. Chagnon brachte das gesammelte Geld schließlich in eine Wohnung in Anjou, 8101 Place Montoire, nicht weit von dem Apartmenthaus in der Beaubien Street. Die Polizei folgte ihm und fand heraus, dass er dort das Apartment 309 aufsuchte, das von einer 64-jährigen Frau namens Lise Gelinas angemietet worden war.

„Erstaunlich war, dass die Mieterin von Apartment 308 Lise Gelinas hieß und die Mieterin von Apartment 309 Lise Germain Gelinas. Das kam uns natürlich komisch vor", sagte Despaties, der auch berichtete, dass die Polizei einen Durchsuchungsbeschluss für Apartment 309 erwirkt hatte. „Dort fanden wir Geldzählmaschinen, stabile Gummibänder – was man eben so braucht, um Geld zu zählen und zu bündeln. Es waren, glaube ich, drei Geldzählmaschinen und ein großer Safe. Keine Spur von einem Mieter, keine Kleidung."

Die Polizei wurde befugt, die Wohnung akustisch zu überwachen. Despaties zufolge fand man dadurch auch Erstaunliches heraus. „Jeden Morgen wurde Geld gezählt. Uns kam es vor, als befänden wir uns in einer Bank. Das Zählen ging von acht Uhr morgens bis zehn, manchmal auch bis zwölf Uhr, und zwar pausenlos. Alles, was wir hörten, war das Geräusch der Geldzählmaschinen." Immerhin konnte die Polizei in Erfahrung bringen, dass Gelinas von einer Nachbarwohnung aus den Türöffner bediente, sobald jemand klingelte. Zudem fiel ihr auf, dass sich Gelinas und Monique Gauthier, die das Apartment 309 regelmäßig aufsuchte, oft und lange unterhielten. Es erwies sich, dass Monique diejenige war, die das Geld zählte. Sie war die Ex-Frau von Michel Rose, einem Mitglied des Nomads Charters. Später stellte sich heraus, dass sie die Schwester von Robert Gauthier war, jenem Mann, der im Auftrag der Hells Angels die beiden Wohnungen in der Beaubien Street unterhielt. Von allen Mitgliedern des Nomads Charters kannten sich Rose und André Chouinard im Bankengewerbe wohl am besten aus, und fast immer, wenn Larivière in der Beaubien Street auftauchte, hatte er sich vorher mit Rose abgesprochen.

Das zweite Apartment in Anjou, das der Nummer 309 gegenüber lag, wurde nicht nur als Geldlager genutzt, sondern auch dafür, Lieferanten zu bezahlen, die den Drogenring der Nomads mit Ware versorgten. „Um ein Beispiel zu nennen", sagte Despaties. „,Usine' ist der französische Ausdruck für Fabrik und zugleich der Codename für einen Kokainlieferanten. Bei der Durchsicht der Buchhaltung entdeckten wir diesen Namen und stellten fest, dass es sich bei ,Usine' nicht um einen

Käufer, sondern um einen Lieferanten handelte. Und an Tagen, an denen Männer das Haus am Place Montoire mit einer Geldkassette unterm Arm verließen, tauchte in den Büchern immer ein Minus auf."

Käufer und Lieferanten

Die Ermittler kamen einem Mann auf die Spur, der sich später als Kurier von „Usine" erwies. Wenn er das Haus verließ, befanden sich in der Kassette, die er bei sich trug, nie weniger als 1,5 Millionen Dollar. Aus der Buchführung der Hells Angels geht hervor, dass an diesen „Kunden" allein zwischen dem 23. November und dem 15. Dezember 2000 über acht Millionen Dollar ausbezahlt wurden. Und dass die Hells Angels zwei Wohnungen benutzten, erklärte sich die Polizei mit der Angst vor einem Brand.

„Die Ermittlungen hatten zum Ziel ... Im Grunde haben wir jeden Tag etwas Neues herausgefunden. Zum Beispiel, dass immer dieselben Leute auftauchten, dieselben Kunden, dieselben Codenamen."

Der Polizei fiel auch auf, dass Chagnon in Apartment 403 etwas versteckte. Sie besorgten sich einen Durchsuchungsbeschluss, öffneten die Wohnung und fanden eine Festplatte. Ein Fachmann kopierte die Daten so, dass der „Datenklau" unbemerkt blieb. Bei den weiteren Ermittlungen ergab sich, dass ein Mann – später stellte sich heraus, dass es sich um Richard Gemme handelte, den Buchhalter der Nomads-Bank – mit Chagnon kooperierte. Beide waren Jugendfreunde von André Chouinard.

„Chagnon schien mit seiner Buchführung und der Speicherung Probleme zu haben", so Despaties. „Es stellte sich heraus, dass Gemme der weitaus versiertere Buchhalter war."

Eines Tages fielen der Polizei zwei Dokumente in die Hände. Eins enthielt die Anweisung, die Prinzipien der Buchführung zu ändern, die andere die Aufforderung, die Apartments zu wechseln. Entsprechende Hinweise hatte schon die akustische Überwachung geliefert. Nach mehreren „heimlichen Besuchen" – so nannte es die Polizei – in den Apartments in der Beaubien Street wusste die Polizei recht genau, nach welchem Muster die Buchführung der Hells Angels ablief. Schließlich waren die Ermittler mit dem System derart vertraut, dass sie auch dann noch den Durchblick behielten, als das Nomads Charter anordnete, Ein- und Ausgaben nicht mehr geordnet nach Personen, sondern nach Chartern zu verbuchen. In der ersten Spalte stand das Charter Quebec City, gefolgt vom Granche genannten Charter Montreal und den als „Top" geführten Nomads. Säumige Zahler waren dort ebenso aufgeführt wie ein Verzeichnis darüber, welche Drogen in welchen Mengen im Angebot waren. Eine „Soll"-Spalte listete auf, was die Hells Angels ihren Lieferanten schuldeten.

Despaties zufolge war die Buchführung in aller Regel peinlich genau. Nur sehr vereinzelt stimmte die tatsächliche Einnahme nicht mit der verbuchten überein. Die Polizei kopierte Chagnons Daten ungefähr drei Mal, zuletzt am 19. Dezember 2000. So erfuhr sie, dass die Zahlen aus dem Computer ziemlich genau denen aus den Unterlagen entsprach, die Kane Monate zuvor geliefert hatte. Eine Ausnahme bildete jener Termin im November, an dem die Buchführung auf Anweisung der Nomads umgestellt worden war. Den Ermittlern wurde zudem klar, dass Kane sich nicht verhört hatte, als er von David „Wolf" Carroll, einem Gründungsmitglied des Nomads Charters, erfahren haben wollte, dass jedes Mitglied des Charters ein monatliches Fixum in Höhe von 5.000 Dollar aus dem Vermögen der Nomads-Bank erhielt. Bei der Überwachung der Apartments stellte die Polizei fest, dass Larivière das Geld an die Mitglieder der Nomads in Plastiktüten auslieferte – immer dienstags und immer knapp 40.000 Dollar in Hundertdollarscheinen.

Die Buchführung enthielt auch detaillierte Auflistungen erheblicher Mengen von Drogen, die die Hells Angels eingekauft hatten. Wurden beispielsweise 50 Kilogramm gekauft, wurden sowohl der Preis als auch die Gewinne notiert, die die Hells Angels damit erzielten. Wenn die gesamte Menge verkauft war, wurde der Reingewinn in das Hauptbuch eingetragen. Vermerkt waren auch Details wie der Hinweis, dass an Stéphane Faucher, der einst ein Anwärter des Nomads Charter gewesen war, keine Drogen verkauft werden durften. Erst später fand die Polizei heraus, dass Faucher etwas getan hatte, was dem Club zur Schande gereichte, woraufhin Denis Houle, ein langjähriges Clubmitglied, gefordert hatte, sich von ihm zu trennen. Nach seiner Festnahme stellte sich Faucher als Kronzeuge zur Verfügung und versorgte die Ermittler mit wichtigen Informationen, die die Anklage auf festere Füße stellte.

Jean Richard Larivière (rechts) von den Rockers steht bei der Trauerfeier für Normand „Biff" Hamel Wache. Unterstützt wird er von den Clubkameraden Vincent Lamer (Mitte) und David Lefebvre (links).

Doch als er selbst vor Gericht aussagen sollte, machte er einen Rückzieher.

Ein weiterer Umstand, der den Ermittlern bei der Beschäftigung mit der Buchführung der Hells Angels ins Auge stach, war, dass das Nomads Charter von unabhängigen Drogendealern für Kokain denselben Preis verlangte wie von anderen Hells Angels. Sie waren knallharte Geschäftsleute, die nicht einmal ihren vermeintlichen Brüdern einen Rabatt gewährten.

Mit derselben kalten Geschäftstüchtigkeit regierten die Nomads ihr gesamtes Drogenimperium. Am 12. Dezember 2000 wurde ein Konto gesperrt, das unter dem Codenamen „Jenny" geführt worden war. Dahinter verbarg sich Louis „Melou" Roy, ein Gründungsmitglied des

Nomads Charters, und obwohl er irgendwann im Juni von der Bildfläche verschwunden war, befanden sich auf dem Konto noch mehrere zehntausend Dollar. Noch war keine Leiche gefunden worden, doch die Polizei ging davon aus, dass er von seinen Clubkameraden ermordet worden war. Roys Verschwinden fiel zusammen mit Verhandlungen der Hells Angels mit der Mafia über die Frage, wie viel ein Kilo Kokain in Montreal kosten sollte. Wenige Tage nach Roys Verschwinden fand die Polizei sein Luxusauto, das in der Innenstadt geparkt war. Hinter dem Scheibenwischer klemmten mehrere Strafzettel. Keiner, der nicht dem Club angehörte, konnte mit Sicherheit sagen, ob Roy ermordet worden war. Doch aufgrund der kopierten Daten erfuhr die Polizei irgendwann, dass sein Guthaben auf Mitglieder des Charters Trois Rivières verteilt worden war, jenes Charters, in dem Roy seine Laufbahn als Hells Angel begonnen hatte.

Aus derselben Quelle erfuhr die Polizei auch, dass das Charter Trois Rivières in den knapp sechs Monaten zwischen dem 5. Juli und dem 19. Dezember 2000 vom Nomads Charter 164 Kilo Kokain und 105 Kilo Haschisch bezogen hatte. Der Einfluss der Nomads erstreckte sich inzwischen sogar bis nach Quebec City.

„Eines unserer Ziele war es, die Einträge in der Kundendatei zu identifizieren. Bei vielen ist uns das gelungen", erklärte Despaties und fügte hinzu, dass die Ermittler ungefähr zehn Vollmitglieder der Hells Angels ermitteln konnte, die die Apartments aufsuchten, um Geld abzuliefern. „Ich möchte hinzufügen, dass sie dabei äußerlich nicht als Hells Angels zu erkennen waren, aber weil wir sie schon einige Jahre lang beobachteten, kannten wir sie auch so recht gut."

Die meisten Kuriere aber waren Leute, die die Polizei nicht kannte. Aus der Überwachung von Dominic Tremblay, bei dessen Anhörung Despaties aussagte, war bekannt, dass er im Auftrag des Charters Trois Rivières mehrmals nach Montreal fuhr. Das erste Mal, dass er im Haus an der Beaubien Street gesehen wurde, war am 2. November 2000. Im Gepäck hatte er 40.000 Dollar. Drei Wochen später, am 23. November 2000, waren es mehr als 200.000 Dollar. Am 30. November hatte er 53.655 Dollar bei sich, am 5. Dezember 125.545 Dollar, am 7. Dezember 22.455 Dollar. Am 14. Dezember 2000 wurde Tremblay beobachtet, wie er Gauthier in einer Sporttasche 253.335 Dollar überbrachte.

„Gab es nach diesem Termin weitere Besuche?" wollte der Staatsanwalt wissen.

„Es gab eine erste Phase, die bis zum 31. Januar 2001 ging. An diesem Datum haben wir drei Haftbefehle vollstreckt."

Am 11. Dezember 2000 hörte die Polizei mit, wie die Mieterin Lise Gelinas ihrer Schwester erzählte, dass sie sich dem Stress, die Millionen der Hells Angels zu bewachen, nicht mehr gewachsen fühlte. Im Laufe des Gesprächs berichtete Gelinas, dass diese „Bank" seit vier Jahren existierte. Aus anderen Abhöraktionen war bekannt, dass sich die Kuriere und jene Männer, die das Geld entgegennahmen, seit mindestens sechs Jahren kannten. Kaum hatte Gelinas den Wunsch geäußert aufzuhören, wurde er ihr erfüllt: Ermittler stellten fest, dass die Bank umzog und sich das Verfahren änderte. Die Geldzählmaschinen wurden vom Place Montoire in die Beaubien Street gebracht. Robert Gauthier hielt sich nun fast ständig in Apartment 403 auf, so dass es für die Polizei schwerer wurde, die Wohnung unbemerkt zu betreten.

„Wir kamen zu dem Schluss, dass der 30. Januar ein guter Termin war, um uns die Wohnungen vorzunehmen. Wir hatten viele gesehen, die Geld hineingebracht hatten, aber keinen, der es wieder herausgebracht hatte", sagte Despaties. In einem Safe in Apartment 403 fand die Polizei 800.000 Dollar. In Apartment 504 fanden die Beamten zwar kein Geld, aber dafür Unterlagen, aus denen hervorging, wie viel Geld jeder einzelne Kurier abgeliefert hatte. Die Dokumente waren überall versteckt, auch im Kühlschrank und im Küchenschrank.

Despaties zufolge war die Polizei dahintergekommen, dass schon vor den Durchsuchungen ein anderes Apartment als Ersatz für den Place Montoire auserkoren worden war. Die Adresse lautete 3276 De La Pepiniere Street. Die Wohnung gehörte einem 77 Jahre alten Mann namens Richard Musselle, der mit Louis „Melou" Roy und Normand „Biff" Hamel bekannt war und für Irazu gearbeitet hatte, jene Importfirma, die Maurice „Mom" Boucher gehörte. Trotzdem gingen die Hells Angels davon aus, dass er die Aufmerksamkeit der Polizei nicht auf sich lenken würde. Als Aufwandsentschädigung erhielt Musselle 300 Dollar pro Woche. Er hatte Frau und Kind, so dass nahezu ständig jemand zu Hause war, was es der Polizei unmöglich machte, die Wohnung unbemerkt zu betreten.

André Chouinard

Die Anweisung, die Geldübergabe an einen anderen Ort zu verlegen, war direkt vom Nomads Charter gekommen. Am 11. Januar 2001 hörte die Polizei mit, wie Chagnon Gauthier darüber informierte, dass an diesem Tag keine Kunden kommen würden. Chagnon verließ das Haus an der Beaubien Street und fuhr zu einem italienischen Restaurant an einer Schnellstraße im äußersten Norden von Montreal. Dort traf er sich mit Jean-Richard Larivière, der inzwischen Anwärter des Nomads Charters war. Die Polizei war zwar in der Nähe, konnte aber die Unterhaltung nicht mithören. Im Anschluss an die Unterredung kehrte Chagnon in die Beaubien Street zurück, wo die Polizei mithörte, als er Gauthier sagte: „Wenn diese Leute beschließen, den Laden zuzumachen, dann machst du den Laden zu. Du hast hier gar nichts zu sagen."

Später erfuhr die Polizei, dass die Anweisung erfolgt war, weil die Hells Angels Kenntnis davon erlangt hatten, dass jemand, der dem Charter Trois Rivières nahestand, bei der Geldübergabe von der Polizei beobachtet und überprüft worden war. Bei der Durchsuchung von Musselles Wohnung fand die Polizei mehr als 900.000 Dollar. Im Apartment 309 am Place Monitoire lagen in einem Safe 3,8 Millionen Dollar, obwohl die Hells Angels ihr Geld gar nicht mehr hier zählten. Insgesamt beschlagnahmte die Polizei in den drei Apartments 5,6 Millionen Dollar in US- und kanadischen Noten.

Die Bank wird geschlossen

Stéphane Chagnon wurde verhaftet, befragt und wieder freigelassen. Der Plan sah vor, ihn wenige Wochen später erneut zu verhaften, dann zusammen mit allen anderen, die Ziel der „Operation Springtime" waren. Auch Richard Musselle wurde schon im Januar verhaftet. Als Chagnon der Polizei ins Netz ging, hatte er fünf Mobiltelefone und drei Pager bei sich. Für seine enge Verbindung zu den Hells Angels sprach die Tatsache, dass er sich regelmäßig mit der Schwester von André Chouinard traf, einem Mitglied des Nomads Charters. Während der Überwachung der Apartments hatte Chagnon dort nicht ein Mal eines seiner Telefone benutzt. Manche der Männer, die im Zuge des „Projekts Ocean" verhaftet wurden, hatten mehr als 20 Pager bei sich. Als Despaties gefragt wurde, ob er weitere Beweise dafür vorbringen könne, dass die Buchungsunterlagen tatsächlich vom Nomads Charter stammten, öffnete er sein Notizbuch und las vor: „Unter anderem kümmerte sich Stéphane Chagnon um das Geld und stand in ständigem Kontakt mit Jean-Richard Larivière, darüber hinaus hat er sich mehrfach, mindestens aber zu zwei gemeinsamen Essen, mit Michel Rose getroffen, einem Mitglied der Nomads und früherem Ehemann von Monique Gauthier."

Despaties schilderte auch, dass das Auto von Sylvain Laplante, einem Mitglied der Rockers, der für Gilles „Trooper" Mathieu arbeitete, einem Gründungsmitglied des Nomads Charters, mehrere Monate lang verwanzt gewesen war. Am 14. November 2000 hörte die Polizei mit, wie er gegenüber seiner Frau damit prahlte, dass die Nomads den Drogenhandel vollständig kontrollierten und an alle Charter in Quebec Drogen verkauften. Einzige Ausnahme war das Charter Sherbrooke, eines der reichsten in ganz Kanada. Tatsächlich hatte es den Anschein, als versorgte das Charter Sherbrooke die Nomads mit Drogen. Ein Kurier, der im Verdacht stand, für das Charter Sherbrooke zu arbeiten, wurde später in einem Apartment in Montreal verhaftet, in dem sich auch mehr als eine Million Dollar befand. Laplante fungierte für Mathieu als Geldkurier.

Despaties sagte zudem, dass bei der Festnahme von Donald „Pup" Stockford in Hamilton die Adressen der Apartments in der Beaubien Street gefunden wurden. Auf die Frage, ob sich die Verhaftungen vom Januar auf die Aktionen der Nomads ausgewirkt hätten, erklärte Despaties, dass keine Unterschiede feststellbar gewesen wären. Als zwei Monate später die „Operation Springtime" durchgeführt wurde, fanden Beamte im Haus von Johnny Rover, einem Mitglied des Charters Trois Rivières, Buchungsunterlagen, die darauf hindeuteten, dass die Einnahmen weiterhin flossen, obwohl die Nomads mehr als fünf Millionen Dollar eingebüßt hatten.

Besonders frustrierend für die Ermittler des „Projekts Ocean" war, dass sie nicht genug Zeit hatten, um jede Person, die mit der Nomads-

Bank in Verbindung stand, gründlich zu überprüfen, obwohl das Personal eigens dafür aufgestockt wurde. Das Konto, das unter dem Codenamen „Usine" geführt wurde, gehörte beispielsweise jemandem, der zu den wichtigsten Lieferanten der Nomads gehört haben muss. Wer diese Person war, blieb jedoch ungeklärt.

Normand Bonin, der im Auftrag von „Usine" Geld bei der Nomads-Bank abholte, wurde von der Polizei bis nach Longueil verfolgt, wo er die Kassetten in einen Pritschenwagen umlud. Am 23. November 2000 waren es 1,3 Millionen Dollar. Sechs Tage später waren es 1,4 Millionen Dollar. Wiederum zwei Tage später, verließ Bonin das Apartmenthaus mit 995.000 Dollar. Am 6. Dezember hatte er 2,1 Millionen Dollar bei sich. Mit dem Geld fuhr Bonin zu einer Werkzeugfabrik in Longueil, wo er es in einem Pritschenwagen verstaute, mit dem anschließend Yvon Lacoursiere, der Vizechef der Firma, nach Hause fuhr.

Lacoursiere war der Verbindungsmann zu dem mysteriösen Drogenhändler, der durch Verkäufe an die Nomads binnen weniger Wochen Millionen gemacht hatte. Doch als die Polizei Lacoursieres Haus und Büro durchsuchte, fand sie nichts, was auf eine Verbindung zu den Hells Angels oder irgendeinen anderen Drogendealer hingewiesen hätte. Lacoursiere verdiente laut seiner Steuererklärung 50.000 Dollar im Jahr. Bei seiner Festnahme gestand er alles ein und beteuerte, dass seine Freundnin und die beiden Töchter nichts mit dem Geld in seinem Auto zu tun hatten. Er gab an, pro Lieferung 2.000 Dollar zu bekommen, weigerte sich jedoch der Polizei zu sagen, von wem. Bonin seinerseits gab an, Chagnon auf einem Zeltplatz kennengelernt zu haben und für den Transport der Geldkassetten angeheuert worden zu sein. Er behauptete allerdings auch, dass man ihn in dem Glauben gelassen habe, dass sie allenfalls 5.000 Dollar enthielten.

Bei seinem Haftprüfungstermin beschrieb sich Lacoursiere als Geschäftsmann und Mitinhaber einer Firma, die im westlichen Kanada und den USA Werkzeug für die Forstwirtschaft verkauft. Durch seine Inhaftierung habe die Firma schwere Verluste erlitten. Die Position, die er bekleidete, bezeichnete er als Vizepräsident, Leiter des Einkaufs und Manager. Die Firma mit 18 Angestellten habe 1984 einen Umsatz von zirka 400.000 Dollar gemacht, doch seit seinem Eintritt werde regelmäßig die Marke von zwei Millionen erreicht. Darüber hinaus erklärte er, dass er vor zwei Jahren am Herzen operiert worden sei und unter Diabetes leide. Durch die schlechte Ernährung im Gefängnis habe seine Gesundheit gelitten. Doch Richter Rolande Matte blieb ungerührt und lehnte eine Entlassung aus der Haft ab.

Die Nomads-Bank bescherte der Polizei ein neues Aufgabenfeld. Als die Bank zerfiel, zog sie viele Menschen mit sich, die die Aussicht auf schnelles Geld angelockt hatte, Menschen ohne Vorstrafen, die sich plötzlich einer Anklage im Zusammenhang mit Bandenkriminalität gegenübersahen.

Banker hinter Gittern

Lise Gelinas, die Frau, die den Kurieren die Tür öffnete, wurde zu vier Jahren Haft verurteilt, nachdem sie gestanden hatte. Auf einem der heimlich gemachten Aufnahmen war zu hören, wie sie einer dritten Person gegenüber behauptete, schon seit Jahren für die Hells Angels zu arbeiten. Der Club hatte sie mit Mobiltelefonen versorgt, die unter falschem Namen angemeldet waren, darunter auch der Name Marco Polo. Gelinas wurde auch dabei abgehört, als sie einer Freundin gegenüber damit prahlte, dass sie mit ihrer Arbeit 7.000 Dollar pro Monat verdiente und sich davon schon sieben Pelzmäntel und ein Luxus-Wohnmobil gekauft hatte. In den späten 1990er Jahren verdiente sie laut Steuererklärung pro Jahr nur 8.000 Dollar, doch als die Polizei ihre Wohnung durchsuchte, fand sie in einem Safe 30.000 Dollar Bargeld.

Dass sie mit ihrer Arbeit ein enormes Risiko einging, war Gelinas offenbar bewusst. Ihrer Schwester gegenüber äußerte sie am 6. Dezember: „Ich glaube, ich höre auf. Ich bin dem Druck nicht mehr gewachsen."

Zwei Jahre nach ihrer Verhaftung, im Alter von 66 Jahren, hoffte Gelinas, vorzeitig entlassen zu werden. Der zuständigen Kommission erklärte sie, dass sie zunächst gar nicht gewusst habe, wer die Nachbarwohnung benutzte, aber sich bereit erklärt habe, den Türöffner zu betätigen, weil sie Geld benötigte, um ihren Sohn und ihre Schwiegereltern zu unterstützen. Sie gab aber auch zu, dass sie die Arbeit auch dann bereitwillig ausgeführt hatte, nachdem ihr klar geworden war, dass sie für die Hells Angels arbeitete. Mitunter benutzte der Club auch ihre Wohnung, um sich heimlich zu treffen. Die Bewährungskommission kam jedoch zu dem Schluss, dass die Gefahr, Gelinas könnte erneut straffällig werden, sehr gering war, so dass sie am 16. Dezember 2003 das Gefängnis verlassen konnte. Das Leben hinter Gittern war ihr sehr schwergefallen, und sie bedauerte vor allem, dass sie zwei Jahre im Leben ihrer kleinen Enkelin verpasst hatte.

Richard Gemme, der für die Hells Angels das Buchhaltungsprogramm entwickelt hatte, durfte schon sechs Monate länger die Tage außerhalb des Gefängnisses verbringen. Vor der Kommission erklärte er, dass am Anfang seiner Tätigkeit für die Nomads die Hilfe ein Freundschaftsdienst in Form eines Buchhaltungsprogramms gestanden hätte, das er für einen Freund geschrieben habe. Nun, da sein Leben in Trümmern lag, wolle er Studenten der Kriminologie in Vorträgen über die Gefahren der organisierten Kriminalität aufklären. Bei der Anhörung erklärte er dem Richter Jean-Claude Bonin, dass er als Sachbearbeiter bei einer Versicherungsgesellschaft gearbeitet hatte und ein bisschen Geld damit verdienen wollte, dass er zwei alten Freunden half. Bei seiner Festnahme arbeitete er seit drei Jahren in der Abteilung für Risikobewertung und besuchte Fortbildungskurse in der Universität von Montreal. Sein Vater war schwerkrank und benötige intensive Pflege. Er wog nur noch gut 40 Kilo und hatte nicht mehr lange zu leben. Gemme gab an, bei seinen Eltern wohnen zu wollen, um sich um seinen Vater kümmern zu können.

„Wie wir aus den Ermittlungen wissen, ist Mr. Gemme zusammen mit André Chouinard und Stéphane Chagnon aufgewachsen. Sie kennen sich seit über 20 Jahren, und genauso alt ist die Vertrauensbasis zwischen ihnen", sagte Sergeant Boucher während der Anhörung. „Ebenfalls aus den Ermittlungen wissen wir, dass Mr. Gemme für das Computersystem verantwortlich war, ein Gebiet, auf dem er über einigen Sachverstand verfügt."

Auf heimlich entstandenen Tonaufnahmen war zu hören, wie Gemme einem Unbekannten erklärte, dass er zwar kein Mitglied der Hells Angels, aber sowohl mit Richard Lock, einem der Gründer der Rocker, als auch mit Maurice „Mom" Boucher gut befreundet sei. Zudem hatte die Polizei Grund zu der Annahme, dass Gemme im Auftrag von Clubmitgliedern Immobilien kaufte und mit Bargeld bezahlte, ein klares Indiz dafür, dass er ihnen half, das Geld zu waschen. Im Zuge der Ermittlungen stellte die Polizei fest, dass sich Gemme auch als Geldbote betätigte. So arbeitete er die Gehaltsliste der Nomads ab und stellte einmal 1,2 Millionen Dollar zu, die für das „Usine"-Konto bestimmt waren. Mehrfach wurde er von anderen als derjenige beschrieben, an den sich Hells Angels wenden konnten, wenn sie ein Computerproblem hatten.

Normand „Biff" Hamel (zweiter von rechts) und Gilles „Trooper" Mathieu (rechts), zwei Mitglieder des Nomads Charters.

Auf einer Aufnahme war zu hören, wie Chagnon erklärte, dass Gemme die EDV so eingerichtet hatte, dass die Daten automatisch auf einer externen Festplatte gesichert wurden. Zudem machte er sich darüber lustig, dass die Polizei nichts finden würde, sollte ihr der Computer irgendwann einmal in die Hände fallen. Er konnte ja nicht wissen, dass die Polizei die Daten regelmäßig heimlich kopierte und auswertete.

Nach Stéphane Chagnons erster Verhaftung am 30. Januar 2001 erhielt Gemme einen Anruf von André Chouinard, mit dem er sich über „Roger" unterhielt, wie der Tarnname von Chagnon lautete. Chouinard benutzte eigentümliche Umschreibungen, etwa als er sagte, dass man beim Golfspiel auch mal das ein oder andere miserable Loch spielen könne. Das müsse man hinnehmen und versuchen, die Scharte an anderer Stelle auszuwetzen. Der Ermittler Boucher verstand den merkwürdigen Vortrag als Anweisung an Gemme, alle verbliebenen Daten zu löschen.

Gemme erwiderte, dass sein Arbeitgeber Probleme bekommen würde, falls die Polizei seinen Arbeitsplatz durchsuchen und finden würde, was er dort aufbewahrte. Die Polizei nahm den Tipp dankbar auf und stattete nach Gemmes Verhaftung der Versicherung Gosselin in der Fleury Street einen Besuch ab, um Gemmes Computer zu beschlagnahmen. Darauf befanden sich Dokumente, die die Codenamen für sämtliche Konten enthielten, wenn auch in verschlüsselter Form. Der zuständige Ermittler musste anerkennen, dass es die Arbeit eines Profis war, der sein Handwerk verstand. Ohne das Passwort war an die Informationen nicht heranzukommen.

Trotzdem befanden sich auf dem Computer genügend Dateien, mit deren Hilfe die Polizei zum Beispiel nachvollziehen konnte, wie die Hells Angels einem Polizeiinformanten auf die Spur gekommen waren, der kurz nach seiner Enttarnung ermordet worden war. Offensichtlich hatte Gemme den Hells Angels dabei geholfen, die Daten eines Computers zu entschlüsseln, der Rick Perrault von der OPP aus dem Hotelzimmer gestohlen worden war, das er bezogen hatte, während er in Sherbrooke arbeitete. Der Diebstahl ereignete sich im Dezember 1999, als Perrault beim Frühstück war. Neben den Daten, mit deren Hilfe die Hells Angels den Informanten identifizieren konnten, fielen ihnen auch Abschriften von abgehörten Gesprächen in die Hände. Selbst als die Hells Angels und Gemme längst im Bordeaux-Gefängnis saßen, wandten sie sich an ihn, wenn es mit den Computern, die sie für die Vorbereitung auf die Gerichtsverfahren bekommen hatten, irgendwelche Probleme gab.

Robert Gauthier, der sich um die Wohnung in der Beaubien Street kümmerte, war 58 Jahre alt, als er am 28. Oktober 2004 gegen Auflagen tageweise Freigang erhielt. Er hatte sich im Sinne der Anklage schuldig bekannt und die Beteiligung am Drogenhandel und anderen kriminellen Machenschaften des Club gestanden. Dafür war er zu sieben Jahren Gefängnis verurteilt worden, was gemessen an anderen Urteilen, die aus dem „Projekt Ocean" resultierten, recht viel war. Bei seinem Haftprüfungstermin erklärte er, dass er den Hells Angels nur sieben Monate lang bei der Abwicklung der Geschäfte der Nomads-Bank geholfen hatte. Als Aufwandsentschädigung will er dafür 100 Dollar pro Tag bekommen haben. Die Hells Angels hatten ihn ausgewählt, weil sie annahmen, dass ein ehemaliger Angestellter der Stadt Montreal, der von seiner Pension in Höhe von 2.400 Dollar lebte, kaum die Aufmerksamkeit der Polizei auf sich lenken würde.

Im Gefängnis verhielt sich Gauthier, der an Diabetes und einer Herzschwäche litt, vorbildlich. Dazu gehörte, dass er jeden Kontakt zu Mitgefangenen mied, die zum Umfeld der Hells Angels zählten. Als Freigänger kam er in den offenen Vollzug und belegte einen Computerkurs, um die Zeit sinnvoll zu füllen. Am 11. April 2005 wurde er endgültig auf Bewährung entlassen.

Auch Gauthiers Schwester Monique, die Ex-Frau des Nomads Michel Rose, hatte keinen Kontakt zu den Hells Angels, was aber vor allem daran lag, dass sie ihre Strafe im Frauengefängnis Joliette absaß. Dort verbrachte auch Kanadas bekannteste Gefangene, Karla Homolka, die letzten Jahre ihrer 12-jährigen Haftstrafe, die sie wegen der Ermordung von zwei jungen Mädchen aus Ontario bekommen hatte. Monique Gauthier bekannte, dass sie spielsüchtig war, und unterzog sich freiwillig einer Therapie. Zudem besuchte sie Kurse als Damenschneiderin. Sie behauptete, sich nicht darüber im Klaren gewesen zu sein, wessen Millionen sie zählte und hortete. Außerdem beteuerte sie, dass Rose zum Zeitpunkt der Hochzeit noch kein Hells Angels gewesen sei. Die Bewährungskommission nahm ihr die Rolle als naive Ex-Frau nicht ab und verweigerte ihr die Entlassung. Bis sie auf freien Fuß kam, musste sie warten, bis sie zwei Drittel ihrer viereinhalbjährigen Haftstrafe abgesessen hatte.

Lacoursiere wurde zu drei Jahren Gefängnis verurteilt. Aufgrund der besonderen Umstände wurde er bereits im April 2002 von der Berufungskommission angehört. Lacoursiere war immerhin schon 50 Jahre alt und das erste Mal im Gefängnis. Er hatte keinerlei Vorstrafen, und die Gefahr, dass er rückfällig würde, bezeichnete die Kommission als „nicht existent". Er wurde mit der Auflage entlassen, regelmäßig über seine Finanzen Bericht zu erstatten. „Die Anwerbung von Menschen, die keine Vorstrafen hatten und daher unverdächtig waren, gehört zur Strategie krimineller Organisationen, um das aus illegalen Geschäften stammende Geld zu waschen", bilanzierte die Bewährungskommission in ihrer Entscheidung, Lacoursiere zu entlassen. Laut seiner Aussage hatte er seine Firma vor 20 Jahren gegründet und den Geldtransport nur übernommen, weil die Firma in finanziellen Schwierigkeiten steckte. Die Zeit im Gefängnis hatte ihm schwer zugesetzt, weil er den Trakt mit einigen hart gesottenen Schwerverbrechern geteilt hatte, obwohl er selbst ein beinahe unbeschriebenes Blatt war.

Bonin, der Anfang 60 war, wurde zu fast vier Jahren Haft verurteilt. Er behauptete, lediglich acht Monate lang als Geldbote gearbeitet zu haben. An die Hells Angels will er über Leute gekommen sein, die er auf dem Zeltplatz kennengelernt hatte, auf dem er arbeitete. Nach einer

Weile hätten sie ihn angeheuert, sicherlich auch, weil er keine Vorstrafen hatte. Solange er denken konnte, war er knapp bei Kasse gewesen. Meist hatte er von Sozialhilfe gelebt und sich mit Jobs in irgendwelchen Bars etwas dazuverdient. Als er ins Gefängnis musste, bat er dringend darum, getrennt von allen Hells Angels untergebracht zu werden, weil er mit dem Club und dessen Mitgliedern nichts mehr zu tun haben wollte. Obwohl er sein Wissen um die Identität des geheimnisvollen Kontoinhabers namens „Usine" für sich behielt, wurde er im Frühjahr 2004 auf Bewährung entlassen.

Doch nicht alle aus dem Umfeld der Hells Angels, die das „Projekt Ocean" hinter Gitter brachte, waren so umsichtig wie Lacoursiere und Bonin. Tony Capozzi, ein ehemaliges Mitglied der kanadischen Armee mit Verbindungen zur Mafia von Montreal, hatte mehr als 210.000 Dollar bei der Nomads-Bank abgeliefert. Zwischen dem 2. November und dem 14. Dezember 2000 erschien er vier Mal in der Beaubien Street und hatte dabei stets einen Aktenkoffer aus Metall benutzt. Seine Einzahlungen wurden in der Spalte „unabhängige Dealer" verbucht. Zwischen dem 21. Dezember 2000 und dem 30. Januar 2001 lieferte er fünf weitere Male Geld ab, doch weil sich die Überwachung der Apartments, die der Club benutzte, in der Zwischenzeit erschwert hatte, fand die Polizei nie heraus, um wie viel Geld es sich handelte. In Erfahrung brachten sie allerdings, dass Capozzi für die Drogen den gleichen Preis bezahlte wie Mitglieder der Hells Angels.

Bei der Durchsuchung seines Hauses auf der Ile Bizard fand die Polizei auch Waffen, darunter eine Pistole, die, wie sich später herausstellte, zu einer Lieferung von 30 Waffen gehörte, die illegal nach Kanada eingeschmuggelt worden waren und von der Polizei einem Motorradclub zugeordnet wurden. Hinzu kamen Dokumente, die darauf hindeuteten, dass Capozzi ein kleines Drogennetzwerk kontrollierte, das binnen sechs Monaten 39 Kilogramm Kokain verkauft hatte. Die Polizei stieß auf ein Verzeichnis, das die Telefonnummern aller Mitglieder des Motorradclubs Syndicate enthielt, der den Rockers nahestand. Capozzi war 28 Jahre alt, als er am 28. März 2001, wenige Monate vor seiner geplanten Hochzeit, wie so viele andere Verdächtige verhaftet wurde. Während er seine sechsjährige Haftstrafe absaß, erreichten ihn weitere schlechte Nachrichten: Die Regierung der Provinz Quebec hatte seine

Villa beschlagnahmt, weil Capozzi angeblich Steuerschulden in Höhe von 550.000 Dollar hatte.

Capozzis Chancen, vorzeitig auf Bewährung freizukommen, waren gleich null, als er im November 2004 bei dem Versuch erwischt wurde, zwei Mitgefangene, die wegen Drogendelikten saßen, mit eingeschmuggelten Lebensmitteln zu versorgen.

Eines der interessanteren Motive dafür, sich für eine berüchtigte Bande wie die Hells Angels als Bote zu betätigen, liefert der Fall Claude Joannette, eines Gründungsmitglieds des Dark Circle, der 1999 geplant hatte, Mitglieder der Hells Angels zu ermorden, und dafür hinter Gitter gewandert war. Um seine Rolle in der Verschwörung zu verschleiern, erklärte er sich bereit, als Kurier für ihr Drogengeld zu arbeiten. Dafür erhielt er eine Haftstrafe von dreieinhalb Jahren. Während dieser Zeit vermied er jeden Kontakt zu Clubmitgliedern und beantragte bei der Gefängnisleitung, woanders als sie untergebracht zu werden. Der Lohn dafür war, dass er schon im November 2003 auf Bewährung entlassen wurde.

Éric Bouffard war eines der Vollmitglieder der Hells Angels, die das „Projekt Ocean" hinter Gitter brachte. Später tauchte sein Name in Zusammenhang mit einem Skandal auf, der vor allem die einfachen Bewohner Quebecs bewegte. Es begann mit einem Foto, das im «Journal de Montréal» abgedruckt war. Es zeigte den Eishockeytorwart José Theodore von den Montreal Canadiens bei einer Party im Hauptquartier des Charters South der Hells Angels. Das Foto wurde in Bouffards Haus gefunden, als er dort am 28. März 2001 verhaftet wurde. Auch die Handynummer des prominenten Sportlers fand sich bei ihm. Die Sache wurde publik, nachdem mehrere Mitglieder der Familie Theodore unter dem Verdacht des Kreditwuchers festgenommen worden waren.

Bouffard selbst war seit 1998 Mitglied des Charters South. Während der Überwachung der Apartments, die für die Nomads-Bank genutzt wurden, tauchte er dort für zwei Mal mit insgesamt knapp einer Million Dollar auf.

Seine dreijährige Haftstrafe nutzte Bouffard dazu, seinen Schulabschluss nachzuholen, hielt aber an seiner Mitgliedschaft bei den Hells Angels fest.

„Ich sehe nicht ein, dass ich für alles verantwortlich gemacht werden soll, was die Hells Angels verbrochen haben", sagte er am 21.

August 2003 bei einer Anhörung vor der Berufungskommission. „Ich werde den Club sicherlich irgendwann verlassen, aber noch ist der Zeitpunkt nicht gekommen. Meine Strafe möchte ich als Hells Angel absitzen." Und weil er dem Club nicht abschwören wollte, wurde ihm die vorzeitige Entlassung verweigert. Und auch das gesetzlich verbriefte Recht, nach Verbüßung von zwei Drittel seiner Strafe freizukommen, verwirkte er, weil er bei einem Hafturlaub in jenem Clubhaus gesehen wurde, in dem schon Theodore gemeinsam mit dem Club gefeiert hatte.

Ebenfalls nicht die Absicht, die Hells Angels zu verlassen, hatte Daniel Gagné, der Sohn von Yves „Flag" Gagné, einem langjährigen Mitglied des Charters Trois Rivières. Am 29. Oktober 2001, im Alter von 22 Jahren, opferte sich Daniel Gagné für seinen Vater und dessen Leute, indem er sich schuldig bekannte. Er wurde zu drei Jahren Haft verurteilt. Damals ging die Polizei davon aus, dass er ein gewöhnliches Mitglied der Rowdy Crew war, einem Club, der die Hells Angels unterstützte. Zur Nomads-Bank hatte er zwei Mal Geld gebracht, insgesamt etwa 400.000 Dollar. Als er in Haft war, lehnte er die Verlegung in ein Gefängnis mit geringeren Sicherheitsauflagen ab, weil er mit den Hells Angels einsitzen wollte. Laut Auskunft der Polizei wurde er für seine Loyalität belohnt, denn kaum war er auf Bewährung frei, wurde er zum Anwärter des Charters Trois Rivières ernannt.

Marc-André Hotte, ein Vollmitglied des Hells Angels Charters Trois Rivières, stellte sich der Polizei. Da lag das „Projekt Ocean" aber schon 14 Monate zurück. Er bekannte sich schuldig und wurde zu mehr als vier Jahren Haft verurteilt. Als er im Gefängnis ankam, wurde er von anderen Clubmitgliedern freudig begrüßt. Sie putzten sogar seine Zelle und halfen ihm dabei, die persönlichen Dinge, die er hatte mitnehmen dürfen, hineinzutragen.

Als im April 2004 über seine vorzeitige Entlassung entschieden werden sollte, erklärte Hotte vor der Kommission, dass er sich für die Hells Angels nur interessiere, sofern es um Motorräder ging. Die Aussage stieß auf Unglaube. Sein Antrag wurde abgelehnt, weil er dem Club nicht abschwören wollte. Auch andere Hells Angels mussten erleben, dass die Bewährungskommission einen harten Kurs verfolgte. Wer Mitglied bei den Hells Angels blieb und auch hinter Gittern den Kontakt aufrecht erhielt, hatte keine Chance, vor Verbüßung von zwei Drittel der Strafe aus der Haft entlassen zu werden.

Dean Moore, der seit vielen Jahren Hells Angel war und dem Charter South angehörte, bekam eine Strafe von sechs Jahren Haft. Bis Dezember 2004 führte er sich mustergültig auf, beteiligte sich an einem Programm zur Verhinderung von Suizidversuchen und ließ sich zum Vorsitzenden der Insassenvertretung wählen. Schon während des Bikerkrieges hatte Dany Kane der Polizei gesagt, dass Moore an dem, was Boucher und andere Mitglieder des Nomads Charters an Zielen ausgaben, kein Interesse zeige. Laut anderen Informanten war Moore jedoch auch verantwortlich für die Evil Ones, einem Unterstützerclub der Hells Angels.

Wenige Wochen vor Weihnachten 2004 wurde Moores Antrag auf vorzeitige Entlassung abgelehnt. Erschwerend kam hinzu, dass durch das „Projekt Ocean" das Finanzamt auf ihn aufmerksam geworden war und aufgrund von Einkünften, die Moore auf seiner Steuererklärung nicht angegeben hatte, eine Nachzahlung in Höhe von 80.000 Dollar verlangte.

Ein weiteres Mitglied des Charters South, das durch das „Projekt Ocean" außer Gefecht gesetzt wurde, war Bertrand Joyal. Auch er behauptete, nur wegen seiner Begeisterung für Motorräder zu den Hells Angels gestoßen zu sein. Er war 48 Jahre alt, als er im September 2004 beim Haftprüfungstermin erklärte, dass er im Falle einer Entlassung in seinen alten Beruf als Motorradhändler zurückkehren oder auf einem Bauernhof arbeiten wolle. Doch wie in anderen Fällen zuvor interessierte sich die Kommission vor allem dafür, wie er es mit den Hells Angels hielt. Und da er dem Club treu blieb, wurde sein Antrag abgelehnt, so dass er zwei Drittel der Strafe absitzen musste. Am 8. Juni 2005 wurde er unter der Auflage entlassen, in den kommenden zwei Jahren weder zu Clubmitgliedern noch zu anderen Kriminellen Kontakt aufzunehmen. Überdies musste er seinem Bewährungshelfer jeden Monat eine Auflistung seiner Einnahmen und Ausgaben vorlegen.

Obwohl er schon mehr als ein Jahrzehnt ein Hells Angel war, hatte Jean-Paul Ramsay nie länger im Gefängnis gesessen, bis er im Zuge des „Projekts Ocean" festgenommen wurde. Das langjährige Mitglied des Charters Montreal hatte es geschafft, unauffällig zu bleiben. Dann aber wurde er mehrfach dabei beobachtet, wie er im Auftrag eines Kunden namens „Nath" Bargeld transportierte. Er wurde zu fünf Jahren Haft verurteilt. Im Gefängnis versuchte er, die Zeit sinnvoll zu nutzen, und belegte mehrere Kurse. Er galt als kluger Kopf und williger Schüler, doch Informanten unter den Mithäftlingen zufolge war er auch der Kopf eines Drogenringes, der von Mai bis Oktober 2003 im Gefängnis operierte.

Ramsay wurde in ein Hochsicherheitsgefängnis verlegt, wo er in strenger Einzelhaft landete. Als er am 10. März 2005 zwei Drittel seiner Zeit abgesessen hatte, verweigerte ihm die Kommission die Entlassung. Das geschieht äußerst selten und nur bei Gefangenen mit der schlechtesten

Jean-Paul Ramsay, langjähriges Mitglied des Hells Angels Charters Montreal, wurde im Zuge des „Projektes Rush" verhaftet.

Prognose. Nur fünf Prozent aller Häftlinge werden nach Verbüßung von zwei Drittel der Strafe nicht entlassen. In der Begründung schreibt die Kommission, dass es sehr wahrscheinlich sei, dass Ramsay selbst im Gefängnis weiterhin mit Drogen handelte.

Diese Beurteilung liefert zugleich einen Hinweis darauf, dass viele Hells Angels in Quebec den Drogenhandel als etwas vollkommen Normales ansahen.

Auf Heller und Pfennig

Luc Laundry, ein Ermittler der Polizei und Finanzexperte der Sûreté von Quebec, sollte ermitteln, wie hoch die Einnahmen der Hells Angels aus dem Drogenhandel tatsächlich waren. Als Zeuge in dem Verfahren gegen Walter „Nurget" Stadnick und Donald „Pup" Stockford, zwei Mitgliedern des Nomads Charters, die ursprünglich aus Ontario stammten, präsentierte er seine Berechnungen.

In seiner Analyse bezifferte er das Gesamteinkommen des Charters aus Transaktionen zwischen dem 10. November und dem 19. Dezember 2000 auf 18 Millionen Dollar. In dieser Zeit haben die Hells Angels allein 1.916 Kilogramm Kokain verkauft und damit einen Gewinn von acht Millionen Dollar erzielt. Jedes Kilo brachte im Schnitt 4.530 Dollar ein. Auch am Handel mit Haschisch verdienten die Hells Angels nicht schlecht. Im fraglichen Zeitraum machten sie mit dem Verkauf von 838 Kilogramm mehr als 680.000 Dollar Gewinn.

6. Kapitel

Gerald Matticks, genannt der Nikolaus

Wenn es im Zusammenhang mit dem „Projekt Ocean" etwas gibt, womit sich Gerald Matticks charakterisieren ließe, dann ist es der Inhalt eines Ordners, den die Polizei bei der Durchsuchung des Fleischhandels, den Matticks auf dem Südufer des Sankt-Lorenz-Stroms betrieb, auf dem Schreibtisch fand. Matticks stand unter Beobachtung der Polizei, weil er Drogen in erheblichen Mengen an Maurice „Mom" Boucher und andere Hells Angels lieferte. Auf Grundlage dieser Ermittlungen erwirkte die Polizei einen Durchsuchungsbeschluss für Matticks' Büro, das sich über dem Laden befand, der zu dem Betrieb gehörte. Matticks war seit Langem als Mitglied der West End Gang bekannt, einem Zusammenschluss von Kriminellen, von denen die meisten irischer Abstammung waren und aus dem armen Westteil von Montreal stammten, den sie verlassen hatten, um ihr Glück mit Diebstahl und Drogenhandel zu machen.

Neben privaten Dingen wie Fotos, die ihn beim Saint Patrick's Day, dem irischen Nationalfeiertag, zeigten, fand die Polizei einen Aktenordner, der nur zwei Schriftstücke enthielt. Eines war ein Brief, in dem die Bandidos höflich anfragten, ob Matticks nicht die Seiten wechseln und statt den Hells Angels künftig ihnen Drogen liefern wollte. Der Brief bewies, dass Matticks über die Grenzen Montreals hinaus als Drogenhändler bekannt war. In demselben Ordner fand sich ein Schriftstück, in dem es um eine Kinderfeier ging, die an Ostern stattfinden sollte und von Matticks gesponsert wurde. Die Dokumente ließen sein zwiegespaltenes Wesen erkennen. Einerseits war er ein notorischer Schmuggler, der Fotos von Beamten sammelte, von denen er annahm, dass sie ihn beschatteten. Andererseits war er ein großzügiger Mensch, der sich um das Gemeinwesen kümmerte, in dem er lebte, und vor allem zu Kindern ausgesprochen nett sein konnte.

Die Affäre Matticks

1995 hatte Matticks gegen die Behörden einen glorreichen Sieg erzielt. Hintergrund war, dass ein Verfahren wegen des größten Haschischfundes in der Geschichte Quebecs eingestellt werden musste. Matticks, sein Bruder Richard und fünf weitere Männer waren verhaftet worden, kurz nachdem die Polizei in Containern, die im Hafen von Montreal abgestellt waren, 26,5 Tonnen Haschisch gefunden hatte. Laut Aussage der Ermittler war ein Dokument, das zu den Schiffspapieren gehörte und von der Sûreté sichergestellt worden war, irgendwann aus den Unterlagen verschwunden und durch die Kopie eines Fax' der Grenztruppen an die Sûreté von Quebec ersetzt worden. Ein Richter legte das Verhalten der Sûreté als vorsätzliche Manipulation von Beweismitteln aus. Ungeklärt blieb dabei die Frage, ob sich das Original je wirklich im Besitz der Polizei befunden hatte. Doch unter den gegebenen Umständen musste das Verfahren eingestellt werden, was für einen handfesten Skandal sorgte. „Die Affäre Matticks" wurde zu einem geflügelten Wort in Montreal und sorgte dafür, dass sich die Bekanntheit der West End Gang nachhaltig vergrößerte. Eine weitere Folge war, dass eine Kommission eingesetzt wurde, die die kriminalistischen Methoden der Sûreté auf den Prüfstand stellen sollte. Geleitet wurden die Untersuchung von Lawrence Poitras, einem ehemaligen Richter am Quebec Superior Court. Als die Kommission unter seiner Leitung nach zwei Jahren die Arbeit beendete, legte sie einen 1.700 Seiten starken Bericht vor, in dem die Sûreté als rückständig beschrieben und ihr vorgeworfen wurde, bei Ermittlungen und Nachforschungen systematisch gegen geltendes Recht zu verstoßen. In dem Bericht fand sich auch der unmissverständliche Satz: „Seit Beginn des Jahrzehnts steckt die Sûreté von Quebec in einer tiefen Legitimitätskrise."

Dass er aus der Sache mit dem Haschischfund ungeschoren herauskam, passt zur Vorgeschichte von Gerry Matticks, dem jüngsten von 14 Geschwistern, der in ärmlichsten Verhältnissen im Stadtteil Goose Village aufgewachsen war, sich nach oben gearbeitet hatte und nun als angesehener Geschäftsmann auf dem anderen Flussufer lebte. 1971 war er zusammen mit einigen Helfershelfern wegen versuchten Mordes angeklagt worden, doch auch in diesem Fall musste das Verfahren eingestellt werden. 1977 durchsuchte die Polizei sein Haus in St.-Hubert, wo sie erhebliche Mengen Schmuck konfiszierte, darunter 28 goldene Ringe und drei Paar Ohrringe. Der Wert der Juwelen, die bei einem bewaffneten Raubüberfall auf einen Juwelier in der Chabanel Street erbeutet worden waren, wurde auf 5.000 Dollar geschätzt. Doch wieder einmal gelang es Matticks, einen Freispruch zu erwirken.

Eine der wenigen Verurteilungen zu einer Gefängnisstrafe stammt aus dem Jahr 1990. In dem Prozess ging es um eine Bande, die Lkw stahl, umlackierte und wieder verkaufte. Die Polizei hatte Mitglieder der Bande auf frischer Tat ertappt, die für den Diebstahl eines Lkw einen Abschleppwagen benutzten, der auf Matticks zugelassen war. Zur Strafe musste er 24 Wochenenden im Gefängnis verbringen. Das Verfahren, das aus dem „Projekt Ocean" resultierte, zeichnete ein anderes Bild von Matticks, und auch die Strafe fiel anders aus: Sie lautete zwölf Jahre Haft.

Als die Frage anstand, ob er auf Kaution auf freien Fuß kommen sollte, bezeugte eine Reihe ehrenwerter Bürger, darunter ein Pfarrer, dass Matticks ein rechtschaffener Mann sei, der Milde und Nachsicht verdiene. „Ist er jeden Sonntag in die Kirche gegangen? Nein. Hat er seinen Mitmenschen geholfen? Ja. Hat er seinen Glauben gelebt? Ja", so Marc Mignault, der Pastor einer Gemeinde in Saint-Bruno, am 3. Juli 2001 vor der Kommission. Er fügte hinzu, dass Matticks zwar

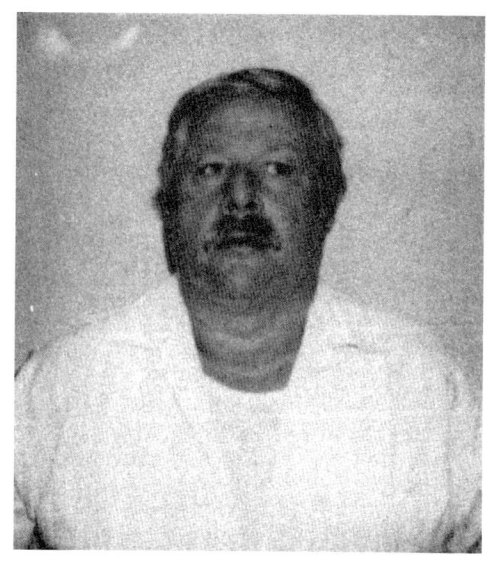

Gerald Matticks vermittelte den Kontakt in den Hafen von Montreal.

kein Kirchgänger sei, aber dennoch ein ehrbarer Mensch mit einem guten Herz. Dann sagte er, dass er Matticks aus mehreren Gesprächen kenne, die sie in einem Restaurant geführt hatten, das Matticks gehörte.

Mignault berichtete, dass Matticks zu Weihnachten Truthähne gespendet habe, einmal so viele, dass sie einen ganzen Gefrierschrank füllten. Der Gemeinde soll er Kinderspielzeug gespendet haben und, über den Umweg einer Transportfirma, die ihm gehörte, Lebensmittel, die aus einem Versicherungsfall stammten. Dann erzählte Mignault noch eine Anekdote: Einmal war das Dach des Pfarrhauses undicht, und vier Dachdecker hatten sich daran versucht, es abzudichten – ohne Erfolg. „Eines Tages habe ich mich mit Gerry über das Problem unterhalten, und er sagte nur: ‚Ich schicke einen Dachdecker vorbei. Ich hatte dasselbe Problem zu Hause, und er hat es behoben. Der versteht sein Handwerk.' Der Mann kam und hat das Dach repariert. Ich habe Gerry drei Mal nach der Rechnung gefragt, aber er behauptete, der entsprechende Brief sei bei der Post verloren gegangen."

Vor Mignault hatten andere Zeugen Matticks als ehrbaren Geschäftsmann und wohltätigen Nikolaus beschrieben. Max Freid, ein 61-jähriger Viehhändler aus Côte St.-Luc, einem noblen Vorort Montreals, erklärte Richter Gilbert Morier, dass er Matticks seit 20 Jahren kenne, weil er mit der Firma G.M. Livestock, die Matticks gehörte, Geschäfte mache. Dann bezeichnete er Matticks als Freund. Freid setzte mit dem Viehhandel jährlich 25 Millionen Dollar um. „Ich kenne Mr. Matticks, aber ich weiß nicht, was man ihm vorwirft", sagte er und fügte hinzu, dass er bereit sei, 50.000 Dollar als Kaution für Matticks zu hinterlegen. „Ich mache schon lange mit ihm Geschäfte, und auf ihn war immer Verlass." Nach Freid sagte Jean Lepine aus, ein 63-jähriger Klempner aus Greenfield Park, der sich ehrenamtlich sehr engagierte.

„Ich nenne ihn immer meinen Nikolaus", sagte Lepine über Matticks und gab an, ihn seit 20 Jahren zu kennen. „Ich schätze Mr. Matticks, weil er viel Gutes tut. Ich betätige mich seit 30 Jahren ehrenamtlich und habe es ständig mit Menschen wie Mr. Matticks zu tun. Wenn ich etwas benötige, finde ich bei ihm stets ein offenes Ohr." Dann berichtete Lepine von einem wohltätigen Adventsumzug, den Matticks 15 Jahre lang organisiert hatte. Dabei fuhren geschmückte Wagen durch die Stadt, um Geschenke an bedürftige Kinder auszuteilen – jedes Mal mit großem Erfolg. Matticks selbst nahm an dem Umzug auf dem größten Wagen teil, von dem aus der „echte" Nikolaus die Kinder beschenkte.

Dann erinnerte Lepine daran, dass im Januar 1998 ein Eissturm Quebecs Wasserkraftwerke so stark beschädigt hatte, dass mehrere tausend Haushalte wochenlang ohne Strom waren. Damals habe Matticks die Türen seines Restaurants geöffnet und mehr als 2.200 Essen gratis ausgegeben. In dieser für viele Menschen schweren Zeit habe Matticks auch Holz an Familien verteilt, damit sie heizen konnten. Um seinen Worten Nachdruck zu verleihen, haute Lepine mit der Hand auf das Pult des Zeugenstandes. „Er war sehr großzügig und hat nie danach gefragt, was ihn das kostet."

Doch bei derselben Anhörung kam auch ein anderes Bild zur Sprache, ein Bild, dass in erster Linie die Polizei zeichnete, die wusste, wie Matticks an das Vermögen gekommen war, das ihm erlaubte, so freigiebig zu sein. Einige der wichtigsten Mitglieder der Hells Angels nahmen lange Umwege in Kauf, um ihre Beschatter abzuschütteln, wenn sie sich mit Matticks treffen wollten. Ermittler der Sûreté nahmen ebenso überrascht wie erfreut zur Kenntnis, dass irgendwann auch Maurice „Mom" Boucher und andere Mitglieder des Nomads Charters in Matticks' Fleischhandel in St.-Hubert auftauchten.

Eines der ersten Treffen von Mom und Matticks fand am 15. Mai 1999 statt. Die Polizei beschattete Boucher und dessen Fahrer Guy Lepage, bei dem es sich um einen ehemaligen Kollege handelte, der die Montreal Urban Community Police verlasen musste und sich später den Rockers anschloss. Die Fahrt endete vor dem Haus, in dem Matticks' Firma Viandes 3-1 residierte und das ihm und einem seiner Söhne gehörte. An einer der Außenmauern prangte ein großes Kleeblatt, das davon kündete, wie stolz Matticks auf seine irische Herkunft war. Ein Beamter in Zivil folgte Lepage und Boucher ins Innere des Hauses, fand den Laden jedoch menschenleer vor. Dafür entdeckte er eine Treppe, die in die Büros im Obergeschoss führte. Lepage und Boucher blieben zirka eine halbe Stunde dort. Am 2. Dezember 1999 wiederholte sich das Spiel: Erneut fuhren die beiden zu Matticks, und erneut blieben sie zirka 30 Minuten lang bei ihm.

Monate später schien Boucher die Besuche bei Matticks an andere Mitglieder der Hells Angels übertragen zu haben. Zur selben Zeit prüfte das Berufungsgericht die Möglichkeit, den Mord an den beiden Justizbeamten ein zweites Mal vor Gericht zu bringen, was bedeutete, dass Boucher damit rechnen musste, verhaftet zu werden und sich erneut für die Tat verantworten zu müssen. Einer der ersten Hinweise darauf, dass nicht mehr Boucher, sondern andere Mitglieder den Kontakt zu Matticks pflegten, kam vom Informanten Dany Kane. Er berichtete im Mai 2000, dass in einem Restaurant in Boucherville ein Treffen zwischen Michel Rose, Normand Robitaille, André Chouinard und Guillaume Serra stattgefunden hatte. Kane behauptete, zusammen mit Dany St-Pierre Schmiere gestanden zu haben. Im Anschluss an das Treffen seien die Hells Angels zu Matticks' Firma gefahren. Boucher war nicht dabei. Ein halbes Jahr später, im Oktober wurde er wegen des Todes der beiden Justizbeamten zum zweiten Mal verhaftet.

Die Polizei interessierte sich unterdessen brennend für Matticks und die Geschäfte, die er mit den Hells Angels machte. Am 7. Dezember 2000 folgten sie einem Auto, in dem er saß, bis zu einem italienischen Restaurant am Taschereau Boulevard in La Prairie. Matticks und Louis Elias Lekkas, über den die Polizei kaum etwas wusste, wurden beobachtet, wie sie gemeinsam das Restaurant betraten. Nur Minuten später hielt ein Jeep Cherokee vor dem Lokal. Am Steuer saß Kenny Bedard, ein Mitglied der Rockers. Normand Robitaille, der zu dieser Zeit Vollmitglied des Nomads Charters war, stieg mit einer Aktentasche in der Hand aus dem Jeep, ging in das Restaurant und setzte sich zu Lekkas und Matticks. Nach dem Treffen fuhren Lekkas und Matticks zurück zu Matticks' Firma.

Am 10. Januar 2001 folgte die Polizei Lekkas, als er mit einem BMW von Matticks' Firma aus zu einer Pizzeria in St.-Hubert fuhr, wo er an einem größeren Tisch Platz nahm. Wenige Minuten später trafen Kenny Bedard und Normand Robitaille ein, dieses Mal in einem Ford Explorer. Im Anschluss an das Treffen fuhr Lekkas zurück, um sich mit Matticks zu treffen. Am 11. Januar 2001 fuhr Lekkas erneut zu der Pizzeria, wo er sich mit Robitaille und Marc-André Hotte traf, einem einflussreichen Mitglied des Hells Angels Charters Trois Rivières und Paten des Puppet Clubs Jokers.

Schließlich kam die Polizei zu der Erkenntnis, dass Matticks und Lekkas sowohl Freunde als auch Geschäftspartner waren.

„Mehrmals haben sie an denselben Orten gearbeitet und sich nahezu täglich im Viandes 3-1 gesehen", sagte Michel Girard, ein Ermittler der Sûreté, vor Gericht. „Sie gingen gemeinsam zum Frisör, in Sexboutiquen, ins Spielkasino und einkaufen. Sie waren wie zwei gute alte Freunde."

Girard war als Verstärkung angefordert worden, um den in das „Projekt Ocean" involvierten Beamten dabei zu helfen, herauszufinden, wer sich hinter den verschlüsselten Einträgen in den Geschäftsunterlagen der Nomads verbarg, die verschleiern sollten, woher die Hells Angels derart große Mengen Drogen bezogen. Girard sollte herausfinden, zu wem die beiden Tarnnamen „Beef" und „Beef 2" gehörten. Als sie feststellten, dass Lekkas die Nomads-Bank mit großen Summen Bargeld verließ, wurde ihnen klar, dass die Namen für Matticks und Lekkas standen.

Lekkas arbeitete seit 1995 bei Viandes 3-1. Am 10. Oktober 2000, also noch ehe sie wussten, wer Matticks war, beschattete die Polizei Lekkas, als er das Apartmenthaus, in dem sich die Nomads-Bank befand, in Begleitung von Donald Driver verließ, einem Mann der mit den Brüdern Matticks seit Langem in Kontakt stand. Lekkas verstaute zwei große Pappkartons mit Bargeld im Auto und fuhr damit zum Gericht in Longueuil, wo er sich für den Diebstahl eines mit Hühnerbrüsten beladenen Lastwagens verantworten sollte. Im Gericht suchten die beiden Männer die kleine Snack-Bar auf. Gegen 16.30 Uhr verließen sie das Gebäude wieder und fuhren zurück zu Matticks' Firma, aller Wahrscheinlichkeit nach mit dem Geld. Nach einer Weile verließ ein Mann, der laut Girard schon etwas älter war, in Begleitung von Lekkas den Laden und ging mit ihm zu einem Chevrolet, der auf Matticks zugelassen war. Der Mann stieg ein. Matticks wurde an jenem Tag nicht auffällig, aber immerhin hatte die Polizei nun Grund zu der Annahme, dass der Mann, der auf für sie beschämende Weise der Bestrafung entkommen war, in Drogengeschäfte mit dem Nomads Charter verwickelt war. Die Beamten folgten dem Chevrolet bis zu einer Farm in La Prairie, die der Polizei schon bestens bekannt war, weil Matticks dort eine Zeitlang mit einer Frau namens Katherine Harris und seinem damals zwölfjährigen Sohn gewohnt hatte. Das Haus war von der Straße weit entfernt. Der Polizei war aufgefallen, dass Matticks überall auf dem Grundstück Videokameras installiert hatte.

Am 16. November 2000 folgte die Polizei Lekkas erneut, nachdem er eines der Apartmenthäuser verlassen hatte, die für die Nomads-Bank genutzt wurden. Er trug eine graue Sporttasche von Brooks bei sich, die er im Kofferraum seines BMW verstaute. Wenige Minuten zuvor hatte Pierre Boucher von der Sûreté einen Blick in das Apartment geworfen, um herauszufinden, für wen die Tasche war. Er hatte darin einen Zettel vorgefunden, auf dem notiert war: „500.000 Dollar für jungen Italiener. Beef." Lekkas hatte die Tasche von Robert Gauthier übernommen, der die Routinegeschäfte der Nomads-Bank erledigte. Lekkas war mitsamt der Tasche zu Matticks' Farm in La Prairie gefahren. Matticks' schwarzer Chevrolet stand vor der Tür. Nachdem er die Farm wieder verlassen hatte, fuhr Lekkas zu einem Haus in Carigan, das ihm gehörte und wo, wie er später aussagte, seine Geliebte wohnte.

Am 12. Dezember 2000 beobachtete die Polizei Lekkas ein weiteres Mal, wie er eines der Apartments verließ. Sie versuchten ihm zu folgen, aber sie verloren ihn im eisigen Schneesturm, der an jenem Tag herrschte. Doch zu diesem Zeitpunkt wussten die Beamten schon recht genau, was sich wie abspielte. Lekkas hielt seine Treffen oft in der besagten Pizzeria in St.-Hubert ab. Es lag in der Nähe der Firma Viandes 3-1 und einer Bar namens Miss St-Hubert, die nach Ansicht der Polizei von Matticks' Partnern und seinem Sohn Donald betrieben wurde.

„Wir konnten mehrere Unterhaltungen mithören, aus denen hervorgeht, dass Mr. Matticks in allen Fragen, die die Bar betrafen, das letzte Wort hatte", erklärte Girard vor dem Bewährungsausschuss.

Auf dem Papier war Donald Matticks ein einfacher Angestellter, der in der Bar arbeitete. Laut seinen Steuererklärungen hatte er dort von 1994 bis 1999 gearbeitet und pro Jahr 14.000 Dollar verdient. Das Haus, in dem die Firma Viandes 3-1 ihren Sitz hatte, gehörte laut Aussage Girards einem Firmenkonglomerat, hinter dem Gerald und Donald Matticks steckten. Dank akustischer Überwachung wusste die Polizei, dass Viandes 3-1 von Gerald Matticks geleitet und kontrolliert wurde. Die Polizei hörte beispielsweise mit, wie er sich wegen einer Bestellung von Hühnerfleisch aufregte und die Bestellungen für eine Kinderparty absegnete. Den entscheidenden Hinweis lieferte jedoch ein Anruf von Katherine Harris, die „Gerry" sprechen wollte. Sie wurde mit dem Falschen verbunden, und um ihr Anliegen deutlich zu machen, verlangte sie, mit „dem Präsidenten" verbunden zu werden. Dieses Telefonat konnte die Polizei später ins Feld führen, als einer von Matticks' Anwälten vor Gericht behauptete, sein Mandant sei einfacher Angestellter gewesen.

Andere Beweise verdankten sich der Annahme, dass Matticks das Drogengeld in legale Geschäfte investierte, um es zu waschen. Bei der

Durchsuchung seiner Geschäftsräume am 28. März 2001 stießen die Beamten auf einen Mietvertrag für ein Sonnenstudio in der Grande Allée in St.-Hubert, der von Matticks und Lekkas unterschrieben war. Gefunden wurde auch eine Video-Überwachungsanlage, mit deren Hilfe vier Räume in der Fabrik Viandes 3-1 eingesehen werden konnten. In seinem Büro bewahrte Matticks ein Gerät auf, mit dem er den Funkverkehr der Polizei abhören konnte, sowie eine Liste mit allen Frequenzen, die die Polizei der Region benutzte. Die Geräte waren schon 1994 beschlagnahmt worden, als gegen Matticks im Zusammenhang mit dem Fund großer Mengen Haschisch ermittelt worden war. Als der Prozess platzte, bekam Matticks sie zurück. Sogar die Asservatennummer klebte noch darauf. In seinem Büro fanden sich auch zwei Geldzählmaschinen. In einem Kühlschrank stieß die Polizei auf ein Stück Papier; darauf standen die Namen „Guy" und „Mom" sowie jeweils eine Telefonnummer. Eines war die Handynummer von Guy Lepage, Mom Bouchers Fahrer. Die andere gehörte zu einem Pager, der auf Lepage angemeldet war. Die Polizei fand auch eine elektronische Präzisionswaage, deren Messbereich bis 1.200 Gramm reichte, und in Matticks' Schreibtisch lagen ungefähr sechs Gramm Haschisch.

Bei einem Haftprüfungstermin musste die Polizei zugestehen, dass es ihnen nicht leicht gefallen war, Beweismittel gegen Matticks zusammenzutragen. Sie beschrieben ihn als umsichtigen Mann, der offenbar davon ausging, dass er unter Beobachtung stand.

Als Beispiel dafür, wie vorsichtig Matticks und Lekkas waren, mag eine Wanze dienen, die in Lekkas' Auto angebracht war. In dreieinhalb Monaten führten die beiden lediglich ein Gespräch, das für die Ermittlungen relevant war. Statt Handys zu benutzen, kommunizierten sie häufig per Funkgerät, was es der Polizei erschwerte, die Gespräche zu verfolgen. Bei einem Telefonat, das sie mithören konnten, beschwerte sich Katherine Harris über ein eigentümliches Geräusch in der Leitung. Matticks, mit dem sie sprach, begriff sofort, dass sie abgehört wurden. Er trug Katherine auf, die Verbindung zu trennen und erneut anzurufen. Dann fragte er, ob sie das Geräusch erneut hören könne. Sie bejahte, und er sagt ihr, das bedeute, dass die Polizei mithörte.

Mittels der Wanze in Lekkas' Auto hörte die Polizei ihn mehrfach die Gewissheit äußern, dass er beschattet wurde. Einmal fragte er Matticks, ob der etwas wisse, womit sich herausfinden ließe, ob seine

Annahme stimmte. Matticks schien tatsächlich Rat gewusst zu haben, denn bei der Durchsuchung seines Hauses fand die Polizei ein Gerät, das Funkfrequenzen überwachen konnte. Stieß es auf die Frequenz, die die Polizei für Abhörmaßnahmen benutzte, löste es Vibrationsalarm aus.

Viel war es daher nicht, was die Polizei an Beweisen zusammentragen konnte. Doch es genügte, um Matticks' Verbindungen zur Nomads-Bank zu belegen. Nun mussten sie nur noch nachweisen, dass sich hinter den Kürzeln „Beef" und „Beef 2" Matticks und Lekkas verbargen, um die beiden Männer vier bis acht Jahre ins Gefängnis zu bringen. Doch während Matticks auch mehrere Monate nach seiner Verhaftung weiterhin die Hoffnung hegte, auf Kaution freizukommen, nahm der Fall eines Morgens eine ungeahnte Wendung. „Euer Ehren, Mr. Lekkas kann an der heutigen Verhandlung nicht teilnehmen", teilte der Verteidiger Loris Cavaliere am 16. Juli 2001 Richter Morier mit. „Der Grund ist, dass er heute zum zweiten Mal versucht hat, sich das Leben zu nehmen."

Louis Elias Lekkas

Tags darauf wartete die Verteidigung mit der nächsten Sensation auf. „Das Büro des Ministers hat mich heute früh darüber informiert, dass sich mein Klient Elias Lekkas entschlossen hat, mit den Behörden zusammenzuarbeiten", so Matticks' Anwalt.

Die Vertreterin der Anklage bestätigte Richter Morier, dass Lekkas sich in der Nacht mit den Behörden verständigt hatte, während er sich noch von dem Selbstmordversuch erholte. Dann kündigte die Staatsanwältin an, aufgrund von Lekkas' Aussagen neue Beweise vorzulegen. Später stellte sich heraus, dass Lekkas für seine Bereitschaft, gegen Matticks auszusagen, ein Strafmaß von sieben Jahren in Aussicht gestellt worden war. Er kam allerdings nie dazu, gegen Matticks auszusagen. Die Aussicht vor Augen, dass sein einstiger Geschäftspartner ihn belasten würde, bekannte sich Matticks schuldig. Das ersparte ihm jedoch nicht die höchste Strafe, die er in seiner 30-jährigen Karriere als Krimineller je bekommen hatte.

Mehr als zweieinhalb Jahre nach seiner Entscheidung, mit den Behörden zu kooperieren, fand sich Lekkas im Zeugenstand wieder, um gegen Mitglieder der Hells Angels und der Rockers auszusagen, die sich in einem Prozess unter der Leitung von Pierre Beliveau verantworten mussten. Der Tag begann damit, dass Lekkas ein Video vorgespielt wurde und er gefragt wurde, ob er sich selbst erkannte. Er bejahte. Das Video zeigte ihn, wie er das Apartmenthaus in der Beaubien Street mit einer Tasche voller Geld verließ. Lekkas gab an, bei solchen Gelegenheiten nie weniger als 500.000 Dollar bei sich gehabt zu haben.

„Mein Partner Gerald Matticks und ich haben Drogen importiert und vertrieben. Allein an Norm Robitaille haben wir mehrere hundert Kilo Haschisch und 65 Kilo Kokain verkauft. In dem Apartment haben wir das Geld dafür bekommen", so Lekkas. „Wir haben insgesamt sieben größere Lieferungen importiert." Auf Nachfrage erklärte er, dass Matticks und er gleichberechtigte Partner waren, die ihre Geschäfte über den Hafen von Montreal abwickelten und einen bestimmten Prozentsatz der geschmuggelten Drogen als Bezahlung bekamen. „Ich habe Gerry 1995 kurz nach seiner Entlassung aus dem Gefängnis kennengelernt. Ihm gehörte das Haus mit dem Fleischhandel, für den ich gearbeitet habe. Gerry hatte ein Büro im Obergeschoss, und da wir uns beinahe täglich trafen, kamen wir uns näher. Unser erstes Geschäft war ein gestohlener Container mit Ware des Modeherstellers Tommy Hilfiger. Es folgte eine Lieferung gestohlenes Hühnchenfleisch. Damals waren solche Geschäfte für Gerry … Gerry hatte alles unter Kontrolle", sagte Lekkas zögerlich, ehe er sich einen Ruck gab und zu Protokoll gab, was der Polizei schon seit Jahren klar war. „Er wusste um jeden Container der im Hafen von Montreal ankam, und gewisse Leute waren an ihn herangetreten, um bestimmte Waren ins Land zu bringen. Nach einem solchen Treffen bin ich nach Kolumbien gefahren, um mit dem Besitzer der Waren zu verhandeln. So kam die erste Lieferung zustande – gut 2.000 Kilo Haschisch."

„Wenn Sie von Waren reden, meinen Sie keine Kokosnüsse, nicht wahr?" fragte der Staatsanwalt.

„Nein."

In seinem Schlussplädoyer musste später selbst Matticks' Verteidiger zugeben, dass es seinem Mandanten ein Leichtes gewesen war, Drogen zu beschaffen. Sein Einfluss im Hafen von Montreal und vor allem auf diejenigen, die für die Entladung der Containerschiffe zuständig waren, war Voraussetzung dafür, die Drogen einzuschmuggeln.

Dieser Einfluss erlaubte es ihm auch, von allem, was auf diese Weise ins Land kam, einen Anteil zu fordern.

„Von allem, was geschmuggelt wurde, erhielten wir einen Anteil. Anfangs war es ein Drittel. Wir haben quasi eine Gebühr dafür erhoben, dass wir die Ware entweder für uns selbst oder für die Besitzer ins Land geholt haben", sagte Lekkas und fügte hinzu, dass Matticks und er die Drogen verkauft hätten. Und da sie selbst über kein Verteilernetz verfügten, hätten sie die Ware an Zwischenhändler abgegeben. „Es gab verschiedene Großkunden, an die wir verkauft haben. Einer war Norm Robitaille von den Hells Angels."

Anschließend wurden Lekkas Fotos gezeigt, die bei der polizeilichen Überwachung entstanden waren. Er konnte Kenny Bedard identifizieren, der, wie Lekkas sagte, bei allen Treffen als Robitailles Bodyguard fungiert hatte. Dann wurde Lekkas gefragt, ob er ausschließlich mit Haschisch gehandelt hätte.

„Nein. Wir haben zwar mehrere hundert Kilo Haschisch verkauft, aber auch 65 Kilo Kokain. Ehrlich gesagt, waren zwei Kilo Holzmehl, bleiben also 63 Kilo … Die Ware wurde bar bezahlt. Wir händigten die Ware aus, und dann arrangierten wir ein Treffen. Wenn Matticks grünes Licht gab, bin ich in die Beaubien Street gefahren und habe in Apartment 504 das Geld abgeholt." Lekkas ergänzte, dass die Hells Angels Drogen stets in Raten von 500.000 Dollar bezahlten. Er erklärte, zirka fünf Mal die Nomads-Bank aufgesucht zu haben, um dort Geld abzuholen, und räumte ein, dass Donald Driver ihn einmal begleitet hatte. „Mit dem Geld sind wir zu Gerrys Haus in La Prairie gefahren. Dort haben wir es gezählt und geprüft, ob alles seine Richtigkeit hatte." Er beschrieb die Transaktionen als durchdachte und gewissenhaft vorbereitete Geschäfte. Bevor sich der Geldsegen einstellte, hätten Matticks und er stets darauf geachtet, dass die Ausgaben für die Verschiffung gedeckt waren.

Der Handel mit den Hells Angels hatte sich für die beiden als so profitabel erwiesen, dass sie das Geschäft bald ganz in die Hand nehmen und selbst als Importeur der Drogen auftreten konnten. Lekkas sagte, dass Matticks und er durch die gemeinsamen Geschäfte Waren im Wert von etwa 22 Millionen Dollar gehandelt hatten – nach Abzug aller Kosten. Er beschrieb, dass der Profit auch trotz gelegentlicher Fehlschläge gestimmt hatte. Im Dezember 1999 gelang es Matticks und

Lekkas, 2.363 Kilo Haschisch durch den Hafen von Montreal ins Land zu bringen. Einen Monat später versuchten sie, 10.000 Kilo einzuschmuggeln, was von der Polizei jedoch vereitelt wurde. Im April 2000 waren sie an der Einfuhr von 260 Kilo Kokain aus Panama beteiligt. Ihren Anteil in Höhe von 25 Prozent, also 65 Kilo, verkauften sie an das Nomads Charter. Die Bestätigung dafür fand sich in den Unterlagen, die Dany Kane der Polizei beschaffte.

Einige Zeit später brachten die beiden Geschäftspartner 4.037 Kilo Haschisch ins Land. Matticks sollte wie immer einen bestimmten Prozentsatz der Ware, zusätzlich aber auch Bargeld erhalten. Dann wurden jedoch mehrere Männer, die an dem Geschäft beteiligt waren, verhaftet, so dass Matticks nicht alles Geld bekam, das ihm zustand. Zum Ausgleich erhielt er von einer späteren Lieferung über 3.000 Kilo Haschisch die Hälfte. Die 1.500 Kilo verkaufte er an das Nomads Charter.

Die sechste Lieferung, die im Oktober 2000 Kanada erreichte, umfasste 5.000 Kilo Haschisch. Davon sollte Matticks 25 Prozent bekommen, aber die gesamte Menge wurde von der Polizei beschlagnahmt. Die Behörden nahmen das zum Anlass, den Erfolg auf einer eigens einberufenen Pressekonferenz zu verkünden. Verhaftungen waren zu diesem Zeitpunkt noch keine erfolgt, aber sie schrieben den Schmuggelversuch der West End Gang zu und beschuldigten Mitarbeiter der Hafengesellschaft der Mithilfe. Daraufhin berief die Gewerkschaft der Hafenarbeiter eine eigene Pressekonferenz ein, auf der sie drohten, die Montreal Urban Community Police zu verklagen. Lekkas' und Matticks' letztes Schmuggelgeschäft fand im Februar 2001 statt. Dabei ging es um 9.000 Kilo Haschisch. Gemeinsam hatten sie damit sieben größere Transaktionen abgewickelt.

Ihr Erfolg schien Maurice „Mom" Boucher beeindruckt zu haben. Nachdem das Geschäft über die 65 Kilo Kokain, Matticks' Anteil aus der panamaischen Lieferung, abgeschlossen war, sei Boucher, so Lekkas, persönlich zur Firma Viandes 3-1 gekommen, um herauszufinden, für wen die anderen 75 Prozent des Kokains bestimmt waren. Lekkas zufolge redete Boucher Matticks häufig mit „Beef" an. Das Treffen habe verdeutlicht, wie sehr Boucher bestrebt war, den Kokainhandel in Montreal zu beherrschen, und dass die Nomads fest entschlossen waren, ihre Monopolstellung zu verteidigen. Der Staatsanwalt nutzte die Gelegenheit, um die Geschworenen auf diesen Punkt hinzuweisen. Er fragte Lekkas, ob er an dem Treffen teilgenommen hatte, was Lekkas bejahte. Doch Boucher habe sich mit der Auskunft begnügen müssen, dass der neue Besitzer des Kokains nicht bekannt sei.

Während der sechs Jahre, die die Partnerschaft mit Matticks dauerte, hatte Lekkas viel über Drogen und Betäubungsmittel gelernt. Er war nach Kolumbien geflogen, um mit Mitgliedern des mächtigen Kartells von Cali zu verhandeln. Diese Kontakte waren bei späteren Geschäften hilfreich, auch bei jenem Geschäft, das die beiden Männer selbst finanzierten.

Lekkas, der als Angestellter von Viandes 3-1 kaum 24.000 Dollar verdiente, konnte sich schon nach kurzer Zeit das Leben eines Millionärs erlauben. 1997 und 1998 will er jeweils 24.000 Dollar verdient haben, 1999 steigerte sich sein Einkommen auf immerhin 30.000 Dollar. 1992 hatte er für 120.000 Dollar ein Häuschen erstanden, das er später für 70.000 Dollar renovieren ließ. Allein die neue Küche kostete 10.000 Dollar. Er besaß Aktien im Wert von 20.000 und 40.000 Dollar und fuhr einen gemieteten BMW, für den er pro Jahr 12.000 Dollar bezahlte. Im Februar 2001 unternahm er eine Reise nach Cancun, die mehr als 4.000 Dollar kostete. Seine Familie schickte er nach Florida, er kaufte ein Boot und erwog, sich einen BMW M5 zuzulegen.

Die Wandlung zum Informanten

Der 28. März 2001 bereitete diesen und anderen Plänen ein jähes Ende. „Ich wurde wegen bandenmäßigen Drogenhandels und weiterer Vergehen verhaftet und ins Gefängnis von La Prairie gebracht", sagte Lekkas, als er den Moment beschrieb, in dem sein Leben eine Wende zum Schlechteren nahm. An die Geschworenen gerichtet, sagte er, dass er in der Zeit, in der er im Untersuchungsgefängnis auf den Beginn des Prozesses wartete, davon ausgegangen war, dass die Anklage gegen ihn und Matticks auf wackeligen Füßen stand. „Unglückliche Umstände" hätten ihn jedoch bewogen, sich für eine Zusammenarbeit mit den Behörden zu entscheiden. Daraufhin wurde er von den Verteidigern der Angeklagten aufgefordert, näher zu bestimmen, was es mit den

„unglücklichen Umständen" auf sich hatte, und seine Entscheidung in groben Zügen zu begründen.

„Es gab Probleme mit meinem Partner Gerry. Und der Schritt war die einzige Möglichkeit … Ich hatte schon einen Selbstmordversuch hinter mir. Für mich war das Spiel ausgespielt", sagte Lekkas und fügte hinzu, dass Matticks ihn bereits in Verdacht hatte, als Informant zu arbeiten, als davon noch keine Rede sein konnte.

Lekkas' wurde ein Vertrag vorgelegt, in dem sich die Staatsanwaltschaft verpflichtete, ihm im Gegenzug für seine Aussage in den kommenden zwei Jahren 400 Dollar pro Woche zu bezahlen. Lekkas berichtete später, dass er zuvor alle Straftaten offenbaren musste, die er begangen hatte. Er gab an, an sieben Schmuggelaktionen beteiligt gewesen zu sein, und wurde dafür verurteilt. Damals war er noch nicht vorbestraft, erwartete aber noch den Prozess wegen des Hühnchenfleisch-Diebstahl. Es mag sich wie eine Bagatelle anhören, aber immerhin ging es um einen mit 1.000 Kisten gefrorenem Hühnchenfleisch beladenen Sattelschlepper. Bei einem Gerichtstermin am 11. Juli 2002 wurde der Fall von Longueuil nach Montreal übertragen, damit alle Missetaten Lekkas' am Stück verhandelt werden konnten.

„Bei den Hühnerbrüsten ging es nicht um ein paar wenige, sondern um eine unübersehbare Menge im Wert von etwa 57.000 Dollar. Der Angeklagte wird beschuldigt, den gestohlenen Lastwagen, der damit beladen war, nach St.-Hubert gebracht zu haben", sagte der Staatsanwalt und fügte hinzu, dass die Beute auf direktem Weg in Matticks' Firma gebracht wurde. Interessanterweise hegte der rechtmäßige Besitzer der Ware den Verdacht, dass sich sein Eigentum bei Viandes 3-1 befinden könnte, und schaltete die Polizei ein.

„Mr. Matticks unterhielt rege Kontakte in die Unterwelt. Mr. Lekkas fungierte laut Zeugenaussagen als eine Art Koordinator der geschäftlichen Aktivitäten von Mr. Matticks", so der Staatsanwalt. Er forderte siebeneinhalb Jahre Haft, und zwar zusätzlich zu den 16 Monaten, die Lekkas bereits hinter Gittern verbracht hatte.

Ironischerweise war Matticks' Misstrauen, dass er Lekkas nach beider Verhaftung entgegenbrachte, mitverantwortlich dafür, dass der sich als Informant anbot. Und Lekkas war nicht der Einzige, der sich im Zuge der „Operation Springtime" zu diesem Schritt entschloss. Serge Boutin, Mitglied der Rockers und wichtiger Drogendealer, ist laut eigener Aussage vor allem deshalb Informant geworden, weil Normand Robitaille ohnehin davon ausging, dass er einer war. Boutins Logik war so einfach wie nachvollziehbar. Er sagte sich: Lieber als Informant leben als wegen falscher Verdächtigungen sterben zu müssen.

Matticks' Verfolgungswahn kam auch bei einer Anhörung zur Sprache, bei der es um die Frage ging, ob er gegen Kaution auf freien Fuß kommt. Der Verteidiger Claude Girouard brachte das Thema auf die Tagesordnung. Er fragte einen Ermittler der Sûreté, ob die Polizei der Provinz aufgrund der Enthüllungen, die durch die Poitras-Kommission ans Tageslicht gekommen waren, gegenüber den Brüdern Matticks Feindseligkeiten hegte. Der Anwalt wies darauf hin, dass im Zusammenhang mit Matticks in den Akten der Sûreté auffallend oft das Wort paranoid auftauchte.

Matticks ging fraglos davon aus, dass die Polizei seit der „Affäre Matticks" ein erhöhtes Interesse an ihm hatte. Und dass er in großem Maßstab mit Dogen handelte, bedeutete auch, dass er mit Menschen zusammenarbeitete, denen er nicht vorbehaltlos trauen konnte. Bei der Durchsuchung seines Wohnhauses hatte die Polizei ein ausgeklügeltes Überwachungssystem entdeckt, zu dem auch Videokameras gehörten. In der Bibliothek fanden sie über 6.200 US-Dollar und 41.000 kanadische Dollar. In einem der Bücher steckte eine Abrechnung, die Lekkas' Behauptung stützte, dass sie Drogen im Wert von 22 Millionen Dollar gehandelt hatten. In dem Haus in Carigan beschlagnahmte die Polizei ein halbes Pfund Haschisch. Matticks' Freundin Cindy Wade behauptete, das es ihr gehöre, und wiederholte diese Aussage auch vor Gericht. In einem von Matticks' Autos fand die Polizei ein Gerät, mit dem sich der Polizeifunk abhören ließ, und zudem ein Richtmikrofon, mit dem man Gespräche auch aus großer Entfernung mithören konnte. Auch ein Taser, eine Elektroschockwaffe, wurde beschlagnahmt. Bei ihren Aussagen vor Gericht erwähnten die Beamten zwei Briefe, die sie in einer Schreibtischschublade gefunden hatten. Einer davon enthielt die Aufforderung, seine Geschäftsverbindung zu den Bandidos zu intensivieren. Matticks' Anwalt versteifte sich auf die These, dass der Brief an Geralds Bruder Richard gerichtet war, der bekanntermaßen Verbindungen zur Rock Machine und zu Salvatore Cazzetta unterhielt.

Die Polizei wusste derweil von einem Vorfall zu berichten, der sich bei der Überwachung von Matticks zugetragen hatte. Der Observierte sei in Panik geraten, als in Montreal nahe einer Garage, die ihm gehörte, ein Mann erschossen worden war. Die Polizei konnte mithören, als Matticks einen Kontaktmann fragte, ob er wisse, wo sich sein Bruder „Richie" aufhalte. Als er nach seiner Verhaftung verhört wurde, war eine der ersten Fragen, die er an die Polizei richtete, die, ob auch sein Bruder Richard festgenommen worden war. Schon bei der Festnahme hatte er beteuert, keine Verbindungen zur organisierten Kriminalität zu haben. Dennoch konnte er den Beamten Fotos von Ermittlern zeigen, die ihn in letzter Zeit überwacht hatten. Während des Verhörs im Hauptquartier der RCMP in Montreal kam die Rede immer wieder auf Maurice „Mom" Boucher. Matticks behauptete, Boucher lediglich Geld geliehen zu haben und Papiere vorlegen zu können, die das bewiesen.

Doch Lekkas hatte zu viele Informationen über Matticks geliefert, die dieser Behauptung widersprachen. Seine Aussage, die sich auf andere Schmuggelaktionen bezogen, belastete mehrere andere Männer, darunter Matticks' Sohn Donald und Donald Driver. Beide wurden später verhaftet und schließlich jeweils zu acht Jahren Gefängnis verurteilt.

Matticks' Zugeständnis

Gerry Matticks schloss mit den Behörden eine Vereinbarung, die ihm zusicherte, dass er niemals als Zeuge in die USA geschickt würde, um dort auszusagen. Gedroht hatte ihm das, weil ein Teil der Drogen, die er ins Land geschmuggelt hatte, für einen Abnehmer in Newark, New Jersey, gedacht war.

„Mr. Matticks gehört keinem Motorradclub an, hat aber mit ihnen Geschäfte gemacht", sagte Staatsanwalt Robert Rouleau, als er über die Details der Abmachung berichtete, die mit Matticks geschlossen worden war. Rouleau zufolge wusste die Polizei, dass Matticks nicht nur Tonnen von Haschisch, sondern auch mindestens 700 Kilo Kokain an die Hells Angels verkauft hatte. Der Prozess gegen ihn würde mindestens vier Monate dauern, und ein weiteres Verfahren, das auf Grundlage der von Lekkas gelieferten Beweise geführt würde, könnte sich über vier weitere Monate hinziehen.

Die Aussagen, die Lekkas vor der Polizei machte, brachten die Gruppe um Matticks arg in Bedrängnis. Einer der Männer, die aufgrund des Geständnisses hinter Gitter wanderte, war John Mclean, ein langjähriges Mitglied der West End Gang. Während er und seine Kumpane auf den Prozess warteten, entschloss sich auch Mclean, reinen Tisch zu machen. 2003 bekannte er sich schuldig und sagte gegen Matticks' Sohn, Donald Diver und andere aus. Zum Dank kam er mit acht Jahren Gefängnis davon. Vor die Aussicht gestellt, dass in dem Prozess gegen sie zwei Informanten aussagen würden, bekannten sich schließlich auch Donald Matticks, Diver und einige andere Männer aus dem Umfeld der West End Gang schuldig. Von dem Moment an, in dem er sich gegen Gerald Matticks gestellt hatte, dessen Partner er 20 Jahre lang gewesen war, fürchtete John Mclean um sein Leben. Im Dezember 2004 lehnte die zuständige Kommission sein Gesuch ab, in den offenen Vollzug verlegt zu werden. Als Grund gab sie an, dass Mclean seines Lebens nicht sicher wäre, solange er auf Matticks' Abschussliste stand.

Seiner Großzügigkeit und allen Wohltaten zum Trotz, genoss Matticks offenbar weiterhin einen denkbar schlechten Ruf.

7. Kapitel

Geständnisse und Überraschungen

Nur einer der sogenannten Mega-Prozesse, die aus dem „Projekt Rush" resultierten, ist tatsächlich bis ans vorgesehene Ende geführt worden: einem Spruch der Geschworenen. In den Monaten, die nach dem März 2001 verrannen, wurden die Biker in verschiedene Gruppen aufgeteilt, denen ein eigener Prozess gemacht werden sollte. Hauptkriterium für die Aufteilung war die Frage, wie sehr sie in den Bikerkrieg involviert waren. Ein anderes Kriterium war die jeweilige Muttersprache. Hells Angels wie Donald „Pup" Stockford und Walter „Nurget" Stadnick verlangten, dass gegen sie auf Englisch verhandelt wurde, was bedeutete, dass hunderte von Dokumenten und Abschriften übersetzt werden mussten.

Im September 2001gelangte Richter Réjean Paul zu der Einsicht, dass es einen logistischen Albtraum bedeuten würde, alle Anklagen in einem Verfahren zu bündeln. Die Staatsanwaltschaft drängte darauf, 36 der 42 Biker, die im Zuge des „Projektes Rush" verhaftet worden waren, gemeinsam anzuklagen, doch Richter Paul war strikt dagegen. Noch während der Beweisaufnahme konstatierte er, dass ein solches Vorgehen die Geschworenen und den Richter überfordern würde. Er fürchtete vor allem die Verzögerungen, zu denen es zwangsläufig kommen würde, wenn 36 Verteidiger einen Zeugen ins Kreuzverhör nehmen.

Zwei Monate später stimmte Paul dem Vorschlag zu, gegen 14 Mitglieder der Hells Angels und der Rockers, die der Beteiligung an 13 Morden verdächtigt wurden, gemeinsam zu verhandeln. Ursprünglich sollte auch Maurice „Mom" Boucher in diese Gruppe gehören, aber noch wurde gegen ihn zum zweiten Mal wegen der Morde an zwei Justizbeamten im Jahr 1997 verhandelt. Im April 2002 eröffnete Richter Jean-Guy Boilard einen weiteren Prozess gegen 17 andere Clubmitglieder.

Der erste Angeklagte, der sich als Informant verdingte, war Stéphane „Blond" Faucher, ein junger Drogendealer, der, so nahmen die Behörden an, über Maurice „Mom" Bouchers Freund Normand Bélanger an die Hells Angels geraten war. Noch ehe einer von beiden zu den Rockers gestoßen war, hatte Faucher für Bélanger als Bote gearbeitet und ihm dabei geholfen, Ecstasy zu vertreiben. Nachdem er am 13. Oktober 1998 von den Rockers als „Hangaround" aufgenommen worden war, hatte Faucher begonnen, gemeinsam mit Serge Boutin Drogen zu handeln, einem weiteren Mitglied der Rockers, das später mit den Behörden zusammenarbeitete. Boutin und Faucher waren ein so erfolgreiches Team, dass selbst das Nomads Charter aufmerksam wurde. Faucher sperrte sich nicht gegen das erzwungene Ende seines florierenden Drogenhandels und wurde dafür belohnt, indem er im Dezember 2000 zum Anwärter des Nomads Charters ernannt wurde.

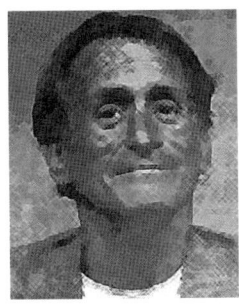

Normand „Pluch"
Bélanger

Daran konnte auch der Umstand nichts ändern, dass er als Mitglied der Rockers mehrere Fehler begangen hatte. Einmal hatte er einen Mordanschlag in Auftrag gegeben, der nicht nach Plan verlaufen war, was auf einem Kirchgang der Rockers für hitzige Diskussionen gesorgt hatte. Ein anderes Mal hatte er den Auftrag bekommen, vor fünf Polizeiwachen Montreals Bomben zu deponieren, die wegen fehlerhafter Zünder jedoch nicht explodiert waren.

Wohl wegen des verpatzten Sprengstoffattentats war Fauchers Aufstieg nicht von Dauer. Mindestens ein Mitglied des Nomads Charters, nämlich Denis Houle, hatte erhebliche Vorbehalte gegen die Ernennung Fauchers zum Anwärter der Hells Angels, und schließlich wurde Faucher aufgefordert, zu den Rockers zurückzukehren. Doch statt sich degradieren zu lassen, zog Faucher es offenbar vor, den Club ganz zu verlassen. Aus den Unterlagen des Clubs geht hervor, dass er nicht einmal mehr Drogen vom Nomads Charter kaufen durfte.

Den Entschluss traf Faucher wenige Wochen bevor die „Operation Springtime" durchgeführt wurde. Einige Tage nach seiner Verhaftung bat er darum, aus dem Trakt des Bordeaux-Gefängnisses, den er mit Mitgliedern der Hells Angels teilte, verlegt zu werden. Zudem bat er um Polizeischutz. Den Behörden verriet er ein Waffenversteck und klärte sie darüber auf, wie die Nomads den Drogenhandel mit anderen

Chartern der Hells Angels in Quebec organisierten. Eine Ausnahme war das Charter Sherbrooke, das aus Bouchers Monopol ausgeklammert war. Zudem lieferte Faucher handfeste Beweise gegen Serge Boutin und löste damit eine Kettenreaktion aus, an deren Ende sich Boutin zur Zusammenarbeit mit der Polizei genötigt sah. Einige Monate später aber musste der leitende Staatsanwalt André Vincent im Gerichtssaal zugeben, dass es mit Faucher, seinem vermeintlichen Kronzeugen, Probleme gab – er wollte die getroffene Vereinbarung widerrufen. Plötzlich wollte er auch weder an der geplanten Ermordung von Mitgliedern der Alliance noch an anderen Verbrechen beteiligt gewesen sein, die ihm im Falle einer Überführung eine Strafe eingebracht hätte, die mindestens doppelt so hoch wäre wie die für sein Geständnis verabredete. Vincent erklärte, dass Faucher so oder so aussagen müsse, wenn nicht als Zeuge der Anklage dann eben als Angeklagter. Diese Äußerung führte später zu einer der seltsamsten Szenen des gesamten Prozesses unter Leitung von Richter Pierre Beliveau. Im Oktober 2002 bekannte sich Faucher in allen Anklagepunkten schuldig und wurde zu zwölf Jahren Haft verurteilt. Doch als er in den Zeugenstand gerufen wurde, stand noch immer die Frage im Raum, als was er zu den Geschworenen sprechen würde: als Angeklagter oder als Informant?

Zu sagen, der Moment, in dem Faucher den Zeugenstand betrat, sei befremdlich gewesen, wäre eine Untertreibung. Selbst auf die einfachsten Fragen des Staatsanwalts François Briere, etwa die nach Alter oder Geburtsort, stammelte und murmelte das ehemalige Mitglied der Rockers kaum zu vernehmende Antworten. Als Briere wissen wollte, aus welchem Stadtteil Faucher stammte, verweigerte der die Antwort, ehe er sich nervös an Richter Beliveau wandte und Satzfetzen ausspuckte, die so recht keinen Sinn ergaben: „Sie haben mich verhaftet. Die Polizei hat mich auf offener Straße geschnappt", sagte er und flocht als Zugabe einige französische Kraftausdrücke ein. „Das Ganze ist ein Komplott von zwei Schweinen." Dann nannte er die Namen von zwei am „Projekt Rush" federführend beteiligten Beamten. Er hatte sie kaum ausgesprochen, als im Gerichtssaal ein Tumult ausbrach. Die Verteidiger sprangen von ihren Stühlen und protestierten lautstark, so dass Beliveau sich genötigt sah, um Ruhe zu bitten. „Einen Moment, bitte!" rief er mehrmals und jedes Mal ein bisschen lauter als zuvor. Als endlich wieder Ruhe eingezogen war, wurde Faucher darüber belehrt, dass er auf Brieres Fragen zu antworten habe. Er aber setzte seinen unverständlichen Exkurs ungerührt fort, der in der Behauptung gipfelte, dass er nie vorgehabt habe, mit der Polizei zusammenzuarbeiten, weshalb er sich von ihnen verraten und verkauft fühle.

„Und nun finde ich mich hier wieder. Ich weigere mich auszusagen. So einfach ist das."

Briere wollte wissen, ob Faucher derzeit im Gefängnis säße.

„Ich antworte nicht mehr."

Da mischte sich der Verteidiger Pierre Panaccio ein. „Hören Sie mir zu. Ich habe etwas mitzuteilen. Ich vertrete einen der Angeklagten." Gemeint war Richard „Dick" Mayrand, einen der wichtigeren Angeklagten in diesem Verfahren. Erneut rief Beliveau die Anwesenden zur Ordnung. Doch Panaccio brüllte förmlich, dass Faucher bereit sei, auf bestimmte Fragen zu antworten, die für seinen Mandanten von größter Wichtigkeit seien. Faucher hörte regungslos zu, während sich Beliveau und Panaccio stritten. Dann begann er erneut, zusammenhanglose Satzfetzen in den Raum zu brüllen. „Ich, meine Waffe. Sie haben ballistische Untersuchungen gemacht, nur weil ich darauf bestanden habe!"

„Im April …", so setzte er an, wurde aber unterbrochen. „Eine Minute" fuhr er fort. Im April wurde ich … Ich habe sie gefragt: Wo ist die Waffe? Es gibt keine Waffe. Plötzlich unterhalten sie sich am Telefon und behaupten, dass sie sie ballistisch untersuchen." Faucher klang verzweifelt. Er sah den Richter an und forderte, ihn unter vier Augen zu sprechen. Beliveau unterbrach die Verhandlung, damit sich die Verteidiger darüber verständigen konnten, wie es weiterging. Nach endlosen Diskussionen wurde Briere aufgefordert, es erneut mit Faucher zu versuchen. Erneut fragte er Faucher, aus welchem Stadtteil er stammte.

„Das eben tut mir leid. Aber wie auch immer. Auch wenn sie mich verhaftet haben … Als sie mich nach Parthenais gebracht haben, waren da keine Kameras. Da sind all diese Sachen passiert …"

„Entschuldigung, das ist keine Antwort auf meine Frage", sagte Beliveau. „Ich möchte wissen, ob Sie bereit sind, auf die Fragen zu antworten, die Ihnen gestellt werden." Faucher weigerte sich und wurde zurück in die Zelle gebracht. Später wurde ihm dafür der Prozess gemacht. Wegen Missachtung des Gerichts wurden auf die zwölf Jahre, zu denen er verurteilt wurde, zwei weitere draufgesattelt.

Trotz Fauchers Eskapaden gelang es dem überaus geduldigen Beliveau, den Prozess geordnet weiterzuführen. Ursprünglich hatte er gar nicht auf dem Richterstuhl sitzen sollen, sondern war erst eingesprungen, nachdem der erste Prozess unter dem Vorsitz von Jean-Guy Boilard spektakulär geplatzt war. Am 22. Juli, 113 Zeugen waren gehört und 1.114 Beweismittel vorgelegt worden, hatte Richter Boilard aus heiterem Himmel verkündet, dass er sich aus dem Prozess zurückzieht. Als Grund führte er einen Brief des obersten kanadischen Richterrates an, in dem er wegen Bemerkungen gerügt wurde, die er vor mehreren Monaten bei einer vorprozesslichen Anhörung, die mit dem aktuellen Verfahren in keiner Verbindung stand, gegenüber dem Verteidiger eines Bikers gemacht hatte. Der Brief erwähnte weitere Fälle, bei denen sich Boilard im Ton vergriffen haben soll. Zudem wurde darin behauptet, dass er dem Ansehen der gesamten Richterschaft schade. Und dieser Brief war einem Reporter von CBC in die Hände gespielt worden.

„Ich verfüge nicht mehr über die moralische Autorität und wohl auch nicht mehr über die erforderliche Integrität, die Rolle als Schlichter und Vermittler in diesem Prozess zu übernehmen. In Anbetracht der Bewertungen des obersten kanadischen Richterrates werden die Parteien und ihre rechtlichen Vertreter, aber auch die unabhängigen Beobachter stets Anlass haben, die Richtigkeit meiner Entscheidungen oder Angemessenheit meiner Maßnahmen zu bezweifeln", sagte Boilard, ehe er den Gerichtssaal verließ. Sein Schritt warf die bange Frage auf, was aus dem ohnehin langwierigen und kostspieligen Prozess werden würde.

Die Provinzregierung reagiert jedoch prompt, und binnen einer Woche wurde Beliveau dazu auserkoren, seinen Kollegen zu ersetzen. Ihm oblag auch die Entscheidung, wie der Prozess fortgesetzt werden sollte. Am 7. August 2002, Beliveau hatte die Situation eine Woche lang analysiert, sah er sich dazu genötigt, den angefangenen Prozess zu beenden und mit neuen Geschworenen von vorn zu beginnen. Ehe er seine Entscheidung traf, sprach er mit den Geschworenen, von denen sich einige verbittert über Boilards Rücktritt und vor allem über die Dauer des Verfahrens zeigten. Aufgrund von Erkrankungen war die Zahl der Geschworenen zu diesem Zeitpunkt bereits auf zehn geschrumpft.

Unterdessen rief Boilards Beschluss, den Prozess abzugeben, den Vorsitzenden des Obersten Rechnungshofes von Kanada auf den Plan, der die glorreiche Idee hatte, jenes Gremium mit der Überprüfung zu beauftragen, dessen Kritik Boilards Schritt erst ausgelöst hatte. Ein solches Verfahren war in der 30-jährigen Geschichte des Richterrates zuvor erst vier Mal eingeleitet worden. Monate später kam der Rat zu dem Urteil, dass Boilard unangemessen reagiert hatte, weil das Vorgehen des Rates keinen Anlass geboten hätte, den Prozess abzugeben.

„Die Entscheidung entspricht nicht dem, was ein Richter, der sich um eine angemessene Rechtspflege, um Besonnenheit und Gleichmut bemüht, der Öffentlichkeit vermitteln sollte", heißt es in dem Abschlussbericht des Rates. „In Würdigung aller Umstände stellen wir fest, dass ihm der fragliche Vorfall die Ausübung des ihm übertragenen Amtes weder unmöglich noch unbillig gemacht hat ... Daher können wir die Ablösung von Richter Jean-Guy Boilard nicht empfehlen."

Bis der nächste Prozess begonnen werden konnte, verging viel Zeit, die einige der Angeklagten dafür nutzten, ihre Verteidigungsstrategie zu überdenken.

Außergerichtliche Absprachen

Am 18. November wurde die Zahl der Angeklagten, die einst 17 Mitglieder der Hells Angels und der Rockers umfasst hatte, auf jene neun Männer reduziert, die sich nicht auf ein Schuldeingeständnis eingelassen hatten. Staatsanwältin Madeleine Giaque stand vor Richter Beliveau und fasste den Fall im Rahmen ihres Plädoyers kurz zusammen.

„Mehr als fünf Jahre lang sah sich die Polizei mit einem Krieg zwischen verfeindeten Banden konfrontiert, in dem es um die Vormachtstellung im Drogenhandel in der gesamten Provinz Quebec, vor allem aber in den Straßen Montreals ging", sagte Giauque, ehe sie in groben Zügen die Methoden umriss, die die Polizei bei ihren Ermittlungen benutzt hatte.

„Die Ermittlungen ergaben, dass die Hells Angels Nomads die Spitze einer hierarchischen Organisation bildeten und Drogen in beispiellosen Mengen auf den Markt brachten. Dabei handelte es sich hauptsächlich um Kokain und Haschisch, aber auch um Ecstasy und andere Drogen, die von den Hells Angels bis in den letzten Winkel der Provinz vertrieben wurden. Einzige Ausnahme war Sherbrooke." Dann kam sie auf die Auswertung zu sprechen, die Luc Laundry von der Sûreté angefertigt hatte. Er bezifferte den Reingewinn des Nomads Charters auf 4.500 Dollar pro Kilogramm Kokain und 817 Dollar pro Kilogramm Haschisch.

„Aus der Studie geht zudem hervor, dass in einem Zeitraum von 39 Tagen, am Ende des Jahres 2000, 115 Kilo Haschisch und 452 Kilo Kokain verkauft wurden, was einen durchschnittlichen täglichen Absatz von 11,5 Kilo Kokain und drei Kilo Haschisch bedeutet. Diese Zahlen belegen die Bedeutung der Organisation … Um ihr Einflussgebiet zu sichern und zu vergrößern", so Giauque weiter, „beschlossen die Hells Angels, ihre Konkurrenten mit allen zur Verfügung stehenden Mitteln auszuschalten, egal ob auf friedlichem Wege, durch Übernahme, durch Gewaltandrohung oder gar Mord … Wer sich der Organisation anschließen wollte, musste ihre Werte und Ziele teilen – den Erhalt und Ausbau des Einflussgebietes mit allen gebotenen Maßnahmen", so die Staatsanwältin.

„Die Rockers haben zwar nicht selbst gemordet, waren aber mittelbar an dem Krieg beteiligt, indem sie Informationen über den Gegner zusammentrugen, den Personenschutz für das Nomads Charter übernahmen, als Drogenkuriere fungierten oder zehn Prozent ihrer Einnahmen aus illegalen Geschäften abführten, damit Waffen und Autos beschafft, einsitzende Mitglieder unterstützt und im Falle von Verhaftungen Anwälte bezahlt werden konnten."

Weil sie sich an jenem Tag schuldig bekannten, mussten sechs Angeklagte davon ausgehen, mindestens die Hälfte ihrer Strafe absitzen zu müssen, ehe sie die Chance bekämen, auf Bewährung entlassen zu werden. Frau Giauque fuhr derweil fort, das Ausmaß der Beteiligung jedes Einzelnen detailliert darzulegen. Denkt man an spätere Prozesse, wirken die Strafen eher mild, aber Giauque musste eingestehen, dass man den sechs Angeklagten, die an diesem Tag ihr Urteil erwarteten, keine unmittelbare Beteiligung an einem Mord nachweisen konnte.

Kenny Bedard, Vollmitglied der Rockers, gestand, an den Planungen für einen Mord, am Drogenhandel und an weiteren Straftaten beteiligt gewesen zu sein. Im April 1997 hatte er sich den Rockers als Hangaround angeschlossen, und nur wenige Monate später war er wegen des Verdachts festgenommen worden, einen Mordanschlag vorzubereiten. Man fand bei ihm eine Luger-Pistole, eine Maske und Dokumente mit persönlichen Informationen über mehrere Mitglieder der Rock Machine, darunter Peter Paradis, Simon Lambert und Nelson Fernandez. Bei der gewaltsamen Ausweitung der Hells Angels auf westliche Bereiche von Montreal Island wie Verdun und Lasalle war Bedard ein williger Helfer. Im März 1998 hatte er seine Vorgesetzten genug beeindruckt, um zum Vollmitglied der Rockers ernannt zu werden.

Frau Giauque wies darauf hin, dass Bedard zu den acht Männern gehörte, die am 15. Februar 2001 verhaftet wurden, als Mitglieder der Rockers und des Nomads Charter dabei überrascht wurden, wie sie sich Aufnahmen führender Mitglieder der Alliance ansahen. Bedard hatte mit einer geladenen .357 Magnum vor dem Hotel Schmiere gestanden. Auf Grundlage zuvor getroffener Absprachen wurde Bedard, der bereits seit März 2001 hinter Gittern saß, zu weiteren zehneinhalb Jahren Gefängnis verurteilt.

Maurice „Mom" Bouchers Sohn Français bekannte sich in denselben Anklagepunkten schuldig wie Bedard. Am 28. Sepxtember 1998 war er zum „Striker" der Rockers, der ersten Stufe zu einer späteren Mitgliedschaft, ernannt worden, am 26. März 1999 zum Vollmitglied. Giauque zufolge war Bouchers Sohn an einer Verschwörung beteiligt, die die Ermordung von Mitgliedern der Alliance zum Ziel hatte. Sie merkte an, dass die Polizei bei ihm zu Hause Fotos der potenziellen Opfer gefunden hatte. Français Boucher wurde zu einer Strafe von zehn Jahren Gefängnis verurteilt, gerechnet ab dem Tag seines Geständnisses.

„Bei Mr. Brunetti liegen die Dinge etwas anders", sagte Frau Giauque in ziemlicher Untertreibung. Salvatore Brunetti war einer Anklage wegen Mordes entgangen und bekannte sich lediglich des Drogenhandels und weiterer gemeinschaftlich begangener Verbrechen für schuldig. Die Polizei konnte keinen Beweis dafür erbringen, dass er an einem geplanten oder ausgeführten Mord beteiligt war, so Frau Giauque.

Brunetti war Mitglied des Dark Circle, bis er im Dezember 2000 als einer der Ersten beschloss, das befristete Angebot der Hells Angels zum Übertritt anzunehmen und dafür die Alliance zu verlassen. Als die

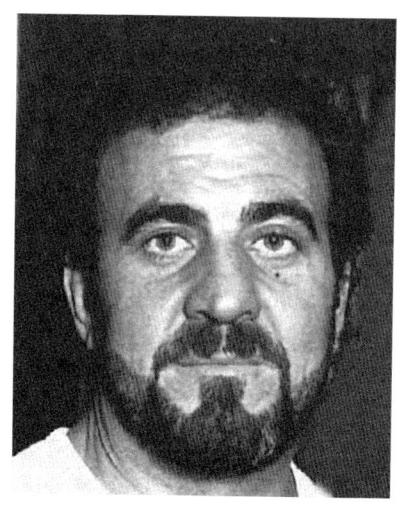
Salvatore Brunetti

„Operation Springtime" begann, war er erst wenige Monate Mitglied der Nomads.

„Zwischen 1995 und 1997 war Mr. Brunetti nachweislich weder an Mordplänen noch am Drogenhandel beteiligt. Zu diesem Zeitpunkt gehörte er einer anderen Gruppe an", erklärte Frau Giauque und fügte hinzu, dass sich Brunetti den Hells Angels während eines kurzen Waffenstillstands im Bikerkrieg angeschlossen hatte.

Nachgewiesen hingegen war, dass Brunetti sehr bald von seiner Mitgliedschaft im Nomads Charter profitierte. Er hatte ein Konto bei der Nomads-Bank, und bei einer Durchsuchung der Büroräume am 30. Januar 2001 konnte die Polizei ihm 70.000 Dollar zuordnen, die in der Buchhaltung des Clubs auftauchten. Bei ihm zu Hause fanden die Beamten in einem Safe 3.000 US-Dollar und mehr als 10.000 kanadische Dollar in bar sowie eine geladene Pistole. Weil er am Bikerkrieg nur am Rande beteiligt gewesen war, kam er mit einer Strafe von drei Jahren Gefängnis davon.

Brunettis Wechsel von der Alliance zu den Hells Angels war insofern bemerkenswert, als dass nur fünf Jahre zuvor das Gerücht kursierte, dass er auf der Abschussliste der Nomads ziemlich weit oben stand, wenn nicht gar an Nummer eins. Sie hielten ihn für einen der Hauptfiguren der Alliance. 1994 war er zusammen mit einem Dutzend anderer Männer, darunter einige mit Verbindungen zur Rock Machine, im Zusammenhang mit Drogenhandel und Verschwörung verhaftet worden, zu einer Anklage gegen ihn reichte es jedoch nicht. Im Herbst 2004, nachdem er zwei Drittel der Strafe, die aus dem „Projekt Rush" resultierte, abgesessen hatte, wurde er auf freien Fuß gesetzt. Das Gesetz ließ nichts anderes zu, obwohl Justizbeamte der Auffassung waren, dass seine Haltung zum organisierten Verbrechen hinter Gittern dieselbe geblieben war. Immerhin wurde ihm für das verbleibende Jahr untersagt, Kontakt zu Kriminellen aufzunehmen und einen Pager oder ein

Handy zu benutzen. Von denen, die im Zuge des „Projektes Rush" im Gefängnis landeten, war Brunetti einer der Ersten, die es wieder verlassen durften.

Wie Brunetti war auch Stephan Jarry nicht lange bei den Rockers gewesen. Er war von dem Club angeworben und am 24. August 1999 als einer von fünf erfahrenen Drogenhändlern, mit deren Hilfe die Hells Angels ihre Position im westlichen Montreal stärken wollten, Vollmitglied geworden.

Ehe er zu den Rockers stieß, hatte die höchste Strafe, zu der er je verurteilt worden war, drei Jahre Gefängnis gelautet. Grund war eine Reihe von bewaffneten Überfällen, die er in den frühen 1980er Jahren begangen hatte. Laut Staatsanwältin Giauque gab es Beweise dafür, dass Jarry an mehreren Morden beteiligt war. Zudem gehörte er zu jenen Männern, die am 28. März 2001 dabei erwischt wurden, wie sie sich über Fotos von Mitgliedern der Alliance beugten, die aus dem Besitz der Sûreté von Quebec stammten.

Obwohl manche Rockers Jarry ablehnten, weil sie ihn nicht freiwillig aufgenommen hatten, fungierte er eine Zeitlang als Schatzmeister des Clubs. Und Faucher behauptete gegenüber der Polizei, dass Jarry im Auftrag des Clubs eine halbautomatische Waffe beschafft und von seinem Anteil am Drogengeld bezahlt hatte. Aus anderen Informationen glaubte die Polizei zu wissen, dass er monatlich bis zu zehn Kilo Kokain umsetzte.

Doch Jarry hatte auch selbst dafür gesorgt, dass belastendes Material gegen ihn zusammenkam. Im Zuge des „Projektes Rush" hatte die Polizei sein Auto verwanzt und ein Gespräch mitgehört, in dem er die Haltung der Hells Angels gegenüber Mitgliedern der Rock Machine mit der eines Jägers zu einem gejagten Tier verglich. Jarry gestand dieselben Straftaten wie Brunetti, aber am Ende blieb für ihn immer noch eine Strafe von elf Jahren Haft, die Zeit, die er schon abgesessen hatte, nicht mitgerechnet.

Vincent Lamer, einer der sechs Männer, die sich gegenüber Richter Beliveau schuldig bekannt hatten, war als Mitglied der Rowdy Crew mehrfach verhaftet worden. Inzwischen nahm er seine Festnahmen so gelassen auf, dass er bei einer Gelegenheit einen Beamten bat, ein neues Fahndungsfoto von ihm aufzunehmen, weil ihm das alte, das in mehreren Zeitungen abgedruckt gewesen war, nicht mehr gefiel.

Lamer hatte die Rowdy Crew, die den Hells Angels als Zuträger dienten, verlassen und sich den Rockers angeschlossen. Am 2. März 2000 war er zum Striker ernannt worden und nicht einmal zwei Wochen später bereits Vollmitglied. Einen Monat lang war er sogar Präsident eines Charters der Rockers. Im Dezember 2000 stieg er zum Anwärter des Nomads Charters auf, wurde im Monat darauf aus unbekannten Gründen aber zu den Rockers zurückgeschickt. Weil er sich in diesem Club stark engagiert hatte, hielt Frau Giauque eine hohe Strafe für angemessen. Sie erinnerte daran, dass die Polizei bei der Durchsuchung seines Hauses zwei Videobänder gefunden hatte, aus denen hervorging, dass die Hells Angels ein Attentat auf Sun Chin Kwon planten, einem Mitglied der Rock Machine und erfahrenen Kampfsportler. Lamer wurde zu zehneinhalb Jahren Gefängnis verurteilt, die am Tag seines Schuldeingeständnisses begannen.

Pierre Toupin bewegte sich seit April 1997 im Umfeld der Rockers und wurde am 20. März 1998 zum Vollmitglied ernannt. Am 16. Dezember 1999 wurde er suspendiert und am 3. April 2000 rehabilitiert. Staatsanwältin Giauque warf ihm vor, für die Rockers Wachdienste übernommen, an Kirchgängen teilgenommen, vor allem aber im Auftrag des Clubs Kokain verkauft zu haben. Während der Untersuchungen hatte die Polizei ein Gespräch mitgehört, in dem Toupin ankündigte, sich ein Speedboot zu kaufen und in Sorel ein Haus zu bauen. Er wurde zu elf Jahren Gefängnis verurteilt.

Dies war die erste Gruppe von Männern, die sich auf eine Absprache mit der Staatsanwaltschaft einließen. Es sollten nicht die Letzten gewesen sein.

Der Prozess gegen die Profiteure

Das Verfahren unter der Leitung des Richters Réjean Paul, der ursprünglich sämtliche Anklagen hatte verhandeln sollen, zog sich über mehrere Monate hin. In dieser Zeit versammelten sich die Verteidiger mehrfach hinter verschlossenen Türen des eigens erbauten Gerichtsgebäudes zurück, um die Bedingungen für außergerichtliche Absprachen zu diskutieren. Über mehrere Wochen trafen sie sich auch regelmäßig mit dem Richter, mitunter sogar nach einem langen und anstrengenden Verhandlungstag.

Der Prozess kam zum Stillstand, als einige der Angeklagten ihren Willen bekundeten, unter der Bedingung ein Geständnis abzulegen, dass die Mordanklage fallen gelassen wurde. Am 23. September 2003 informierte der Staatsanwalt André Vincent Richter Paul darüber, dass er sich mit den Angeklagten auf ein Strafmaß geeinigt hatte. Für Vollmitglieder des Nomads Charters sah die Absprache 20 Jahre Haft vor, für Anwärter 18 und für Mitglieder der Rockers 15 Jahre.

„Wir müssen auch die Zeit vor 1995 bedenken, also die Zeit vor dem Beginn des Bikerkrieges, und die Zeit nach 2001. Wie war die Situation in Quebec? Ich glaube nicht, dass durch die Verhaftung der Angeklagten der Drogenhandel in Quebec und vor allem in Montreal zum Erliegen gekommen ist", sagte Vincent. „Bis 1994 gab es verschiedene Gruppen und Einzelpersonen, die weitgehend unabhängig voneinander mit Drogen handelten."

Dann beschrieb der Staatsanwalt, dass das Nomads Charter nach dem Ende des Bikerkrieges in Montreal als Dealer nur Hells Angels aus anderen Chartern und die Mafia duldete. Um Richter Paul den Schritt zu erleichtern, der Absprache zuzustimmen, listete er andere Verschwörungen auf, an denen die Hells Angels beziehungsweise die Rockers beteiligt waren und mit denen sich die Geschworenen würden befassen müssen, wenn der Prozess fortgesetzt würde. Er erinnerte daran, dass sich die Hells Angels Informationen über ihre Feinde durch Bestechung von zwei Männern besorgt hatten, die Zugang zu den Daten des Zentralverbands der Autoversicherer hatten. Die beiden erhielten vom Club die Namen und ermittelten dann die dazu passenden Autokennzeichen und Adressen. Auf demselben Weg waren Informationen über den Journalisten Michel Auger vom «Journal de Montréal» beschafft worden, kurz bevor er auf dem Parkplatz des Verlages erschossen wurde.

Jean-Guy Bourgoin, einer der Rockers, die an diesem Tag verurteilt wurden, hielt den Kontakt zu den beiden Männern, die die Informationen beschafften. Vincent zufolge ließ sich auf zwei Wegen beweisen, dass Bourgoin diese Informationen gekauft hatte. Der eine führte über Stéphane Sirois, der bezeugte, er habe gehört, wie Bourgoin gegenüber einem Dritten geprahlt hatte, dass er nur das Autokennzeichen benötige, um jede gewünschte Information über eine beliebige Person zu beschaffen.

„Der zweite Weg führt über Erkenntnisse, die nach der Verhaftung von Ginette Martineau und Raymond Turgeon gewonnen wurden. Ginette Martineau war bei der Vereinigung der Automobilversicherer von Quebec SAAQ beschäftigt, und Raymond Turgeon, ihr Freund, stellte ihr Angaben zur Verfügung, mit deren Hilfe sie Informationen über die entsprechenden Personen ausfindig machte." Martineau erhielt für jede Information 200 Dollar.

Turgeon wurde zu fünf Jahren Haft verurteilt. Martineau erhielt etwas mehr als zwei Jahre, weil sie Informationen an die Hells Angels verkauft hatte, die dem Club beim Mord an mehreren Rivalen behilflich waren.

„Der einzige Daseinsgrund dieser Gruppen war es, sich am Drogenhandel zu beteiligen", sagte Vincent unter Bezug auf Dinge wie den Kirchgang der Hells Angels und den Umstand, wie sehr die Entdeckung der Nomads-Bank das „Projekt Ocean" befördert hatte. „Es verschaffte der Polizei die Möglichkeit, ein Geschäft aufzudecken, bei dem es nicht um Kleinigkeiten ging, sondern um erhebliche Mengen und Gelder." Um zu unterstreichen, wie planvoll und durchdacht die Hells Angels vorgegangen waren, wies Vincent darauf hin, dass im Zuge des „Projekts Ocean" zwar Drogengelder beschlagnahmt und Kunden sowie Lieferanten identifiziert werden konnten, bis dato aber keines der Drogenverstecke ausfindig gemacht werden konnte, die in den Büchern erwähnt wurden.

„Die kriminelle Organisation war so aufgebaut, dass die jeweiligen Zuständigkeiten der Mitglieder streng getrennt waren. Von Informanten wissen wir, dass ein Kunde, der Drogen bestellen wollte, Kontakt zu einer Person aufnehmen musste, die nicht zu jener Gruppe gehörte, die die Drogen lieferte oder transportierte", so Vincent. „Und was die Umsätze betrifft, reden wir hier von Dimensionen, die ein Unternehmen mittlerer Größe unmöglich erreicht. In einem Zeitraum von 39 Tagen betrugen sie bis zu 18.104.000 Dollar. Das entspricht einer verkauften Menge von 452 Kilo Kokain und 115 Kilo Haschisch."

In seinem Schlussplädoyer erwähnte Vincent ein interessantes Detail, das Normand Robitaille und die Mafia von Montreal betraf. Bei einem Treffen mit den Rockers am 4. Juli 2000 in einem Restaurant soll Robitaille den rangniederen Bikern gesagt haben, dass neue Gebiete im Drogenhandel zu vergeben und zu besetzen seien. Dann erklärte er, dass der geltende Preis für ein Kilo Kokain auf 50.000 Dollar festgesetzt worden war. Vincent betonte, dass Robitaille erst kurz zuvor bei einem Treffen mit Vito Rizzuto in einem Montrealer Restaurant namens Onyx beobachtet worden war.

Von links nach rechts: Gregory Wooley, Pierre Provencher, Sylvain Laplante, René Charlebois, Guillaume „Mimo" Serra, Jean-Guy Bourgoin, Ronald „Popo" Paulin und Daniel Lanthier.

„Ein junger Dealer, der beschließt, sich ab sofort sein eigenes Revier zu sichern, der sich an die Kreuzung Sainte-Catherine und Saint-Laurent stellt und sich denkt: Es könnte sich lohnen, hier mit Drogen zu handeln. Also versuche ich es mal – wie lange würde der dort stehen? Von Zeugen, die sich uns als Informanten zur Verfügung gestellt haben, wissen wir: Zehn Minuten wäre ein außergewöhnlich hoher Wert", so Vincent.

„Die Rockers wurden 1992 gegründet. Mr. Maurice Boucher, der dem Hells Angels Charter Montreal mit Sitz in Sorel angehörte, brachte die Rockers nach Montreal. 1995 gründeten einige Hells Angels aus Montreal und aus Trois Rivières das Nomads Charter. Danach steigt die Zahl der Männer, die sich zum Club hingezogen fühlen, im Wort- wie im übertragenen Sinn explosionsartig."

Um dazuzugehören, war vor allem bedingungslose Loyalität nötig, wie der Staatsanwalt André Vincent mit einem Video von René Charlebois' Hochzeit nachwies. Während des Empfangs versicherte Charlebois seinen Gästen, dass sein Herz und sein Blut den Hells Angels gehöre.

„Der Club kommt vor allem und allen anderen", erläuterte Vincent, „und wenn es die Interessen des Clubs erfordern, einen Menschen zu eliminieren, dann dürfen sich jene, die die Aufgabe übernehmen, des Danks und der Anerkennung gewiss sein."

Der Staatsanwalt sagte, dass sich das bei einem Kirchgang der Rockers im April 2000 bestätigt habe, als Vincent Lamer verkündete, dass es neue Regeln dafür gab, wie sich jemand vom Hangaround in der Hierarchie nach oben arbeiten konnte. Einer der Punkte besagte, dass jemand, der einen Feind des Clubs eliminiert hatte, die achtmonatige Probezeit überspringen und sofort Mitglied werden konnte. Vincent wies auch darauf hin, dass Daniel Lanthier, ein Mitglied der Rockers, der unter den Angeklagten saß und eine Firma besaß, die Pager herstellte, die Möglichkeit hatte, die Pagernummern von Rivalen der Hells Angels herauszufinden. Die Behörden gingen davon aus, dass der Club dieses Wissen genutzt hatte, um ahnungslose Dealer in eine tödliche Falle zu locken.

Die Rolle von René Charlebois

Neben Maurice „Mom" Boucher war es vor allem René Charlebois, dessen Name im Zusammenhang mit nahezu jeder größeren Straftat fiel, die in den verschiedenen Prozessen zur Sprache kam. Er schien an allem beteiligt gewesen zu sein, auch an Bouchers Plan, zwei Gefängnisaufseher zu töten, dem Versuch, in Verdun einen Hangaround der Rock Machine in die Luft zu jagen, und an mehreren Morden.

Laut Aussagen eines Informanten begann Charlebois seine Karriere als Drogendealer kurz vor Beginn des Bikerkrieges in einem Restaurant in Hochelaga Maisonneuve, von wo aus er Pizzas, Jumbosandwiches und Kokain lieferte. Im April 1997 wurde er offiziell ein Rocker, aber im Umfeld des Clubs verkehrte er schon sehr viel länger. Es war aufgefallen, dass Charlebois bereitwillig zehn Prozent seiner Einnahmen an den Club ablieferte, obwohl er als Striker nicht dazu verpflichtet war. Stéphane „Godasse" Gagné, der gegen Ende des Jahres 1997 Informant wurde, behauptete, dass Charlebois ihn gebeten hatte, Fotos von Martin Dupont zu machen, und ihm später für den Mord an Dupont 10.000 Dollar geboten hatte. Zu Beginn des Bikerkrieges waren

Dupont und einige andere Männer verhaftet worden. Die Festnahme stand im Zusammenhang mit dem Diebstahl von Dynamit, der der Rock Machine angelastet wurde. Dupont wurde später tatsächlich in Montreal ermordet.

Im Januar 1999, etwa fünf Monate bevor Charlebois Anwärter des Nomads Charter wurde, wurde er selbst Ziel eines Mordanschlages. Er ereignete sich, als Charlebois mit seinem Wagen hinter einer Bar parkte, in der die Rockers verkehrten. Er wurde nur leicht verletzt und erklärte einem der Anwälte der Hells Angels, dass er nicht die Absicht habe, sich in der Sache an die Polizei zu wenden.

Als Charlebois am 5. August 2000 heiratete, war er bereits Vollmitglied des Nomads Charters. Seine Hochzeit sorgte für erhebliches Aufsehen in Quebec, weil es den Hells Angels gelungen war, Ginette Reno und Jean-Pierre Ferland zu verpflichten, zwei populäre Sänger, die bei der Feier auftraten. Dass Charlebois einst seinen Lebensunterhalt mit der Auslieferung von Pizzas und kleinen Mengen Kokain verdienen musste, war unterdessen nur mehr eine ferne Erinnerung. Zeugen zufolge war er ein wichtiger Drogendealer der Hells Angels in Hochelaga Maisonneuve, jenem Stadtteil, in dem Bouchers Traum von einem Monopol seinen Ausgang genommen hatte.

Informanten berichteten auch, dass Charlebois eng mit Robitaille, Paul „Fon Fon" Fontaine und Robert Johnson zusammenarbeitete. Letzterer war ein Mitglied der Rockers, der der Verhaftung im Zuge des „Projektes Rush" nur entging, weil er ohnehin hinter Gittern saß. In den Frühzeiten des Bikerkrieges waren Johnson und Stéphane Blaquiere, der ebenfalls zu den Rockers gehörte, verhaftet worden, als sie 350 Kilogramm Kokain verkaufen wollten. Bei der Durchsuchung von Johnsons Wohnung wurden mehr als ein Kilo des Sprengstoffes Syntex sowie 15 Zünder gefunden.

Der Prozess unter Leitung von Réjean Paul wurde mehrfach verzögert, so auch durch Charlebois' Zähne. Einmal bat er um eine Verhandlungspause, weil im die Implantate Schmerzen bereiteten. Von den vielen Verzögerungen frustriert, bat Paul Charlebois um Geduld, während man sich hinter den Kulissen bemühte, einen Zahnarzt zu finden, der bereit war, ins Bordeaux-Gefängnis zu kommen und Charlebois zu behandeln. Paul erteilte dem leidenden Hells Angels sogar einen Rat: „Nichts hilft besser als 600 Milligramm Motrin."

Noch mehr außergerichtliche Absprachen

Ein Mitglied der Rockers, der sich vor Richter Réjean Paul schuldig bekannte, war Sylvain Laplante. Ehe er zu den Rockers stieß, war Laplante Vizepräsident eines Clubs mit dem Namen Pirates, der in Valleyfield beheimatet war, einer kleinen Stadt westlich von Montreal, unweit der Grenze zu Ontario. Die Pirates wurden von Gilles „Trooper" Mathieu angeführt, der 1995 vom Hells Angels Charter Montreal zum Nomads Charter wechselte. Laplante folgte Mathieu und wurde am 25. August 1999 Mitglied der Rockers. Zu diesem Zeitpunkt hatte er bereits mehrfach im Gefängnis gesessen, weil er aus einer Bar in Valleyfield heraus mit Dogen handelte.

Pierre Provencher war schon Ende vierzig, als er 1994 zu den Rockers stieß. Dank seines Alters übte er einen väterlichen Einfluss auf die jüngeren, häufig nur halb so alten Mitglieder aus. Einmal hörte die Polizei mit, wie er jemandem, der unbedingt zu den Hells Angels wollte, erklärte, dass er dafür dem Club zunächst einmal drei Jahre lang rund um die Uhr zur Verfügung stehen müsste. Und wenn einer im Gefängnis saß und wissen wollte, was sich im Club tat, rief er Provencher an. Bei solchen Gesprächen wirkte er stets freundlich und zugewandt, was nicht so recht zu dem rauchenden Totenschädel passen wollte, den er auf den linken Arm tätowiert hatte.

Provencher hatte schon mit Drogen gehandelt, bevor er sich den Rockers anschloss. 1982 war er wegen Drogenbesitzes zu sechs Jahren Gefängnis verurteilt worden. Seine Familie war sich darüber bewusst, welches Leben er führte. Einmal hörte die Polizei mit, wie seine Frau mit den Frauen und Freundinnen anderer Rockers über Erfolge und Misserfolge des Clubs diskutierte. Auf einer Aufnahme vom 29. März 2000 war zu hören, wie sie am Telefon über die Vorbereitung der Erstkommunion ihres elfjährigen Sohnes sprach. Sie erzählte ihrem Gesprächspartner, dass der Pfarrer ihren Sohn gefragt habe, ob er an Gott glaubt, und er habe geantwortet, dass er an die Rockers glaubt. Zudem berichtete sie, das ihr Sohn plane, an seiner Schule ein Charter der Rockers zu gründen. Als ihr Gesprächspartner scherzhaft fragte, ob der Junge schon eine Jacke der Rockers trage, erwiderte Provenchers Frau ernst, sie wolle nicht, dass ihr Kind kriminell wird.

Laut Aussagen eines Informanten verdiente Provencher mit dem Verkauf von Drogen für die Hells Angels in Verdun pro Jahr zirka 60.000 Dollar. Er blieb auch während des Bikerkrieges bei den Rockers, obwohl viele Jüngere ihn in der Clubhierarchie überholten. Aus abgehörten Gesprächen wusste die Polizei, dass sich viele Mitglieder fragten, warum es Provencher nie zu einem Hells Angels gebracht hatte. Doch der schien mit seinem Leben zufrieden. Er legte sich eine Farm unweit von Montreal zu, auf der Ahornsirup produziert wurde, und veranstaltete dort rauschende Clubpartys. Und auch Bouchers Respekt schien er sich sicher sein zu können.

Letzteres galt auch für Guillaume „Mimo" Serra. Informanten behaupteten, dass er bereits im Juli 1995 auf Betreiben Bouchers Mitglied der Rockers wurde. Zwei Monate zuvor war er einer Verurteilung wegen des Handels mit Kokain entgangen, obwohl er auf dem Saint-Laurent Boulevard auf frischer Tat erwischt worden war. Ein Streifenpolizist hatte gesehen, dass Serra auf der viel befahrenen Straße in zweiter Reihe geparkt hatte. Als er näherkam, sah er Serra und einen Kunden. Er zog die Waffe und forderte die beiden auf, sich nicht vom Fleck zu rühren. Bei der Durchsuchung des Wagens fanden sich später 42 Gramm Kokain. Serra galt als wichtiger Lieferant, der die Hells Angels mit Kokain versorgte. Zudem wurde ihm nachgesagt, dass er für den Club nach neuen Routen für den internationalen Drogenschmuggel Ausschau hielt. Kurz nach seiner Aufnahme bei den Rockers berichtete Dany Kane der RCMP, dass Serra enge Kontakte zur Mafia pflegte und die Villa eines einflussreichen Mitglieds der Rizzuto-Clans nördlich von Montreal gekauft hatte.

Dany Kane zufolge hat sich Serra einmal bei Maurice „Mom" Boucher nach der Möglichkeit erkundigt, für die Rockers Heroin zu verkaufen. Kane berichtete seinen Kontaktbeamten, dass Boucher mit Nachdruck auf die Regel der Hells Angels hinwies, laut der der Umgang mit oder der Konsum von Heroin strikt untersagt sei. Boucher sagte aber auch, dass er nicht alles wissen müsse, was Serra tat.

Obwohl Serra bei seiner Festnahme erst seit wenigen Monaten Anwärter des Nomads Charters war, forderte Staatsanwalt Vincent für ihn eine Strafe von 18 Jahren Haft. „Entscheidend für die juristische Bewertung ist weniger die Frage, wie lange Mr. Serra den Hells Angels angehörte, als vielmehr die, wie er dazu kam. Mitglied dieser Organisation wird man nicht, weil man sich dazu entscheidet, sondern weil man aufgrund bestimmter Eigenschaften dazu ausgewählt wird." Vincent berichtete, ein Informant hätte behauptet, dass Serra für die Hells Angels im Monat zirka 80 Kilogramm Kokain umsetzte. Er galt als Vorbild, dem andere Rockers nacheifern sollten.

Serras Anwalt Gerald Souliere war der Ansicht, dass sein Mandant ungerecht behandelt wurde, vor allem, weil er nur wenige Monate Anwärter gewesen war, und das zu einer Zeit, in der die Hells Angels mit den Bandidos Frieden geschlossen hatten.

„Mein Mandant wurde 1965 geboren, ist heute also 38 Jahre alt. Mit 30 Jahren ist er zu den Rockers gestoßen. Von den Angeklagten ist er

nicht der jüngste, aber doch einer der Jüngeren", sagte Serras Verteidiger. Sollte die Strafe mehr als zehn Jahre betragen, würde Serra sie in Donnacona absitzen müssen, einem Hochsicherheitsgefängnis unweit von Quebec City, wo ihm der Kontakt zu seiner Familie unmöglich wäre. Richter Paul machte sich einige von Soulieres Argumenten zu

Von links nach rechts: André Couture, Normand Robitaille, Pierre Provencher und Bruno Lefebvre.

eigen und verurteilte Serra zu 15 Jahren Gefängnis, dieselbe Strafe, die die Mitglieder der Rockers erhielten. Dafür befand Paul, dass Vollmitglieder des Nomads Charter schwerer bestraft werden sollten. Deshalb verurteilte er Hells Angels wie Robitaille, Charlebois, Houle und Mathieu zu 20 Jahren Haft.

Mit einigen der Biker, die sich an jenem Tag schuldig bekannt hatten, waren die Behörden aber noch nicht fertig. Und bei manchem stellte sich noch die Frage, was aus den Vermögenswerten werden sollte, die nach ihrer Verhaftung beschlagnahmt worden waren.

Der Prozess geht weiter

Besonders interessierten sich die Vertreter der Provinz für die Pläne Normand Robitailles, mit dem Drogengeld eine Existenz als Immobilienmakler aufzubauen. Unterlagen, die diese Pläne belegten, fielen der Polizei am 27. Juni 1998 in die Hände, als sie in einer Brasserie in Greenfield Park einen Koffer beschlagnahmen konnte, der Robitaille gehörte. Darin befand sich ein dreiseitiges Dokument mit dem Titel „Real Estate Action Plan", in dem Details zu möglichen Neubauten und dem Kauf von Immobilien durch Cogesma aufgelistet waren, einer Firma, die Robitaille nutzte, um Geld zu waschen. Aus den Unterlagen erfuhr die Polizei, dass Robitaille mit einem Eigenkapital zwischen 200.000 und 300.000 Dollar eine Immobilie im Wert von 1,5 Millionen Dollar kaufen wollte.

Vor seiner Ermordung durch die Hells Angels hatte der Informant Claude de Serres der Polizei berichtet, dass sich Robitaille beim Kauf von Immobilien Strohmännern bediente. De Serres selbst hatte auf diese Weise ein Apartmenthaus in Longueuil und ein Bürohaus an der Sainte-Catherine Street in Montreal erworben. Robitaille stand zudem im Verdacht, die Mutter von Patrick Pepin, eines Hangarounds der Rockers, vorgeschickt zu haben, um für 200.000 Dollar eine Immobilie zu erstehen. Pepin war Mitglied der Scorpions, bis Maurice „Mom" Bouchers Sohn Françis persönlich für ihn bürgte und ihn zu den Rockers holte. Die Polizei hatte Beweise dafür, dass Pepin für Robitaille als Bote arbeitete. Doch anders als die meisten andern Hells Angels und Rockers, deren Vermögen im Zuge des „Projekts Rush" beschlagnahmt worden war, war Robitaille nicht bereit, sein kleines Imperium kampflos aufzugeben. Während die meisten Biker einem außergerichtlichen Vergleich zustimmten, strengte Robitaille ein Verfahren gegen die Provinzregierung an, das sich über Monate hinzog.

Schließlich urteilte Richter Paul, dass die Regierung Anspruch auf 500.000 Dollar aus Robitailles Vermögen hatte. In seinem Urteil vom 24. März 2005 heißt es, dass die Firma Cogesma Inc. dafür benutzt wurde, Robitaille ein Gehalt auszuzahlen, auf dessen Grundlage er seine Steuererklärung machen konnte, und sein Geld aus illegalen Einnahmen zu waschen. Paul ordnete die Konfiszierung von 199.980 Dollar Bargeld an, die die Polizei in einem von Robitailles Häusern in einer

Sporttasche gefunden hatte, sowie weiterer Summen, die auf diversen Konten lagen.

Paul urteilte aber auch, dass Robitaille das Haus in La Prairie, in dem er vor der Verhaftung mit seiner Frau, der Anwältin Annie-Sophie Bedard, gelebt hatte, behalten durfte. Denn auch wenn die Umstände, unter denen er es 1995 auf seine Frau überschrieben hatte, mysteriös waren, rechtfertigten sie nicht die Enteignung.

Das galt auch für einige Immobilien, an die Robitaille durch Strohmänner wie De Serres gelangt war. Zu dem Besitz, der konfisziert wurde, kam eine Geldstrafe über 49.000 Dollar hinzu. Damit sollten Vermögenswerte von 200.000 Dollar ausgeglichen werden, derer die Polizei nicht hatte habhaft werden können. Zu diesem Posten zählte auch Robitailles Harley-Davidson, deren Wert auf 26.000 Dollar geschätzt wurde. Und schließlich packte Paul auf Robitailles Strafe von 20 Jahren Haft ein weiteres Jahr obendrauf. Als die Urteilsbegründung endete, lag auf Robitailles Gesicht ein breites Lächeln, das von einem Ohr zum anderen reichte. Dass er soeben eine halbe Million Dollar eingebüßt hatte, schien ihn nicht zu jucken. Auf der Anklagebank sitzend, hob er die mit Handschellen gefesselten Hände und beglückwünschte seine Verteidiger zu ihrer Arbeit.

8. Kapitel

Stéphane Sirois:
Ein Insider als Informant

„Im Bikerkrieg ging es um die Ausweitung des Drogennetzwerks. Deshalb die Morde und Racheaktionen. Sie mussten klarmachen, dass sie sich nichts gefallen lassen. Ein Hells Angel darf niemals das Gesicht verlieren."

Stéphane Sirois in einer Aussage gegenüber der Polizei, nachdem er sich als Informant angedient hatte.

Am 15. Juni 1998 trat die Polizei ohne Vorwarnung an Stéphane Sirois heran. Sie hatten ihre Hausaufgaben gemacht und alles über ihn in Erfahrung gebracht. Daher wussten sie, dass er eine schwere Entscheidung gefällt hatte. Die Rockers hatten ihm zu verstehen gegeben, dass er sich, um bei den Rockers bleiben zu können, von seiner Freundin trennen musste, die früher mit einem Informanten zusammen gewesen war. Sirois entschied sich für seine Freundin. Und weil der Abschied von den Rockers nicht freiwillig erfolgt war, witterten die Beamten die Chance, ihn auf ihre Seite zu ziehen. Wenn es gelänge, dann versprachen sie sich wertvolle Informationen für ihre Ermittlungen. Immerhin wusste Sirois aus eigener Anschauung, wie die Rockers funktionierten. Sirois sagte der Polizei, dass er an einer Zusammenarbeit nicht interessiert sei. Aus unerfindlichen Gründen hob er aber die Visitenkarte von Robert Pigeon auf, eines Beamten der Eliteeinheit Wolverine Squad.

Statt seine Freundin in die Wüste zu jagen, heiratete Sirois sie und fuhr mit ihr in die Flitterwochen. Die Ehe stand jedoch unter keinem guten Stern. Minuten vor der kirchlichen Trauung forderten die Rockers von Sirois 5.000 Dollar, die er ihnen angeblich schuldete. Und wenige Monate nach der Hochzeit bereiteten Sirois und seine Frau bereits die Scheidung vor. Vor lauter Kummer wurde Sirois depressiv.

Er wusste nicht, wie er mit der Situation umgehen sollte, als er sich plötzlich an Pigeons Visitenkarte erinnerte. Am 12. März 1999, nicht einmal ein Jahr nach ihrem ersten Treffen, rief Sirois Pigeon an und erklärte, dass er nun für eine Zusammenarbeit bereit sei.

Der Pate der Rockers

Quasi als Appetitanreger berichtete Sirois ausführlich darüber, was er über den Bikerkrieg wusste. Dabei bestätigte sich, was schon andere Informanten gesagt hatten, nämlich dass als Auslöser des Krieges der Mord an Maurice Lavoie galt. Lavoie hatte beschlossen, seine Drogen nicht mehr beim Pelletier Clan, sondern bei den Hells Angels zu kaufen. Seinen Tod verstanden die Hells Angels als Angriff auf ihre Souveränität.

„Unabhängig davon hatte ich den Eindruck, dass der Krieg unausweichlich war. Um ihn zu vermeiden, hätten die Rock Machine und die Alliance den Hells Angels schon beitreten müssen", so Sirois gegenüber der Polizei.

Weil Sirois viel über die Struktur und Organisation der Rockers wusste und weiterhin ein hohes Ansehen genoss, wurde er zu einer unverzichtbaren Informationsquelle der Polizei, die händeringend versuchte, belastendes Material gegen die Hells Angels und die Rockers zusammenzutragen. Nun hatte sie einen ehemaligen Secretary der Rockers als Informanten. Zu dieser Funktion gehörte die Aufgabe, sämtliche offizielle Treffen des Clubs zu protokollieren. Daher wusste Sirois, wie viel Geld die Mitglieder an den Club abführten, und weil es sich dabei um ein Zehntel des Einkommens handelte, konnte er sehr genau sagen, wie viel jeder einzelne Rocker im Drogenhandel verdiente.

Sirois zufolge wurde nicht kontrolliert, ob die Zahlungen den zehn Prozent entsprachen. Allerdings war jedes Mitglied angehalten, mindestens 300 Dollar an den Club abzuführen. Teilweise wurde das Geld in den Club investiert, doch zumindest in den ersten Jahren des Bikerkrieges ging ein namhafter Betrag direkt an Maurice „Mom" Boucher. Aus seiner Zeit bei den Rockers wusste Sirois, dass Boucher eine Weile lang für jedes Kilo Kokain, das die Rockers verkauften, 500 Dollar bekam. Wenn seine Angaben stimmten, dann war Guillaume „Mimo" Serra mit Abstand der erfolgreichste Dealer der Rockers. Das ging daraus hervor, dass sein zehnprozentiger Anteil, den er Monat für Monat an den Club abführte, bei 3.000 Dollar lag. Langjährige Mitglieder wie Richard „Sugar" Lock, Paul „Fon Fon" Fontaine und Robert Johnson kamen auf 2.000 Dollar, Sirois selbst brachte es immerhin auf 1.000 Dollar.

Sirois sagte der Polizei auch, dass die Hells Angels den Rockers zwei Buchhalter zur Seite stellten, die die Mitglieder mit fingierten Einkommensnachweisen versorgten, um zumindest auf dem Papier die Illusion aufrechtzuerhalten, dass sie einer geregelten Arbeit nachgingen.

Er berichtete, dass in den Frühzeiten der Rockers einstimmige Beschlüsse erforderlich waren, um ein neues Mitglied aufzunehmen. Dann aber habe Boucher begonnen, die Entscheidungen eigenmächtig zu treffen. Das war Sirois zufolge etwa der Fall, als es um die Aufnahme von Serra und Stephan „Sandman" Falls ging.

„Jede Gruppierung, die dem Club nahesteht, hat einen Paten." So beschrieb Sirois gegenüber der Polizei den Umgang der Hells Angels mit Puppet Clubs wie den Rockers, den Jokers und der Rowdy Crew.

„Pate der Rockers ist Maurice „Mom" Boucher. Sie wurden gegründet, damit die Hells Angels in Montreal vertreten sind. Außerdem fungieren die Rockers für die Nomads als eine Art schnelle Eingreiftruppe. Die Rockers unterscheiden sich von den anderen Clubs. Wir übernehmen die meiste Arbeit und genießen großen Respekt, sogar im Westen Kanadas. Die Rockers repräsentieren ein Bild, das Maurice Mom Boucher entworfen hat. Wir sind sein Stolz."

Als sichtbaren Ausdruck für diesen Stolz hatte Boucher für die Rockers ein Abzeichen ausgewählt, das ähnlich einschüchternd war wie der geflügelte Totenkopf der Hells Angels. Es zeigte die Vorderansicht eines Schädels und zwei Gewehrläufe.

„Ich weiß nicht, warum die Rockers oder die Hells Angels dieses Symbol auf ihren Patches verwendet haben. Aber klar ist, dass eine Darstellung oder Symbolisierung des Todes für Angst steht. Ein Totenkopf wirkt in der Öffentlichkeit nun einmal bedrohlicher als beispielsweise zwei Tauben. Sie haben schließlich auch nicht zufällig ein Vielfraß als Symbol für Ihre Truppe gewählt", sagte Sirois den Polizisten und fügte hinzu, dass in beiden Clubs die Regel galt, dass nur Mitglieder das jeweilige Patch tragen durften. Wurden andere damit angetroffen, wurden die Abzeichen eingezogen und verbrannt.

Nachdem Sirois seine Aussagen gemacht hatte, wollte die Polizei den Club dadurch ausspionieren, dass Sirois ihm erneut beitrat. Und das zu bewerkstelligen war keine leichte Aufgabe.

Ein Fuß in der Tür der Rockers

Bei seinen Aussagen vor Gericht äußerte sich Sirois zwar kaum dazu, aber klar war, dass sein Entschluss zu heiraten bei den Rockers auf Unverständnis und Ablehnung gestoßen war. Seine Auserwählte war zuvor mit einem Mann zusammen, den die Hells Angels für einen Polizeispitzel hielten. Der Mann wurde ermordet, aber es behagte den Hells Angels nicht, dass ein Mitglied der Rockers eine Frau heiratete, die einst so eng mit einem Spitzel liiert gewesen war. Schließlich habe Boucher selbst ihn vor die Wahl gestellt, die Frau zu heiraten oder bei den Rockers zu bleiben, so Sirois. Er verließ den Club und überlies dem Club auch sein Drogengeschäft.

Nun wollte er, dass der Club ihn erneut aufnahm, doch unterdessen hatte er bei den Mitgliedern viel Glaubwürdigkeit eingebüßt. Sein Abkommen mit der Polizei verpflichtete ihn dazu, über bestimmte Mitglieder der Rockers und der Hells Angels Informationen zu beschaffen. Der entsprechende Vertrag wurde am 23. Juni 1999 unterschrieben. Im Gegenzug für seine lebensgefährliche Arbeit als Informant wurde Sirois für die Zeit nach dem Prozess Schutz zugesagt. Wie die Staatsanwältin Madeleine Giauque darlegte, erhielt Sirois für seine Aussagen zirka 100.000 Dollar. Darin eingeschlossen war ein Betrag von 50.000 Dollar, den Sirois nach den Verhaftungen im Zuge der „Operation Springtime" erhalten hatte. Der Vertrag sicherte ihm zudem 20.000 Dollar zu, die bei Abschluss der Beweisaufnahme fällig wurden, sowie weitere 30.000 Dollar, die ihm nach Abschluss seiner Vernehmung zustanden.

Um seine Sicherheit zu gewährleisten, erklärte sich die Sûreté bereit, 6.500 Dollar zusätzlich zu zahlen, damit Sirois seine Schulden bei den Stadtwerken bezahlen und einen Kredit bei einer Genossenschaftsbank ablösen konnte. Die Polizei sagte zu, ihn nach Abschluss des Prozesses mit einer neuen Identität und allem für einen Neuanfang Erforderlichen auszustatten. In dem Vertrag verpflichteten sich die Behörden zudem, für eine Wohnung, den Umzug, psychologischen Beistand und anderes mehr zu sorgen. Im Gegenzug sagte Sirois zu, „seinen Lebenswandel zu ändern und künftig so zu leben, wie es sich für einen vernünftigen,

Die Rockers feiern 1999 einen entscheidenden Moment im Bikerkrieg. Normand Robitaille (oben links) heißt die neuen Mitglieder willkommen.

rechtschaffenen und gesetzestreuen Bürger gehört". Doch um von den Hells Angels wieder in Gnaden aufgenommen zu werden, musste er zunächst einmal das genaue Gegenteil sein.

Anfänglich schien die Rückkehr in den Club relativ leicht, weil sich Sirois' früherer Partner Marc Sigman in der Hoffnung für ihn einsetzte, künftig wieder gemeinsam mit ihm Geschäfte machen zu können. Seine Führungsoffiziere trugen ihm auf, Sigman zu ignorieren, weil er zu diesem Zeitpunkt nicht auf der Liste derer stand, gegen die ermittelt wurde. Die Beamten wollten an die Köpfe des Drogennetzwerkes heran, allen voran die Mitglieder des Nomads Charters. Das Schlusslicht in der Hierarchie derer, gegen die ermittelt wurde, bildeten Vollmitglieder der Rockers. Alles, was danach kam, musste außen vor bleiben, um die Ermittlungen nicht ausufern zu lassen. Und so wählte Sirois die Telefonnummern jener Mitglieder der Rockers, denen er einst besonders nahegestanden hatte.

Der Erste, den er zu erreichen versuchte, war Stephan „Sandman" Falls, der aber nie zurückrief. Also versuchte Sirois es bei André Chouinard, der inzwischen Vollmitglied des Nomads Charters war. Chouinard rief zurück, und unversehens tat sich vor dem neuen Doppelagenten die Tür ins Innere des Clubs einen Spalt breit auf.

Zunächst erkundigte sich Sirois danach, wie er sein Patch zurückbekommen könnte. Nach und nach drang er so tief in die Struktur der Rockers ein, wie es zuvor nur Dany Kane gelungen war. Von allen Begegnungen mit den Rockers fertigte er Protokolle an und erklärte sich sogar bereit, von Zeit zu Zeit ein Abhörgerät zu tragen. Binnen weniger Wochen trug er eine Fülle von Beweismaterial zusammen. Doch als der Informant Claude De Serres aufgeflogen und ermordet worden war, wurde auch Sirois abgezogen. Das Material, das er über die Rockers zusammengetragen hatte, blieb mehr als zwei Jahre unter Verschluss, um schließlich im Prozess gegen 17 Clubmitglieder Verwendung zu finden.

Als Sirois im Juli 2002 in den Zeugenstand trat, sah er zum ersten Mal seit Jahren seine früheren Clubkollegen wieder.

„Mr. Sirois, stimmt es, dass Sie früher Mitglied der Rockers waren?" fragte Staatsanwalt Roger Carrière.

„Ja, das stimmt."

„Wann war das?"

„1994."

„Und was haben Sie vor 1994 gemacht?"

„Ich habe auf eigene Faust Drogen verkauft."

„Sie haben Drogen verkauft, ohne einem Club anzugehören?"

„Genau."

„Hatten Sie Geschäftspartner?"

„Nein, damals nicht. Ich hatte Kontakte, aber keine Partner", erwiderte Sirois, ehe er einige Angaben zu seiner Person machte. Er gab an, im Alter von 17 oder 18 Jahren mit dem Drogenhandel begonnen und überwiegend in Bars gearbeitet zu haben.

„Und wann kam der Kontakt zu den Rockers zustande?" wollte Carrière wissen.

„1994. Damals wollten ein paar Männer, die ich kannte, eine Gruppe verlassen, die sich Chiefs nannte."

„Wer waren diese Männer?"

Sirois nannte mehrere Namen, darunter die von Jean-Guy Bourgoin und André Chouinard, und sagte aus, dass Boucher zusammen mit anderen entschieden hatte, die Chiefs als rivalisierende Gang anzusehen. Den Mitgliedern wurde angeboten, sich den Rockers anzuschließen, aber Boucher war nicht bereit, auf seinem Territorium Rivalen zu dulden.

„Wann haben Sie sich entschieden, diese Art Leben zu leben?"

„Das war auf einer Veranstaltung, die sie Bike-Show nannten. Da hieß es, ich könnte ein Patch als Anwärter der Rockers bekommen. Damals kannte ich nicht einmal den Unterschied zwischen einem Anwärter und einem Vollmitglied."

„Wirklich nicht?"

„Wirklich nicht. Ich hatte auch keine Ahnung, wo ich da Mitglied werden sollte. Bei der Bike-Show wurde mein Interesse geweckt. Es gefiel mir. Es war wie ein Köder, den sie auslegten, um mir vorzugaukeln, wie es sein könnte. Aber kaum war die Bike-Show zu Ende, zogen sie die Patches wieder ein. Angeblich hatten sie sie voreilig ausgegeben. Sie kannten die Leute gar nicht, denen sie sie gegeben hatten."

„Und das war 1994?"

„Ja, das war 1994."

„Und auch Sie haben das Patch eines Anwärters erhalten?"

„Ja."

Am 5. Dezember 1994, kurz nachdem die Rockers Sirois das Patch wieder abgenommen hatten, kam der Drogendealer Bruno Bandiera zu Tode, als auf dem Taschereau Boulevard in Longueuil in seinem Auto eine Bombe explodierte, die per Fernbedienung gezündet worden war. Bandiera, 28 Jahre alt, wurde aus dem Wagen geschleudert und erlitt tödliche Kopfverletzungen. Sirois gab an, dass Bandiera den Kontakt zu den Rockers hergestellt und Bandieras Tod ihn in dem Wunsch bestärkt hatte, sich dem Club anzuschließen. Eingetreten war er schließlich aus reinem Selbstschutz. Doch vielleicht hätte er es sich anders überlegt, hätte er gewusst, was Dany Kane der Polizei über Bandieras Tod erzählt hatte. Dane zufolge hatten die Rockers Bandiera getötet, weil er ihnen Geld schuldete und sich erdreistet hatte, zur Begleichung der Schulden Drogen bei der Rock Machine zu kaufen. Jean-Guy Bourgoin setzte sich für Sirois ein und schlug den anderen Rockers vor, ihn offiziell aufzunehmen.

„Ich hielt mich im Umfeld der Rockers auf, und sehr bald wurden wir zu Hangarounds ernannt", erzählte Sirois. „Ich, Stephen Falls, Robert Johnson und Alain Chevalier wurden am selben Tag Hangarounds." Sirois blieb das bis zum März 1995, als er auf einer Motorradausstellung in Sherbrooke zum Striker befördert wurde und sein Patch erhielt, den unteren Aufnäher, der das Territorium nennt, in dem der Club beheimatet ist. Die Rocker waren von Sirois Furchtlosigkeit angetan, die er nach einer Bombenexplosion in ihrem Clubhaus in Montreal Gilford Street bewies. Die meisten Männer hätten sich von der Explosion oder der Tatsache einschüchtern lassen, dass sie die vermehrte Aufmerksamkeit der Polizei auf den Club lenken würde. Sirois aber blieb standhaft vor Ort, um zu verhindern, dass das Clubhaus weiteren Schaden nahm.

Sirois sagte aus, dass er in der Folgezeit seinen Drogenhandel neu strukturiert hatte. Die Ware bezog er von Bourgoin, und um sie unter die Leute zu bringen, bediente er sich eines kleinen Netzwerkes aus fünf oder sechs Dealern, die für ihn arbeiteten.

„Und wie viel Drogen haben Sie verkauft?"

„Als Striker nicht so viel, weil ich mich ja noch um den Club kümmern musste und nicht nur mit Drogen handeln konnte. Es waren vielleicht 250 Gramm Kokain pro Woche, dazu ein bisschen Haschisch und Marihuana."

„Was meinen Sie damit, dass Sie sich um den Club kümmern mussten?"

„Wenn man Hangaround oder Striker ist, genießt der Club oberste Priorität. Man kann also keinem Geschäft nachgehen, für das man rund um die Uhr zur Verfügung stehen muss."

„Welche anderen Aufgaben haben Sie für den Club übernommen?"

„Wenn ein Mitglied ausgeht, begleitet man ihn als Bodyguard. Bei Partys schiebt man Wache. Man muss alle Aufgaben übernehmen, die einem möglich sind. Das kann heißen, dass man in einen Club marschiert und bestimmte Leute überfällt, oder auf Befehl andere Leute einschüchtert und bedroht. Die Hangarounds sind dafür zuständig, dass es im Club rund läuft. Dafür müssen sie die Drecksarbeit übernehmen, die Dinge, die niemand anders erledigen will. Nur so kann man die anderen auf sich aufmerksam machen und für sich einnehmen. Dazu gehört, das Clubhaus zu putzen, Fahrdienste für Mitglieder und Striker zu übernehmen, Wache zu halten, Aufträge auszuführen, Essen und Trinken besorgen – die Drecksarbeit halt."

Sirois wurde im März 1996 anlässlich einer Geburtstagsparty des Clubs zum Vollmitglied der Rockers ernannt. Er sagte aus, dass ihm André Chouinard im Clubhaus an der Gilford Street das Patch überreicht habe.

„Wer entschied darüber, ob jemand aufgenommen oder abgelehnt wurde?"

„Damals gab es nur einen Menschen, der Dinge vorschlagen oder entscheiden konnte. Das war Maurice Boucher."

„Was war er für Sie?"

„Er war der Pate der Rockers."

„Kannten Sie ihn?"

„Ja."

„Seit wann?"

„Seit 1994."

„Aus der Zeit, als Sie noch auf eigene Faust arbeiteten?"

„Ich habe ihn kennengelernt, als ich zum Hangaround ernannt wurde."

„Haben Sie gelegentlich mit ihm gesprochen?"

„Das habe ich, wenn auch immer nur kurz."

„Durften Sie nicht von sich aus das Gespräch mit ihm suchen?"

„Das schon. Er war sehr zugänglich. Aber man musste einen guten Grund haben, um ihn anzusprechen."

„Was ist die Funktion eines Strikers, was war Ihre Funktion als Striker?"

„Ein Striker hat ähnliche Aufgaben wie ein Hangaround, aber er muss mehr Verantwortung übernehmen, mehr Einsatz zeigen. Er hat kein Privatleben mehr. Wenn das Telefon klingelt, muss er auf Abruf bereitstehen, und zwar für alle Mitglieder. Wenn ein Mitglied sagt, heute Nacht brauche ich dich, dann hast du ihm zur Verfügung zu stehen, und wenn um halb drei in der Früh ein anderes Mitglied anruft und sagt, dass er dich braucht, dann hast du zu parieren und zu tun, was er von dir verlangt."

„Was ist während Ihrer Zeit als Striker aus Ihrem Drogenhandel geworden?"

„Man muss lernen, mehrere Sachen unter einen Hut zu bringen, seine eigenen Interessen und die des Clubs gleichzeitig zu verfolgen. Nur so hat man eine Chance, im Club aufzusteigen, weil es das ist, was die Mitglieder sehen wollen. Und weil ich Vollmitglied werden wollte, habe ich mich darum bemüht, das zu tun, was von mir erwartet wird, und mich parallel um mein Geschäft zu kümmern."

„Im März 1996 wurden Sie zum Vollmitglied der Rockers in Montreal ernannt. Was hat das in Ihrem Leben verändert?"

„Ich hatte etwas mehr Freizeit", erwiderte Sirois.

Kirchgang und Baseballteams

Kurz bevor Stéphane Sirois die Rockers verließ, um seine Freundin zu heiraten, stellte er fest, dass sich die Beziehung zwischen Boucher und dem Club verändert hatte. Und diese Veränderung schien wiederum in Zusammenhang mit der Gründung des Nomads Charters zu stehen.

„Es hat eine Zeit gegeben, da erhielt Maurice Boucher für jedes Kilo Kokain, das ein x-beliebiges Mitglied der Rockers verkaufte, 500 Dollar", sagte Sirois. „Plötzlich aber war es so, dass es nur noch zwei oder drei Mitglieder gab, die das Kokain in großen Mengen erwarben und an die anderen Mitglieder weiterverkauften."

In diesem Geschäftsmodell, so Sirois, war der fällige Anteil der Nomads bereits eingepreist. Der Stadtteil Hochelaga Maisonneuve wurde laut Sirois von Paul „Fon Fon" Fontaine, Robert Johnson, Normand Robitaille und René Charlebois kontrolliert. Die Entscheidungen, die dieses Gebiet betrafen, wurden auf den Clubtreffen oder, wie die Hells Angels und die Rocker von Quebec es nannten, beim Kirchgang entschieden. „Die wirklich wichtigen Dinge wurden aber bei einem Spaziergang zwischen denjenigen geregelt, die davon betroffen waren, nicht beim Kirchgang."

„Was meinen Sie mit ‚wichtigen Dingen'?"

„Einen Mord zum Beispiel, oder einen Kerl, den man im Auge behalten wollte. Zum Beispiel jemand aus deinem Territorium. Angenommen, in Hochelaga Maisonneuve war eine rivalisierende Gang zu zerschlagen, dann ging mich das nichts an. Also sind René Charlebois, Bob Johnson, Normand Robitaille und Paul Fontaine vor die Tür gegangen, um zu beratschlagen, was zu tun ist."

„Waren Sie je für ein Baseballteam eingeteilt?" In der Sprache der Hells Angels war mit Baseballteam eine Gruppe bezeichnet, deren Aufgabe es war, Widersacher einzuschüchtern.

„Ja, ein Mal."

„Wann war das?"

„Ich war Mitglied der Rockers. Wir fuhren nach Saint-Sauveur: Paul Fontaine, Bob Johnson, Daniel Lanthier, Kenny Bedard und ich. Dort angekommen, haben wir uns auf Anordnung von Paul Fontaine, der wiederum auf Anweisung von David ‚Wolf' Carroll handelte, Masken aufgesetzt. Wir haben uns irgendwo mit Wolf getroffen, und er hat Paul

Fontaine letzte Anweisungen gegeben. Fontaine hat sie an uns weitergegeben. Wir fuhren mit einem Dodge Caravan zu dem Club und setzten die Masken auf. Paul Fontaine deckte das Nummernschild ab, damit niemand es erkennen konnte. Bob Johnson sollte den Besitzer des Clubs ausfindig machen und ihm ein Angebot unterbreiten. Wenn er es nicht akzeptierte, würden wir mit Baseballschlägern alles kurz und klein schlagen. Der Club hatte geöffnet, und als wir eintrafen, waren Gäste anwesend."

„Was ist dann passiert?"

„Es ist so abgelaufen, wie ich es eben beschrieben habe, nur dass Bob Johnson den Besitzer nicht hatte finden können. Nachdem wir alles kurz und klein geschlagen hatten, sind wir in aller Ruhe gegangen, als wenn nichts passiert wäre."

„Welchen Grund hatten Sie für Ihr Vorgehen?"

„Wenn ich mich richtig erinnere, wollte der Besitzer nicht, dass in seinem Club mit Drogen gehandelt wird, aber das Territorium gehörte David Carroll. Durch unseren Besuch wollten wir den Besitzer dazu bewegen, den Drogenhandel in seinen Laden zuzulassen."

Sirois fuhr fort und berichtete, dass Charlebois, Robitaille und Fontaine seines Wissens Mitglieder in „Footballteams" genannten Mordkommandos gewesen waren. Das Trio habe Druck auf ihn ausgeübt, es ihnen gleichzutun. Vor allem Fontaine habe ihn gedrängt, sich zusammen mit Sylvain Moreau dem Footballteam anzuschließen. Er aber habe sich geweigert.

Im Laufe seiner Aussage gab Sirois zudem preis, dass er bei einer Gelegenheit aufgefordert worden war, die Besitzer der Castel Tina, einer Stripbar in Saint Leonard, umzubringen. Erneut will er sich geweigert haben. Die Besitzer des Lokals waren Paolo Gervasi und sein Sohn Salvatore. Der Vater hatte einst enge Verbindungen zu Vito Rizzuto, sich im Bikerkrieg aber auf die Seite der Rock Machine geschlagen und für die Mitglieder in der Stripbar einen Stammtisch reserviert. Im April 2000 wurde Salvatore im Alter von 31 Jahren getötet. Die Leiche wurde im Kofferraum seines Porsches gefunden, der vor dem Haus von Salvatores Vater abgestellt war. Wenige Monate später wurde auch auf den Vater ein Attentat verübt. Er überlebte, aber knapp vier Jahre später, am 19. Januar 2004, wurde er vor einer Bäckerei in Saint-Leonard auf offener Straße erschossen.

Mitte der 1990er Jahre war den Rockers klar geworden, dass die Betreiber des Castel Tina die Rock Machine finanziell unterstützten. Aber Sirois verspürte keine Lust, sie deswegen zu ermorden. Ein Grund war, dass ihm der zweite Mann, der ihm zugeteilt worden war, nicht passte.

„Sie haben sich geweigert, mit Sylvain Moreau zusammenzuarbeiten. Warum?" fragte Carrière.

„Ich traute ihm einen solchen Auftrag nicht zu."

„Haben Sie je mit René Charlebois zusammengearbeitet?"

„Ja."

„Bei welcher Art Arbeit?"

„Wir haben gemeinsam Drogen verkauft, Zwei oder drei Mal haben wir auch an einer Jagd teilgenommen, wie wir das nennen, und Marc Belhumeur sowie Vater und Sohn Gervasi, denen das Castel Tina gehörte, ausfindig gemacht." Belhumeur wurde am 24. Januar 1997 erschossen, er war einer von 13 Opfern, deretwegen die Hells Angels nun vor Gericht standen. Belhumeur, der als Verbündeter der Rock Machine galt, wurde in der Brasserie Le Chalutier erschossen, in der er Stammgast war. René Charlebois prahlte später gegenüber Sirois damit, dass er den tödlichen Schuss abgegeben hatte.

Um der Überwachung durch die Polizei zu entgehen, wurden Ort und Zeit der Kirchgänge im Clubhaus schriftlich angekündigt. Dasjenige Mitglied, das an diesem Tage Wache stand, forderte alle übrigen Mitglieder per Pager auf, umgehend ins Clubhaus zu kommen. Dort erfuhren sie dann, wann und wo der nächste Kirchgang stattfand. Dieses Vorgehen hatte den Vorteil, dass niemand laut aussprechen musste, wo die Treffen abgehalten wurden. Sirois fungierte zu jener Zeit als Secretary des Clubs, was bedeutete, dass er jeden Kirchgang protokollierte.

„Wofür wurde die zehnprozentige Abgabe verwendet, die Sie zahlen mussten?"

„Davon wurde vor allem Maurice Bouchers Anteil bezahlt, ferner die Verwaltung des Clubs, die Miete für das Clubhaus und alle anfallenden Kosten. Ein Teil ging in einen Fonds, von dem Rechtsanwälte bezahlt wurden, und auch Waffen wurden vom dem Geld gekauft."

Sirois gab an, dass er in seiner Zeit als Vollmitglied der Rockers pro Monat ein oder zwei Kilo Kokain und dieselbe Menge Haschisch verkauft hatte. Die Verteilung der Mitglieder auf die verschiedenen Territorien, wo sie mit Drogen handeln konnten, sei sehr gut organisiert gewesen. Mitglieder wie Daniel Lanthier und Richard St. Armand fiel die Aufgabe zu, Gebiete zu erschließen, in denen die Hells Angels noch nicht aktiv waren. Außerdem durften die Rockers überall dort in Quebec mit Drogen handeln, wo sie keinem Charter der Hells Angels in die Quere kamen. Für Sirois bedeutete das, dass er sein Handelsgebiet bis nach Chicoutimi und Baie-Comeau ausweiten konnte.

„Irgendwann musste ich Chicoutimi aufgeben, weil sich herausstellte, dass das Revier schon vergeben war, und zwar an einen Hells Angel aus Sherbrooke. Der schickte einen Abgesandten nach Montreal, der sich mit Maurice traf – mit Maurice meine ich Maurice Boucher. Daraufhin hat Mom mich angerufen und angeordnet, dass ich meine Leute aus Chicoutimi abziehe", so Sirois.

Boucher soll ihm zudem angewiesen haben, sich bei den Hells Angels des Charters Quebec City zu erkundigen, ob etwas dagegen sprach, dass er in Baie-Comeau Drogen verkaufte.

„Dort habe ich aber ohnehin nicht lange verkauft. Dafür war der Weg so weit, wenn es mal brannte. Nach ein paar Monaten habe ich das Gebiet aufgegeben", so Sirois. Daraufhin befragte Carrière ihn nach dem Bikerkrieg in Montreal. Er wollte wissen, aus welchen Gruppen sich die Alliance zusammensetzte und warum die Hells Angels sie eliminieren wollte.

„Es ging um die Vorherrschaft im Drogenhandel. Entweder sie kauften bei uns, oder sie mussten das entsprechende Territorium verlassen", erwiderte Sirois.

„Welche Methoden wurden dafür angewendet?"

„Einschüchterung, die auch vor Mord nicht Halt machte."

Am Ecstasy-Tisch

Carrière ging die lange Liste der Männer durch, die im Zuge der „Operation Springtime" angeklagt worden waren, und bat Sirois, ihm zu sagen, was er über jeden von ihnen wusste. Als der Name Normand „Pluche" Bélanger fiel, geriet Sirois' Antwort besonders ausführlich. Zu der Zeit, als er den Club verließ, um zu heiraten, war Bélanger noch kein Mitglied der Rockers. Dem Club eng verbunden sei er aber schon vorher gewesen, weil er mit Boucher befreundet war und mit am sogenannten Ecstasy-Tisch saß.

Gemeinsam mit Bélanger hatte Sirois den Mord an mehreren Männern verabredet, die den Hells Angels den Zugang zum Ecstasy-Markt verwehren wollten. Eines der Ziele war der Besitzer einer Bar in Montreal namens Playground. „Wir hatten beschlossen, das Geschäft mit dem Verkauf von Ecstasy in Montreal zu übernehmen. An einem Tisch kamen Leute zusammen, die sich darum kümmern sollten. Dazu gehörten Mitglieder der Rockers, Mitglieder der Hells Angels und Normand Bélanger."

„Und was wurde an diesem Tisch besprochen?"

„Es ging um die Organisation des Vertriebs der Drogen, um Einfuhr und Verkauf und um die Rolle jedes Einzelnen dabei."

Dann berichtete Sirois über Daniel „Boteau" Lanthier, der schon vor ihm bei den Rockers gewesen war und ihm Kokain und Ecstasy verkauft hatte. Zudem besaß Lanthier eine Spielhalle und eine Firma, die mit Pagern handelte. Ohne nähere Gründe zu nennen, erklärte Sirois, dass er bewusst nicht die Pager aus Lanthiers Firma benutzt habe. Irgendwann habe Lanthier Schwierigkeiten bekommen, weil er in den südlichen Vororten Montreals mit Drogen handelte, ein Revier, das ein Charter der Hells Angels für sich beanspruchte. Lanthier wurde daran erinnert, dass der Schriftzug auf seinem Patch davon kündete, dass er sich auf Montreal zu beschränken hatte.

Als er nach André Chouinard gefragt wurde, berichtete Sirois, dass der 1994 zu den Rockers gestoßen war und dort so schnell Karriere gemacht hatte, dass er schon 1997 Mitglied der Nomads wurde. In seiner Zeit als Mitglied der Rockers, so Sirois, habe er von ihm jederzeit Kokain beziehen können. Deshalb sei Chouinard einer der Ersten gewesen, zu denen er Kontakt aufgenommen hatte, als es darum ging, als Informant der Polizei in den Club zurückzukehren.

„Ich hatte mich nicht getäuscht. Nach ein bisschen Smalltalk wurde Chouinard schnell konkret."

„Was bedeutet das?"

„Das bedeutet, dass er mich auf die Frau ansprach, die ich geheiratet hatte. In der Szene kursierten Gerüchte, die sie in die Welt gesetzt hatten, und ich wollte wissen, was Chouinard davon für bare Münze nahm. Aber er beruhigte mich mit den Worten, dass er auf das Gerede einer Hure nichts gab."

„Warum wollten Sie das wissen? Um in Erfahrung zu bringen, ob Sie mit Ihren Geschäften fortfahren können?"

„Ich habe mit André Chouinard einige Minuten über dieses Thema gesprochen. Ich habe ihm auch gesagt, dass ich wieder arbeiten und zurück in den Club wollte. Als ich besagte Frau heiraten wollte, hieß es, dass ich dann nicht mehr arbeiten dürfte. Nun konnte ich Chouinard sagen, dass ich geschieden war und auf die Erlaubnis hoffte, wieder zu arbeiten, was konkret heißt, in Montreal wieder mit Drogen zu handeln."

„Wie hat er reagiert?"

„Er hat es mir erlaubt und gesagt, dass ich mich zunächst auf den Handel mit Marihuana konzentrieren sollte. Dafür war es üblich, dass man sich irgendwo in einem Vorort Montreals ein Haus mietete und dort eine Hydrokultur mit Haschischpflanzen anlegte. Chouinard wollte den Kontakt zu jemanden herstellen, der es mir dann abkaufte."

Auch den Kontakt zu Jean-Guy Bourgoin vermittelte ihm Chouinard, und so nahmen die Dinge ihren Lauf. Sirois machte von jedem Telefonat, das er führte, und jedem Treffen, an dem er teilnahm, Notizen. Derweil konnte er von Bourgoin auch Drogen kaufen. Einmal nahm er an einem Treffen teil, das in einem Juweliergeschäft stattfand. Mit einem versteckten Aufnahmegerät zeichnete er die Diskussion auf und stellte beharrlich Fragen nach der zunehmenden Gewalt im Bikerkrieg. Chouinard sagte er, dass er bei den Rockers punkten wolle.

„Was meinten Sie damit?" fragte Carrière.

„Dass ich auf mich aufmerksam machen wollte, um in der Clubhierarchie aufzusteigen. André erwiderte, dass das nicht ausgeschlossen sei und ich dadurch dazu beitragen könnte, dass ich Informationen über die Gegenseite beschaffe."

„Was bedeutet das? Wie haben Sie das verstanden?"

„Dass ich Informationen über die Rock Machine und deren Verbündete beschaffen sollte."

Dann berichtete er, dass er kurz nach der Unterhaltung mit Chouinard den Kontakt zu Jean-Guy Bourgoin aufgenommen hatte. Sie verabredeten sich im Pro Gym, einem Sportstudio in Hochelaga Maisonneuve, wo die Hells Angels während des gesamten Bikerkrieges geradezu verbissen trainierten und nicht nur Gewichte stemmten, sondern auch Boxunterricht nahmen und sich in diversen Kampfsportarten ausbilden ließen.

„Der Vorteil des Studios war, dass es unmittelbar gegenüber einer Polizeistation lag", so Sirois.

„Und warum war das ein Vorteil?" wollte Carrière wissen.

„Weil es mehr Sicherheit versprach."

Bei seinem Treffen mit Bourgoin will Sirois 250 Gramm Kokain gekauft haben, die ihm von einem Boten in einer Pizzeria überbracht wurden. Das Kokain war in einer Schachtel Ritz-Cracker verstaut. Nach Abschluss des Geschäfts informierte Sirois umgehend Roch Coté und René Beauchemin, seine Kontaktleute bei der Polizei. Sie gaben ihm Geld, damit er neue Ware bei Bourgoin bestellen konnte. An diesem Punkt des Prozesses wurden den Geschworenen Tonaufnahmen vorgespielt, die Sirois bei seinen Treffen mit Bourgoin gemacht hatte. Die Tonqualität war miserabel, aber es lagen Abschriften vor, anhand derer die Geschworenen verfolgen konnten, worum es in den Gesprächen ging.

Am 15. Dezember 1999 traf sich Sirois erneut mit Bourgoin, und zwar in einem Sonnenstudio auf der Sherbrooke Street East in Montreal. Sirois ließ Bourgoin wissen, dass er ein Kilo Haschisch benötigte. Bourgoin versprach ihm zu liefern und fügte hinzu, dass er auch Viagra und Ecstasy „in jeder gewünschten Menge" beschaffen könne. Zwei Tage später versuchte Sirois ein Treffen mit Chouinard zu arrangieren, aber der Hells Angel war unabkömmlich, weil sein Sohn bei einem vorweihnachtlichen Krippenspiel mitwirkte.

Auf dem nächsten Band, auf dem Sirois seine Gespräche festgehalten hatte, sprach Bourgoin über die Pläne der Hells Angels für ihre Ausweitung nach Westen. Bei einem Treffen am 23. Dezember 1999, das Sirois heimlich aufnahm, diskutierte er mit Bourgoin über die Provinz Ontario. Laut Bourgoin sahen die Hells Angels sie als noch zu vergebendes Territorium an. Staatsanwalt Roger Carrière wollte von Sirois wissen, was Bourgoin meinte, wenn er davon sprach, dass sich dort „ein riesiger Markt auftut".

„Ontario gehörte noch niemandem", erklärte Sirois. „Deshalb war das Geschäft noch zu vergeben. Und wer zuerst kommt, mahlt zuerst."

Einige Tage später trafen sich Sirois und Bourgoin in einem Fast-food-Restaurant und verabredeten die Lieferung von vier Kilo Haschisch. Bourgoin schien Sirois unterdessen zu vertrauen, denn er fragte ihn, ob er Interesse habe, im Stadtteil Plateau ein Apartment zu mieten, um dort Drogen zu lagern und zu verkaufen. Später überraschte er Sirois damit, dass er die Drogen selbst auslieferte. So erfuhr Sirois mehr und mehr Details über die Hells Angels und darüber, wie sehr der Drogenhandel seit seinem Austritt professionalisiert worden war.

Die Hells Angels hatte eine Art Kommission gebildet, die darüber entschied, woher sie ihr Kokain bezogen. Sie schienen ausschließlich am Kauf großer Mengen interessiert zu sein, und das auch nur dann, wenn die Qualität nachweislich gesichert war.

„Ich habe gesagt, dass ich 20 Kilo Kokain an der Hand habe, und wollte wissen, ob ich sie dem Tisch verkaufen konnte. Denn von André Chouinard wusste ich, dass eine neue Regel besagte, dass alles den Weg über den Ecstasy-Tisch gehen musste. Ich schlug also vor, 20 Kilo Kokain zu besorgen und sie dem Tisch zu verkaufen. Nein, ich habe gesagt, dass ich mehrere Kilo besorgen könnte, und erst auf seine Nachfrage habe ich gesagt, dass es ungefähr 20 Kilo sind. Er sagte, dass das nicht reicht, der Tisch kaufe nur zwischen 100 und 1.000 Kilo, so dass mein Lieferant auf seinen 20 Kilo sitzen blieb."

Bourgoin teilte Sirois mit, dass er, um in Montreal Ecstasy verkaufen zu können, die Einwilligung des Tisches brauchte, der Jahre zuvor von Normand Bélanger, damals Mitglied der Rockers, eingerichtet worden war

Alles hat seinen Preis

Die Geschworenen wurden bald darauf mit einem der aufschlussreichsten Beweise konfrontiert, der während der Verfahren gegen die Biker aufgeboten wurde. Es handelte sich um eine heimlich mitgeschnittene Unterhaltung zwischen Bourgoin und Sirois in einem Sushi-Restaurant in der City von Montreal. Inzwischen schien Bourgoin vollstes Vertrauen in Sirois zu haben, und dass er während des Essens dem Sake zusprach, mag seine Zunge zusätzlich gelöst haben. Zu

Beginn des Gesprächs unterhalten sich die beiden über unverfängliche Dinge wie die Qualität des Essens. Es ist zu hören, wie Sirois Bourgoin für seine Kenntnisse lobt und sich darüber beklagt, dass er lange kein Sushi mehr gegessen habe. Dann schwenkt das Gespräch auf Clubangelegenheiten und Themen wie den Wachdienst um. Im Wissen, dass jedes Wort aufgezeichnet wird, versichert Sirois Bourgoin, dass er den Rockers niemals Schande machen würde.

Plötzlich kam Bourgoin der Verdacht, dass es sich bei einem Mann, der ein paar Tische weiter saß, um einen Polizisten handeln könnte. Irgendwann beruhigte er sich aber wieder und spricht über Plateau, das Gebiet, in dem er Drogen verkaufte. Dann erkundigt er sich nach dem Stand der Auseinandersetzung, die Sirois mit der Mafia wegen des Drogenhandels in einer bestimmten Bar hatte. Und schließlich fragt Sirois, wie er seinen Aufstieg im Club beschleunigen könne. Bourgoin erwidert, dass die Hells Angels eine Preisliste führen. Für den Mord an einem Vollmitglied der Rock Machine zahlten sie bis zu 100.000 Dollar.

„Während des Gesprächs hat Jean-Guy ‚Bourgoin‘ mir erzählt, dass ein Hangaround 25.000, ein Striker 50.000 und ein Vollmitglied der Rock Machine 100.000 Dollar einbrachte. Dann rechnete er mir vor, dass dem, der zwei Striker und ein Mitglied umbrachte, 200.000 Dollar winkten“, berichtete Sirois. Und weil er das Gespräch mitgeschnitten hatte, war nun aus dem Mund eines langjährigen Mitglieds der Rockers zu hören, zu welchen Mitteln die Hells Angels griffen, um ihre Interessen durchzusetzen.

Kurz darauf endete der Staatsanwalt die Befragung Sirois’, und die Verteidiger konnten sich daranmachen, die Scherben aufzulesen. François Bordeleau begann das Kreuzverhör mit der Frage, wie Sirois auf seine Rolle als Kronzeuge vorbereitet worden war. Sirois gestand ein, dass er darüber, wie er zu den Rockers gekommen war, mehr hatte preisgeben müssen als gewollt. Überhaupt hätten seine Führungsoffiziere viel von ihm verlangt. Dann ging es um seine Vergangenheit. Er beschrieb, wie er schon als Teenager begonnen hatte, in Bars zu arbeiten, und auch als Erwachsener daran festgehalten hatte. Eine Zeitlang hatte er in der berühmten Stripbar Chez Parée, wo Touristen und Montreals Unterwelt verkehrten, als Kellner gejobbt. Vorstrafen hatte er nur wenige, aber bei seiner Vernehmung hatte er Straftaten wie Raub und Hausfriedensbruch gestanden, für die er nie zur Rechenschaft gezogen worden war.

„In dieser Zeit kam uns zu Ohren, dass jemand in seinem Haus 70.000 Dollar aufbewahrte. Wir beschlossen, hinzufahren und nachzusehen. Dummerweise gehörte das Haus einer 70 Jahre alten Frau. Wir fesselten sie und durchsuchten das Haus, ohne fündig zu werden. Auf dem Heimweg habe ich meinen Partner gebeten, anzuhalten und die Polizei zu informieren, damit der alten Frau nichts passiert", erzählte Sirois. Doch Bordeleau setzte nach.

„Nicht, damit sie von ihren Fesseln befreit wird?"

„Damit sie von ihren Fesseln befreit wird und ihr nichts passiert. Auf die Aktion bin ich bis heute nicht gerade stolz."

„Sie wollten an das Geld und haben die Frau bedroht."

„Wir haben allenfalls ihren Hund bedroht."

„Sie wissen doch sicherlich, wie sehr eine alte Frau an ihrem Hund hängt."

„Das weiß ich."

„Voilà. Also haben sie mit dem Hund auch die Frau bedroht."

„Das kann ich nicht abstreiten."

„Voilà."

„Ich bin 33 Jahre alt. Damals war ich 18."

9. Kapitel

Stéphane Gagné: der Todesschütze

Auf den ersten Blick schien Gagné ein eher kleines Licht zu sein. Er näselt, wenn er spricht, und sein Akzent verrät schon beim ersten Wort, dass er aus Hochelaga Maisonneuve stammt, einer traditionell eher ärmeren Gegend. Sein Gesicht wirkt oft wie zu einem Grinsen erstarrt, was ihn ziemlich begriffsstutzig aussehen lässt. Selbst sein Spitzname „Godasse", was so viel wie ausgetretener Schuh bedeutet, spricht dafür, dass er eher ruhiger und geselliger Vertreter denn als aggressiver Drogendealer galt, der mit Macht darauf drängt, ein reicher Mann zu werden.

Doch vielleicht war dieser Eindruck, den er hinterließ, gerade sein besonderer Vorteil, weil er die Leute dazu einlud, ihn zu unterschätzen. Und Gagné genoss es, diesen Trumpf auszureizen. Einmal behauptete er, dass ihn während einer Gefängnisstrafe in den frühen 1990er Jahren das Gespräch mit einem Psychologen geläutert hatte. Die Behauptung diente natürlich dem Zweck, eine frühere Entlassung zu erreichen, doch die Behörden ließen sich davon nicht beeindrucken. Die Gefängnisleitung setzte den Bewährungsausschuss davon in Kenntnis, dass der Psychologe von der wundersamen Läuterung nichts wusste.

Nachdem er sich 1997 als Informant angedient hatte, wurde Gagné zugesagt, dass er lediglich in zwei Prozessen als Zeuge auftreten sollte – dem gegen Maurice „Mom" Boucher, bei dem auch die Anschläge auf die Gefängnisaufseher verhandelt werden sollten, und dem gegen jene Clubmitglieder, die versucht hatten, das Clubhaus der Rock Machine in Verdun mit einer Bombe dem Erdboden gleichzumachen. Gagné hatte noch die Anfänge des Bikerkrieges erlebt, von den ersten Scharmützeln 1993 bis zu seiner Inhaftierung Ende 1997. Und als erfolgreicher, unabhängiger Drogendealer, der er seinerzeit gewesen war, hatte man ihm deutlich zu verstehen gegeben, dass er sich für eine Seite entscheiden müsse. Er hatte sich auf die Seite der Hells Angels geschlagen. Später gab er unumwunden zu, dass ihn die Aussicht gereizt hatte, mithilfe des Clubs die Erfolgsleiter weiter nach oben zu klettern und auf diesem Weg zu Wohlstand zu gelangen.

Als der erste Prozess gegen Boucher mit einem Freispruch endete, machten viele Beobachter Gagné dafür verantwortlich, weil niemand von den Geschworenen verlangen könne, einem Todesschützen zu glauben, der darauf bedacht war, selbst mit einer milden Strafe davonzukommen.

Erneut im Zeugenstand

In den Zeitungen fragten daraufhin die Kommentatoren, wie sinnvoll es sei, auf Zeugen wie Stéphane „Godasse" Gagné zu setzen. Im ersten Verfahren gegen Boucher hatte der Richter Jean-Huy Boilard die Geschworenen eindringlich an die Tragweite ihrer Entscheidung erinnert. Wenn sie Gagné nicht glaubten, müssten sie Boucher in allen Anklagepunkten freisprechen – was sie dann ja auch taten. Als die Staatsanwaltschaft gegen das Urteil Berufung einlegte, lautete eines der Argumente, dass Boilard die Geschworenen in unzulässiger Weise beeinflusst hatte, die daraufhin die Beweise der Anklage nicht in der gebotenen Gründlichkeit gewürdigt hätten. Bei einem der fraglichen Morde war die Beweislage tatsächlich deutlich besser als bei den anderen, weshalb die Geschworenen, so das Argument der Staatsanwaltschaft, den Fall anders beurteilt hätten, wenn Boilard sie bei seiner Unterweisung darauf hingewiesen hätte.

Als der Prozess gegen Boucher in die zweite Runde ging, trat Gagné erneut als Zeuge auf, dieses Mal jedoch deutlich besser vorbereitet und unterstützt durch die Aussagen anderer ehemaliger Mitglieder der Rockers wie Serge Boutin, die seine Aussage unterstützten. Boutin hatte sich der Polizei als Informant angedient, nachdem er im Zuge der „Operation Springtime" selbst angeklagt worden war. Die ehemaligen Rockers bestätigten Gagnés Aussage, indem sie die Rolle des Nomads Charters als Zentrum eines durchorganisierten Drogenringes beschrieben. Und da am hierarchischen Aufbau der Organisation kein Zweifel mehr bestehen konnte, wurde auch plausibler, dass Boucher den Mord an zwei Gefängnisaufsehern in Auftrag gegeben hatte, um das Justizsystem zu destabilisieren und gleichzeitig das millionenschwere Drogennetzwerk zu stärken.

Bei seiner Aussage im Prozess gegen neun Mitglieder der Rockers und Hells Angels erklärte Gagné Richter Pierre Beliveau und den Geschworenen, dass er aus den Erfahrungen vorangegangener Prozesse gelernt habe und ein verlässlicher Zeuge geworden sei. Es war der fünfte große Prozess, in dem er aussagte, und auf seinen Auftritt im Kreuzverhör war er von Beamten vorbereitet worden, die in die Rolle der Verteidiger geschlüpft waren und ihn mit Fragen bedrängt hatten. Zudem war Gagné schon zwei Mal durch das Stahlbad des Verhörs durch Jacques Larochelle gegangen, der Boucher in beiden Verfahren vertrat und als einer der besten Anwälte in ganz Quebec galt. Im August 2003 wurde Gagné von Beliveau in den Zeugenstand gerufen, wo er beschrieb, wie er zehn Jahre zuvor zusammen mit seinem Partner Tony Jalbert Drogen verkauft hatte. Schon damals sei absehbar gewesen, wer aus dem Bikerkrieg als Sieger hervorgehen würde. Die Hells Angels hätten nie auch nur den geringsten Zweifel an ihrer Entschlossenheit aufkommen lassen.

Gagné war Jalbert 1991 zum ersten Mal begegnet, und zwar im Gefängnis, wo beide eine Haftstrafe absaßen – Jalbert genau genommen sogar zwei. 1985 war er wegen bewaffneten Überfalls zu sechs Jahren Haft verurteilt worden. 1990, er war auf Bewährung auf freiem Fuß, wurde er beim Drogenhandel erwischt, wofür er sechs weitere Jahre aufgebrummt bekam. Als sich die beiden Männer kennenlernten, bemühte sich Jalbert gerade mit einigem Erfolg, die Behörden davon zu überzeugen, dass er auf dem Weg zur Rehabilitierung ein gutes Stück vorangekommen war.

„Es hat den Anschein, als werde ihm allmählich klar, wie viel Leid er als Drogenhändler zu verantworten hat", schrieb ein Psychologe 1991 in einem Gutachten über Jalbert.

1993 trafen sich Gagné und Tony Jalbert erneut. Damals war Jalbert Freigänger, weil er, wie er den Behörden erklärt hatte, mit Behinderten arbeiten und ein Studium aufnehmen wollte. Zur selben Zeit aber soll er mit Gagné die Möglichkeit diskutiert haben, in der St.-Hubert Street Drogen zu verkaufen, einer der wichtigen Nord-Südachsen in Montreal. An einem Abschnitt der Straße ballen sich Geschäfte, die Brautmoden anbieten, andere sind von Sozialwohnungen geprägt, in denen Menschen mit niedrigem Einkommen leben. Hier hofften die beiden Männer mit dem Verkauf von Kokain gute

Geschäfte zu machen. Doch dann teilte Gagné Jalbert überraschend mit, dass er lieber in Hochelaga Maisonneuve arbeiten würde. Dort war er aufgewachsen, und dort kannte er die Menschen. Jalbert war einverstanden, und so schmiedeten sie den Plan, als gleichberechtigte Partner in eigens angemieteten Wohnungen Kokain zu verkaufen. Die Zeit von Mittag bis Mitternacht sollten befreundete Kleindealer übernehmen, während die beiden Chefs die übrige Zeit übernehmen wollten, in denen die wichtigen Geschäfte laufen würden.

Die Pläne zerschlugen sich, als Jalbert erneut festgenommen wurde und Gagné plötzlich allein da stand.

„Als Jalbert wieder hinter Gittern verschwand, zeichnete sich der Beginn des Bikerkrieges schon ab. Die Alternative hieß, sich entweder den Hells Angels oder der Rock Machine anzuschließen. Zum Umfeld der Rock Machine zählten auch Gruppierungen wie die Palmers und die Alliance. Von Tony wusste ich, dass er Mr. Maurice Boucher ein paar Mal begegnet war", so erklärte Gagné vor Gericht den Umstand, dass Jalbert den schicksalhaften Kontakt zum Anführer der Hells Angels hergestellt hatte.

Jalbert hatte von Beginn an dafür plädiert, sich auf die Seite der Hells Angels zu schlagen. Deshalb hatte er Gagné vorgeschlagen, die Drogen, die sie weiterverkaufen wollten, künftig bei Boucher zu kaufen. Über einen Mittelsmann hatte er den Kontakt hergestellt. Bis dahin hatten die beiden das Kokain überall dort gekauft, wo die Qualität stimmte: bei der Mafia, den Hells Angels, beim Pelletier-Clan und unabhängigen Dealern wie Jean Duquaire, der sich später der Rock Machine anschloss.

Unterdessen hatten die Hells Angels ihre Entschlossenheit bereits unter Beweis gestellt. Mitglieder der Rockers hatten eine von Gagnés Wohnungen ausgeräumt und dabei 15 Portionen verkaufsfertiges Kokain an sich genommen. Mehr deponierte ein Dealer, der halbwegs bei Verstand war, nicht an einem Ort. Und obwohl es sich um kaum mehr als drei Gramm handelte, wollte Gagné die Sache nicht auf sich beruhen lassen. Zu seinem Glück war es leicht, den Tätern auf die Spur zu kommen, weil die Rockers kein Geheimnis daraus machten, dass der Einbruch auf ihre Kappe ging. Gagné suchte den Kontakt zu dem Club und bekam die Drogen mit der Erklärung zurück, dass den Rockers nicht klar gewesen sei, mit wem sie es zu tun hätten. Kurz nach diesem Treffen wandte sich Gagné per Pager an den Mittelsmann, den Jalbert ihm genannt hatte. Boucher, so Gagné, habe postwendend zurückgerufen und ein Treffen vereinbart.

Sie trafen sich in einer abgelegenen Straße, und Gagné prahlte damit, dass er in Hochelaga Maisonneuve monatlich drei Kilo Kokain umsetzte. Und vor seinem Aufstieg zum Großhändler hatte sich auch Boucher dort herumgetrieben. Sie verabredeten ein weiteres Treffen, bei dem Gagné ein Kilo Kokain gegen Bezahlung und ein zweites als Vorschuss erhalten sollte. Kurz nachdem Boucher gegangen war, tauchte ein Mann auf, der einen Pappkarton bei sich trug, der auf den ersten Blick wie ein Sixpack Bier aussah. Tatsächlich aber befanden sich darin zwei Kilogramm Kokain. Am nächsten Tag will Gagné Boucher dafür 34.000 Dollar bezahlt haben. Sie verabredeten, künftig zusammenzuarbeiten. Als Boucher nicht wie gewünscht liefern konnte, wollte sich Gagné andernorts eindecken. Doch da sei ihm deutlich klar gemacht worden, dass die Hells Angels großen Wert auf Exklusivität legten.

„Irgendwann wollte ich mehr Kokain bekommen. Ich wollte mit Mom darüber reden, aber der hatte nichts und sagte: ‚Besorg' es dir bei einem, der auf unserer Seite steht.' Ich bin zu Pierre Quintal gegangen, der den Stoff von Steven ‚Bull' Bertrand bezog, einem Freund von Maurice Boucher. In Hochelaga Maisonneuve kannte jeder jeden, zumindest vor dem Bikerkrieg. Und Sylvain Pelletier kannte ich auch nur, weil ich Drogen bei ihm gekauft habe. Vor dem Bikerkrieg ist er mit einem Ring der Alliance an der Hand herumgelaufen."

„Wer oder was ist die Alliance?" fragte Staatsanwalt François Briere.

„Die Alliance war eine Gruppe, die sich zu Beginn des Bikerkrieges um den Pelletier-Clan gebildet hat. Als Erkennungszeichen trugen sie Fingerringe. Ursprünglich waren es unabhängige Drogendealer, die nicht bei den Hells Angels kaufen wollten", erwiderte Gagné und fügte hinzu, dass auch er das Angebot erhalten hatte, der Alliance beizutreten. „Aber ich wollte weder der Alliance noch der Rock Machine beitreten, weil mir klar war, dass sie verlieren würden."

„Was verlieren?"

„Den Krieg."

„Ah ja. Und das war 1993?"

„Ja."

Nachdem sie eine Weile lang zusammengearbeitet hatten, habe sich Boucher beeindruckt von Gagnés Fähigkeiten gezeigt. Jalbert saß zu der

Zeit noch im Gefängnis, und seinen Anteil leitete Gagné derweil regelmäßig an eine ältere Dame weiter, die ihm Jalbert als seine Tante vorgestellt hatte. Es wird kaum Zufall gewesen sein, dass die Behörden davon Wind bekommen hatte, dass Jalbert bei seinen Freigängen viel Zeit im Hause einer angeblichen Tante verbrachte. An Wochentagen ging er zur Mittagszeit dort hin, um abends wieder im Gefängnis zu sein. An Wochenenden aber übernachtete er auch bei dieser Tante.

Die Geschäftsbeziehung zu Jalbert endete, als Gagné mit einem Kilo Kokain erwischt wurde, nachdem er einem verdeckten Ermittler eine handelsübliche Portion verkaufen wollte. Er wurde verhaftet, und weil Jalbert selbst gerade erst freigelassen worden war, hatte er kein Interesse, für Gagné die geforderte Kaution zu hinterlegen.

Gagné will erst später erfahren haben, dass Jalbert im Gefängnis Jean Duquaire kennengelernt und beschlossen hatte, sich der Alliance anzuschließen. Auf sich allein gestellt, rief Gagné Paul „Fon Fon" Fontaine von den Rockers an und erhielt die Auskunft, dass sich der Club seiner annehmen würde. Als Jalbert davon Wind bekam, erklärte er sich augenblicklich bereit, die Kaution für Gagné zu hinterlegen.

Nach seiner Entlassung traf sich Gagné mit Jalbert in einem Unterwasser-Restaurant. Jalbert machte Gagné zum Vorwurf, dass bei dessen Verhaftung Kokain im Wert von 40.000 Dollar beschlagnahmt worden war. Schließlich teilte er ihm kurzerhand mit, dass sie nicht länger Partner seien. Die Stimmung verschlechterte sich weiter, als Gagné Jalbert daran erinnerte, dass er durch Fehler des Ex-Partners mindestens so viel Geld eingebüßt hatte wie umgekehrt. Einmal habe Jalbert, so Gagné vor Gericht, 200 Gramm Kokain weggeworfen, weil er meinte, dass ihm die Polizei auf den Fersen war. Zudem will er Jalbert darauf hingewiesen haben, dass er ihm schon allein dadurch geholfen hatte, dass er seinen Anteil regelmäßig bei der älteren Dame abgeliefert hatte, die er ihm als seine Tante vorgestellt hatte. Und weil das Verhältnis ohnehin nicht mehr zu kitten war, setzte Gagné Jalbert davon in Kenntnis, dass er seine Drogen bei den Hells Angels zu kaufen gedachte.

Kurz nach diesem missglückten Treffen wurde ein Kumpel von Gagné aus dem Bordeaux-Gefängnis entlassen. Von dort brachte er die Botschaft mit, dass Gagné im Falle einer Verurteilung für den Drogenverkauf an den verdeckten Ermittler darauf achten solle, nicht ins Bordeaux-Gefängnis gesteckt zu werden, weil dort Mitglieder der Alliance wie Jean Duquaire und Michel Boyer wussten, wer er war, und ihn schon erwarteten.

„Und was haben Sie daraufhin getan?" fragte Briere.

„Ich habe Tony Jalbert angerufen, aber er hat versucht, sich herauszureden. Und er will auch kein Foto im Gefängnis gelassen haben, anhand dessen die anderen mich hätten identifizieren können. Erst auf meinen Einwand, dass außer mir und einer Harley auch er auf dem Bild zu sehen war, hat er es zugegeben." Daraufhin soll Jalbert erneut gefragt haben, ob die beiden noch Partner waren, und Gagné will geantwortet haben, dass sie so lange Partner wären, bis er seine Schulden aus dem konfiszierten Kokain abbezahlt hätte. Und dann wolle er nur noch bei den Hells Angels kaufen.

Später wurde unübersehbar, dass sich Jalbert mit Haut und Haaren der Alliance angeschlossen hatte. Zunächst wurde er Mitglied der Rock Machine, bis er zusammen mit dem Club zu den Bandidos übertrat, einem international aufgestellten Motorradclub, der weltweit Chapter unterhält. Schließlich wurde Jalbert erneut verhaftet und musste wegen Verstößen gegen Betäubungsmittel- und Waffengesetze für fünf Jahre ins Gefängnis. Am Ende des Jahres 2004 kam er wieder auf freien Fuß. Die Behörden gehen davon aus, dass er sich wieder den Bandidos angeschlossen hat.

Als die Partnerschaft zwischen ihm und Jalbert 1994 zerfallen war, gab Gagné zu, an den verdeckten Vermittler Kokain verkauft zu haben. Das Schicksal wollte es, dass er ins Bordeaux-Gefängnis kam, wo ihn Jalberts Kollegen bereits erwarteten. Er kam in den Zellentrakt C, der für Wiederholungstäter reserviert war. Die angekündigte Begrüßung durch die Alliance ließ nicht lange auf sich warten und wurde stellvertretend von Stéphane Morgan, Michel Boyer und Jean Duquaire ausgesprochen. Sie konfrontierten ihn damit, dass er im Bikerkrieg auf der anderen Seite stand, doch er beteuerte, dass er auf keiner Seite stand, sondern nur in Ruhe seinen Geschäften nachgehen wolle.

„Duquaire kramte ein Bild von Maurice Boucher hervor, warf es zu Boden und forderte mich auf, es anzupissen", so Gagné. „Weil ich mich geweigert habe, wurde ich zusammengeschlagen." Wenig später will er Duquaire in dessen Zelle aufgesucht und mehrfach mit einem spitzen Gegenstand auf ihn eingestochen haben. Duquaire kam ins Krankenhaus, und Gagné begann eine Tour durch verschiedene Gefängnisse in Quebec, darunter auch eines in Sorel, wo er erneut mit Boucher zusammenkam.

Eine verhängnisvolle Entscheidung

Boucher schien sehr daran interessiert zu sein, Gagné in sein Drogennetzwerk zu integrieren. Sei es wegen Gagnés Fähigkeiten als Drogendealer, sei es wegen der Loyalität, die er im Bordeaux-Gefängnis unter Beweis gestellt hatte – Boucher fand Gefallen an Gagné und versprach ihm, sich im Gefängnis um ihn zu kümmern. Zudem forderte er Gagné auf, ihn nach seiner Entlassung zu besuchen. Dann stellte er ihn seinem Sohn Françis vor, der dafür sorgte, dass Gagné auch hinter Gittern nicht auf seine Lieblingsspeisen verzichten musste. Wenn sie es sich leisten können, dürfen sich Gefangene in kanadischen Gefängnissen eine bestimmte Menge Lebensmittel kaufen, was sich zum einen als Machtfaktor erweisen kann und zum anderen die Monotonie des Gefängnisessens durchbricht.

Während ihrer gemeinsamen Haftzeit übernahm Gagné für Boucher immer wieder kleinere Aufträge. Einer davon war es, einen Protest der Gefangenen zu organisieren, nachdem Boucher beklagt hatte, dass es zu oft Shepard's Pie gab. Gagné verlangte, in denselben Trakt wie Boucher verlegt zu werden, doch der Antrag wurde abgelehnt. Also sahen sich die beiden Männer beim regelmäßigen Hofgang oder beim Sport inmitten aller anderen Gefangenen.

Nach einer Odyssee durch mehrere Haftanstalten und Verbüßung von mehr als zwei Drittel seiner Strafe wurde Gagné entlassen. In Freiheit stellte er als Erstes unter Beweis, dass er mit dem unterdessen ebenfalls entlassenen Boucher in Kontakt treten konnte, wann immer er das wollte. Er nahm per Pager Kontakt zu Bouchers Sohn Françis auf und verabredete ein Treffen. Am nächsten Tag fragte Françis Boucher Gagné nur noch nach dessen Pager-Nummer und bat ihn, einen Moment zu warten. Kurz darauf meldete sich Mom Boucher und verabredete sich mit ihm an dem Haus an der Bennett Street, das dem Nomads Charter seit Kurzem als Treffpunkt diente. In dem Haus befanden sich Gagnés Erinnerung zufolge auch ein Gebrauchtwagenhandel und ein Juweliergeschäft. Außerdem unterhielten André Chouinard, der seinerzeit für Boucher als Drogenkurier arbeitete, Gilles Mathieu und Richard „Sugar" Lock dort Büros. Gagné behauptete, dass sich Chouinard am Telefon mit „Gestion Wow" meldete. Das war der Name einer Firma, die Maurice Boucher gehörte.

Stéphane Gagné sagte aus, dass er zunächst eine Weile in dem Haus in der Bennett Street geblieben und dann zusammen mit Chouinard und Boucher in ein Restaurant im Bezirk Plateau gegangen sei.

„Da hat Maurice Boucher gesagt, dass er Großes mit mir vor habe. Erklärt hat er das aber nicht." Was damit gemeint gewesen war, sollte Gagné, so das Kalkül der Staatsanwaltschaft, den Geschworenen erzählen. Seine Aussage sollte dokumentieren, wie der Club funktionierte – vor allem dann, wenn Mitglieder des Clubs mit Boucher an der Spitze beschlossen hatten, Rivalen aus dem Weg zu räumen.

André Chouinard, ein Mitglied des Hells Angels Nomads Charters.

Nach dem Restaurantbesuch fuhren Boucher und Gagné zurück zur Bennett Street, wo Gagné André „Toots" Tousignant vorgestellt wurde. Gagné wusste, dass Tousignant vor dem Bikerkrieg als unabhängiger Drogenhändler gearbeitet hatte. Nun war er Mitglied der Rockers und einer von Bouchers engsten Mitarbeitern. Den Rest des Tages verbrachten sie gemeinsam in dem Haus in der Bennent Street, bis sich Tousignant, Gagné und Boucher schließlich ins Auto setzten, die Stadt Richtung Süden verließen und auf der anderen Seite des Flusses hielten. Die Pager ließen sie im Auto, und während Boucher und Tousignant einen Spaziergang unternahmen, blieb Gagné zurück.

Als die beiden zurückkamen, erkundigte sich Boucher mit einer wortlosen Geste bei Gagné, ob der eine Waffe bei sich hatte, Gagné verneinte. Boucher erwiderte, dass in dem Haus in der Bennett Street einige Waffen versteckt waren, und trug Gagné auf, sich bereitzuhalten. Es könne gut sein, dass man ihn schon sehr bald brauchen würde.

Gagné, der bei seinen Eltern wohnte, blieb in den kommenden Tagen zu Hause, und es dauerte nicht lange, bis Boucher und Tousignant vor der Tür standen. Die drei bestiegen ein Auto und fuhren nach Verdun, wo Gagné erfuhr, was Boucher „Großes" mit ihm vorhatte. Ihr erstes Ziel war eine Garage in der Lesage Street, die, wie Gagné erfuhr, in unmittelbarer Nachbarschaft zu einem Clubhaus der Rock Machine lag. Boucher hatte während der Fahrt kaum gesprochen, doch als sie die Garage erreichten, forderte er die beiden Mitfahrer auf, sich zu bücken, damit sie von den Männern, die vor dem Haus aus rotem Backstein Wache standen, nicht gesehen wurden.

Die Fahrt führte das Trio weiter nach Lachine, einem Nachbarort von Verdun, wo Gagné erfuhr, dass seine Rolle darin bestand, unter einem leeren Auto eine Bombe zu deponieren und zur Explosion zu bringen. Boucher ging davon aus, dass die Explosion die Polizei auf den Plan rufen und der plötzliche Tumult die Rock Machine veranlassen würde, sich in ihr Clubhaus zurückzuziehen. Das würde einem anderen Kommando der Hells Angels die Möglichkeit verschaffen, eine ungleich stärkere Bombe als die erste mit dem Ziel zu zünden, das Clubhaus der Rock Machine in die Luft zu jagen und alle, die sich darin befanden, zu töten.

Gagné zufolge sollte die erste Bombe auf einem Parkplatz hochgehen, der zu einer Wohnanlage gehörte. Sie legen und zünden sollte er gemeinsam mit Stephan „Sandman" Falls. Als alles besprochen und verabredet war, brachte Tousignant Gagné und Falls zu einer Bar südlich von Montreal, wo sie die Bombe und den Fernzünder bekommen sollten.

„Wir gingen in das Büro, und er hat uns die Bombe gezeigt", sagte Gagné.

„Reden Sie von dem Büro der Bar?" fragte Briere, der Vertreter der Anklage.

„Ja. Ich erinnere mich noch an eine Kellnerin, die mehrmals fragte: ‚Was hab ihr vor? Was habt ihr vor?' Toots hat gesagt ‚Kümmere dich um deinen eigenen Kram', sie aus dem Zimmer geschickt und die Tür geschlossen." Boucher schien alle Eventualitäten bedacht zu haben. Gagné wurde in die Handhabung des Sprengsatzes eingewiesen. Mehrmals waren sie die Route durchgegangen, die sie zum Tatort führen sollte. Dabei hatte Boucher dringend gemahnt, sich an die Geschwindigkeitsbegrenzung zu halten und kein Stoppschild zu ignorieren.

Am Tag, an dem das Clubhaus der Rock Machine in die Luft fliegen sollte, wartete Gagné in einer Wohnung auf den Einsatzbefehl für die erste Detonation, die die zweite vorbereiten sollte. Doch dann kreuzte Tousignant auf und sagte, dass das Auto des zweiten Teams nicht ansprang. Er fragte Gagné nach Starthilfekabeln, und gemeinsam gingen sie zu jener Garage, vor der sie unlängst mit Boucher gestanden hatten.

„Als wir ankamen, musste ich auf Befehl von Tousignant die Augen schließen. Die Tür ging auf, und als sie sich wieder schloss, hörte ich Stimmen. Vertraute Stimmen. Einer der Männer war Jean Damien Perron, ein Hells Angels aus Trois Rivières. Damals war er noch ein Hangaround. Ich hatte zwei Monate im Gefängnis mit ihm verbracht und kannte seine Stimme daher ziemlich gut", sagte Gagné. Tousignant bestand darauf, dass Gagné die Augen geschlossen hielt, und trug den beiden Männern des anderen Teams auf, sich auf dem Klo zu verstecken. Die Hells Angels wollten nicht, dass die Mitglieder des einen Teams wussten, wer zum jeweils anderen gehörte. Sollte sich einer der Beteiligten der Polizei später als Informant andienen, konnte die Zahl der Verhaftungen so klein gehalten werden. Und Tousignant war der Einzige, der alle Beteiligten kannte.

Gagné sagte aus, dass in der Garage ein Ford stand, in dem die Bombe lag, mit der die Hells Angels das Clubhaus der Rock Machine in Schutt und Asche legen wollten. Im Armaturenbrett klaffte ein Loch, das darauf schließen ließ, dass der Wagen gestohlen worden war. Der erfahrene Autodieb fand schnell heraus, warum der Wagen nicht anspringen wollte. Er erklärte Tousignant, dass ein Auto von GM, bei dem man das Zündschloss mithilfe eines Schraubenziehers überbrückte, anders gestartet werden müsse als ein Ford. Nach wenigen sachkundigen Handbewegungen sprang der Motor des Fords an. Daraufhin brachte Tousignant Gagné zurück zu der Wohnung, wo Steven „Sandman" Falls ihn erwartete. Sie blieben dort und warteten auf das Zeichen zum Einsatz.

Als zwei Stunden später noch immer nichts passiert war, wurden sie allmählich nervös. Schließlich kreuzte Tousignant wieder auf und informierte die beiden Wartenden darüber, dass das Unternehmen abgeblasen worden war, weil die Polizei ausgerechnet vor jenem Haus aufgekreuzt war, in dem das zweite Team auf den Einsatzbefehl wartete. Ihr Interesse galt offensichtlich nicht der Garage, sondern einem anderen Teil des Gebäudes, fügte Tousignant ohne weitere Erklärung hinzu. Briere wollte daraufhin von Gagné wissen, ob die Hells Angels einen anderen Versuch unternommen hatten, das Clubhaus der Rock Machine anzugreifen.

„Ja, es gab einen weiteren Versuch", erwiderte Gagné. „Zuvor gab es ein Treffen zwischen Paul Fontaine, André Tousignant, Sandman und René Charlebois. Dieses Mal sollte vor dem Objekt ein präpariertes Auto abgestellt werden." Zudem sollten Männer auf Motorrädern an dem Haus vorbeifahren und die Wachen erschießen, die an jenem Tag Dienst hatten. Charlebois sollte den Wagen mit der Bombe fahren und vor dem Clubhaus abstellen. Die anderen sollten ihn auflesen, zu einer nahegelegenen Wohnung fahren und dort die Explosion auslösen.

Zum ersten Mal, so Gagné sei über den Anschlag in einem Park vor dem Montreal Forum gesprochen worden, einst Heimstatt der Eishockeymannschaft Montreal Canadiens. Die zweite Unterhaltung fand in einem Chinarestaurant unweit der Place Versailles statt, einem Shopping Center im Osten von Montreal, wo auch die Spezialeinheiten der Montreal Urban Community Police ihren Sitz haben. Während des Gesprächs betrat ein Mann das Restaurant, der die Lieferung von zwei japanischen Motorrädern vermeldete, die bei dem Anschlag benutzt werden sollten. Auf einem davon fuhr Charlebois später davon.

Gagné und Paul Fontaine, der das andere Motorrad nahm, verließen den Treffpunkt als Letzte. Sie fuhren zu einem anderen Restaurant, wo sie sich mit Tousignant, Falls und Charlebois trafen und eine weitere Besprechung abhielten. Während eine Kellnerin auf ihre Pager und Handys aufpasste, begaben sich die Männer auf einen Spaziergang. „Wir fürchteten, dass wir abgehört wurden und die Telefone verwanzt waren", erklärte Gagné. Deshalb verließen die fünf Biker das Restaurant und schlenderten zu einem Park in der Nähe, wo sie berieten, was zu bedenken war, damit der zweite Anschlag auf das Clubhaus der Rock Machine ein Erfolg wurde.

„Es konnte im Grunde losgehen, denn die Autos waren so weit fertig – auch das mit der Bombe darin", sagte Gagné. Doch wieder kam etwas dazwischen, dieses Mal in Gestalt eines auffällig unauffälligen Autos, das sich den japanischen Motorrädern näherte. Im Auto saßen

Männer, die offenbar großen Wert darauf legten, nicht gesehen zu werden. Den Bikern war auf Anhieb klar, dass sie es mit Zivilbeamten zu tun hatten, die auf die Rockers angesetzt waren. Ebenfalls klar war, dass man ihnen zu dem Restaurant gefolgt war und die Verbindung zu den japanischen Motorrädern sich leicht herstellen ließe. Deshalb wurde beschlossen, das Vorhaben ein zweites Mal abzublasen.

„Gab es einen dritten Versuch?" fragte Briere

„Ja", antwortete Gagné.

„Können Sie uns dazu etwas sagen?"

„Vor dem dritten Versuch musste ich zwei Lieferwagen beschaffen. Sie sollten unbedingt mausgrau sein, genau wie die Wagen von Hydro Quebec, dem staatlichen Energieversorger."

„Und Sie sollten sie stehlen."

„Ja. Den Auftrag dazu habe ich von Paul Fontaine bekommen. Toots sagte noch: ‚Achte unbedingt darauf, dass die Farbe stimmt. Wir bekommen über einen Freund Aufkleber von Hydro Quebec, mit denen wir die Wagen umfrisieren können." Am nächsten Tag fand Gagné ein entsprechendes Fahrzeug. Ursprünglich hatte er erwogen, sich einfach auf dem Firmenparkplatz von Hydro Quebec zu bedienen, doch die Überwachungskameras hatten ihn davon abgehalten.

Gagné zufolge waren wenigstens drei Männer in diesen dritten Versuch, das Clubhaus der Rock Machine zu sprengen, eingeweiht: Kenny Bedard, René Charlebois und Steven „Sandman" Falls. Er selbst saß neben Kenny Bedard im Auto, als ihnen ein mausgrauer Dodge Caravan auffiel, der am Shopping Center Place Versailles abgestellt war. Sie folgten ihm zu einem Baumarkt und schließlich zu einem Haus in einem Gewerbegebiet. Den Dodge will Gagné mit einem Schraubenzieher kurzgeschlossen haben. Er stellte ihn schließlich in der Nähe des Flughafens St.-Hubert ab, wo die Hells Angels eine Garage unterhielten, in der sie gestohlene Fahrzeuge lagerten.

Ein wesentlicher Punkt in Gagnés Aussage war, dass er sich an zwei kleine Behältnisse erinnern konnte, die in dem Caravan lagen: eines enthielt ein Hemd, das andere zwei Taschenlampen. Diese Dinge wurden später in dem Wagen gefunden, der bei dem Anschlag auf das Haus in der Lesage Street verwendet worden war. Dass sich Gagné an dieses Detail erinnerte, war deshalb wichtig, weil er an dem eigentlichen Anschlag nachweislich nicht teilgenommen hatte. Zum fraglichen

Zeitpunkt hielt er sich nämlich woanders auf, genauer gesagt in einem staatlichen Gefängnis.

Gagnés Probleme begannen, nachdem er sich auf den Weg gemacht hatte, um einen zweiten Lieferwagen im Mausgrau der Firma Hydro Quebec zu finden. Fontaine war bereits ungeduldig und forderte von Gagné, er solle irgendein Fahrzeug beschaffen, Hauptsache die Farbe stimmte. Gagné zufolge stießen er und Kenny Bedard im Norden von Montreal auf einen Jeep Cherokee. Gagné startete ihn und fuhr davon. Dann aber erblickte er an einer roten Ampel neben sich einen Streifenwagen.

„Wussten Sie, wofür die Autos, die Sie gestohlen haben, benutzt werden sollten?"

„Ja, es ging um die Sache in Verdun."

„Und was sollten Sie mit den gestohlenen Lieferwagen tun?"

„Wir wollten den mausgrauen Dodge Caravan mit Dynamit präparieren", erwiderte Gagné und fügte hinzu, dass Falls, Fontaine, Tousignant und René Charlebois in den Plan eingeweiht waren. Charlebois sollte den Dodge vor dem Clubhaus der Rock Machine abstellen. Derweil, so Gagné weiter, sollten Falls und Fontaine auf alle schießen, die sich vor dem Haus aufhielten, um sie zu zwingen, sich ins Innere zurückzuziehen. Tousignant sollte den zweiten Wagen fahren. Aber als Gagné im gestohlenen Cherokee an der roten Ampel stand, fiel dem Beamten neben ihm auf, dass das Armaturenbrett defekt war. Kurz darauf wurde Gagné von einem zweiten Streifenwagen verfolgt. Gagné hängte ihn ab, ehe er irgendwo anhielt, den Wagen stehen ließ und die Flucht zu Fuß fortsetzte. Ein Beamter konnte ihm jedoch folgen. Er erwischte und verhaftete ihn. Gagné musste die Nacht in einer Zelle verbringen, am nächsten Tag wurde er in das Gericht von Montreal gebracht und dem Haftrichter vorgestellt. Da er keine Kaution stellen konnte, wanderte er ins Parthenais-Gefängnis. Er wurde wegen des Autodiebstahls angeklagt, schuldig gesprochen und zu sechs Monaten Haft verurteilt.

Unterdessen versuchten die Hells Angels weiter, den riskanten Anschlag auf das Haus in der Lesage Street zu verüben. Am 23. August 1996 bot sich den Anwohnern rund um die Kreuzung Lesage Street und L'Eglise Avenue ein befremdlicher Anblick. Kurz vor der Kreuzung hielt ein mausgrauer Lieferwagen mit der Aufschrift der Firma Hydro

Quebec an, der Fahrer steig aus und setzte sich in ein anderes Auto, das unterdessen gehalten hatte. Da beim verlassenen Lieferwagen der Leerlauf eingelegt war, setzte er sich langsam in Bewegung und rollte vorwärts, bis er an einem Straßenschild zu stehen kam. Dort blieb er stehen, bis ein Anwohner sich aufraffte, einen Blick ins Innere zu werfen, wo 91 Kilogramm Sprengstoff lagerten, die an insgesamt sechs Zünder angeschlossen waren. Irgendetwas musste geschehen sein, das die Hells Angels davon abgebracht hatte, das Clubhaus in der Lesage Street in die Luft zu jagen. Die Polizei rekonstruierte später, dass in dem Moment, in dem sich die beiden Wagen dem Ziel des Anschlages näherten, mehrere Mitglieder der Rock Machine vor dem zweigeschossigen Haus standen, darunter auch Renaud Jomphe und die Brüder Plescio.

Der Lieferwagen der Hells Angels war unweit von zwei Tankstellen und in einer bürgerlichen Wohngegend mit dreigeschossigen, etwas älteren Häusern abgestellt. Jean-Yves Vermette, der Sprengstoffexperte der RCMP, kam nach gründlichen Untersuchungen zu dem Schluss, dass bei einer Explosion der Bombe mehrere dieser Häuser eingestürzt wären. Zu seinen Untersuchungen gehörte ein Experiment, bei dem er einen identischen Lieferwagen mit der identischen Menge Sprengstoff auf einem Militärstützpunkt zur Explosion brachte. Der Feuerball hatte einen Durchmesser von sage und schreibe acht Metern. Metallsplitter fanden sich noch in 500 Meter Entfernung.

Ein Zeuge konnte den Fahrer des Lieferwagens ziemlich genau beschreiben. Das Ergebnis erinnerte stark an Charlebois. Das Fluchtauto wurde später im Osten Montreals mit sechs Schusswaffen darin gefunden. Um Beweismaterial wie Fingerabdrücke und DNA zu vernichten, war es angezündet worden. Der Polizei gelang es jedoch, wertvolle Spuren sicherzustellen. Im Wagen fand sich beispielsweise ein Pager, der von den Flammen verschont worden war. Als Besitzer wurde Steve Boies ermittelt, ein Mann, der, wie die Polizei wusste, enge Verbindungen zu den Rockers unterhielt. Damit hatten sie zugleich eine Spur, die von den Hells Angels zu dem mit Sprengstoff gespickten mausgrauen Lieferwagen führte.

Unterdessen schwieg sich Gagné beharrlich darüber aus, warum er den Wagen gestohlen hatte, und um die Hells Angels zu schützen, saß er seine Strafe geduldig ab. Als er im Februar 1997 entlassen wurde, war er bestrebt, die Zusammenarbeit mit den Rockers wieder aufzunehmen. Noch am Abend seiner Entlassung will er zum Clubhaus der Rockers gefahren sein, wo er auf Falls und Pierre Provencher traf. Die beiden boten ihm an, Mitglied des Footballteams der Rockers zu werden.

„Was hat es mit diesem Footballteam auf sich?" wollte Briere wissen.

„Das ist ein Killerkommando."

„Und wer sollte getötet werden?"

„Mitglieder der Rock Machine."

„Haben Sie das Angebot der Rockers angenommen?"

„Ja."

Seine erste Aufgabe als Mitglied des Footballteams sei es gewesen, zusammen mit Gregory Wooley nach Verdun zu fahren und einen ganz bestimmten Pontiac Bonneville ausfindig zu machen. Ihnen war eine Adresse genannt worden, wo sie den Wagen prompt fanden. Gagné wusste nicht, wem er gehörte, man hatte ihm nur gesagt, dass der Besitzer Mitglied der Rock Machine sei. Ihre Aufgabe war es nun, die Zielperson auszuspionieren.

Zu seinem Leidwesen musste Gagné jedoch feststellen, dass die Rockers zunehmend maßlos wurden, besonders dann, wenn es um den Einfluss in Verdun ging. Gagné berichtete dem Gericht von einem Gespräch zwischen Pierre Provencher und einem Drogendealer aus Verdun, bei dem es darum ging, dass der Dealer zehn Prozent seiner Einnahmen aus dem Verkauf von Kokain an Gagné abliefern sollte. Auf die Frage nach den Gründen teilte Provencher dem Dealer mit, dass Godasse für die Rockers in Verdun einige Türen öffnen werde. Und weil der Dealer nicht recht begriff, sagte Provencher ihm das Gleiche auf Französisch noch einmal und fügte hinzu, dass Gagné jeden umbringen würde, der es wagen sollte, auf dem Territorium des Dealers für jemand anderes als die Hells Angels zu arbeiten.

Gagné war von dieser Aussage vollkommen überrascht. Er kannte den Dealer gar nicht und war nicht damit einverstanden, wie Provencher ihn instrumentalisierte. Sein Name fiel immer dann, wenn es um Drogendealer in Verdun ging, die mit den Hells Angels kooperierten. „Wer sind diese Leute?" fragte er sich. Und wer konnte ihn davor schützen, dass sie ihn bei der Polizei anschwärzten, sobald sie mit den Behörden Probleme bekämen? Um Antworten zu bekommen, fuhr er in die

Bennett Street. Doch statt Boucher traf er dort nur Fontaine und Tousignant an, denen er mitteilte, dass er aus dem Footballteam ausscheiden wolle. Fontaine erwiderte, dass ihn das freue, weil er Gagné für sein neu aufgestelltes Team von Drogendealern gewinnen wollte, das die Vorherrschaft im Schwulenviertel von Montreal sichern sollte. Serge Boutin, ein bemerkenswert gerissener Drogendealer, saß im Gefängnis, und die Hells Angels sahen sich gezwungen, die Vertriebsstrukturen im Schwulenviertel mit seinen zahllosen Bars und Clubs neu zu organisieren.

Gagné räumte ein, dass er von Februar bis März 1997 an dieser Neustrukturierung mitgearbeitet hat. Seine Partner seien Fontaine, Danny Decelles und zwei Männer gewesen, die später bei seiner Entscheidung, sich der Polizei als Informant anzubieten, eine entscheidende Rolle spielen sollten: Steve Boies, jener Mann, dessen Pager nach dem gescheiterten Anschlag in Verdun gefunden worden war, und Christian Bellemare.

Fontaine hatte Gagné beauftragt, im Schwulenviertel von Montreal Wohnungen anzumieten, in denen sie rund um die Uhr Drogen verkaufen konnten. Die meisten Kunden waren Prostituierte oder Kleinkriminelle. „Ihnen wollten wir die Möglichkeit bieten, sich eine Ration zu kaufen und vor Ort zu konsumieren, damit sie anschließend wieder ihren Geschäften nachgehen konnten."

Als Boutin entlassen wurde, entschied Fontaine, ihn in das neue Team zu integrieren. Er sollte die Buchhaltung übernehmen. Decelles und Boies waren für die Wohnungen und zwei kommunale Parks verantwortlich. Jean Roch Lussier war für die Droge PCP zuständig. Gagné zufolge lieferte Decelles Marihuana und Kokain an Dealer, die in den Parks arbeiteten.

„Paul Fontaine und ich hatten im Grunde dieselbe Aufgabe, und zwar die, im Auftrag der Hells Angels beziehungsweise der Rockers zu töten."

„Wie viel Geld haben Sie seinerzeit bekommen?" wollte Briere wissen.

„Zirka 1.000 Dollar pro Woche", erwiderte Gagné. „Manchmal mehr, manchmal weniger." Irgendwann bekam er den Auftrag, zusammen mit einigen anderen zwei Brüder zu beschatten, die in der St.-Hubert Street dealten. Die Hells Angels hatten die beiden fotografiert und „eine Akte über sie angelegt".

„Wenn man den Anführer tötet, ohne zu wissen, wer alles für ihn gearbeitet hat, ist man keinen Schritt weiter", erklärte Gagné. „Man muss Informationen beschaffen, Fotos machen, die Autos überwachen, auch von innen." Zu diesem Zweck benutzte der Club Autos der Marken Mazda und Chrysler und Schiffsbatterien, die die Videokameras stundenlang mit Strom versorgten. Derart präpariert, wurden die Kameras auf der Hutablage der auszuspähenden Autos versteckt. Sie waren mit einem Aufzeichnungsgerät im Kofferraum verbunden, das viele Stunde Bildmaterial sichern konnte.

Auch Fotos der Zielpersonen mussten beschafft werden. Dafür verwendete der Club einen Lieferwagen mit getönten Scheiben. Um keinen Verdacht zu erregen, wurden die Fahrzeuge mit der Aufschrift einer Elektroinstallationsfirma präpariert. Zu diesem Zweck hatten die Hells Angels eigens eine solche Firma gegründet und angemeldet. Sogar ein Handyanschluss war auf den Betrieb gemeldet, der offiziell Gagnés Frau gehörte. Das Handy blieb stets in dem Lieferwagen, und manchmal gingen Anrufe von Anwohnern ein, die wissen wollten, warum das Auto schon so lange an derselben Stelle stand. Dann antwortete Gagné oder einer der anderen, dass das Auto eine Panne hatte und abgeschleppt werden musste. Ein Anruf bei einem Verbündeten der Hells Angels genügte, und schon fuhr ein Abschleppwagen vor, der den Lieferwagen auf den Haken nahm und die Geschichte glaubhaft machte. Und falls der Polizei ein verdächtiger Lieferwagen gemeldet wurde, konnten die Insassen das über den Polizeifunk selbstverständlich mithören.

Gagné sagte, dass André „Toots" Tousignant ihn aufgefordert habe, einen Typ aus Laval zu überwachen. Wie sich erwies, handelte es sich um ein Mitglied des Dark Circle. „Wenn ich mich richtig erinnere", so Gagné, „hat er sich häufig auch im Norden von Montreal aufgehalten. Wir haben versucht, an ihm dranzubleiben. Paul Fontaine meinte, dass er ein ‚Rock' sei. Das meint nicht etwa einen Mann aus dem Umfeld der Rock Machine. Die haben wir unter uns Ducks genannt. Rocks hingegen war im Milieu der Ausdruck für einen Spitzel, für jemanden, der mit der Polizei zusammenarbeitete", erklärte Gagné. Als Prämie für die Ermordung dieses Informanten hatte Fontaine 50.000 Dollar ausgelobt. Sehr oft seien sie ihm gefolgt, wenn er mit seinem Jeep Cherokee zu einem Laden im Industriegebiet von Rivière-des-Prairies fuhr.

„An dem Morgen, an dem wir den Auftrag erledigen wollten, saßen wir in unserem Dodge Caravan", berichtete Gagné, als Briere ihn unterbrach.

„Ich möchte Sie bitten, statt des Wörtchens ‚wir‘ Namen zu sagen."

„Paul Fontaine und ich. Wir hatten uns einen Fluchtweg überlegt, weil wir davon ausgingen, dass wir ihn in seinem Laden antreffen würden. Dort wollten wir ihm mit unserem Auto den Weg abschneiden. Paul sollte aussteigen, das Feuer eröffnen und wieder einsteigen. Den Dodge wollten wir anschließend irgendwo abstellen und anzünden. Aber ausgerechnet an diesem Morgen warteten wir vergeblich auf unseren Mann. Wir fuhren zu seiner Wohnung, wo er sich tatsächlich aufhielt. Zu unserer Verwunderung hatte er sie auch nach einer geschlagenen Woche nicht ein Mal verlassen. Irgendwann wurde es uns zu bunt, und wir legten den Plan auf Eis. Nach meiner Verhaftung habe ich der Polizei davon erzählt und erfahren, dass der Man an einem Herzinfarkt gestorben war."

Bei dem Mann handelte es sich um Domenico Rossi, der für die Polizei von Montreal als Informant arbeitete. Als Gagnés Eignung als Zeuge der Anklage auf Herz und Nieren geprüft wurde, war aus seiner Beschreibung des Mordkomplotts schnell klar geworden, dass Rossi das Ziel gewesen war.

Der Staatsanwalt fragte Gagné, ob er auch Gefängnispersonal überwacht hatte. Gagné gab an, dass Maurice „Mom" Boucher seines Wissens im Sommer 1997 den Entschluss gefasst hat, Gefängnisaufseher zu ermorden, um dadurch die Justiz zu schwächen. In diesem Zuge hat Paul Fontaine Gagné beauftragt, ein Provinzgefängnis in Rivière-des-Prairies am östlichsten Zipfel von Montreal Island auszukundschaften und besonders auf Autos zu achten, in denen drei oder mehr Wachen saßen.

„Als ich zum ersten Mal dort hinfuhr, habe ich meinen Wagen in der St. Jean Baptiste Street abgestellt, weil da eine Tante von mir wohnt. Dann bin ich zu Fuß weitergegangen", so Gagné. Er bezog in einem Wäldchen nahe des Gefängnisses Position, wo ihm schon bald ein Mann auffiel, der jeden Morgen die Bahnstrecke überquerte, um zur Arbeit zu gelangen. Als Gagné schon glaubte, ein passendes Opfer gefunden zu haben, bemerkte er, dass der Mann stets weiße Kleidung trug. Womöglich war er nur ein Gefängniskoch und fiel als Ziel eines

Anschlags daher aus. Seine Mission war also noch nicht von Erfolg gekrönt, als ihn nach acht oder neun Tagen die Nachricht erreichte, dass die Pläne geändert worden waren.

„Ein paar Tage, nachdem ich von Paul Fontaine zu dem Gefängnis nach Rivière-des-Prairies geschickt worden war, hat André Tousignant mich per Pager kontaktiert und gebeten, mich mit ihm in der Bennett Street zu treffen. Dort forderte er mich zu einem Spaziergang auf. Meinen Pager ließ ich daher im Haus. Unterwegs erzählte er mir von einem Aufseher im Bordeaux-Gefängnis, den ich mir vorknöpfen sollte.

„Da muss ich erst mit Paul sprechen", erwiderte Gagné. „Noch bin ich nämlich an einer anderen Sache dran." Toots erwiderte, dass er sich darum kümmern würde. Anschließend traf er sich mehrmals mit Gagné, um zu diskutieren, wie der Mord an dem Aufseher erfolgen sollte. Der Plan, auf den sie sich schließlich einigten, sah vor, dass sie auf dem Parkplatz eines Shopping-Centers in Laval einen Fluchtwagen abstellen wollten. Den Anschlag selbst, so entschied Tousignant, wollten sie mithilfe eines gestohlenen japanischen Motorrads ausführen, einer Suzuki Katana. Die Maschine hatte jedoch technische Probleme, woraufhin Tousignant beschloss, die Idee mit dem japanischen Motorrad wieder fallen zu lassen.

Diane Lavigne

Am 26. Juni 1997 kontaktierte Tousignant Gagné per Pager und verabredete sich mit ihm in einer Pizzeria. Das Fluchtfahrzeug, einen Ford Escort, parkten sie wie geplant auf dem Parkplatz des Shopping-Centers. Dann fuhren sie weiter nach Montreal zu der Garage in der St.-André Street, wo ein Motorrad japanischer Herkunft stand. Tousignant fuhr, Gagné nahm hinter ihm Platz. Als sie in die Nähe des Bordeaux-Gefängnisses kamen, sahen sie einen Jeep Cherokee, in dem mehrere Aufseher saßen. Sie folgten dem Wagen, brachen die Verfolgung jedoch ab, weil das Auto einen Weg nahm, der denkbar ungünstig war, um zu dem Fluchtauto zu gelangen. Sie kehrten zum Gefängnis zurück und warteten dort, dass sich ein neues Ziel zeigte.

Diane Lavigne hatte gerade ihren Schichtdienst beendet, als sie in ihrem Plymouth Caravan an den beiden Männern vorbeifuhr. Tousignant erkannte das Dienstabzeichen auf der Uniform, das sie als Gefängniswache auswies. Sie folgten ihr Richtung Highway, und als sie ihn erreicht hatten, beschleunigte Tousignant und setze sich neben den Plymouth. Gagné schoss durch die Seitenscheibe der Fahrertür. Später behauptete er, er habe nicht sehen können, dass sein Opfer eine Frau war, weil die Scheiben getönt waren.

Danielle Leclerc, die ebenfalls zum Wachpersonal gehörte, war kurz nach Diane Lavigne aufgebrochen. Ihr waren die beiden Männer auf dem Motorrad aufgefallen. Sie sah, wie sie sich neben das Auto ihres Opfers setzten, und sie hörte auch die Schüsse. Sie nahm jedoch an, dass die beiden Männer etwas auf die Straße geworfen und so die Reifen des Autos ihrer Kollegin zum Platzen gebracht hatten. Tousignant gab Gas, und Gagné warf das Gewehr in den Straßengraben. Sie rasten zu dem Shopping-Center, wo der Ford Escort stand. Dort wechselten sie die Kleidung. Die Sachen, die sie bei dem Anschlag getragen hatten, warf Gagné in den Kofferraum. Dann fuhren sie nach Montreal, wo Gagné die Sachen aus dem Kofferraum holte und mitsamt der Sturzhelme ins Feuer warf.

Gagné sagte aus, dass der Auftrag für den Mord von Tousignant gekommen war. Wie Fontaine war auch Tousignant zu diesem Zeitpunkt zwar noch kein Vollmitglied der Hells Angels, aber bereits ein Hangaround, was beide quasi zu Gagnés Vorgesetzten machte. Briere wollte wissen, ob er für seinen Einsatz belohnt worden war. Gagné erwiderte, dass er wegen eines Unfalls den Juli des Jahres im Krankenhaus verbracht hatte, nach seiner Entlassung im August aber als Belohnung für das, was er getan hatte, zum Striker befördert worden war. Er sagte auch, dass Mom Boucher am Tag nach dem Mord gratuliert hatte.

„Am nächsten Morgen hat Paul Fontaine mich abgeholt. Er hielt es für besser, den Tag gemeinsam zu verbringen", berichtete Gagné. Die beiden fuhren zu dem Haus in der Bennett Street, in dem das Nomads Charter residierte.

„Mom und Trooper waren da. Mom forderte mich auf, die beiden zu einem Blumenladen zu begleiten."

„Wer ist dieser Trooper?" wollte Briere wissen.

„Sein richtiger Name ist Gilles Mathieu. Ich kannte ihn nur als Trooper, aber irgendwann hat mir die Polizei gesagt, wie er wirklich heißt. Am Blumenladen angekommen, habe ich mit Trooper vor der

Tür gewartet, während Mom Boucher zwei oder drei Blumensträuße gekauft hat, die er in sein Auto legte. Dann sind wir noch etwas spazieren gegangen. Ich habe mich mehrfach umgesehen, weil ich einen Kapuzenpullover trug. Die Hände hatte ich in die Tasche gesteckt, um die Waffe ertasten zu können."

Gagné fürchtete, dass die Polizei jeden Moment auftauchen und ihn wegen des Mordes an der Aufseherin festnehmen könnte. Laut seiner Aussage ist er zusammen mit Fontaine, Boucher und Mathieu eine Seitenstraße entlanggegangen, um sich im Flüsterton unterhalten zu können. Gagné will Fontaine bei dieser Gelegenheit gesagt haben, dass der Mord an Lavigne auf seine und Toots' Kappe ging. Fontaine ging daraufhin zu Boucher und gab die Nachricht weiter. „Ich lief derweil zwischen Mr. Boucher und Trooper. Irgendwann hat Mom gesagt: ‚Gut gemacht, Godasse. Dass das Opfer Titten hatte, muss dich nicht weiter kümmern.'"

Boucher soll Gagné mehrfach daran erinnert haben, dass niemand, der an der Tat beteiligt war, mit weniger als 25 Jahren davonkommen würde – auch dann nicht, wenn er mit der Polizei zusammenarbeitete. Er fügte hinzu, dass dem Mörder die Todesstrafe drohen würde, wenn es sie in Kanada gäbe. Und auch Mathieu, so Gagnés Eindruck, schien den Mord an Lavigne zu billigen.

Nach dem Spaziergang fuhren die Männer zum Chez Parée, einem der ältesten Striplokale Montreals, um etwas zu essen. Nach dem Mord an Lavigne will Gagné bewusst wenige Fragen gestellt haben. Ihm war klar, dass das eine der Voraussetzungen war, um bei den Hells Angels aufzusteigen – einen Auftrag bekommen, ihn schnell und zuverlässig ausführen, um hinterher nicht darüber zu reden. Gagné gab an, gewusst zu haben, dass ihm der Mord an der Gefängnisaufseherin die Sympathien der Hells Angels garantierte und seinen Aufstieg in der Clubhierarchie, auf dem Tousignant ihm bis dato voraus war, befördern würde.

Am 30. Juni 1997 wurde Gagné bei einem Motorradunfall, den ein Mitglied der Rock Machine verursacht hatte, verletzt. Im Krankenhaus bekam er Besuch von Tousignant und Robitaille. Tousignant berichtete, dass er das unterste Abzeichen des Nomads Charters bekommen hatte, was Gagné in der Hoffnung bestärkte, diese Abzeichen bald selbst zu bekommen. Nach der Entlassung aus dem Krankenhaus meldete er sich zurück und übernahm erneut die Überwachung des Gefängnisses in Rivière-des-Prairies. Nach einigen Tagen erstattete er Fontaine Bericht und erwähnte, dass die meisten Mitarbeiter des Gefängnisses nach Dienstschluss nach rechts abbogen, wenn sie den Parkplatz verließen. Dieser Weg führte zu einer stark befahrenen Kreuzung, wo sie oft im Stau standen. Dort gab es auch eine Fußgängerampel, die man betätigen konnte, um die Ampeln für den Autoverkehr auf Rot zu schalten.

Fontaine hielt die Stelle für ideal, um den nächsten Anschlag auszuführen. Zusammen mit Gagné entwickelte er einen Plan, in dem für die Flucht Motorräder und ein Fahrradweg vorgesehen waren. Doch als alles für den Anschlag vorbereitet war, blies Fontaine das Unterfangen in letzter Minute ab. Gagné nahm es als Indiz dafür, dass Fontaine durchaus Probleme damit hatte, unschuldige Menschen zu töten.

„Paul meinte, dass er Bauchschmerzen habe, weil die Flucht nicht durchdacht war und so weiter. Ich erwiderte, dass wir es hinter uns bringen sollten. Aber er wandte ein, dass ihm 25 Jahre Gefängnis für einen Aufseher, der nichts verbrochen hat, ein bisschen viel erschienen. Bei Mitgliedern der Rock Machine ist das etwas anderes. Sie versuchen, uns umzubringen, und wir versuchen, sie umzubringen“, so soll Fontaine gesagt haben, ehe er beschloss, den Mordanschlag einstweilen zu verschieben.

Für die täglichen Fahrten benutzten sie zu dieser Zeit einen Pickup von Mazda, den sie auch dann verwenden wollten, wenn das Tatfahrzeug in Flammen aufgegangen war. Darüber hinaus stand noch ein grüner Dodge Caravan bereit, den Gagné für den Anschlag präparierte, indem er mit einem Lappen und Benzin sämtliche Fingerabdrücke entfernte und gefälschte Nummernschilder montierte. Für Letzteres hatte er das Kennzeichen eines identischen Autos mit etwas Farbe auf einen Rohling aufgetragen.

„Falls uns die Polizei folgen und das Kennzeichen prüfen sollte, würde niemand auf die Idee kommen, dass es zu einem anderen Auto gehörte“, sagte Gagné. Eines Tages machten sich die beiden Männer auf den Weg, um ihre Arbeit endlich zu verrichten. Unterdessen hatte Fontaine ein neues Ziel ausgegeben: einen Bus, mit dem die Gefangenen vom Gefängnis zum Gericht und zurück gebracht wurden. Dieser Bus wurde stets von zwei Wachen begleitet. Gagné sollte sich in der

Nähe des Gefängnisses aufhalten und die Ankunft des Busses abwarten. Fontaine wollte derweil an der Kreuzung Position beziehen, an dem der Bus würde halten müssen. Doch ausgerechnet an diesem Tag blieb der Bus aus.

Robert Corriveau und Pierre Rondeau

Am 8. September 1997, dem Tag, an dem der Anschlag tatsächlich ausgeführt wurde, fuhren Gagné und Fontaine nach Pointe-aux-Trembles an der Ostspitze von Montreal Island, wo sie den gestohlenen Caravan abholten, der für den Anschlag vorbereitet worden war. Gagné saß am Steuer des Caravans, und Fontaine folgte ihm in einem Mazda 323 zum Gefängnis von Rivière-des-Prairies. Gegen sechs Uhr morgens erreichten sie ihr Ziel, wo sie an einer Bushaltestelle die Ankunft des Gefangenentransportes abwarteten. Gegen 06:10 Uhr verließen Robert Corriveau und Pierre Rondeau die Tiefgarage des Gerichts von Montreal und fuhren zum Gefängnis, um jene Gefangenen abzuholen, gegen die an diesem Tag verhandelt werden sollte. Noch war außer ihnen niemand in dem Bus. Während der Fahrt unterhielten sie sich angeregt. Sie ahnten nicht einmal, was ihnen bevorstand.

„Paul Fontaine erkundigte sich, ob bei mir alles klar war. Ich bestätigte es ihm und fragte, wie es ihm ginge. ,Gut‘, erwiderte er, und ich sagte: ,In dem Bus sind zwei Männer, und einer von ihnen ist bewaffnet.‘ Paul erwiderte: ,Wir steigen zusammen aus, und wenn der Bus hält, eröffnen wir beide das Feuer‘.“ Er wollte sich den Fahrer vorknöpfen, und ich sollte mich um den Begleiter kümmern. Als sie die Kreuzung erreichten, gab Paul das Kommando. Erst zog er seine Waffe, dann ich meine. Erst schoss er, dann ich.“

In früheren Prozessen hatte Gagné ausgesagt, dass Fontaine eine .357 Magnum benutzt hatte. Damit war auf Rondeau geschossen worden, der am Steuer des Busses saß. Gagné gestand, dass er mit seiner halbautomatischen Waffe einen oder zwei Schüsse auf Robert Corriveau, den zweiten Mann, abgegeben hatte. Fontaine hingegen soll weiter geschossen haben und schließlich sogar auf das Dach des Busses gestiegen sein, um eine bessere Schussposition zu haben. Gagné hingegen behauptete, dass seine Waffe plötzlich Ladehemmung hatte.

„Während ich versuchte, die Waffe wieder flott zu machen, hörte ich mehrere Schüsse. Als meine Waffe wieder funktionierte, hatte Paul Fontaine den Tatort schon verlassen. Ich wandte mich wieder zum Bus und begann zu schießen." Ein Experte für Ballistik, der den Tatort untersucht hatte, konnte Beweise sicherstellen, die Gagnés Version des Tatherganges bestätigten. Doch trotz der Ladehemmung seiner Waffe hatte Gagné es geschafft, ein komplettes Magazin auf den Bus und die Insassen abzufeuern.

Rondeau wurde zwei Stunden nach den Schüssen im Rosemont Hospital von Maisonneuve für tot erklärt. Erstaunlicherweise hatten ihn nur zwei Kugeln getroffen. Eine stammte aus einer .375 Magnum. Die war es auch, die die tödlichen Verletzungen verursacht hatte. Die andere Kugel stammte aus Gagnés Waffe. Corriveau überlebte den Anschlag.

Nachdem er sein Magazin auf die ahnungslosen Opfer abgefeuert hatte, folgte Gagné Fontaine zu dem gestohlenen Caravan, der knapp 50 Meter entfernt geparkt war, und setzte sich ans Steuer.

„Ich habe die Fahrertür geschlossen und habe die Querstraßen zu zählen begonnen. Ich beschloss, mich rechts zu halten, weil zwischen 1. Street und 2. Street eine Ampel ist, und ich wollte nicht riskieren, dass sie auf Rot steht und ich anhalten muss."

Sie fuhren zu dem Mazda 323, der in einer ruhigen Seitenstraße stand. Dort, so hofften sie, konnten sie die Wagen wechseln, ohne dabei aufzufallen. Fontaine sprang in den Mazda. Gagnés Aufgabe war es, derweil den Caravan anzuzünden und sämtliche Spuren zu vernichten. Zu diesem Zweck entleerte er einen 20-Liter-Kanister im Inneren des Wagens.

„In dem Caravan war überall Dunst, weil ich Gas versprüht hatte. Als ich das Streichholz anzündete, gab es eine Stichflamme. Dabei habe ich mich im Gesicht verbrannt. Als ich mich umdrehte, sah ich an der Bushaltestelle eine junge Frau. Ich trug eine Baseballcap und eine Maske. Trotzdem bemühte ich mich, dass sie mein Gesicht nicht sehen konnte. Ich bin in den Mazda gestiegen, und wir sind nach Montreal gefahren."

Die junge Frau, die an der Kreuzung Demontigny Street und 47th Avenue auf den Bus wartete, erwies sich später als wertvolle Zeugin. Schon im ersten Prozess gegen Boucher sagte sie aus, dass ihr der Caravan aufgefallen war, der an der 47th Avenue geparkt war. Sie konnte der Polizei wichtige Hinweise zu Gagné geben, anhand derer ein Fahndungsbild angefertigt wurde. Als er an ihr vorbeigegangen war, hatte Gagné einen Moment lang das Gefühl, dass sie sein Gesicht gesehen hatte. Daher hielt er es für sicherer, den Mazda nicht mehr zu benutzen. Also hat er sich ein anderes Auto besorgt und den Mazda nach bewährter Manier angesteckt.

Auch Boucher muss die junge Frau für eine wichtige Zeugin gehalten haben. Kaum war er nach Ende des ersten Prozesses wieder auf freiem Fuß, stattete er ihr in dem Möbelgeschäft, in dem sie arbeitete, einen Besuch ab. Ohne ein Wort zu sagen, ging er mehrmals um sie herum und sah sie mit starrem Blick an. Dann verschwand er wieder. Als der zweite Prozess gegen Boucher anstand, war die junge Frau zu verängstigt, um erneut gegen ihn auszusagen.

„Verlöschen und neu entstehen"

Gagné sagte, dass Fontaine umgehend zu einem Krankenhaus gefahren sei, um die Bewachung von Louis „Melou" Roy zu übernehmen, der auf dem Parkplatz des Motels seines Vaters in Jonquiére angeschossen worden war und sich nun in der Klinik erholte. Gagné selbst fuhr zu der Garage in St.-Hubert und brachte alle Sachen dorthin, die bei der Schießerei verwendet worden waren. Er stopfte sie in einen Sack, den mitsamt einem Benzinkanister in den Mazda B2000 und fuhr damit nach Mont St.-Bruno. Dort steckte er die Sachen an, um „sämtliche Beweise zu vernichten".

Am Tag nach dem Mord stattete Normand Robitaille Stéphane Gagné einen Besuch ab, überreichte ihm 5.000 Dollar und wies ihn an, sich für eine Weile in den Westen Kanadas zu begeben. Doch noch am selben Tag beauftragte Fontaine ihn, mitsamt seiner Familie in die Dominikanische Republik zu reisen, um auf diese Weise eine Erklärung für die Verbrennungen in seinem Gesicht parat zu haben. Wenn jemand fragen sollte, könnte er antworten, dass er sich einen schweren Sonnenbrand zugezogen hatte. Als er von der Reise zurückkam, fuhren Gagné und Fontaine ins Pro Gym, wo sie Boucher trafen, der dort sein Training absolvierte. Ihre Pager und Telefone ließen sie bei Normand Robitaille, der ihnen mit dem Auto in einiger Entfernung folgte. Zu diesem Zeitpunkt war Robitaille nur wenige Monate von seiner Aufnahme als Anwärter in das Nomads Charter entfernt.

Die Männer unterhielten sich zunächst über Belanglosigkeiten. Gagné erinnerte Boucher daran, wie sehr der sich darüber amüsiert hatte, dass Gagné seine Frau mit in den Urlaub genommen hatte. Dann aber wandten sie sich ernsten Themen zu. Boucher sagte: „Es ist doch so: Wir verlöschen und entstehen wieder neu." Offenbar spielte er auf Gagnés Missgeschick mit den Verbrennungen an. Dann sagte Boucher, dass sie vorsichtig sein mussten, weil die Polizei ihre Ohren überall habe. Gagné zufolge berichtete Boucher schließlich, dass er bei gewissen Leuten den Tod der Gefängniswärter in Auftrag gegeben habe, um sicherzustellen, dass sich keiner seiner engsten Vertrauten je als Informant verdingen würde. Er ging davon aus, dass kein Staatsdiener mit Männern zusammenarbeiten wollte, die für den Tod von Staatsdienern verantwortlich waren. Boucher wiederholte seine Überzeugung, dass Gagné für das, was er getan hatte, zum Tode verurteilt werden würde, wenn es in Kanada die Todesstrafe gäbe. Zur Betonung machte er dazu eine Geste, als zöge sich um seinen Hals eine Schlinge zusammen.

Unterdessen hatte Boucher begriffen, wie weit die Ermittlungsbehörden von Quebec zu gehen bereit waren, um an die Mitglieder des Nomads Charters heranzukommen. Ein gewöhnlicher Krimineller namens Serge Quesnel war Informant geworden, und nicht wenige andere Verbrecher, die schwerer Straftaten verdächtigt wurden, waren seinem Vorbild gefolgt, um ein mildes Urteil zu bekommen. Gagné staunte nicht schlecht, dass Quesnel trotz der fünf Auftragsmorde, die er nachweislich für Louis „Melou" Roy und andere Hells Angels ausgeführt hatte, mit zwölf Jahren Haft davonkam. Boucher ging davon aus, dass es Polizisten und Staatsanwälten ziemlich egal war, wenn ein Informant ein paar Drogendealer auf dem Gewissen hatte, sich aber niemals mit jemandem einlassen würden, der kaltblütig genug war, einen der Ihren umzubringen.

An diesem Punkt von Gagnés Aussage wollte Staatsanwalt François Briere wissen, ob auch andere Personen als Ziel zur Diskussion gestanden hätten. Gagné zufolge soll Boucher einmal gesagt haben, dass „noch ein paar andere dran glauben müssen". Er will Boucher darauf hingewiesen haben, dass alle Gefängnisaufseher auf ihrem Heimweg zur Sicherheit neuerdings von Beamten der Sûreté begleitet wurden. Boucher soll nur gelacht und erwidert haben, dass er, falls nötig, dazu übergehen würde, Polizisten, Richter und Staatsanwälte aus dem Wege zu räumen.

In den obersten Rängen der Hells Angels machte sich unterdessen Verfolgungswahn breit. Normand Robitaille ordnete an, dass alle, die ihm unterstanden, persönliche Angaben wie Sozialversicherungsnummer und eine Liste der nächsten Angehörigen abzuliefern hatten, um sich so im Falle einer Festnahme ihrer Loyalität zu versichern. Gagné kam der Aufforderung widerspruchslos nach.

„In den Tagen danach [nach dem Mord an Rondeau - Anm. d. Autoren] hat André Tousignant per Pager Kontakt zu mir aufgenommen und mich gefragt, ob ich viel um die Ohren hätte. Er wollte mich in der Imprevu Bar an der Ecke Rue Sainte-Catherine und Boulevard Pie IX. treffen." (Zuvor hatte Gagné bei seinen Aussagen behauptet, dass dieses Treffen mit Tousignant ungeachtet seiner Gesichtsverletzungen am selben Tag wie der Mord an Rondeau stattgefunden hatte.) Tousignant bat ihn, eine größere Menge Gewindeschrauben zu kaufen und gab ihm dafür 100 Dollar. Gagné fuhr daraufhin mitsamt seiner Frau und seinem dreijährigen Sohn in einen Baumarkt, wo der die bestellte Ware kaufte. Als er Tousignant die Packung übergab, besah der sie skeptisch und meinte, dass es nicht genug seien. Er gab ihm weitere 100 Dollar und schickte ihn wieder los. Dieses Mal fuhr Gagné zu einem anderen Baumarkt, nahm aber wieder Frau und Kind mit.

Während seiner Aussagen vor Gericht wurden Stéphane Gagné Videoaufnahmen vorgespielt, die ihn, seine Frau und seinen Sohn in einem Baumarkt zeigten. Gagné gab zu, dass er auf den Bildern zu sehen war. Er sagte aus, bar bezahlt zu haben und dafür beide Male den 100 Dollar-Schein verwendet zu haben, den Tousignant ihm gegeben hatte. Mit den Schrauben sollte übrigens eine Bombe bestückt werden, mit der die Hells Angels einen Anschlag auf Mitglieder der Rock Machine verüben wollten.

Die Hells Angels hatten irgendwie Wind davon bekommen, dass der Anwalt Gilles Thibault in dem Bürogebäude, in dem sich seine Kanzlei befand, für Mitglieder der Rock Machine einen Konferenzraum gemietet hatte. Am 30. Oktober 1997 bat Thibault eine Angestellte, einige Kisten aus besagtem Konferenzraum zu entfernen, weil er ihn für ein Interview mit einem französischsprachigen Fernsehsender nutzen wollte. Als die Mitarbeiterin die Bitte seines Chefs erfüllen wollte, erlebte sie den Schreck ihres Lebens. Sie stieß auf eine Bombe aus 130 Stangen Dynamit, die ungefähr 20 Kilo wog und über einen batteriebetriebenen Zünder verfügte, der per Funk ausgelöst werden konnte. Die Polizei fand später auch die neun Kilo Gewindeschrauben, die Gagné beschafft hatte, und eine Quittung über den Kauf.

Wer immer sie dort gelassen hatte, erwies Gagné damit einen Bärendienst. Denn als die Polizei die Herkunft der Einzelteile der Bombe untersuchte, führte sie die Quittung in das Geschäft, in dem die Schrauben gekauft worden waren, und damit auf Gagnés Fährte. Ein weiteres wichtiges Detail, das die Quittung verriet, war das Datum und die Uhrzeit des Kaufs. Und als die Polizei in den Baumarkt kam, brauchte sie nur nach den entsprechenden Videoaufnahmen der Überwachungskameras zu fragen.

Der Staatsanwalt wollte von Gagné wissen, ob ihn nie jemand nach der Quittung gefragt hatte, die er beim Kauf der Schrauben bekommen hatte. „Irgendwann", antwortete Gagné, „zwei oder drei Wochen später, hat André Tousignant mir eröffnet, dass ich möglicherweise von der Polizei verhaftet werde, weil sie in einer Anwaltskanzlei unter kiloweise Dynamit und Schrauben auch die Quittung gefunden hätten."

Doch obwohl Gagné ins Visier der Polizei geraten war, hatte ihn der Mord an Lavigne der Mitgliedschaft bei den Rockers ein gutes Stück näher gebracht.

Zu Beginn des Verhörs wurde Gagné gefragt, ob er wisse, um was es sich bei den Rockers handle. Die Frage provozierte einer der vielen zeitraubenden Einwände der Verteidigung, die sich wie ein roter Faden durch die Verhandlung zogen. In diesem Falle erhob François Taddeo Einspruch gegen die Frage, weil man von Gagné nicht verlangen könne, ein Kenner der Rockers zu sein. Richter Beliveau wies den Einwand umgehend zurück, weil erwiesen sei, dass Gagné sich in dem Gebäude an der Place Ville Marie aufgehalten hatte und dazu etwas sagen könne, auch ohne ein Kenner der Rockers zu sein. Dann forderte Beliveau, der während des gesamten Prozesses gegenüber der Verteidigung überaus geduldig war, Gagné auf, mit seiner Aussage fortzufahren.

„Ich gehörte zu der Organisation. Ich fungierte als Striker der Rockers, und davor war ich Hangaround. Die Rockers sind ein Motor-

radclub, der mit dem Nomads Charter der Hells Angels verbunden ist",
sagte Gagné und ergänzte später, dass er im Mai 1997 zu dem Club
gestoßen war und am 21. August 1997 sein Abzeichen als Striker
bekommen hatte. An diesem Tag war ihm eine Lederjacke mit einem
Patch überreicht worden, auf dem das Wort Montreal stand. Das
furchterregende Abzeichen der Rockers fehlte jedoch. Das durften nur
Vollmitglieder tragen.

„Es begann im Shogun [einem Restaurant – Anm. d. Autors] im
Süden Montreals und an Jean-Guy Bourgoins Geburtstag. Jean-Guy ist
der Vizepräsident der Rockers. Es ist üblich, dass die Patches bei einer
Party zu Ehren eines der Mitglieder überreicht werden. Und so war es
auch dieses Mal. Wir feierten also gerade, als Boteau – alias Daniel
Lanthier, der Präsident der Rockers – auf mich zukam und fragte, ob
ich bereit sei, etwas dafür zu tun, Mitglied bei den Rockers zu werden.
Er fügte hinzu: ,Wir haben einen Spezialauftrag für dich, und wenn du
dich bewährst, bist du einer von uns.' Ich durfte sogar einen Drink nehmen. Normalerweise dürfen das nur Mitglieder, die anderen müssen
Wache schieben." Gagné ratterte eine Liste von Männern herunter, die
an diesem Abend vor Ort waren. Kenny Bedard, ein Striker, gehörte
ebenso dazu wie Richard „Sugar" Lock, der Schatzmeister des Clubs,
und René Charlebois, der Sergeant at Arms. Auch Guillaume Serra und
Ronald Paulin (einer der Rockers, die nun vor Gericht standen) waren
in dem Restaurant, und Paul Fontaine stieß später hinzu.

Briere fragte nach bestimmten Männern in der Organisation der
Hells Angels, mit denen Gagné zu tun gehabt hatte. Vor allem Fragen
zu Normand Robitaille musste Gagné beantworten. Diese Befragung
gestaltete sich so, dass die Verhandlung geradezu surreal wurde. Gagné
begann davon zu erzählen, wie die Hells Angels angeblich den Plan aus-
heckten, den Anwalt Pierre Panaccio umzubringen, der während des
Verfahrens mit Richard „Dick" Mayrand das ranghöchste Mitglied des
Clubs verteidigte. Kurz vor seiner Verhaftung, so Gagné, war er bei
Robitaille zu Hause, wo davon die Rede war, dass „Pinocchio erledigt
werden muss" – wobei Pinocchio der Spitzname für Panaccio war.

Gagné sagte aus, dass er und Robitaille am nächsten Morgen zu
Panaccios Kanzlei gefahren sind. Robitaille soll Gagné erklärt haben,
dass es um Geld ging. Panaccio hatte in einem früheren Fall Pierre Provencher und Stephen Falls verteidigt, aber sie wollten seine Dienste

Ronald „Popo" Paulin (ganz links) und andere Mitglieder der Rockers.

nicht mehr und hatten stattdessen Leo René Maranda engagiert. Panaccio wollte daraufhin 15.000 Dollar einbehalten, die er als Vorschuss bekommen hatte. Die Rockers aber waren der Ansicht, dass ihm davon allenfalls ein Bruchteil zustand. Gagné zufolge waren Robitaille und Boucher schon einmal bei Panaccio gewesen, hatten aber nicht die erwünschte Antwort bekommen. Daraufhin war beschlossen worden, ihn zu töten.

Gagné berichtete von dem Besuch, den er zusammen mit Robitaille der Kanzlei abstattete. Doch Panaccio erhob Einspruch, und Beliveau fragte die Staatsanwaltschaft, ob die Aussage in diesem Punkt für den aktuellen Prozess tatsächlich nötig sei. Briere erwiderte, dass der strittige Sachverhalt dieselbe Bedeutung besitze wie der Mord an den beiden Gefängnisaufsehern. Und obwohl der in diesem Prozess nicht verhandelt wurde, durfte Gagné darüber aussagen, weil so auch Beweise für Anklagepunkte wie Mitgliedschaft in einer kriminellen Vereinigung zur Sprache kamen.

„Welche Rolle soll es in diesem Verfahren spielen, ob sie vorhatten, mich zu töten oder nicht?" Panaccio hätte sich wohl selbst nicht träumen lassen, in einem Prozess, in dem er als Verteidiger auftrat, je eine solche Frage stellen zu müssen. Der Richter stimmte ihm zu und wies Staatsanwalt Briere darauf hin, dass sich die Vernehmung „ziemlich weit" von dem Punkt entfernt hatte, wo sie am Morgen begonnen hatte, was alle am Verfahren Beteiligten als misslich empfänden.

So konnte Gagné den Geschworenen nur sagen, dass er nicht wisse, was aus den Plänen zur Ermordung Panaccios geworden war, weil er selbst schon bald verhaftet wurde. Während der Vernehmung fragte Briere ihn, warum er sich dazu entschlossen hatte, mit der Polizei zusammenzuarbeiten. Seine Verhaftung, so Gagnés Antwort, habe ihn am Ende eines sehr anstrengenden Tages ereilt.

Die große Party

In Anbetracht der Tatsache, dass der 5. Dezember 1997 zugleich der 20. Geburtstag des Hells Angels Charters Montreal war, jenes Clubs also, in dem Boucher seine Karriere als Biker begann, mutet es wie Ironie an, dass mit Gagnés Verhaftung an jenem Datum zugleich Moms Niedergang begann.

Die Hells Angels planten eine große Party in Sorel, zu der sie Dutzende Mitglieder erwarteten. Gagné hatte den Tag damit begonnen, im Clubhaus der Rockers in der Gilford Street in Montreal die Party vorzubereiten. Irgendwann war er eingeschlafen und gegen 18 Uhr durch einen Anruf von Boucher geweckt worden, der ihn aufforderte, zu ihm nach Sorel zu kommen. Gagné teilte Boucher mit, dass er bereits den Auftrag hatte, zum Flughafen zu fahren und dort auswärtige Hells Angels abzuholen, die an der Party teilnehmen wollten. Boucher verlangte von ihm, jemand anderes damit zu beauftragen und zusammen mit Tousignant zu ihm nach Hause zu kommen. Als das Telefonat beendet war, fuhren Gagné und Tousignant nach Contrecoeur. Dort angekommen, wurden die beiden Männer darüber informiert, dass sie am Abend für die Sicherheit im Clubhaus von Sorel verantwortlich waren. Dafür sollten sie die Gegend mit einem Helikopter überfliegen, um sicherzugehen, dass die Rock Machine keinen Angriff auf das Gebäude und die vielen Hells Angels darin plante. An jenem Tag herrschte ein Schneesturm, und der Helikopter konnte nicht starten, so dass Gagnés Auftrag hinfällig war. Nach Sorel fuhr Gagné zusammen mit Boucher in einem Dodge Ram. Das Polizeiaufgebot rund um das Clubhaus war enorm, und viele Hells Angels, die mit ihren Autos anreisten, wurden angehalten und mussten ihre Papiere vorzeigen.

Im ersten Prozess gegen Boucher sagte Gagné aus, dass Boucher angedeutet hatte, dass die Behörden Gagné wegen der Morde an den

Gefängnisaufsehern auf den Fersen waren. Gagné brauche sich aber keine Sorgen zu machen, weil er, Boucher, einen „gebührenden Empfang" für die Polizei vorbereitet habe. Er riet Gagné aber, vorsichtig zu sein: „Da sind ein paar Leute, die dich verfolgen und versucht sein könnten, dich umzulegen."

Offenbar wusste Boucher aber nicht, dass die Polizei bereits einen Plan in der Schublade hatte. Nachdem Gagné die Party in Sorel verlassen hatte, fuhr er mitsamt seiner Frau zu deren Mutter, um seinen Sohn abzuholen. Gegen 22 Uhr wurden die beiden von der Polizei angehalten und festgenommen.

„Ich wurde am 5. Dezember verhaftet und des versuchten Mordes beschuldigt. Bei meiner Festnahme musste ich meine Hände auf den Rücken legen, dann wurde mir gesagt, dass ich im Verdacht stand, versucht zu haben, Christian Bellamare zu töten. Man brachte mich zu einer Polizeiwache in Joliette. Von dort wurde ich nach Parthenais gebracht, dem Hauptquartier der Sûreté in Montreal. Einer der beiden Beamten, die mich begleiteten, meinte: ‚Zwei andere Fälle sind auch noch offen. Du weißt, was das für dich bedeutet.'"

„Wer war der Mann?" fragte Briere.

„Ich nehme an, ein Ermittlungsbeamter, denn er trug Zivil. Mir war klar, dass er die beiden Gefängnisaufseher meinte. Ich habe aber nichts geantwortet. Wir sind in den Wagen gestiegen und nach Parthenais gefahren, wo mich ein Beamter erwartete. Er sagte: ‚Wir beide kennen uns. Wir hatten schon mal geschäftlich miteinander zu tun.' Ich erwiderte, dass ich mit der Polizei keine Geschäfte mache. Damals konnte ich mich tatsächlich nicht erinnern, aber der Mann war der Doppelagent, dem ich 1994 mal Kokain verkauft hatte. Er hieß Robert Pigeon und war von der Sûreté. Er beschuldigte mich des versuchten Mordes an Christian Bellamare und stellte mir Fragen. Ich erwiderte, dass ich nichts zu sagen hätte. Dann wechselte er das Thema, und ich antwortete ihm irgendwas. Das ging eine Weile so, bis er irgendwann sagte, dass Steve Boies mit der Polizei zusammenarbeitete. Er verließ das Zimmer, und kaum war er zurück, teilte er mir mit, dass man mich des Mordes an zwei Staatsbeamten beschuldigte. Daraufhin forderte ich, mit meinem Anwalt zu sprechen. Den hatte ich zuvor schon kurz gesprochen, aber nun ging es um zwei Morde."

„Welche Morde meinen Sie?"

„Die an den Gefängnisaufsehern. Ich habe versucht, Benoît Cliche ans Telefon zu bekommen. Aber ich habe seine Sekretärin erreicht und um Rückruf gebeten. Doch weil Cliche sich verspätete, habe ich darauf vergeblich gewartet. Dann habe ich bei Gilbert Frigon angerufen. Diese beiden Anwälte arbeiteten für die Hells Angels, für uns. Aber auch Gilbert hat nicht zurückgerufen. Ich erklärte mir das damit, dass Steve Boies zur Polizei übergelaufen war und außer mir sicherlich noch andere verhaftet worden waren.“

Gagné berichtete, dass ihm zu diesem Zeitpunkt der Befragung verschiedene Dinge durch den Kopf gingen, die ihm ernsthaft Sorgen bereiteten. Seine Frau war im selben Gebäude untergebracht – ein weiteres Druckmittel, das die Polizei gegen ihn einsetzen konnte. Sie war zusammen mit Gagné verhaftet worden, und einer der Beamten, die ihnen Handschellen angelegt hatten, hatte sie beschuldigt, an dem Mordanschlag auf Bellamare beteiligt gewesen zu sein. Nun fürchtete Gagné nicht nur um ihre Sicherheit, sondern auch um die seines Sohnes. Dass man sie als Mittäterin beschuldigte, fand er zunächst weit hergeholt, doch dann fiel ihm ein, dass sie für ihn in einem Motel ein Zimmer gemietet hatte, als er nach der Tat auf der Flucht war.

Gagné fuhr mit der Behauptung fort, dass für den Mord an Lavigne ursprünglich Fontaine und Tousignant eingeteilt waren, bis Fontaine sich geweigert hatte – was Bouchers Meinung über ihn nicht gerade positiv beeinflusste. Fontaine war frustriert und machte gegenüber Gagné auch keinen Hehl daraus. So behauptete er, dass er wegen seiner Weigerung, sich am Mord an Lavigne zu beteiligen, das Patch der Hells Angels nicht bekommen hatte.

„Als man mir nach meiner Festnahme gesagt hat, dass Steve Boies als Informant arbeitete, habe ich darum gebeten, die Tonaufnahme zu hören, und tatsächlich sprach Boies über mich“, berichtete Gagné.

„Eigentlich sollte Fontaine Lavigne umlegen. Nach der Tat hatte ich mit meinem Motorrad einen Verkehrsunfall. Aber noch davor fuhren Fontaine und ich nach Saint-Marguerite, weil das Charter Trois Rivières am 1. Juli Geburtstag hatte.“ Dort hätten die beiden den Wachschutz für die Hells Angels übernommen. In Saint-Sauveur hatten sie gehalten, um zu tanken. Dann hatte Fontaine Gagné gebeten, mit ihm einen Spaziergang zu machen.

Normand „Biff" Hamel im vollen Ornat.

„Paul Fontaine hat seinen Pager abgelegt und ich meinen, dann sind wir spazieren gegangen. Er erzählte, dass er vor wenigen Stunden Mom Boucher getroffen und der ihm eröffnet hatte, dass er das hier [er zeigte auf den unteren Teil seines Rückens – Anm. d. Autoren] nicht bekommen würde. Gemeint war der Aufnäher als Anwärter, und der Grund war seine Weigerung, Lavigne umzulegen." Als er aus dem Krankenhaus kam, will Gagné den Sachverhalt mit André Tousignant besprochen haben. Ein Treffen wurde einberufen, an dem Maurice „Mom" Boucher, Denis Houle, Gilles „Trooper" Mathieu, Normand „Biff" Hamel, Normand Robitaille und Paul Fontaine teilnahmen. Bei dem Treffen bestätigte Fontaine, dass er mit Gagné gesprochen hatte. Und weil er Fontaine bloßgestellt hatte, nahm Gagné an, dass der nicht gut auf ihn zu sprechen war und kein Interesse daran hatte, ihn finanziell dabei zu unterstützen, sich zweier Mordanklagen zu erwehren.

Gagné gab zu, dass er auch aus Angst, Fontaine könnte ihn umbringen, Informant geworden war. Ihm zufolge hatte Boucher eines Tages gefragt, wer noch von den Morden wusste, die Gagné und Fontaine begangen hatten. Als ich von der Polizei verhört wurde, gingen mir diese Dinge durch den Kopf. Und da habe ich beschlossen, mich als Informant anzubieten."

Seitenwechsel – gar nicht so leicht

In dem von Richter Beliveau geführten Prozess wurde Gagné von den Verteidigern der Angeklagten ins Kreuzverhör genommen. Sie stellten seine Glaubwürdigkeit in Zweifel, wenn auch ohne großen Erfolg. Vielmehr eröffneten einige der Fragen Gagné die Möglichkeit, noch mehr belastendes Material vorzubringen. Der Verteidiger Guy Quirion, der Éric „Pif" Fournier von den Rockers vertrat, kam zu Beginn seiner Befragung auf Gagnés Aussagen bei den beiden Mordprozessen gegen Boucher sowie in dem geplatzten, von Richter Jean-Guy Boilard geleiteten Prozess zu sprechen.

„Kommt es vor, dass Sie bei Ihren Erinnerungen an Ereignisse Details erfinden?"

„Nein."

Quirion erwähnte eine frühere Aussage Gagnés über einen Lieferwagen, der bei einem der fehlgeschlagenen Bombenattentate auf das Clubhaus der Rock Machine in Verdun benutzt werden sollte. Gagné hatte der Polizei gesagt, dass er den Wagen an dem Einkaufszentrum am Place Versailles abgestellt und Tousignant es vergessen hatte, das Dynamit zuvor daraus zu entfernen. Daraufhin soll Tousignant Gagné gebeten haben, das Auto noch einmal zu holen, doch Gagné hatte sich geweigert.

„Ja, ich habe mich geweigert", erwiderte Gagné. „Das lag doch auf der Hand. Ich hatte den Wagen am Place Versailles abgestellt und Toots das auch so gesagt. Ich habe ihm erklärt: ‚Ich habe den Wagen zwischen zehn und elf auf dem Parkplatz des Einkaufszentrums abgestellt. Wie sich jetzt herausstellt, befindet sich eine Menge Dynamit darin. Ich bin sicher, dass der Wagen schon längst jemandem aufgefallen ist und der die Polizei gerufen hat.' So läuft das nun mal in Einkaufszentren. Lassen Sie mal Ihren Wagen dort stehen und warten ab, was passiert. Sie werden einen Anruf bekommen. Und vergessen Sie nicht das Dynamit. Wenn die Polizei bemerkt hätte, dass der Wagen gestohlen war, hätten sie abgewartet und mich, wenn ich das Dynamit hätte abholen wollen, erwischt und verhaftet."

Quirion zog aus dieser Ausführung den Schluss, dass rangniedere Mitglieder des Clubs Befehle von hochrangigen Mitgliedern verweigern konnten, und warf Gagné vor, diesen Punkt bislang bewusst verschwiegen zu haben, weil es nicht in seine Schilderung der Clubhierarchie passen wollte. Der Vorwurf ließ Gagné jedoch kalt. Ihm gelang es sogar, den Spieß zu seinen Gunsten umzudrehen, indem er erwiderte, dass er ein solch lächerliches Argument nur zurückweisen könne.

„Wenn ich Sie richtig verstehe, hätte ich die Polizei rufen und sagen sollen: ‚Ich habe den Wagen dort abgestellt. Sie können mich verhaften‘“, sagte er und hatte die Lacher auf seiner Seite.

Trotzdem gelang es Quirion, Gagné weiter zuzusetzen. So zwang er ihn zuzugeben, dass er, wie andere Menschen auch, Mühe hatte, sich an kleine Details zu erinnern. Zudem musste Gagné eingestehen, dass Boucher im Vorfeld des geplanten Anschlags auf das Clubhaus der Rock Machine die Anweisung gegeben hatte, dass kein Unbeteiligter verletzt werden sollte – ein Umstand, den Gagné bis dahin unerwähnt gelassen hatte.

Doch Quirions Fragen öffneten auch einige Türen, durch die auch die Staatsanwaltschaft noch nicht geschritten war. Bei der Antwort auf eine solche Frage berichtete Gagné, dass er zu dem Zeitpunkt, als die Hells Angels Gefängniswärter zu töten versuchten, zusammen mit René Charlebois und Normand Robitaille in der Imprevu Bar gewesen sei. Auf Bitten eines Gastes sei der Fernseher genau in jenem Moment lauter gedreht worden, als von einem Mann berichtet wurde, auf den kurz nach dem Verlassen der Haftanstalt von Laval geschossen worden war. Robitaille und Charlebois wirkten laut Gagné regelrecht erfreut, weil offenbar ein Wärter ermordet worden war. „Als sich herausstellte, das der Typ noch lebte und auch kein Gefängniswärter war, verflog ihre gute Laune wieder.“ Gemeint war ein Vorfall vom 28. Juni 1997: Der Leiter einer Gruppe der Anonymen Alkoholiker wurde niedergeschossen, als er die Haftanstalt Montée St.-François-Institut in Laval verließ. Die Polizei stellte später fest, dass sein Auto nahezu genauso aussah wie das eines Wärters des staatlichen Zuchthauses. Charlebois und Robitaille wurden für die Tat nie belangt.

Quirion befragte Gagné nach dem Moment, in dem er sich entschlossen hatte, mit den Behörden zusammenzuarbeiten. Gagné gab zu, dass er der Polizei zu Beginn nicht alles gesagt hatte, was er wusste. In den ersten 45 Minuten seiner Aussage hatte er die Polizei über Lavigne, Rondeau, Christian Bellamare und die Flucht von Richard Vallée, einem Mitglied des Nomads Charter, informiert. Vallée, der an die USA ausgeliefert werden sollte, war am 5. Juni 1997 aus einem Krankenhaus in Montreal entkommen, obwohl sein Zimmer streng bewacht wurde. Ihm sollte vor einem New Yorker Gericht wegen des Mordes an einen Mann namens Lee Carter der Prozess gemacht werden. Am 29. Juli 1993 starb Carter durch eine Bombe, die unter dem Fahrersitz deponiert und mit dem Zündschloss verbunden war. Carters Tod und die beantragte Auslieferung Vallées hießen auch, dass die Sûreté von Quebec die Anklagen wegen Drogenhandels gegen ihn fallen lassen musste.

Als Serge Quesnel Informant wurde, sagte er der Polizei, dass Vallée mit ihm über Carters Tod gesprochen habe. Zudem konnte Quesnel konkrete Angaben zu der Bombe machen, die Carter getötet hatte. Der hatte die Polizei des Staates New York und den Zoll der USA schon 1992 über einen bevorstehenden Drogenschmuggel informiert, an dem er selbst teilnehmen sollte. Er wollte zudem bezeugen, dass Vallée geplant hatte, 54 Kilogramm Kokain über die USA nach Kanada einzuschmuggeln, wurde aber vorher ermordet.

Sechs Jahre hatte Vallée auf der Liste der meist gesuchten Verbrecher gestanden, ehe die RCMP ihn im April 2003 in Montreal festnehmen konnte, obwohl sich der Gesuchte einer Gesichtsoperation unterzogen hatte. Wie ihm sechs Jahre zuvor die tollkühne Flucht aus dem Krankenhaus hatte gelingen können, war der Polizei immer noch ein Rätsel, aber Gagné hatte einige Hinweise über Personen gegeben, die ihm dabei geholfen hatten. Quirion wies darauf hin, dass Gagné sich mit seiner Aussage

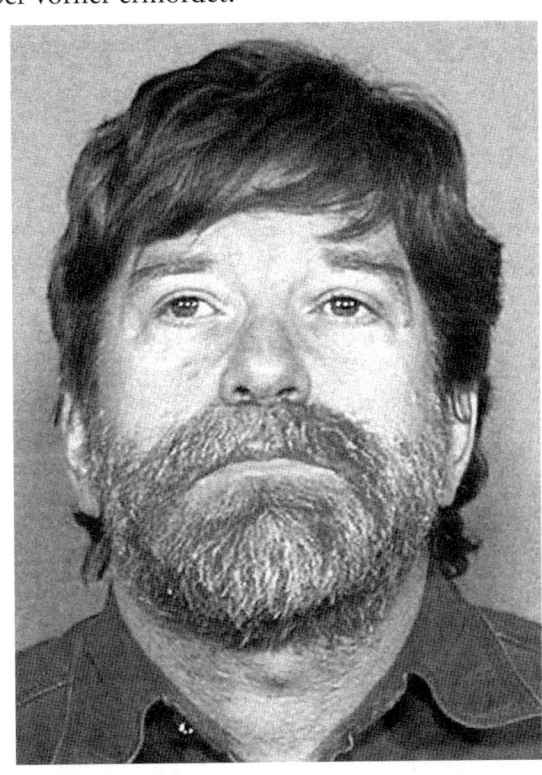

Richard Vallée, Gründungsmitglied des Nomads Charters

dazu, was er über Vallées Flucht wusste, sehr viel Zeit gelassen hatte, und versuchte, ihn als Lügner darzustellen.

Der aber war erfahren genug, um den Verdacht von sich zu weisen. Er gab unumwunden zu, dass er sein ganzes Leben lang gelogen hatte, konnte die Geschworenen aber davon überzeugen, dass das zu einem Leben als Krimineller dazugehörte. Gagné erklärte, dass Verbrecher gar nicht anders können als zu lügen und fügte hinzu, dass er schon im Alter von 13 ein notorischer Lügner gewesen sei. Er gestand ein, dass er Lügen verwendet hatte, um seinen Wohlstand zu mehren, und das Kokain, das er verkaufte, regelmäßig gestreckt hatte, um statt 32.000 Dollar 34.000 zu erzielen. Bis zum Ende des Verhandlungstags gelang es der Verteidigung nicht, den Zeugen der Anklage nachhaltig zu schwächen, und so gingen die Geschworenen mit der Erinnerung an einen glaubwürdigen und eindrucksvollen Kronzeugen Gagné ins Wochenende.

Als die Verhandlung am darauffolgenden Montag fortgesetzt wurde, nahm Quirion einen erneuten Anlauf. Er kam auf eine Aussage Gagnés zu sprechen, in der er behauptet hatte, dass Verbrecher sich gegenseitig nicht belügen und es unter ihnen eine Art Ehrenkodex gibt. Daraufhin fragte der Verteidiger, wie es dann sein könne, dass Gagné sich so vehement von seinem früheren Partner Tony Jalbert abgewandt und ihm sogar den Tod an den Hals gewünscht hatte. Zu diesem Zweck hatte er Maurice „Mom" Boucher Jalberts Adresse und das Kennzeichen seines Autos genannt.

Quirions Fragen waren für Gagné nicht neu. Die meisten hatte er sogar schon einmal beantwortet. Schließlich kam Quirion darauf zu sprechen, dass Gagné 1994 vor dem Bewährungsausschuss ausgesagt hatte, dass er die kriminelle Karriere beenden und sich fortan seiner Familie widmen wolle. Und dann hatte er behauptet, dass er mit Drogen gehandelt hatte, weil seine Frau schwanger war.

„Wenn ich gesagt hätte, dass ich Drogen verkaufen, ein Hells Angel und mit dem Dealen reich werden will, hätte man mich postwendend wieder ins Gefängnis geschickt", erwiderte Gagné. „Als ich mit dem Drogenhandel angefangen und erlebt habe, dass es ein einträgliches Geschäft ist, habe ich mir zum Ziel gesetzt, eine große Nummer in der Szene zu werden." Und als er sich klar darüber wurde, woher er all diese Fragen bereits kannte, drehte er den Spieß um und bezichtigte Quirion, lediglich Fragen zu wiederholen, die ihm Jacques Larochelle, einer der besten Strafverteidiger Quebecs, in den beiden Prozessen gegen Boucher bereits gestellt hatte. Für seine Behauptung, dass Quirion ungefragt auf Larochelles Arbeit zurückgriff, erntete er sogar einige Lacher aus dem Publikum.

Ein erfahrener Krimineller

Doch Quirion ließ sich davon nicht beeindrucken, sondern verschärfte den Ton seiner Fragen, die sich nun vor allem um Gagnés Vergangenheit drehten. Da es ihm nicht gelang, den Zeugen als Lügner zu entlarven, wollte er versuchen nachzuweisen, dass Gagné nie der Gewalt abgeschworen hatte. Dafür rief er den Geschworenen in Erinnerung, dass Gagné einst eine Prostituierte zusammengeschlagen hatte, weil sie einem seiner Dealer, der eingeschlafen war, Kokain gestohlen hatte. Und als sei sie damit noch nicht genug bestraft, hatte er sie an den Haaren gepackt und herumgeschleudert.

„Wenn man in der Drogenszene solche Dinge durchlässt", erwiderte Gagné, „dann beklaut einen bald jede kleine Kokserin. Sie werden denken, es kommt nicht so drauf an."

Punkten konnte Quirion auch, als Gagné zugeben musste, dass er die Gefängnisleitung belogen hatte, als er in den frühen 1990er Jahren von einem normalen in ein Hochsicherheitsgefängnis verlegt werden wollte, um nicht gemeinsam mit Informanten einsitzen zu müssen. Von Freunden wusste er, dass der Drogenhandel im normalen Knast schwerer ist, weil dort so viele Spitzel landen.

„Sie wollten also noch im Gefängnis mit Drogen handeln?" fragte Quirion.

„Ja", erwiderte Gagné, der auch gelogen hatte, als es um die Frage ging, wie viele Autos er in seinem Leben gestohlen hatte. Auch dabei war es ihm darum gegangen, nicht in den milderen Vollzug zu kommen. Dieses Mal aber war die Lüge aufgeflogen und er dafür gründlich in die Mangel genommen worden. Daraufhin hatte er sich eine Geschichte zurechtgelegt, laut der ihm ein hochrangiger Polizist dazu geraten hatte, mit einer Lüge dem Wunsch nachzuhelfen, in den strengeren Vollzug zu kommen.

Doch Gagné stellte auch klar, dass im Gefängnis andere Gesetze gelten und die Insassen Lügen gezielt einsetzen, um ihre Situation zu verbessern. Er berichtete, dass er auch schon mal selbst dafür gesorgt hatte, dass er im „Bunker" landete, um dort einen Kurier zu treffen, der in seinem Körper Drogen eingeschmuggelt hatte. Um seinen Willen zu bekommen, hatte er einen Wärter angebrüllt und ihn des Inzests mit seinen minderjährigen Kindern beschuldigt. Der Trick hatte funktioniert. Gagné gab auch zu, dass er sich mitunter vorsätzlich irrational verhalten hatte, um die anderen im Glauben zu lassen, dass er nicht der Hellste war. Sein Bewährungshelfer war jedoch über das psychologische Gutachten in Gagnés Akte gestolpert und hatte vor dem Bewährungsausschuss erklärt, dass er Gagné anders kennengelernt hatte, als er dort beschrieben war.

Quirion versuchte zudem, für die Morde an den Gefängnisaufsehern ein neues Motiv zu präsentieren. Er konfrontierte Gagné mit Fragen, die unterstellten, dass der schon vor seiner Zeit bei den Rockers Hass auf diese Menschen empfunden hatte. Gagné gab zu, dass er einmal einen selbst gebauten Sprengsatz auf einen Gefängniswärter geworfen hatte. Er schien sogar ein wenig stolz auf seine Fähigkeiten als Bombenbauer zu sein. „Man nimmt eine Batterie und räumt sie leer. Dann nimmt man Streichhölzer und zerkleinert sie so lange, bis man eine Art Puder hat. Das mischt man mit dem Inhalt der Batterie und wickelt es in Frischhaltefolie. Dann steckt man eine Papierrolle hinein, in die das Puder kommt. Dann zündet man es an. Manchmal zischt es nur, und manchmal macht es Rums. Wie bei einem Schuss." Und dann musste Gagné eingestehen, dass er einmal eine Aufseherin geschlagen hatte, weil die ihm bei einer Zellendurchsuchung an die Kehle gefasst hatte.

Daraufhin brachte Quirion die Sprache auf ein weiteres pikantes Detail, für das Gagné in einem früheren Prozess den Ausdruck „Scheiß-Spritze" geprägt hatte. Auf die Idee will er gekommen sein, als eines Tages mehrere Mitglieder der Rock Machine über den Zellengang geführt wurden, in dem er und andere Gefangene untergebracht waren, die im Bikerkrieg aufseiten der Hells Angels standen. Damals konnten die Insassen im Gefängnisladen noch große Shampooflaschen kaufen. In die füllten sie zunächst Wasser und bespritzten damit die Mitglieder der Rock Machine, als sie das nächste Mal an ihren Zellen vorbeikamen. Später gingen sie dazu über, in einer Tabakdose Kot und Urin aufzufangen, beides gründlich zu mischen, eine Woche lang „reifen" zu lassen und die Masse schließlich in die Shampooflaschen zu füllen. Zur Zielscheibe wurden nicht mehr nur die Mitglieder der Rock Machine, sondern auch die Aufseher. Und anstatt wenigstens ein bisschen Reue zu zeigen, musste Gagné laut lachen, als er die Geschichte erzählte.

Zur Aussage bereit

Verteidiger Quirion konzentrierte sich in der Folge auf einen Vorfall in dem Prozess gegen Boucher wegen der Morde an den Gefängnisbeamten. Vom Verteidiger Larochelle befragt, hatte Gagné zugeben müssen, dass er zur Durchsetzung seiner Interessen oft gelogen hatte. In dem Verfahren unter Richter Beliveau hatte er den Geschworenen weiszumachen versucht, dass diese Aussage auf die Zeit vor seiner Festnahme 1997 gemünzt war. Dieses Mal war er auf diese Frage besser vorbereitet, und das nahm Quirion zum Anlass, Gagné danach zu befragen, wie er in seiner Rolle als Kronzeuge auf den aktuellen Prozess eingestimmt worden war.

„Indem Polizeibeamten die Rolle der Verteidiger eingenommen und mir Fragen gestellt haben", erwiderte Gagné.

„Wo hat dieses Rollenspiel stattgefunden?"

„In einem Büro. Da stand ein Schreibtisch, und wir haben so getan, als säßen dort die Geschworenen oder der Richter. Die Polizisten haben sich wie Verteidiger verhalten, Notizen gemacht, sich abgesprochen."

„Verstehe ich Sie richtig, dass einer den Staatsanwalt und ein anderer den Verteidiger gegeben hat?"

„Nein, beide haben für die Verteidigung gesprochen."

„Nur für die Verteidigung?"

„Ja", bestätigte Gagné, ehe er sich räusperte. „Und gesagt haben sie Dinge wie ‚Es stimmt nicht, dass …'. Und dann haben sie mir alle möglichen Fragen gestellt, die ich beantworten musste." Sein Versuch, Beamte nachzumachen, die sich als Verteidiger ausgeben, sorgte für einige Lacher im Saal. Schließlich erklärte Gagné, dass die Vorbereitung auf den Prozess mehrere Tage gedauert hatte. Er hatte auch ein Buch bekommen, das der Schulung von Polizisten diente und von einem Staatsanwalt verfasst worden war. Es enthielt die Warnung vor Fangfragen der Verteidigung und der Gefahr, sie zu beantworten. Quirion wollte wissen, ob Gagné auch darin geschult worden war, Widersprüche in seiner Aussage zu erklären. Doch da wurde Gagné fast ein bisschen wütend.

„Wollen Sie hören, bei wem ich gelernt habe, wie ich aussagen soll? Das war Jacques Larochelle, der Verteidiger von Mom Boucher. Der ist richtig gut." Wieder brach im Saal Lachen aus, und zwar ungleich lauter als zuvor.

Quirion aber ließ nicht locker und fragte Gagné, ob er bei seiner Vorbereitung auf den Prozess den Rat erhalten hatte, auf den Mordkomplott gegen Panaccio zu sprechen zu kommen. Gagné verneinte, woraufhin Quirion wissen wollte, ob Gagné in Pläne der Hells Angels involviert gewesen sei, andere Anwälte umzubringen. Gagné gestand ein, dass er einst Gilles Daudelin observiert hatte, einen Anwalt, der mehrfach Biker vertreten hatte. Fontaine soll später erzählt haben, dass die Hells Angels alle Daudelin betreffenden Pläne auf Eis gelegt hatten.

Der Verteidiger fand es befremdlich, dass sich Gagné immer dann erinnern konnte, wenn es dem Prozess, in dem er als Kronzeuge auftrat, förderlich war, und hielt ihm vor, ein ausgesprochen selektives Gedächtnis zu haben. Gagné erwiderte, dass es nicht leicht sei, sich an alle Verschwörungen, in die er eingeweiht, und an alle Verbrechen zu erinnern, an denen er beteiligt gewesen war. „Das betrifft sogar Michel Auger", sagte Gagné und bezog sich damit auf den Gerichtsreporter des «Journal de Montréal», jenen verdienten und erfahrenen Journalisten, der viel über den Bikerkrieg berichtet hatte und im September 2000 auf dem Parkplatz des Verlagsgebäudes angeschossen worden war. Kurz zuvor hatte er in mehreren Artikeln die aktuelle Entwicklung des Bikerkrieges thematisiert. Und obwohl er den Anschlag nur knapp überlebte, kehrte er zu seiner gewohnten Arbeit zurück und schrieb unverdrossen weiter über das organisierte Verbrechen im Allgemeinen und die Hells Angels im Besonderen.

Der Mann, von dem die Waffe stammte, die bei dem Attentat benutzt worden war, stand in engem Kontakt mit den Hells Angels. Kurze Zeit später wurden zwei Männer verhaftet, die beim Straßenverkehrsamt von Quebec arbeiteten, weil sie Informationen an Jean-Guy Bourgoin, ein langjähriges Mitglied der Rockers, verkauft hatten. Auf der Liste der Leute, über die sich Bourgoin Informationen beschafft hatte, befand sich neben mehreren Mitgliedern der Rock Machine auch Auger. Und nun lieferte Gagné weitere Informationen, die darauf hindeuteten, dass die Hells Angels bei dem Attentat auf Auger eine entscheidende Rolle gespielt hatten.

„Wen betrifft das? Michel Auger?" fragte Quirion überrascht.

„Ja."

„Wissen Sie etwas über den Fall?"

„Ja. Ich habe ihn sogar angerufen, um ihm zu sagen, dass wir ihn töten sollten." Das war aber erst in seiner Zeit als Informant.

„Sie wussten, dass er sterben sollte?"

„Ja."

An diesem Punkt griff Richter Beliveau ein und ordnete eine Verhandlungspause an. Als die Geschworenen zurückkamen, ergriff Staatsanwalt Briere die Gelegenheit und stellte einige Dinge klar. Zunächst wies er sie darauf hin, dass Gagné die geplanten Anschläge auf das Leben der Anwälte schon in früheren Aussagen erwähnt hatte. Dann klärte er die Geschworenen darüber auf, dass es ein völlig normaler Vorgang sei, einen Zeugen auf die Verhandlung vorzubereiten. Schließlich ging das Kreuzverhör Gagnés weiter, das irgendwann auf die Verbindung zwischen den Hells Angels und dem Journalisten Michel Auger zurückkam.

„Zum ersten Mal darüber gesprochen haben wir in einem Gericht. Auger hatte einen Prozess verfolgt, und als er herauskam, fragte mich André Chouinard: ‚Kennst du den?' Ich verneinte, und Chouinard erklärte mir: ‚Das ist Auger. Gut möglich, das wir uns den bald vorknöpfen.' Und Paul Fontaine hat gesagt, dass Auger fällig ist, sobald wir seine Adresse haben."

Wohl weil er merkte, dass er im Begriff war, seinem Mandanten einen Bärendienst zu erweisen, wechselte Quirion das Thema und kam auf Gagnés Versuch zu sprechen, den Drogendealer Christian Bellamare zu ermorden, jenes Verbrechen also, dass Gagné veranlasst hatte, zum Informant zu werden. Gagné sagte, dass die Hells Angels mit dem Mord an Bellamare einverstanden waren, weil er einigen Leuten Geld schuldete und deshalb begonnen hatte, Drogen bei der Rock Machine zu kaufen. Gagné fügte hinzu, dass er in Erfahrung gebracht hatte, dass Bellamare sein Handy so manipuliert hatte, dass er auf Kosten der Rockers telefonieren konnte.

„Ich habe Paul Fontaine gesagt, dass wir Bellamare loswerden müssen, weil ich nicht wollte, dass er Drückerräume aufmacht, wie wir sie in Anspielung auf die staatlichen Einrichtungen nannten. Das konnte ich selbst. Ob im Schwulenviertel oder in Hochelaga Maisonneuve spielt keine Rolle. Dazu gehört nicht viel. Man mietet eine Wohnung und setzt einen Drogendealer rein. Dann fährt man auf der Ontario Street oder im Schwulenviertel herum, und wenn man auf dem Bürgersteig eine Prostituierte sieht, hält man an, gibt ihr die Adresse und sagt: ‚Geh da hin.‘ Die Mädchen gehen hin und stellen fest, dass sie dort Drogen in bester Qualität bekommen. Damit ist sichergestellt, dass sie wiederkommen und uns ihren Freunden empfehlen, die die Adresse wiederum ihren Freunden weitergeben, und so weiter und so fort.“

Im Zuge des Kreuzverhörs nannte Gagné weitere schaurige Details des geplanten Anschlags auf Bellamare. Er hatte sich mit ihm in einem Restaurant getroffen und ihm erklärt, dass die Rockers Interesse daran geäußert hätten, in einem Haus eine Hydrokultur mit Marihuana anzulegen. Bellamare erklärte sich bereit, zusammen mit Gagné und Steven Boies gen Norden zu reisen. Als es losging, saß Gagné am Steuer, und weil es am Tag stark schneite, fuhr er sehr langsam. Und obwohl er damit rechnete, dass Bellamare die Flucht ergreifen würde, hielt er einmal an, um zu tanken und die Scheibenwischerblätter zu wechseln. Aus seiner Aussage ging klar hervor, dass Bellamare wusste, dass er umgebracht werden sollte.

Als sie das Haus erreichten, in dem die Marihuana-Aufzucht installiert werden sollte, sprang Bellamare aus dem Auto und lief weg. Daraufhin eröffneten Gagné und Boies das Feuer auf Bellamare, der auf den schneebedeckten Asphalt fiel. Als die beiden Schützen sich über ihn beugten, sahen sie, dass er aus zwei Schusswunden blutete. Daraufhin nahm Boies seinen Revolver, hielt ihn an Bellamares Hinterkopf und drückte ab. Wie durch ein Wunder lebte Bellamare noch.

Er lag blutend auf dem Boden und fragte Gagné, warum er sterben sollte. Gagnés Antwort bestand darin, dass er Bellamare würgte. Unterdessen malträtierte Boies ihr Opfer mit Fußtritten. Als sie merkten, dass Bellamare der Atem stockte, gingen sie davon aus, dass er tot war. Doch da hatten sie sich geirrt. Bellamare hatte nur das Bewusstsein verloren. Als er wieder zu sich gekommen war, gelang es ihm irgendwie, um Hilfe zu rufen. Zudem zeigte er sich gewillt, mit der Polizei zusammenzuarbeiten.

Nach dem Mordanschlag auf Bellamare verbrannte Gagné die Kleidung, die er dabei getragen hatte. Dann nahm er die Waffe, die er benutzt hatte, und warf sie in den Fluss. Er schickte einen Freund in Bellamares Wohnung, der dort alles Bargeld konfiszierte, das er fand. Er selbst zog sich zusammen mit Boies aus der Öffentlichkeit zurück, doch nach nur drei Wochen war er wieder in den Straßen Montreals unterwegs.

Als Nächstes befragte Quirion Gagné nach dem Mord an Diane Lavigne. Er wollte wissen, ob Gagné zum Zeitpunkt des Mordes wusste, dass er es mit einer Frau tu tun hatte. Gagné verneinte und fügte hinzu, dass die Scheiben des Autos verdunkelt gewesen seien.

„Empfinden Sie Reue?" fragte Quirion.

„Heute ja."

„Seid wann?"

„Seit einer Weile. Die Gespräche mit dem Psychologen und diese Dinge haben mir geholfen, mich mit den Morden und all den anderen Dingen, die ich gemacht habe, auseinanderzusetzen. Manchmal wünschte ich mir, mein Leben rückwirkend ändern zu können. Schon mit 13 habe ich Drogen verkauft", sagte Gagné und fügte hinzu, dass ihm 1999 ein Psychologe attestiert hatte, dass er zwar echte Reue empfinde, aber noch viel Arbeit vor sich habe.

Wenn ein Informant in einem Prozess, in dem Geschworene ein Urteil sprechen müssen, seine Reue beteuert, stellt sich augenblicklich die Frage nach dem Inhalt seiner Vereinbarung mit den Behörden. Und so musste sich Gagné die Frage gefallen lassen, welche Forderungen er der Polizei vorgelegt hatte. Wie viele Informanten hatte er gefordert, seine restliche Haftstrafe nicht in einem Bundes-, sondern in einem Provinzgefängnis absitzen und an den Wochenenden Besuch von seiner Familie empfangen zu dürfen. Zudem wollte er für die Dauer seiner Haft pro Woche 500 Dollar bekommen, genauso viel also, wie Serge Quesnel für seine Aussagen bekommen hatte. Eine weitere Forderung war, dass seine Frau und sein Sohn eine neue Identität und wöchentlich 400 Dollar bekommen sollten. Das Geld floss bis zu jenem Tag, an dem Gagnés Frau beschloss, ihn zu verlassen. Darüber hinaus bezog Gagné monatlich 140 Dollar, die er im Gefängnisladen ausgeben konnte. Die Behörden hatten sich zudem bereit erklärt, ihm für die Zeit nach der Entlassung ein anderes Aussehen zu verpassen und zwei Jahre lang wöchentlich 400 Dollar zu bezahlen.

„Sie haben mir gesagt: ‚Du bekommst lebenslänglich.' Daraufhin habe ich gefragt: ‚Was bringt es mir, wenn ich mit euch zusammenarbeite?' Der Staatsanwalt hat geantwortet: ‚Wir können einen Anklagepunkt fallen lassen, weil sich die Gesetze geändert haben'", berichtete Gagné. Staatsanwalt Vincent hatte sich dabei auf eine Klausel bezogen, nach der verurteilte Mörder nach 15 Jahren Haft ihren Fall neu aufrollen lassen und auf eine Begnadigung hoffen konnten. Wer aber des Doppelmordes schuldig war, hatte diese Chance vertan.

Quirion fragte Gagné, ob er auch die Belohnung von 100.000 Dollar gefordert hatte, die für sachdienliche Hinweise zu den Morden an den Gefängnisaufsehern ausgesetzt war.

„Ich wusste, dass Steve Boies schon Anspruch darauf erhoben hatte", erwiderte Gagné. „Als ich meine Forderungen stellte, erhielt ich zur Antwort, dass ich dieses nicht bekommen würde und jenes auch nicht. Also habe ich gesagt: ‚Wenn ihr mir nicht 500 Dollar pro Woche gebt wie Quesnel, dann gebt mir die 100.000.' Ich erhielt zur Antwort: ‚Wir geben Ihnen die 100.000 Dollar nicht. Schließlich sind Sie der Mörder.'"

„Sie wollten 100.000 Dollar Belohnung für einen Mord, den Sie selbst begangen haben? Die müssen doch schallend gelacht haben, als Sie den Vorschlag gemacht haben." Gagné wiederholte, dass man ihn nicht ausgelacht, sondern ihm erklärt hatte, warum das nicht ging.

„Konnten Sie sich das nicht denken? Es war zwar vor den Anschlägen vom 11. September, aber Ihr Vorschlag war doch, als wäre Osama Bin Laden in den Staaten aufgekreuzt und hätte gesagt: Gebt mir die 25 Millionen Dollar, die auf mich ausgesetzt sind."

„Zwischen mir und Osama Bin Laden gibt es einen himmelweiten Unterschied", erwiderte Gagné.

„Denselben Unterschied wie zwischen 100.000 und 25 Millionen Dollar, hab' ich recht?" fragte Quirion in einem Tonfall, der aus seiner Verachtung keinen Hehl machte. Gagné antwortete, dass er sich nicht als Terrorist ansah.

„Wenn man einen Vertrag unterschreibt, hat man damit noch keine Buße getan. Man bleibt ein Krimineller", wandte Quirion ein. „Die Mentalität und die Denkweise zu ändern braucht Zeit."

„Es ist doch so", entgegnete Gagné. „Seit meiner Verhaftung waren 18 Tage vergangen. Nein, noch weniger. Ich bin am 5. Dezember 1997 verhaftet worden. Vom 6. bis zum 18. ist nicht viel Zeit."

„Und hat sich Ihre Einstellung unterdessen geändert?"

„Ich arbeite daran. Das liegt doch auf der Hand. Wenn man, so wie ich, zum Mörder geworden ist … Das müssen Sie bedenken. … Mein Psychologe hat immer gesagt, dass ich den Rest meines Lebens an mir arbeiten muss. Das leuchtet mir ein, und ich bin mir dessen bewusst. Ich habe schon viel geschafft, und ich werde weiterhin viel schaffen müssen, um mich zu ändern."

Gagné wurde auch von anderen Verteidigern befragt, aber Neues kam dabei nicht heraus. Stattdessen gaben sie Gagné Gelegenheit, sich als Opfer zu stilisieren, das daraus, dass es in mehreren Prozessen gegen Hells Angels aussagte, keinerlei Vorteile zog. Gagné zeigte sich überzeugt davon, dass es schwer werden dürfte, nach 15 Jahren auf Bewährung zu hoffen. Er schilderte, dass er ständig in der Angst lebte, angegriffen zu werden und sich verteidigen zu müssen. Einmal sei er irrtümlich mit einem anderen Häftling aneinandergeraten, und zum Glück war der andere unbewaffnet, weil er sich sonst hätte verteidigen müssen. Zur Erklärung, was er meinte, beschrieb er, was Aimé Simard passiert war.

Aimé Simard aus dem engeren Umfeld der Rockers, der sich der Polizei als Informant andiente.

Simard, der einst den Rockers nahestand, hatte sich 1996 als Informant angedient und gestanden, für den Club als Killer gearbeitet zu haben. Sein wichtigster Auftritt als Zeuge war ein Prozess gegen fünf Mitglieder der Rockers, der für alle mit Freispruch endete. In der Folge war den Behörden die Zusammenarbeit mit Simard peinlich, und nachdem er einen Mitgefangenen bedroht hatte, wurde der Vertrag 1999 aufgelöst und Simard seinem Schicksal als Gefangener in einem staatlichen Zuchthaus überlassen. Noch aber sollte er in Nova

Scotia in einem Prozess gegen einen Verbündeten der Hells Angels aussagen, der irgendwann im Jahr 2004 beginnen sollte. Dazu ist es aber nie gekommen, weil er in seiner Zelle im Gefängnis in Saskatchewan mehr als 100 Messerattacken über sich ergehen lassen musste und im Juli 2003 schließlich starb.

Während seiner Befragung durch François Bordeleau erzählte Gagné, wie sehr er es leid war, als Zeuge auftreten zu müssen. Er behauptete, protestiert zu haben, als man ihm gesagt hatte, dass er in allen großen Prozessen auftreten müsse. Zur Antwort habe er bekommen, dass er einen Vertrag unterschrieben habe, den er einhalten müsse. „Ich habe die Schnauze voll davon. Diese Auftritte schaden mir nur. Journalisten schreiben über mich, und mein Bild erscheint in den Zeitungen", sagte Gagné, und er klang müde. „Und weil mein Foto in den Zeitungen ist, machen mich Typen an, die ich gar nicht kenne, und drohen mir damit, mich umzubringen."

10. Kapitel

Serge Boutin: Ausstieg als Ausweg

Obwohl auch auf seinen Namen ein Haftbefehl ausgestellt war, gehörte Serge Boutin zu jenen, die im Zuge der „Operation Springtime" nicht verhaftet werden konnten. Er saß bereits in einem Provinzgefängnis und sah sich der Aussicht gegenüber, den Rest des Lebens hinter Gittern zu verbringen, weil er den Hells Angels beim Mord an einem Informanten der Polizei geholfen hatte. Das Vollmitglied der Rockers wartete schon seit mehr als einem Jahr auf seinen Prozess, und nun kam zu den bereits vorhandenen Problemen ein weiteres hinzu. Denn obwohl er das zurückliegende Jahr im Gefängnis verbracht hatte, fand sich sein Name unter mehreren Anklagepunkten, gegen die mit der „Operation Springtime" ermittelt wurde.

Über Jahre hinweg hatte Boutin in Gegenden wie dem Schwulenviertel oder Hochelaga Maisonneuve mit Drogen gehandelt, war aber nur ein einziges Mal im Zusammenhang mit dieser Tätigkeit festgenommen worden. Im Januar 1997 brachte ihn ein gravierenderes Verbrechen hinter Gitter: Er wurde beschuldigt, 1994 an dem gescheiterten Mordversuch an Maurice „Mom" Boucher beteiligt gewesen zu sein. Am 16. Mai 1997 musste er aber wieder auf freien Fuß gesetzt werden, so dass er im Oktober 1999 zum Vollmitglied der Rockers ernannt werden konnte. Später erklärte er diesen Schritt damit, dass es zum Geschäft gehörte und der Eintritt nichts mit Loyalität zum Club, sondern nur mit der Aussicht zu tun hatte, gemeinsam Geld zu verdienen.

Die Kunst zu überleben

Sich als Informant zu verpflichten schien für Serge Boutin der nächste logische Schritt in seinem Leben zu sein, ging es für ihn zu jenem Zeitpunkt vor allem um eines: ums Überleben. Im Februar 2000 beteiligte sich Boutin daran, Claude De Serres, der als verdeckter Ermittler für die Wolverine Squad arbeitete, in ein Chalet in den Laurentians zu locken. De Serres handelte für Boutin mit Marihuana, aber die Hells Angels hatten spitzbekommen, dass er für die Polizei arbeitete. Auf die Spur gekommen waren sie ihm durch eine Personenbeschreibung in einem vertraulichen Dokument, das sich auf einem Computer befand, der einem Mitarbeiter der Provinzpolizei von Ontario gestohlen worden war. Boutin war nicht der Typ dafür, De Serres selbst zu töten, aber er wusste, wer in den Plan eingeweiht war. Monate nach der Verhaftung seiner Clubkollegen beschlich ihn das Gefühl, dass er selbst zur Zielscheibe geworden war. Derselbe Überlebensinstinkt, der ihn einst hatte beschließen lassen, den Rockers beizutreten, sagte ihm nun, dass es Zeit war auszusteigen.

Wie sich bei seiner Zeugenaussage bestätigte, war Boutin zuerst und vor allem ein Geschäftsmann. Seiner Verbundenheit mit den Rockers konnte er sich so problemlos entledigen wie eines gebrauchten Papiertaschentuchs. Schon beim Eintritt war es ihm nur ums Geld gegangen. Nun gab es kein Geld mehr zu verdienen, und das Beste war, sich wieder zu verabschieden und der Polizei als Informant anzubieten. Die erste Prüfung, die er als Zeuge bestehen musste, war der zweite Prozess gegen Boucher wegen der Morde an den Gefängnisaufsehern, bei dem der Anführer der Hells Angels schuldig gesprochen wurde.

Am 17. September 2003 trat Boutin in den Zeugenstand, um in dem von Richter Beliveau geleiteten Prozess auszusagen. Die Staatsanwältin Madeleine Giauque begann ihre Befragung mit Fragen, die den Geschworenen deutlich machen sollten, dass Boutin kein Unschuldslamm war.

„Warum wurden Sie am 16. Februar 2000 verhaftet?" lautete eine der ersten Fragen.

„Wegen Mordes an einem Doppelagenten."

„Wie hieß dieser Doppelagent?"

„Claude De Serres." Dann kam Boutin darauf zu sprechen, dass er am 28. März 2001, als die Festnahmen im Zuge der „Operation Springtime" erfolgten, bereits im Gefängnis saß. Wenige Wochen später, am 5. Mai 2001, entschloss er sich, mit den Behörden zusammenzuarbeiten, und am 27. September des Jahres unterschrieb er einen Vertrag mit der Nummer PB1070. Zu den Absprachen mit der Polizei gehörte, dass er sich am 22. Oktober 2001 des Mordes an De Serres schuldig bekannte und so die Höchststrafe vermied. Zwar lautete das Strafmaß dennoch lebenslänglich, aber das Geständnis eröffnete ihm die Möglichkeit, nach einer gewissen Zeit im Gefängnis auf vorzeitige Entlassung hoffen zu dürfen.

Obwohl er die meiste Zeit seines Lebens als Erwachsener mit Drogen gedealt und im Auftrag der Hells Angels viele Kilogramm Kokain verkauft hatte, wurde er für dieses Vergehen nicht angeklagt. So konnte er im Zuge seiner Befragung so selbstverständlich über seine Drogengeschäfte reden wie ein Gebrauchtwagenhändler über den Verkauf von Autos.

Serge Boutin

Mit 23 Jahren hatte sich Boutin vollends dem Drogenhandel verschrieben. „Ich weiß nicht, ob ich sagen soll, dass ich gut, nicht so gut oder ausgesprochen gut in meinem Beruf war, aber immerhin war ich mehr als zehn Jahre im Geschäft, und die einzige Verurteilung in dieser Zeit war wegen des Handels von einem oder zwei Gramm. Dabei habe ich solche Portionen nie verkauft. Ich habe in Kilogramm gerechnet. Ganz schlecht kann ich also nicht gewesen sein", prahlte Boutin. Als wolle sie Boutins Angeberei neue Nahrung verleihen, fragte Giauque ihn, ob er schon in seiner Anfangszeit mit derart großen Mengen gehandelt hatte. Daraufhin beschrieb Boutin, wie er nach nur sechs Monaten als Straßenverkäufer in der Szene aufgestiegen war.

„Begonnen habe ich mit dem Kauf von dreieinhalb Gramm. Dann habe ich mich auf sieben Gramm emporgearbeitet, die ich auf 14 Gramm verdoppelt habe. Über 112 Gramm habe ich schließlich die Schallmauer zu einem Kilo durchbrochen."

Giauque wollte wissen, woher er zu Beginn seiner Laufbahn die Drogen bezogen hatte.

„Damals, als ich 23 war, gab es den Bikerkrieg noch nicht. Man konnte noch unabhängig arbeiten. Jeder kannte jeden, und jeder kaufte bei jedem. Ich habe bei dem gekauft, der liefern konnte und mir einen

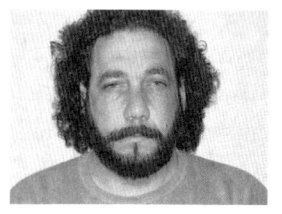

Paul „Fon Fon" Fontaine

guten Preis bot", so Boutin, der hinzufügte, dass er sehr bald begriffen hatte, dass der Schlüssel dazu, als Dealer erfolgreich zu sein, darin lag, die Droge richtig zu verschneiden beziehungsweise zu strecken, um mit der Menge auch den Gewinn zu erhöhen. Und genau das sei seine Spezialität gewesen.

„Haben Sie auch reinen Stoff verkauft?"

„Das hing davon ab, wo ich gedealt habe. Es gibt Kunden, die auf reinen Stoff mehr Wert legen als andere. Wenn man an Kneipen und Cafés verkauft, kann man ruhig strecken. Begonnen habe ich mit 23. Ich hatte gute Kontakte zu einer Bar, in der sich die Leute nach Feierabend trafen." Dann behauptete er, dass auf dem Höhepunkt seiner Karriere als Dealer 100 Leute für ihn gearbeitet hätten. Er selbst habe aber nur mit sechs oder sieben direkten Kontakt gehabt. „Die meisten Leute werden gewusst haben, dass ich der Boss bin", sagte er und fügte hinzu, dass von verlässlichen Partnern nur vor dem Bikerkrieg die Rede sein konnte und er überwiegend bei Richard Pelletier vom gleichnamigen Clan gekauft hatte. Zirka 18 Monate lang will er bei ihm Kokain erstanden haben, ohne dass es zu irgendwelchen Zwischenfällen kam.

„Dann ging der Bikerkrieg los", sagte er, und Giauque wollte wissen, ob der Pelletier-Clan darin involviert gewesen war.

„Na klar. Der Kopf des Clan, Sylvain Pelletier, wurde am 28. Oktober 1994 getötet."

Boutins Befragung endete damit für diesen Tag. Am nächsten Tag wurde er erneut in den Zeugenstand gerufen. Giauque machte dort weiter, wo sie am Vortag aufgehört hatte, und fragte, ob sich durch Pelletiers Tod etwas geändert hatte. Boutin erwiderte, dass sich die Pelletiers vor Beginn des Bikerkrieges eher den Hells Angels zugehörig fühlten, bis sich Sylvain Pelletier und Maurice Boucher eines Tages überworfen hätten. Mit einem Schlag war unklar, auf wessen Seite der Pelletier-Clan stand.

Wenige Monate nach Kriegsausbruch traten die Hells Angels an Boutin heran und forderten ihn auf, sich ihnen anzuschließen.

„Wenn man in der Drogenszene arbeitet, Erfolg hat und in finanzieller Hinsicht ein großer Fisch wird, dann findet sich garantiert ein noch größerer Fisch, der ankommt und sagt: ,Hey, du jagst in meinem

Revier.'" Mit diesem Vergleich erklärte Boutin, warum er sich dem Club angeschlossen hatte. 1995 will er begonnen haben, Kokain bei den Rockers zu kaufen, konkret bei Mitgliedern wie Richard „Sugar" Lock und André Chouinard. „Nach ein paar Monaten habe ich dann mit Paul Fontaine zusammengearbeitet."

Giauque fragte Boutin, ob Fontaine zu dem Zeitpunkt im selben Geschäft tätig war.

„Nein. Ich war mehr als nur ein schlichter Verkäufer von Drogen. Ich begriff mich als Geschäftsmann, der sagte, wo es lang geht, sobald es um Drogen oder mein Team ging." Boutin ergänzte, dass zu diesem Team auch Stéphane „Godasse" Gagné gehörte. Fontaine beschrieb er als Tatmensch, der mehr durch Muskeln als durch Intellekt beeindruckte. Wenn Boutin sich mit konkurrierenden Dealern nicht einigen konnte, wurde Fontaine beauftragt, sich darum zu kümmern. Manch ein Rocker, so Boutin, erhielt 500 Dollar pro Woche dafür, dass er bei Bedarf jemanden zusammenschlug. „Wenn es zum Beispiel Probleme mit einem Italiener gab, der eine Clique von Leuten hinter sich hatte, konnte daraus schnell ein handfester Konflikt entstehen. In solchen Fällen wurde Fontaine losgeschickt, aber auch dann, wenn jemand mit einer Waffe rumfuchtelte. Ich hingegen kümmerte mich um das eigentliche Geschäft. Der Bikerkrieg tobte, und wir waren bestrebt, uns in unserem Revier so breit wie möglich zu machen."

Boutin dealte vor allem in Hochelaga Maisonneuve, und sein Erfolg freute auch die Hells Angels. Zwischen 1995 und 1997 will Boutin nie weniger als ein Kilo pro Woche verkauft haben. Von seinen Fähigkeiten beeindruckt, ernannten ihn die Hells Angels zum organisatorischen Kopf eines Teams, das den Auftrag hatte, die Drogendealer der Rock Machine aus dem Schwulenviertel zu vertreiben.

Doch ehe die Expansion richtig greifen konnte, wurden Boutin und zahlreiche andere verhaftet und beschuldigt, vor mehr als zwei Jahren einen Mordanschlag auf Boucher verübt zu haben. Die Anklage gegen Boutin musste fallen gelassen werden. Das uneingeschränkte Vertrauen der Hells Angels genoss Boutin ohnehin schon, und so konnte er mit der Hilfe von Besuchern auch hinter Gittern seine Geschäfte fortsetzen.

Als Boutin im März 1997, vier Monate nach seiner Verhaftung, freigelassen wurde, musste er feststellen, dass Fontaine ihn durch drei andere Männer ersetzt hatte: Steve Boies, Danny Decelles und den

Newcomer Stéphane „Godasse" Gagné. Fontaine schlug vor, dass sie Partner werden sollten, aber Boutin lehnte ab, weil er fand, dass die anderen sein Geschäft heruntergewirtschaftet hatten. „Es stimmte hinten und vorn nicht mehr", sagte er. Das Team, das das Schwulenviertel übernehmen sollte, stand mit 40.000 Dollar in der Kreide. Doch Boutin will binnen weniger Monate das Schiff wieder flott gemacht und schwarze Zahlen geschrieben haben.

Durch den Handel mit Kokain für die Hells Angels hat er damals nach eigenen Angaben etwa 5.000 Dollar pro Woche verdient. Den Geschworenen sagte er, dass Fontaine es etwa auf dieselbe Summe brachte. Gagné, der seine Orders von Fontaine erhielt, nahm zirka 3.000 Dollar ein (er selbst bezifferte seine Einnahmen allerdings nur auf 1.000 Dollar). Boutin fügte hinzu, dass er den Rockers 1997 zwar nahestand, aber kein Mitglied war. Fontaine hatte es zu diesem Zeitpunkt hingegen bereits zum Anwärter der Hells Angels gebracht.

„Die Entscheidungen darüber, auf welches Territorium sich die Gruppe konzentrierte, traf Paul Fontaine. Da war er die Nummer eins. Sobald es um finanzielle und andere geschäftliche Dinge ging, habe ich gesagt, wo es lang geht. Da war ich die Nummer eins."

Auch als das Geschäft immer umfangreicher wurde, bezog Boutin sein Kokain über Chouinard. Um sich heimlich absprechen zu können, entwickelten die beide eine eigene Zeichensprache.

„Wir haben nicht über Drogen gesprochen. Uns war klar, dass wir sonst den lieben langen Tag die Polizei auf den Fersen haben. Wenn wir mal etwas notieren mussten, haben wir die Zettel anschließend verbrannt. In dem Büro, das ich mir hielt, aber auch in meinem Wagen hatte ich eine dieser Tafeln, auf denen man etwas notieren und mit einer Handbewegung wieder spurlos verschwinden lassen kann. Und wenn wir wirklich mal etwas besprechen mussten, haben wir uns gegenseitig ins Ohr geflüstert.

In all der Zeit, in der sie gemeinsam Geschäfte gemacht haben, hat Chouinard, so behauptete Boutin, ihm nie persönlich Drogen überreicht.

„Dafür hatten wir beide unsere Boten, Leute, die die Sachen von A nach B bringen. Wer wie ich mit Bikern kooperiert, wird rund um die Uhr von der Polizei beobachtet. Als Boten wählt man Leute, für die das nicht gilt, am besten solche, die der Polizei noch nicht bekannt sind.

Das kann ein älterer Mann sein, eine Frau, jemand, dem man nicht ansieht, dass er sein Geld mit krummen Geschäften verdient."

„Wie würden Sie die entsprechenden Menschen nennen?" fragte Giauque.

„Normale Bürger."

„Und wie sind die Transaktionen abgelaufen?"

„Ich habe Chouinard einen Zettel mit einer Adresse gegeben, meist eine Wohnung, die ich angemietet hatte. Sein Bote nahm die Drogen und brachte sie dorthin." Boutin sagte, dass er sich schon nach wenigen Monaten als Dealer angewöhnt hatte, nie selbst mit den Drogen in Kontakt zu kommen. Grund war die Annahme, dass er unter Beobachtung der Polizei stand. Auch für die Bezahlung Chouinards will er deshalb Boten eingesetzt haben.

Tanz auf drei Hochzeiten

Boutin will im Oktober 1998 zum Striker der Rockers geworden sein, nachdem Fontaine untergetaucht war, um sich dem Prozess wegen des Mordes an dem Gefängnisaufseher Pierre Rondeau zu entziehen. Als Striker will er gelegentlich Wach- und Schutzdienste übernommen haben. Den Geschworenen erklärte er, dass die Männer, die mit der Bewachung eines Clubhauses oder eines anderen Treffpunktes der Rockers betraut waren, fast nie Waffen trugen, um der Polizei keinen Anlass zu liefern, sie wegen unerlaubten Waffenbesitzes oder dergleichen festzunehmen. Stattdessen platzierten sie lieber in der Nähe einen Mann in einem Auto, zu dessen Füßen sich gleich mehrere Waffen befanden. Boutin will von Fontaine schon früher aufgefordert worden sein, sich den Rockers anzuschließen, was er abgelehnt habe. Anders entschieden habe er sich erst, als Normand Robitaille darum gebeten hatte. Und auch René Charlebois soll ihn dazu gedrängt haben. Robitaille war damals Anwärter der Hells Angels, und Boutin sagte, dass sich durch seinen Schritt in geschäftlicher Hinsicht nichts geändert habe. Daraufhin wollte Giauque wissen, ob sich für Boutin überhaupt etwas geändert hatte.

„Wenn man sich den Rockers angeschlossen hat, tanzt man auf drei Hochzeiten", erwiderte Boutin. „Da gibt es zum einen die Familie einschließlich der Kinder, und dafür geht viel, viel Zeit drauf. Dann gibt es das Geschäft, um das man sich kümmern muss. Drittens gibt es den Club, und der … Es ist nicht so … Es geht nicht um Geschäfte, sondern um Macht. Der Club steht für Macht. Als ich eintrat … Wenn man einem Mann ein Clubabzeichen auf den Rücken seiner Lederjacke näht und dieser Mann in ein Restaurant geht, dann haben die Leute Angst vor ihm, selbst wenn sie ihn gar nicht kennen. Das meine ich mit Macht."

Kurz nach Fontaines Verschwinden im Dezember 1997 nahm Robitaille Boutin an die Seite und forderte ihn diskret auf, sich einen neuen Geschäftspartner zu suchen. Aber er sagte Boutin auch, dass der künftig monatlich 1.000 Dollar an Fontaines Familie zu zahlen habe.

Für die Clubmitglieder, aber auch für die Polizei, die ihn fieberhaft suchte, war Fontaine eine Art Geist. Irgendwann kam sogar das Gerücht auf, dass er tot war. Tousignants verkohlte Leiche war am 27. Februar 1998 in Bromont gefunden worden, einer Stadt östlich von Montreal. Sie lag am Rande einer Straße und brannte noch leise vor sich hin, als man sie fand. Gilles Cimon, ein Beamter der Sûreté, löschte die Flammen, aber eine Autopsie brachte später zutage, dass Tousignant durch Schüsse in den Kopf und den Rumpf getötet worden war. Die Beamten, die den Fall bearbeiteten, kamen zu dem Schluss, dass Tousignant nicht am Fundort der Leiche gestorben war. Vielmehr sprach alles dafür, dass die Leiche zu ihrem Fundort gebracht und dort angezündet worden war.

Doch Boutin gehörte zu jenen auserwählten Clubmitgliedern, die in ein gut gehütetes Geheimnis eingeweiht waren: Fontaine lebte. Zwei Jahre nach dessen Verschwinden, in den Weihnachtsferien des Jahres 1999, wurde Boutin ein heikler Auftrag erteilt.

„Fontaine wollte seine Kinder sehen und bat mich, das zu arrangieren", berichtete Boutin. Und dass an jenem Tag ein Schneesturm wütete, war wohl das geringste Problem, das ihm dieser Auftrag einbrockte. „Wir mussten viele Um- und Abwege einlegen, weil Paul Fontaine einer der meistgesuchten Männer in Nordamerika war. Zum Beispiel nahmen wir die U-Bahn. Ein Auto, das wir irgendwo abgestellt hatten, hatte eine defekte Windschutzscheibe, und um nicht aufzufallen, haben wir es nicht benutzt. Stattdessen nahmen wir die U-Bahn. Ich begleitete Fontaines Frau und seine beiden Kindern. Dann war da noch ein Anwärter aus dem Hells Angels Charter Trois Rivières, der per Handy mit Paul Fontaine Kontakt hielt."

Nach einer Irrfahrt durch das riesige und verzweigte U-Bahn-System Montreals stieg die kleine Gruppe in ein Taxi um, das sie nach Quebec City brachte. Auf dem Weg dorthin wurde der Schneesturm immer stärker, und schließlich fiel der Scheibenwischer des Taxis aus. Sie hielten an einer Werkstatt, wo jemand ein anderes Taxi rief. Als Ziel nannten sie dem Fahrer das Chateau Frontenac, eines der elegantesten Hotels in ganz Kanada. Mit dem Fahrtziel hatten sie einem Außenstehenden zugleich den Aufenthaltsort eines der meistgesuchten Männer in Kanada verraten. Boutin fragte sich, ob das eine gute Idee gewesen war. „Ich saß auf dem Beifahrersitz, Pauls Frau und seine Kinder auf der Rückbank", beschrieb Boutin. „Dann nannten wir dem Fahrer die Adresse. Er hatte einen Mann, eine Frau und zwei Kinder vor sich und nahm offensichtlich an, dass es sich um ein stinknormales Paar handelte. Er wollte wissen, woher wir kamen, und ich antwortete: ‚Aus Montreal.' Daraufhin sagte er: ‚Oh, da war ich 25 Jahre lang Polizist.'"

Dass ein ehemaliger Polizist sie zu Fontaine fuhr, beunruhigte Boutin. Deshalb begann er sich so zu benehmen, als sei Fontaines Frau seine Frau. Der Fahrer schien ihnen aber keinerlei Beachtung zu schenken und brachte sie ohne Zwischenfälle zum Chateau Frontenac. Dort aßen sie gemeinsam mit Fontaine zu Mittag, um anschließend zu einer Hütte im nahegelegenen Stoneham zu fahren. Anders als im Beliveau-Prozess, wo er sich darüber ausgeschwiegen hatte, sagte Boutin nun, dass Fontaine anders aussah, als er ihn in Erinnerung hatte. Er nannte ihn ein Wrack. Die Flucht und der Verlust seiner Familie hatten ihn offenbar zerstört.

Da mit Fontaine auch sein Partner ausgefallen war, wurde Boutin mit Stéphane Faucher zusammengebracht, der bislang auf keine anderen Meriten verweisen konnte als die, mit dem erfahrenen Dealer Normand „Pluche" Bélanger gearbeitet zu haben. „Anfangs war auch Bélanger noch eine kleine Leuchte, aber er war ein enger Freund von Mr. Boucher und Normand Robitaille", sagte Boutin.

Er selbst wurde zum selben Zeitpunkt zum Striker ernannt wie einige andere Männer, die bei der Ausweitung der Hells Angels ins westliche Montreal eine wichtige Rolle spielen sollten. Dazu gehörten auch Dany St-Pierre sowie Éric „Pif" Fournier und Bruno Lefebvre, zwei der neun Angeklagten in dem von Richter Beliveau geleiteten Prozess.

Die Skorpione

Boutin, der auf seine Unabhängigkeit bedacht war, zog es vor, sein eigenes Ding zu machen. Anstatt sich in Sicherheitsfragen auf Leute, die ihm die Rockers vermittelten, oder gar auf seine eigenen Muskeln zu verlassen, verband er sich mit anderen Drogendealern wie Stéphane Faucher und gab dem Zusammenschluss den Namen Scorpions. Dank Faucher waren sie auf wichtigen Straßen Montreals wie Sainte-Christine und St.-Hubert vertreten. Im Zuge ihrer Ermittlungen kam die Polizei eines Tages zu dem Schluss, dass die Skorpione allein auf der U-Bahn-Station Berri-UQAM nahe der Universität, einer der meistfrequentierten in ganz Montreal, mit mindestens 20 Dealern vertreten waren.

Während Normand Robitaille und Boucher gegen die Existenz der Scorpions nichts einzuwenden hatten, konnten sie nicht dulden, dass Boutin quasi zwei Patches auf einmal trug. Das war ein klarer Verstoß gegen die Regeln der Hells Angels. Boutin wurde aufgefordert, die Rockers zu verlassen, wenn er die Scorpions mit dem Segen des Nomads Charters weiterführen wollte. Boutin war dazu bereit, zumal er ohnehin genug mit einem Mitglied der Scorpions zu tun hatte, der ihm das Drogennetzwerk streitig machen wollte. Es konnte nur einen geben, der sagte, wo es lang ging, und Boutin war davon überzeugt, dass ihm die Mitgliedschaft bei den Rockers nicht dabei half, klarzumachen, dass er derjenige welcher war.

Für seine Geschäfte blieb ohnehin alles beim Alten, sagte Boutin. Sein Ansprechpartner zu jener Zeit war Robitaille, der erstaunlich schnell in der Clubhierarchie aufstieg. Er gab Boutin die Anweisung, das Kokain künftig direkt bei Normand Bélanger zu kaufen. Parallel konnte Boutin aber auch weiterhin bei Chouinard kaufen. Er brauchte kontinuierlich Nachschub, um sein Netzwerk aus Mitgliedern der Scorpions beliefern zu können, die pro Woche zwei bis drei Kilo umsetzten. Das Geld, das hereinkam, beeindruckte die Hells Angels, und Boutin kam gerüchteweise zu Ohren, dass die Scorpions zu einem

Bruno Lefebvre (rechts)

Puppet-Club nach Art der Rockers ernannt werden sollten. Und Robitaille berichtete ihm sogar von Überlegungen der Hells Angels, die Scorpions nach einer Zeit der Anwärterschaft in den Club aufzunehmen.

„Aber Normand Robitaille stellte auch klar, dass es gewisse Leute bei den Scorpions gab, die es nicht verdient hätten, das Patch der Hells Angels zu tragen. Dazu waren sie viel zu undiszipliniert. Zu einer Mitgliedschaft bei den Hells Angels gehört in der Tat viel Disziplin, weil man Verpflichtungen hat. Wenn ein Treffen in Vancouver angesetzt ist, kann man nicht einfach sagen: ‚Ich fahre nicht hin.' Man hat die Pflicht. Und von solchen Pflichten gibt es einen ganzen Haufen. Alles, was den Club betrifft, hat Vorrang. Manchmal muss man auch berufliche Dinge oder die eigene Familie vernachlässigen, und dazu ist nicht jeder bereit. Je höher man in der Hierarchie aufsteigt, desto weniger Fehler kann man sich erlauben", sagte Boutin. Nachdem sie sich die Scorpions ausgiebig angesehen hatten, blieben genau zwei Mitglieder übrig, die für eine Mitgliedschaft bei den Rockers in Frage kamen. Daraufhin fragte Giauque Boutin nach den regelmäßigen Treffen der Rockers.

„Da wurden nur selten wichtige oder strittige Dinge diskutiert. Es war eher ... Es hieß nie, wir müssen den oder den umbringen. Über die Rock Machine wurde nie gesprochen. Das war tabu. Wenn das einer gewagt hätte, hätte es die Bosse auf den Plan gerufen." Auf den Kirchgang genannten Treffen wurden ausschließlich Clubangelegenheiten besprochen, etwa die obligatorische Abgabe von zehn Prozent des Einkommens. „Das Geld ist für die Jungs im Knast bestimmt. Davon werden die Anwälte bezahlt, die sie vertreten", erklärte Boutin.

Blieb Geld übrig, gingen sie davon manchmal essen. Ansonsten wurden davon die Hotels bezahlt, wenn sie, wie es von Hells Angels verlangt wurde, mit ihren Motorrädern unterwegs waren. Boutin behauptete, dass gelegentlich auch Waffen davon gekauft wurden, was weder den Angeklagten noch deren Verteidigern behagte. Doch war der Vorwurf nur schwer zu beweisen, und die Verteidiger wandten ein, dass die Informanten es nur behaupteten, weil man sie seitens der Behörden dazu aufgefordert hatte.

Boutin zufolge war die Teilnahme am Kirchgang Pflicht. Man hatte zu erscheinen, und meist war mindestens ein Mitglied des Nomads Charters anwesend. Dass auch die Nomads ihre Treffen abhielten, war Boutin bekannt, aber er hatte nie Gelegenheit, an einem solchen Kirchgang teilzunehmen. Wenn sich Robitaille auf den Weg zu einem Clubtreffen machte, durfte Boutin ihn zwei oder drei Stunden lang nicht anrufen. Und nie hat er erfahren, was auf den Kirchgängen der Nomads besprochen wurde. Ganz selten aber sickerte eine Information bis zu ihm durch, etwa wenn ein neues Mitglied aufgenommen worden war.

Irgendwann beschloss Boutin, sich wieder den Rockers anzuschließen, und am 12. Oktober 1999 wurde er zum Vollmitglied ernannt. Ab dann will er keine freie Minute mehr gehabt haben. Zu seinen Aufgaben gehörten niedere Dienste wie der Kauf von Eintrittskarten für einen Boxkampf oder die Fahrt nach Trois Rivières, wo etwas abzuholen und nach Montreal zu bringen war. Irgendwann empfand er das Ganze als lächerlich. Einmal musste er einen Drogendeal im Wert von 10.000 Dollar abblasen, um an einem Treffen der Rockers teilzunehmen, bei dem nur Unwichtiges besprochen wurde.

Stets sei ihm unmissverständlich klargemacht worden, dass die Hells Angels aus dem Nomads Charter die Bosse seien und es seine Aufgabe war, das Gebiet, in dem sie den Drogenhandel dominierten, stetig zu vergrößern.

„Wenn es konkurrierende Dealer gab, statteten wir ihnen einen Besuch ab und fragten sie, ob wir sie beliefern sollten. Wenn sie sich auf unserem Territorium befanden, mussten sie es verlassen. Wir haben immer versucht, uns gütlich zu einigen. Aber natürlich wollten wir ein möglichst großes Territorium für uns."

Wenn Boutin einen konkurrierenden Dealer für eine kleine Nummer hielt, gab er sich damit zufrieden, ihm ein paar Typen auf den Hals zu schicken, die ihn zusammenschlugen. Stand hinter dem Konkurrenten aber die Mafia oder die Rock Machine, dann wurde Paul Fontaine eingeschaltet. Nachdem er abgetaucht war, oblag Robitaille die Entscheidung, wie man mit ungebetener Konkurrenz umging. Manchmal fiel die Wahl auf Stéphane Faucher, der die Dinge wieder ins Lot bringen wollte. Boutin behauptete, dass er Robitaille um Erlaubnis bitten musste, wenn er Drogen woanders als bei den Nomads kaufen wollte. Sein Vorteil als Dealer war es jedoch, dass er Fontaine oder Robitaille umgehend warnen konnte, sobald ein Dealer der Rock Machine in seinem Territorium auftauchte. Dann, so Boutin, nahm sich umgehend jemand des Problems an.

Giauque wollte wissen, ob die Rockers ein bestimmtes Gebiet für sich beanspruchten.

„Hochelaga Maisonneuve und das Schwulenviertel gehörten uns", erwiderte Boutin. „Und zwar vollständig, jede Straße, von A bis Z. Jeder kleine Dealer verkaufte im Namen der Rockers. Diesen Anspruch tragen wir auf unseren Kutten mit uns herum. Dort steht Montreal, und das meint das gesamte Zentrum der Stadt, die Insel im Sankt-Lorenz-Strom."

Boutin gab an, dass er den Saint-Laurent Boulevard als sein Revier betrachtet hatte, und nannte eine Reihe von Rockers, die für die Hells Angels den Straßenverkauf organisiert haben, darunter Pierre Provencher, Gregory Wooley, Paul Brisebois und Bruno Lefebvre. Zudem will er mehrere Rockers gekannt haben, die in die Expansionsbestrebungen des Clubs Richtung Südwesten involviert waren. Dazu gehörten Provencher, Alain Dubois, Stéphane Jarry, Pierre Laurin und Gaetan Matte.

Das frühere Charter von Maurice Boucher, das Charter Montreal, konzentrierte sich wie einige Rockers, darunter Jean-Guy Bourgoin, auf den Plateau-District von Montreal und Rosemont. Im Norden der Stadt arbeiteten Boutin zufolge nur wenige Dealer für den Club, und seines Wissens hatten die Hells Angels auch im traditionell englischsprachigen Westen der Insel kein Monopol. Dort hatten die Ruff Ryders, ein Club mit Wurzeln in den ärmeren Gegenden des Stadtteils, 1999 in Person von Gregory Wooley begonnen, für die Rockers Drogen zu verkaufen.

Giauque wollte wissen, welchen Einfluss die Mitgliedschaft bei den Rockers auf Boutins Lebenswandel hatte. Er antwortete, dass er sich dem Club gegenüber verpflichtet gefühlt hatte. Das Einflussgebiet in Hochelaga Maisonneuve, das er sich so hart aufgebaut hatte, litt hingegen sehr darunter, dass er sich um andere Dinge kümmern musste. Mehrere Rockers sollen es von ihm übernommen haben. Einer von ihnen war Charlebois, doch auch Robert Johnson, Dany St-Pierre und Pierre Toupin sprangen helfend ein.

Dann sprach Boutin darüber, wie er zu einem neuen Spitznamen gekommen war. Zunächst hatte er Pacha geheißen, ein Name, gegen den er offenbar nichts einzuwenden hatte. Doch da er erhebliche Probleme mit seinem Gewicht hatte, waren die Rockers irgendwann dazu übergegangen, ihn „Le Gros – Der Dicke" zu nennen. Während er auf den Prozess wegen des Mordes an De Serres wartete, hungerte sich Boutin viele Kilo ab. Als er Monate nach seiner Verhaftung zu einem Haftprüfungstermin erschien, war er regelrecht schlank. Die Angst vor dem bevorstehenden Prozess hatte ihm sichtlich zugesetzt. Und da das Gespräch schon einmal bei diesem Thema gelandet war, setzte Giauque die Befragung mit dem Mord an De Serres fort.

Der Mord an Claude De Serres

Boutin berichtete, dass ihm René Charlebois schon Monate vor dem Tod des Doppelagenten Claude De Serres angekündigt hatte, dass man ihn, Boutin, bald auffordern würde, De Serres an einen bestimmten Ort zu bringen. Und dann erzählte er, wie die Hells Angels herausgefunden hatten, dass De Serres für die Polizei arbeitete.

Am Samstag, den 4. Dezember 1999, fanden sich Hells Angels aus Kanada in Sherbrooke ein, um den 15. Geburtstag des dortigen Charters zu begehen. Mehr als 120 Biker aus Städten wie Vancouver und Winnipeg versammelten sich in einem auf einer Anhöhe gelegenen Festsaal in Sherbrooke.

Während ihres Aufenthaltes dort war einigen Hells Angels aus Montreal aufgefallen, dass Sergeant Guy Ouellette von der Sûreté im selben Hotel abgestiegen war. Ihn dort anzutreffen war laut Boutin nicht weiter ungewöhnlich. Es lief oft darauf hinaus, dass Ouellette dasselbe Flugzeug und dasselbe Hotel wählte wie die Hells Angels. Oft war er dafür eingeteilt, die Partys und die Beerdigungen von Hells Angels zu überwachen, und das tat er so offensichtlich und mit so viel Professionalität, dass ihm viele Hells Angels mit Respekt begegneten.

Boutin zufolge war Mitgliedern des Clubs aufgefallen, dass Ouellette und Rick Perrault von der Polizei der Provinz Ontario Aktentaschen mit sich herumschleppten. Einige Mitglieder, die in dem Hotel abgestiegen waren, hatten sich schon länger gefragt, was Ouellette über sie wusste. Als die beiden Beamten ihre Zimmer verließen, um zu frühstücken, bekamen zwei Scorpions den Auftrag, in die Zimmer einzubrechen und die Aktentaschen zu stehlen. Die Nomads freuten sich über den Fang, die Rockers freuten sich, alle freuten sich."

Nein, nicht alle.

In dem von Richter Beliveau geleiteten Prozess sagte Ouellette am 15. Dezember 2003 aus, dass die Polizei von dem Verlust der Unterlagen gar nicht erfreut war. Er berichtete, dass er nach einer langen Nacht, in der er versucht hatte, die Mitglieder zu identifizieren, die an der Party teilnahmen, in sein Hotel gegangen war und festgestellt hatte, dass auch einige Mitglieder der Rockers und des Nomads Charters dort abgestiegen waren. Die Ersten, die er erkannte, waren Boutin und Patrick Pepin, der damals noch ein Hangaround war. Ouellette brachte sein Gepäck ins Zimmer, um anschließend gemeinsam mit Perrault die Autos zum Hauptquartier der Sûreté in Sherbrooke zu bringen, das ganz in der Nähe lag. „Als wir zurück ins Hotel kamen, waren dort noch mehr Biker als zuvor", berichtete Ouellette und fügte hinzu, dass ihm dann auch René Charlebois aufgefallen war, seinerzeit Anwärter des Nomads Charter, der in der Nähe der Rezeption stand.

Das Hotel schien vor Bikern förmlich zu bersten. In der Lobby stand Stéphane Faucher, der seine Kutte trug. Auch Boutin war da, und das Gleiche galt für Paul Brisebois, Daniel Jarry, Pierre Laurin und Normand Bélanger. Ouellette erklärte, dass er und Perrault in ihre Zimmer gegangen seien. Zuvor aber gingen sie in die Hotelbar, um nachzusehen, ob sich dort weitere Biker aufhielten. Doch die Bar war bereits geschlossen. Daraufhin beschlossen die beiden Männer, schlafen zu gehen.

Am nächsten Morgen ging Ouellette zum Zimmer seines Kollegen, um ihn zum Frühstück abzuholen. Als er an der Tür klopfte, trat Pierre Laurin, ein Mitglied der Rockers, der das Zimmer 209 bewohnte, aus dem Fahrstuhl. Während er über den Flur schlenderte, richtete er den Blick auffällig auf die Zimmer 202 und 204. Dort wohnten die beiden Polizisten.

Als Ouellette und Perrault den Fahrstuhl bestiegen, trafen sie dort auf Normand Bélanger und Maurice „Mom" Boucher. Ouellette will sich mit Boucher kurz unterhalten und ihn gefragt haben, wie ihm der Besuch des Musicals «Notre Dame de Paris» gefallen hatte. Im Restaurant saß bereits Gilles „Trooper" Mathieu, der seit Langem Mitglied der Hells Angels und Gründungsmitglied des Nomads Charters war. Er saß allein an einem Tisch. Und weil Ouellette ihn erst eine Woche zuvor zu einem internationalen Hells-Angels-Treffen nach Südamerika begleitete hatte, unterhielt er sich kurz mit ihm darüber.

„Dann haben wir gefrühstückt. Das hat ungefähr 20 Minuten gedauert. In dieser Zeit kamen auffällig viele Biker herein. Als Erstes kam Pierre Provencher, der um ein Glas Wasser bat, um seine Medizin zu nehmen. Es folgte André Chouinard, der seinerzeit dem Nomads Charter angehörte. Er grüßte uns auf Französisch, ging zu Mr. Mathieu, dem er etwas ins Ohr flüsterte, und verschwand wieder", erklärte Ouellette den Geschworenen.

Dank seines phänomenalen Gedächtnisses konnte er das fragliche Frühstück in einer Detailtreue erzählen, als finde es gerade erst statt. Er betonte aber auch, dass ihm erst im Nachhinein klar geworden sei, dass sich die Biker nur vergewissern wollten, dass die beiden Beamten noch frühstückten, während zwei Etagen darüber ihre Zimmer aufgebrochen und durchsucht wurden. Auch Laurin kreuzte irgendwann auf und nahm sich eine Zeitung, um sie zu lesen. „Ich war überrascht, dass Mr. Laurin, der nur Französisch sprach, «The Gazette» wählte", sagte Ouellette. „Er hätte auch das «Journal de Montréal», die «La Presse» oder eine andere Zeitung wählen können, aber er entschied sich komischerweise für die englischsprachige «The Gazette». Das hat mich überrascht." Der Verdacht lag nahe, dass Laurin die Zeitung nicht lesen, sondern sich nur vergewissern wollte, dass die beiden Polizisten das Restaurant erst dann verließen, wenn die Durchsuchung ihrer Zimmer abgeschlossen war. Irgendwann kam Sylvain Demers, ein Mitglied der Scorpions, herein, bat um ein Glas Wasser und ging wieder. Da erhob sich Mathieu von seinem Tisch und wechselte einige wenige Worte mit Ouellette und Perrault. Unter anderem prophezeite er den beiden lächelnd, dass sie an diesem Wochenende einige Überstunden anhäufen würden.

Als die beiden Polizisten das Restaurant verließen, standen in der Lobby Boucher und Faucher. Ouellette fiel auf, dass Boucher sich umwandte und den beiden Beamten nachsah. Auf dem Weg zu seinem Zimmer bemerkte Perrault, dass er seinen Schlüssel vergessen hatte. Also machte er sich auf den Rückweg ins Restaurant. Wenige Minuten später klopfte er an Ouellettes Tür. Er schien regelrecht verstört. Schließlich erzählte er Ouellette, dass aus seinem Zimmer wichtige Sachen verschwunden waren, darunter ein Laptop und mehrere Disketten. Die beiden Männer erkundigten sich bei einer Putzfrau, ob ihr etwas aufgefallen war. Ouellette erinnerte sich daran, dass sie überaus nervös war und behauptete, nichts bemerkt zu haben.

Ouellette ging in die Lobby, wo er sah, dass sich Maurice Boucher mit Gilles Mathieu unterhielt. „Ich habe Mr. Boucher vorgehalten, dass einer seiner Männer, der aus dem Zimmer 209, in das Zimmer von Mr. Perrault eingebrochen und dort etwas entwendet habe, was der Besitzer zurückhaben wolle. Mr. Boucher bestritt, dass einer seiner Männer etwas damit zu tun habe, sah mich durchdringend an und sagte: ,Ich bin übrigens nicht die Polizei.'" Ouellette und Perrault gingen zur Sûreté und informierten telefonisch ihre Vorgesetzten über den Diebstahl und die Umstände, unter denen er sich zugetragen hatte. Der Computer war unwiederbringlich weg, und die Sûreté musste sich darüber klar werden, welche Folgen das haben könnte.

In seiner Aussage behauptete Boutin, dass die beiden Männer, die den Computer gestohlen hatten, zwar für ihn gearbeitet hatten, der Diebstahl aber auf Anordnung von André Chouinard erfolgt war. (Einer der Scorpions, die verdächtigt wurden, daran beteiligt gewesen zu sein, wurde am 26. November 2004 in Montreal erschossen. Er arbeitete nach wie vor als Drogendealer für eine Bande, die ursprünglich auf Betreiben des Nomads Charters gegründet worden war.) Boutin wollte wissen, welche Informationen auf dem Laptop gespeichert waren, doch die Scorpions hatten Anweisung von „ganz oben", namentlich einem Mitglied des Nomads Charter, ihn an die Hells Angels auszuhändigen. Einige Tage später nahm Charlebois mit Boutin per Pager Kontakt auf, um sich mit ihm in einem Dunkin's Donut zu verabreden. Der Plan, De Serres umzubringen, nahm konkrete Formen an.

Als sich die beiden Männer in dem Café gegenübersaßen, schlug Charlebois vor, einen Spaziergang zu machen, ohne die Pager oder

Handys mitzunehmen. Sie gingen zu einer U-Bahn-Station, wo Charlebois Boutin ins Ohr flüsterte, was er zu tun haben würde.

Einige Tage nach dem Diebstahl des Computers hatten die Hells Angels die Dateien inspiziert, die sie darauf gefunden hatten. Die Polizei nimmt an, dass Richard Gemme, ein Computerfachmann, der den Hells Angels auch die Software für die Buchhaltung lieferte, ihnen auch dabei geholfen hat, die Verschlüsselung von Perraults Computer zu knacken. Bei Gemmes Festnahme befanden sich Dokumente der Polizei auf seinem Computer. Und Perraults Laptop wurde in einem der Apartments an der Beaubien Street gefunden, die für das Bankensystem der Nomads genutzt wurden. Der Name De Serres fand sich nicht in den Unterlagen. Er wurde dort unter seinem Vornamen und einer Nummer geführt. Dafür enthielten die Unterlagen Zusammenfassungen der Informationen, die er der Polizei hatte zukommen lassen. Zudem ging aus ihnen hervor, dass er für Boutin mit Marihuana gehandelt hatte. Es war daher ein Leichtes für die Hells Angels, ihn per Aus-

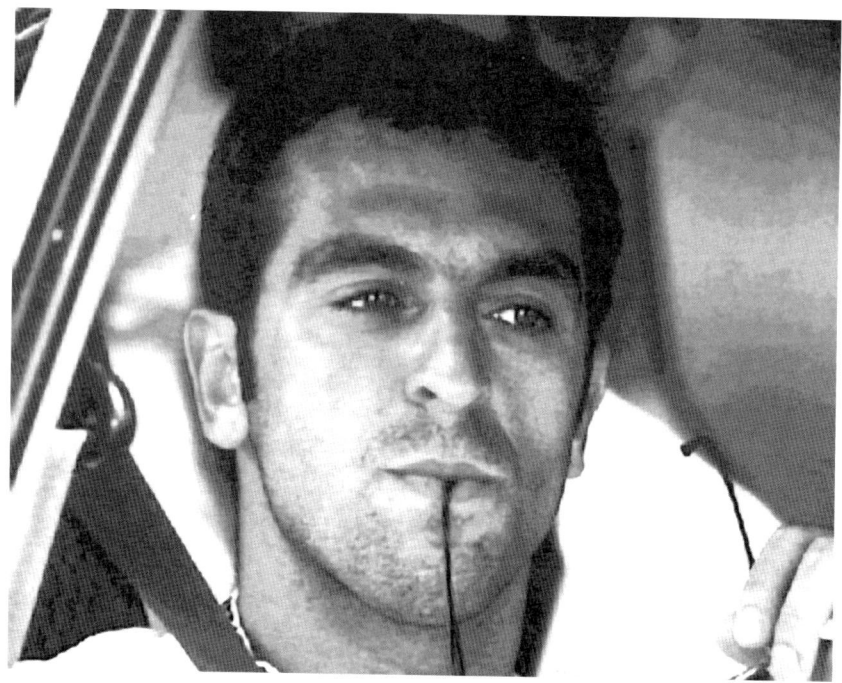

Guillaume „Mimo" Serra

schlussverfahren zu identifizieren. Als Charlebois ihn darauf ansprach, will Boutin augenblicklich gewusst haben, wer die undichte Stelle in seinem Netzwerk war.

Zur Vorbereitung des Anschlags auf De Serres gehörte es, dass Boutin die Anweisung erhielt, ihn an einem bestimmten Tag in den Norden zu locken. Boutin behauptete, dass er De Serres jemandem vorstellen wollte, der Gras anbaute. De Serres sollte die Qualität der Ware prüfen. Boutin sagte aus, dass er den Mordplan nur teilweise kannte, dass aber Mario Barriault, ein Anhänger der Hells Angels, der wegen Delikten wie Kreditwucher, Körperverletzung und Drogenhandel schon mehrfach gesessen hatte, als Verstärkung angeheuert wurde. Schon zuvor hatte sich Boutin bei Charlebois erkundigt, was zu tun sei, wenn die Dinge nicht wie geplant liefen. Als Geschäftsmann, als der sich Boutin begriff, sei er auf Eventualitäten nicht vorbereitet. Charlebois soll geantwortet haben, dass Boutin sich die Hände nicht schmutzig machen müsse, sondern gegebenenfalls Guillaume Serra vorschicken könne.

Wenige Stunden vor der Ermordung De Serres trafen sich Boutin und Barriault bei McDonald's. De Serres hatte Anweisung, sich ebenfalls dort einzufinden. Während sie auf ihn warteten, glaubte Boutin, etwas Auffälliges beobachten zu können.

„Mir fielen zwei Autos auf, und ich war sicher, dass sie von der Polizei waren. Also habe ich zu Barriault gesagt: ,Schon komisch, dass wir hier ankommen, und die Polizei ist schon da, findest du nicht?' Aber er erwiderte: ,Ach was. Du bist diese Jobs nicht gewöhnt und deshalb nervös. Aber es gibt keine Probleme. Alles ist gut.' Da dachte ich: ,Vielleicht hat er Recht, und ich leide wirklich unter Verfolgungswahn.' Und das mit der Nervosität stimmte. Als Dealer kannte ich Stresssituationen, aber das hier war etwas anderes."

Was die Autos angeht, hätte Boutin seinem Urteil lieber vertrauen sollen. Denn tatsächlich wurde De Serres von einem Team aus verdeckten Ermittlern begleitet, als der sich mit Boutin und Barriault in dem Restaurant traf. Um ihn nicht unnötig zu beunruhigen, war De Serres gesagt worden, dass er den beiden Männern auf dem Weg Richtung Norden in seinem Wagen folgen könne. Die verdeckten Ermittler folgten den beiden Autos, verloren aber ziemlich bald den Anschluss. Als sie die Stadt so weit hinter sich gelassen hatten, dass es für De Serres kaum noch möglich war umzukehren, signalisierte Barriault ihm, dass er rechts ran fahren sollte.

„Dann hat Mr. Barriault De Serres angewiesen, das Auto stehen zu lassen. Als er ausstieg, habe ich ihn angewiesen, den Pager und das Handy im Wagen zu lassen", sagte Boutin. Bei der Weiterfahrt hielt sich Barriault strikt an die Verkehrsregeln, um nicht aufzufallen. Als sie das Ziel erreichten, war rund um das Landhaus alles verschneit. Boutin fielen zwei Lastwagen auf, die in der Nähe parkten. Er war sich sicher, dass im Inneren des Landhauses jemand auf sie wartete. Die drei Männer stapften durch den Schnee in Richtung Eingang. Barriault ging vorn, Boutin hinten, De Serres in der Mitte.

Boutin sagte aus, dass De Serres nicht im Entferntesten ahnte, was ihm bevorstand. Barriault öffnete eine Tür, die ins Untergeschoss des Hauses führte. Als er die Treppe herabging, um den beiden anderen Männern zu folgen, sah Boutin, dass De Serres bereits am Boden lag. Jemand hatte eine Pistole auf ihn gerichtet. „Unser Job war es, ihn in dem Haus abzuliefern", so Boutin. „Das war erledigt. Also sind wir wieder gegangen."

Auf der Rückfahrt gen Süden war Barriault eigentümlich aufgewühlt, und mehrfach beschwerte er sich, dass Boutin zu langsam fuhr. Nachdem er Barriault abgesetzt hatte, fuhr Boutin nach Hause. Er wohnte in einem kleinen Dorf unweit von Montreal. Unterdessen hatte die Polizei bemerkt, dass ihr Informant verschwunden war, und der einzige Anhaltspunkt, den sie hatten, war der Umstand, dass er sich noch am Tag seines Verschwindens mit Boutin getroffen hatte.

Noch auf der Fahrt nach Hause fiel Boutin auf, dass er von Polizisten verfolgt wurde. Einer der Beamten wirkte ausgesprochen nervös. Da begann Boutin zu dämmern, dass etwas Entscheidendes schieflief. Und kaum hatte er sein Haus betreten, musste er einsehen, dass er einen eklatanten Fehler begangen hatte. Bei einem Blick aus dem Fenster musste er feststellen, dass unweit seines Hauses mehrere Autos standen, die er als Polizeifahrzeuge identifizierte. Und am Morgen nach der Ermordung de Serres folgte ihm auf Schritt und Tritt ein Dodge Intrepid. Wenn es Polizisten waren, dann legten sie erstaunlich wenig Wert darauf, vor Boutin zu verheimlichen, dass sie ihm auf den Fersen waren. Und obwohl sich Boutin strikt an die Geschwindigkeitsbegrenzung hielt, machte der Intrepid keine Anstalten zu überholen. Allmählich wurde es Boutin zur Gewissheit, dass er in großen Schwierigkeiten steckte. Offenbar wollte ihm die Polizei zu verstehen geben, dass sie ihn schon bald festnehmen würde.

Obwohl sie wussten, dass De Serres für die Polizei gearbeitet hatte, unterließen die Hells Angels es, ihn nach der Hinrichtung zu durchsuchen. Ein Lastwagenfahrer entdeckte die Leiche am 4. Februar 2000 auf einer Schneewehe am Rande des Highway 125 in Notre-Dame-de-la-Merci, einem Städtchen nördlich von Montreal. Über seinen Kopf hatte man eine Tüte gestülpt, die Beine waren gefesselt. Zu ihrem großen Erstaunen stellte die Polizei fest, dass das Tonband und der Minisender, mit denen De Serres ausgestattet worden war, noch auf seinem Rücken klebten.

Gut eine Woche nach dem Fund der Leiche berichtete der Fernsehsender TQS darüber, dass De Serres für die Wolverine Squad gearbeitet hatte. Reportern des Senders, die am Fundort der Leiche gewesen waren, war die Abhöreinrichtung aufgefallen. Boutin saß gerade in einem Restaurant, als Faucher ihm die Neuigkeit mitteilte.

„Robitaille flüsterte mir ins Ohr, dass alles erstunken und erlogen sei. Wenn es aber der Wahrheit entspreche, dann würde man über kurz oder lang jeden von uns verhaften", sagte Boutin.

Der Geschäftsmann hinter Gittern

Nach der Ausstrahlung des Berichts stand die Polizei unter Druck und musste früher Verhaftungen vornehmen, als ihnen lieb war. Stéphane Sirois, der als Informant die Rockers ausspähte, musste zurückgezogen werden. Boutin und Barriault landeten rasch hinter Gittern – zu diesem Zeitpunkt waren sie die Einzigen, gegen die es einen konkreten Verdacht gab. Während der Verhandlung bat die Staatsanwältin Madeleine Giauque Boutin zu berichten, wie und warum er Informant geworden war. „Warum haben Sie sich dazu entschieden?" fragte sie.

„Ich saß etwa 15 Monate im Gefängnis, und in dieser Zeit hatte ich nie auch nur erwogen, mit der Polizei zusammenzuarbeiten. Das war für mich undenkbar. Doch dann habe ich mich binnen zwei Tagen radikal umentschieden. Zunächst wegen meiner Frau. Ich habe zehn Kinder, und meine Frau ist schier verzweifelt, als ihr klar wurde, dass ich 25 Jahre im Gefängnis bleiben muss. Der zweite Grund war Mr. Robitaille, der beste Freund, den ich je hatte. Ich weiß nicht, ob er mich als Gefahr ansah, ob er fürchtete, dass ich eines Tages hier stehen würde, aber klar war, dass er sich verfolgt fühlte."

Unterdessen hatte die Anklage nahezu sämtliche Beweise präsentiert, die gegen jene Biker vorlagen, die im Zuge der „Operation Springtime" hinter Gittern gelandet waren. Auf diese Weise erfuhr Boutin, dass sich auch Faucher als Informant angedient hatte. Der Drogendealer, der Boutin einst dabei geholfen hatte, die Scorpions zu gründen, sagte nun gegen ihn aus. Boutin bat darum, die Verhandlung gegen ihn möglichst bald anzusetzen, damit nicht noch weitere und erst recht nicht solche Biker die Seiten wechselten, die in den Mord an De Serres verwickelt waren.

Boutin beschrieb, wie er 15 Monate auf den Beginn des Prozesses gewartet hatte und dann von seinem Verteidiger erfahren musste, dass die Hells Angels den Beginn weiter hinauszögern wollten, um abzuwarten, wie die Polizei die Rolle bewertete, die Charlebois beim Tod De Serres' gespielt hatte. „Da ist in mir etwas explodiert", sagte Boutin. „Ich riskierte 25 Jahre Haft wegen eines Mordes, der … Im Sinne des Gesetzes mag ich schuldig sein, aber die Entscheidung, dass er sterben muss, habe nicht ich getroffen." Das nahm Richter Pierre Beliveau zum Anlass, die Geschworenen darauf hinzuweisen, dass sich Boutin auch dann eines Kapitalverbrechens schuldig gemacht hatte, wenn er den Delinquenten nur an den Ort seiner Hinrichtung gebracht hatte.

Boutin wusste nicht zu sagen, wer seinen Anwalt bezahlte, aber Robitaille hatte sich so lange um seinen alten Kumpel gekümmert, bis er selbst hinter Gitter musste. Und Charlebois hatte das Gleiche für Barriault getan.

Eine Art Friede

Boutin setzte darauf, dass sich die Situation von selbst klären würde. Er steckte in der Sackgasse, und der einzige Weg, sich daraus zu befreien, war, mit den Behörden zusammenzuarbeiten und offen über seine Rolle im Bikerkrieg zu reden.

Staatsanwältin Giauque fragte Boutin, ob der Bikerkrieg noch andauere und ob die Hells Angels weiterhin um die Ausweitung ihres Einflussgebietes kämpften. Boutin erwiderte, dass er im Gefängnis davon gehört habe, dass die Hells Angels im Herbst 2000 in einen Waffenstillstand eingewilligt hätten. Schnell sei jedoch klar geworden, dass der Friede nicht von langer Dauer war. Maurice „Mom" Boucher hatte sich in jenem Herbst zwei Mal mit den Anführern der Rock Machine getroffen, bei denen die Waffenruhe vereinbart wurde. Die Rock Machine musste aber sehr bald feststellen, dass die Hells Angels das Abkommen vor allem dafür nutzten, Mitglieder der Rock Machine den Übertritt zu den Hells Angels schmackhaft zu machen. Und dieses Angebot galt nicht nur für Vollmitglieder, sondern auch für Anwärter.

Daraufhin wollte Giauque wissen, ob der Bikerkrieg auch in den Gefängnissen von Quebec ausgetragen wurde.

„Egal welches Gefängnis, und unabhängig davon, ob man mit Bikern etwas zu tun hat oder nicht … Nehmen wir als Beispiel das Gefängnis in Rivière-des-Prairies. Jeder Gefangene, egal wer er ist, wird von den Aufsehern beiseite genommen und gefragt, auf welcher Seite er steht, aufseiten der Hells Angels oder aufseiten der Rock Machine. Selbst wenn der Betreffende bloß ein Fahrrad gestohlen hat. Im Sinne der Sicherheit des Gefangenen wird man vor die Wahl gestellt, im Flügel der Hells Angels oder in dem der Rock Machine untergebracht zu werden", erklärte Boutin.

Giauque wollte wissen, ob das Friedensabkommen an dieser Situation etwas geändert hatte. Boutin erwiderte, dass Faucher und Robitaille ihn über den Waffenstillstand informiert hatten. „Ich war der ranghöchste Hells Angel im Gefängnis, zumindest in Rivière-des-Prairies", sagte Boutin. „Also habe ich mich bei Mr. Charlebois und Normand Robitaille erkundigt, wie ich mich verhalten sollte, wenn ich auf ein Mitglied der Rock Machine treffe. Daraufhin erhielt ich eine Nachricht."

„Auf welchem Wege?"

„Über meinen Verteidiger. Es hieß, dass insgesamt sechs aus der Rock Machine einsitzen, von denen vier bereit seien, zu uns zu wechseln. Ich sollte die erforderlichen Schritte unternehmen, damit sie in unseren Flügel verlegt werden. Was ich auch tat. Ich habe dem stellvertretenden Anstaltsleiter erzählt, dass vier Mitglieder der Rock Machine die Seiten wechseln wollten und deshalb verlegt werden mussten. Er lachte nur und hat gemeint, dass ich spinne und er das nicht tun würde."

Boutin will aber darauf bestanden haben, woraufhin der Beamte sich mit mehrmals mit Kollegen beriet. Schließlich sei die Sûreté beauftragt worden, dem Hinweis nachzugehen und zu prüfen, ob etwas daran war. Der stellvertretende Anstaltsleiter bekannte Boutin gegenüber, dass es ihm überaus schwerfiel, die Geschichte zu glauben, und dass er große Sorgen von dem Tag hatte, an dem der Waffenstillstand endete. Boutin entgegnete, dass sich der Beamte vor Augen halten solle, dass er den Tod von vier Männern billigend in Kauf nehmen würde, wenn er der Verlegung nicht zustimme.

„Er war hin- und hergerissen", sagte Boutin.

Schließlich lautete die Entscheidung, die vier Männer zwar in den Flügel der Hells Angels zu verlegen, aber nicht auf denselben Trakt, in dem Boutin saß. Die vier Männer waren Éric „Beluge" Leclerc, Jimmy Larivée, Gaetan Coe und Stéphane Veilleux. Da sie noch keine Vollmitglieder der Rock Machine waren, wurden sie auch bei den Hells Angels als Anwärter aufgenommen. Außerhalb der Gefängnismauern wurden unterdessen Salvatore Brunnetti und Nelson Fernandez, zwei einflussreiche Mitglieder der Alliance, zu Vollmitgliedern des Hells Angels Nomads Charters ernannt.

Ein weiteres Mitglied der Rock Machine, das die Seiten wechselte, war Stéphane Trudel, der im Verdacht stand, an vielen Morden beteiligt gewesen zu sein, die sich zu Beginn des Bikerkrieges in Montreal und Laval ereignet hatten. Er galt als Sprengstoffexperte. Die meiste Zeit des Bikerkrieges hatte er jedoch im Gefängnis verbracht, wo er eine sechseinhalbjährige Haftstrafe wegen versuchten Mordes absaß. Seine Mithäftlinge hatten ihn zum stellvertretenden Leiter des Gefangenenrates gewählt. 1998 kam der Verdacht auf, dass er im Gefängnis mit Drogen handelte. Etwa zur gleichen Zeit verlor er seinen Staus als Vollmitglied der Rock Machine. Deshalb wurde er nach seinem Übertritt zu den Hells Angels zunächst nur als Anwärter geführt. Später schloss er sich einem Charter in Ontario an. 2004 wurde ein Haftbefehl gegen ihn erlassen, weil er im Verdacht stand, gemeinsam mit Paul Porter gewerbsmäßig mit gestohlenen Autos zu handeln.

In Trudels Schlepptau kam auch Daniel Leclerc nach Ontario, einst die rechte Hand des Rock-Machine-Vollmitglieds Peter Paradis. Leclerc schloss sich den Hells Angels an, während er den Ausgang des ersten großen Gerichtsverfahrens wegen organisierter Kriminalität in Quebec erwartete. Da er hoffte, seine Strafe von zwei Jahren und neun Monaten verkürzen zu können, bestritt er, Mitglied der Hells Angels zu sein. Die Polizei hatte jedoch andere Informationen, darunter Fotos, die in Leclercs Zelle gefunden worden waren und ihn inmitten von 13 Hells Angels zeigten.

Als Boutin darüber informiert wurde, dass er den Übertritt der wechselwilligen Gefangenen organisieren sollte, hatte die Polizei mitgehört. Sie hatten Stéphane Fauchers Haus in Longueuil verwanzt. Das Gespräch der beiden Männer begann wie eine zwanglose Unterhaltung. Im Hintergrund war Babygeschrei zu hören. Boucher rief aus dem Gefängnis an, und Faucher fragte ihn, ob er etwas Papier habe, um sich die Namen zu notieren. Boutin wollte wissen, ob das wirklich nötig sei, was Faucher bejahte.

Gegen die Biker, die überlaufen wollten, wurde noch vor Gericht verhandelt, und Boutin und Faucher hatten nur wenig Hoffnung, dass sie freigesprochen würden. Faucher drängte darauf, dass die Verlegung vor dem Urteilsspruch erfolgen müsse, weil nach der Urteilsverkündung alles komplizierter werden würde. Während der Unterredung wurde deutlich, wie sehr Boutin von sich selbst überzeugt war. Er behauptete, dass er schon mit einem Beamten über die Verlegung gesprochen und die Auskunft bekommen habe, die Chancen lägen bei 1 zu 10.000. „Aber ich habe hier genügend Einfluss, um direkt mit dem stellvertretenden Anstaltsleiter zu sprechen", erklärte Boutin.

„Dann tu das", erwiderte Faucher.

„Wenn hier etwas nicht so läuft wie gewünscht, wenden sie sich als Erstes an mich."

Die Polizei erfuhr durch das Gespräch auch, dass vor allem Boutin nicht sonderlich viel von den Männern hielt, denen er bei der Verlegung helfen sollte. Jimmy Larivée nannte er einen Verrückten, und alle zusammen zählte er nicht zur „crème de la crème" der Rock Machine. „Die Typen konnten uns letztlich nicht das Wasser reichen", sagte er vor Gericht.

Das Geschäft geht weiter

Bis die „Operation Springtime" zum Abschluss kam, wurde Boutins Geschäft von Stéphane Faucher und Paul Cossette weitergeführt. Letzterer war ein ehemaliges Mitglied der Scorpions und aktiver Striker der Rockers. Von beiden will Boutin Geld bekommen haben. Teile davon wurden an die Rockers ausgezahlt, deren Mitglieder dazu angehalten waren, Geld für den Bau eines neuen Clubhauses zu spenden – und zwar zusätzlich zu den zehn Prozent des Einkommens, die ohnehin erwartet wurden.

Während des Prozesses forderte Giauque, dass den Geschworenen Auszüge aus einer Videoaufnahme gezeigt wurden, die die Polizei heimlich bei einem Treffen der Rockers am 16. Dezember 1999 gemacht hatte. Das Video zeigte die Rockers, wie sie ein Problem in möglichst vagen Worten diskutierten. Nachdem das Video gezeigt worden war, erklärte Boutin, dass es in der Diskussion um ein früheres Treffen gegangen sei, an dem er selbst teilgenommen hatte. Damals sei es um den Mordanschlag auf Michel Bertrand von den Palmers gegangen, einem Club, der zur Alliance gehörte. Bertrand hatte mit den Hells Angels noch ein Hühnchen zu rupfen, weil sie in den Anfangstagen des Bikerkrieges seinen Zwillingsbruder Daniel ermordet hatten. Stéphane Faucher, so Boutin, hatte Anweisungen gegeben, Michel Bertrand zu ermorden, aber der Anschlag war schiefgegangen.

Mit Blick auf Alain Dubois, einem der Angeklagten in dem Verfahren, fragte Giauque, warum Dubois und andere Mitglieder der Rockers wie Pierre Laurin, Gaetan Matte und Stéphane Jarry ohne die übliche Frist als Anwärter aufgenommen worden waren. Tatsächlich waren sie Mitglieder geworden, ohne sich zuvor als Hangaround oder Striker bewähren zu müssen. Bei einer Party in einer Pizzeria waren die Rockers über diese ungewöhnliche Maßnahme unterrichtet worden.

„Sie genossen allenthalben Respekt", erwiderte Boutin. „Seit Jahren mischten sie im Drogenhandel mit, und alle respektierten sie. Außerdem war es ein geschickter Schachzug, um unsere Machtbasis im Südwesten von Montreal zu verstärken."

Damit hatte Boutin einen Punkt angesprochen, den Giauque den Geschworenen unbedingt deutlich machen wollte, ehe er den Zeugen dem Kreuzverhör durch die Verteidiger überließ. Weil er nur kurz bei den Rockers gewesen war, gab es im Vergleich damit, was gegen die anderen Angeklagten vorlag, gegen Dubois nur wenige Beweise.

Guy Quirion, der Verteidiger von Éric „Pif" Fournier, begann Boutins Befragung und hielt dem Zeugen vor, dass der sich nur deshalb als Informant angeboten habe, um einer lebenslangen Haft zu entgehen.

„Wie gesagt, wuchs mir die Situation über den Kopf", erwiderte Boutin. „Meine Frau war regelrecht deprimiert, und im Gefängnis schlug mir zunehmend Misstrauen entgegen." Bei seinem Schritt, mit der Polizei zusammenzuarbeiten, sei es ihm daher vor allem darum gegangen, die Situation zu überleben. Quirion wollte wissen, ob Boutin vor seinem Entschluss einen Strafnachlass gefordert hatte.

Michel Bertrand, Gründungsmitglied der Palmers.

„Es gab Absprachen", erwiderte Boutin und fügte hinzu: „Nicht anders als beim Eishockey, beim Baseball oder sonst wo." Daraufhin kam Quirion auf einen Brief an Robitaille zu sprechen, den Boutin geschrieben hatte, bevor er sich entschied, mit der Polizei zusammenzuarbeiten. Darin heißt es: „Sie wollen, dass ich dich belaste, aber ich weiß, dass du nichts damit zu tun hast." Gemeint war der Mord an Claude De Serres, und der Brief behauptet das Gegenteil dessen, was Boutin den Geschworenen sagte: „Nach meiner Festnahme wurde ich mehrere Stunden lang verhört, zunächst in einem Raum, der per Video überwacht wurde. Dann brachte man mich in einen anderen Raum. ... Im Gefängnis wurden Mr. Barriault und ich in einer Ecke isoliert. Als wir nach den Gründen fragten, erhielten wir zur Antwort: ‚Auf euch ist ein Kopfgeld ausgesetzt. Wenn wir nicht aufpassen, werdet ihr mit euren eigenen Waffen erschossen.' Deshalb trennte man uns von den anderen Gefangenen. Selbst Mr. Barriault ging davon aus, dass man uns nach dem Leben trachtete. Wir wussten einfach zu viel." Den Brief erklärte Boutin hingegen als Versuch, sein Leben zu retten.

Wenn ein Anwalt imstande war, Boutins Glaubwürdigkeit zu untergraben, dann war es Pierre Panaccio. Während des Kreuzverhörs stellte er klar, dass er Boutin für einen kalt berechnenden Geschäftsmann hielt, für den Geld an erster Stelle stand. Im Zuge seiner Ausführungen erinnerte Panaccio die Geschworenen daran, dass Boutin auf dem Weg zur Hinrichtung De Serres' der Frage nachhing, wie viel Geld der ihm noch schuldete. Das jedenfalls hatte Boutin gegenüber der Polizei ausgesagt.

„Wollen Sie mir weismachen, dass Sie einen Menschen zur Schlachtbank führen und sich nur dafür interessieren, wie Sie an ihr Geld kommen?"

„Ich habe alles dazu gesagt."

„Das haben Sie nicht." Die beiden Männer lieferten sich ein heftiges Wortgefecht, bis Panaccio einlenkte und Boutin erneut nach seiner Aussage fragte. „Ich verstehe das einfach nicht: Sie fahren ihn aufs Land und wissen, dass er getötet wird. Und Sie wollen von ihm wissen, wann Sie ihr Geld wiederbekommen?"

„Ich war nicht sicher, ob er wirklich getötet werden soll."

„Der Herr war sich also nicht sicher", sagte Panaccio sarkastisch.

„Ich wusste nur, dass er ein paar Fragen beantworten sollte, weil die Jungs durch den Diebstahl des Laptops erfahren hatten, dass er ein Informant war", erwiderte Boutin und wiederholte, dass er keinen Anhaltspunkt hatte, der zweifelsfrei darauf hindeutete, dass De Serres getötet werden sollte. René Charlebois, der sich in mehreren Anklagepunkten schuldig bekannte, wurde auch beschuldigt, De Serres ermordet zu haben. Er gestand die Tat, noch bevor der Prozess gegen ihn begonnen hatte.

Wie Boutin konnte auch Barriault für sich geltend machen, am eigentlichen Mord an De Serres nicht beteiligt gewesen zu sein. Wegen Beihilfe zum Mord wurde er zu zwei Jahren Haft verurteilt. Als im Juni 2002 der erste Haftprüfungstermin anstand, schätzte ihn die Polizei als Hangaround der Rockers ein. Im September 2002, nach Verbüßung von zwei Drittel der Strafe, wurde er auf Bewährung entlassen.

11. Kapitel

Die Kolumbien-Connection

Als zierliche Frau, die bevorzugt Hosenanzüge trug, entsprach Sandra Antelo dem Bild einer cleveren Geschäftsfrau, der es gelungen war, mehr als ein Jahrzehnt lang erfolgreich große Mengen Kokain ins Land zu schmuggeln, ohne von der Polizei entdeckt zu werden. Seit sie aber mit den Hells Angels Geschäfte machte, war sie von mehreren Seiten zur Zielscheibe geworden.

Sie musste erleben, dass sie ins Visier der Polizei geriet, die den Club im Rahmen des „Projektes Rush" nahtlos überwachte, und sie musste erfahren, wie gierig das Nomads Charter war. Als Antelo am 24. November 2003 in dem von Richter Beliveau geleiteten Prozess in den Zeugenstand trat, war sie 52 Jahre alt. Den Geschworenen versicherte sie, dass sie glücklich sei, endlich aussagen zu dürfen.

Antelo und ihr Mann Raymond Craig, der gut zehn Jahre älter war als sie, hatten jahrelang mit Kokain gehandelt. Craig war der Polizei bestens bekannt und in den frühen 1990er Jahren schon einmal wegen versuchten Mordes angeklagt worden. Antelo hingegen hatte noch nie ins Gefängnis gemusst und sich aus allen Schwierigkeiten heraushalten können, bis sie schließlich begann, mit den Hells Angels zu kooperieren. Die neun Angeklagten gehörten nicht zu ihren Geschäftspartnern, aber was sie zu erzählen hatte, stützte die Behauptung der Staatsanwaltschaft, dass der Club mit Gewalt ein Monopol aufbauen wollte – allen voran ihr Anführer Mom Boucher.

Vor Beginn der Befragung zeigte die Staatsanwältin Madeleine Giauque ein heimlich aufgenommenes Video, das Antelo und André Chouinard zeigte, der seit 1994 den Rockers angehört hatte und am 24. Juni 1996 zum Hangaround des Hells Angels Nomads Charter ernannt worden war. Auf dem Video waren auch Antelos Kinder zu sehen. Mithilfe eines Dolmetschers, der aus dem Spanischen übersetzte – Antelo war gebürtige Kolumbianerin –, erklärte die Zeugin, dass das Video bei einem geschäftlichen Treffen an der Place Ville Marie entstanden sei. Giauque wollte wissen, was Antelo mit Chouinard besprochen hatte.

„Wir haben nur übers Geschäft gesprochen, und dabei ging es ausschließlich um Drogen."

„Welche Drogen?"

„Kokain."

Den Kontakt zu Chouinard hatte Michel Rose hergestellt. Antelo hatte ihn 1997 kennengelernt. Sie hatte gegenüber einem befreundeten Anwalt geäußert, dass sie jemanden bräuchte, der ihr beim Transport von großen Mengen Kokain durch die USA nach Kanada helfen könne. Craig und sie hatten sich kurz zuvor getrennt, und Antelo suchte nach einem neuen Kurier, der die Drogen über jene Wege ins Land bringen würde, die sie ihm nannte. „Ich habe mich in der Kanzlei des Anwalts mit Rose getroffen", sagte sie, ohne den geringsten Hinweis auf die Identität des Juristen zu geben. Sie nannte ihn nur „einen Freund".

Zu jener Zeit war Rose noch nicht Mitglied des Nomads Charters, ja, nicht einmal der Rockers. Es heißt, dass er am 5. Oktober 1998 quasi aus heiterem Himmel zum Anwärter des Nomads Charters ernannt worden war. Seine Verbindungen zu dem Club waren geheimnisumwittert, nicht zuletzt weil er der Erste war, der nach der Gründung des Charters 1995 aufgenommen wurde, ohne sich zuvor als Mitglied der Rockers bewähren zu müssen. Antelo gab an, dass ihre erste Begegnung mit Rose in der Kanzlei stattfand und nicht lange dauerte, weil man sich lediglich darauf verständigte, sich an einem Ort erneut zu treffen, an dem man ungestört reden konnte. Diese Begegnung fand vier Monate später statt.

Gegen Ende des Jahres 1997 einigten sich die beiden auf den Versuch, 200 Kilo Kokain ins Land zu bringen. Antelo sorgt über einen Zwischenhändler dafür, dass der Stoff in Kolumbien eingekauft und verschifft wurde. Beim ersten Mal klappte alles reibungslos. Daraufhin verabredeten Antelo und Rose, die Zusammenarbeit fortzusetzen. Nun trafen sie sich auch häufiger, bis irgendwann Chouinard auf der Bildfläche erschien. Er wirkte adrett und sportlich, und doch gehörte er seit 1994 den Rockers an und hatte Boucher so von sich überzeugen können, dass er als dessen enger Vertrauter galt. Die Vorstellung, dass ein Fremder in das Geschäft mit Rose einstieg, behagte Antelo gar nicht. Doch dann beschloss Rose, sich seiner Partnerin gegenüber zu öffnen und etwas über seinen Hintergrund zu verraten.

„Schon bei dem ersten Treffen mit Rose entstand die Idee, das Kokain auf dem Seeweg direkt nach Kanada zu bringen. Als wir uns besser kannten, gestand Rose mir, dass er weder für die Italiener noch auf eigene Rechnung arbeitete. Er sprach von einer Gruppe, der er sich angeschlossen habe und die viel Macht und Einfluss besaß, und meinte, dass eine Zusammenarbeit für uns profitabel sein könnte", berichtete Antelo. „Ungefähr zur selben Zeit hat er auch zum ersten Mal die Hells Angels und andere Gruppen erwähnt. Mich hat das sehr überrascht. Ich wusste nicht, dass er in diesen Kreisen verkehrte." Doch Rose drängte darauf, dass sich Antelo mit seinen neuen Freunden traf, darunter auch Chouinard.

„Zu meiner Sicherheit wollte ich mit keinem anderen als mit Rose zusammenarbeiten. Er aber meinte, dass ich Chouinard vertrauen könne, weil er mit der Einfuhr von Kokain viel Erfahrung hatte, selbst aber nur mit Haschisch handelte." Schließlich gab Antelo nach und erklärte sich bereit, sich mit Chouinard zu treffen. Allerdings stellte sie eine Bedingung.

„Ich habe betont, dass Michel der Einzige ist, dem ich vertraue, selbst dann, wenn er an der konkreten Schmuggelaktion nicht beteiligt ist. Und darum war Michel auch bei jedem Treffen dabei."

Seit Chouinard auf der Bildfläche aufgetaucht war, wurden die Pläne, Kokain ins Land zu schmuggeln, forciert. Antelo zufolge brachten sie zunächst fünf Lieferungen mit jeweils einigen hundert Kilogramm Kokain ins Land, ehe sie es ab 1998 wagten, die Menge zu erhöhen. Giauque wollte wissen, wie der Schmuggel konkret über die Bühne gegangen war. Dazu legte sie der Zeugin ein sechsseitiges Dokument vor, dass die Kolumbianerin den Behörden selbst übergeben hatte. Antelo erkannte darin sofort die präzise Auflistung der Mengen an Kokain, die von Kolumbien aus verschifft worden waren. In dem Dokument fanden sich auch Angaben darüber, wie viel Geld die Kolumbianer für ihre Dienste durch Mittelsmänner in Miami bekommen hatten.

Antelo erklärte, dass das Dokument von einem Kolumbianer namens Victor Mejia Múnera stammte, der wie auch sein Bruder einem mächtigen kolumbianischen Drogenkartell angehörte. Múnera sei Besitzer der Firma gewesen, die für die Verschiffung des Kokains sorgte. Zudem sei er für die finanzielle Abwicklung verantwortlich gewesen. In dem Dokument waren Details wie Menge, Preis und Ausgaben benannt. Aus einem Eintrag ging beispielsweise hervor, dass am 4.

Dezember 1997 100 Kilogramm Kokain im Wert von 1,7 Millionen US-Dollar verschifft wurden. Es folgte ein Transport derselben Menge in die USA, der Wert: 1,8 Millionen US-Dollar. Der Preisunterschied hatte Antelo zufolge damit zu tun, wer das größere Risiko einging: sie selbst, die Kolumbianer oder die Hells Angels in Kanada.

Am 10. März 1988 wurden 300 Kilo auf den Weg nach Miami geschickt, einen Monat später gingen 372 Kilo des weißen Pulvers auf die Reise. Doch selbst das waren im Grunde nur Tests, mit denen die Geschäftspartner prüfen wollten, ob die gewählten Routen sicher waren. Antelo verfolgte weiterhin das Ziel, größere Mengen einzuschmuggeln.

Deal Nummer sechs

Schon die erste große Verschiffung, bei der sie mit den Hells Angels zusammenarbeitete, ging weniger glatt als erhofft. Bei „Deal Nummer sechs", wie Antelo es nannte, ging es darum, 2.400 Kilo Kokain ins Land zu bringen.

Weil die Sendung in Kolumbien aufgehalten wurde, traf sich Antelo mehrfach mit Rose und Chouinard. Das Kokain sollte über die Stationen Miami und New York nach Montreal gebracht werden. Überraschenderweise erklärte Antelo, dass sie selbst nie in einer der beiden US-Städte war. Sie habe sich vor allem um die Vorbereitung und Organisation der Transporte gekümmert. Als die fragliche Sendung endlich in Kanada eingetroffen war, kam es zu einer weiteren Verzögerung. Ein Mann, der Teile der Ware ausliefern sollte, wurde von der Polizei in der Nähe von Gaspé gefasst, als er in seinem teuren Sportwagen 400 Kilogramm Kokain herumfuhr.

Der Kurier hieß Anthony Tomasino. Für den Transport der Drogen wurde er zu zehn Jahren Haft verurteilt. Doch obwohl er wegen ähnlicher Vergehen zuvor schon zwei Mal im Gefängnis gesessen hatte, sah der Richter keinen Anlass, die Bewährungsauflagen zu verschärfen, so dass Tomasino bereits im Februar 2002 wieder auf freien Fuß kam.

Das restliche Kokain gelangte irgendwann zu den Hells Angels. Giauque fragte Antelo, ob sie den Deal allein mit Rose und Chouinard verhandelt hatte.

„Nein, mein Mann kam noch hinzu."

„Und wann?" Antelo erwiderte, dass Raymond Craig eingestiegen sei, als der Versand der 2.400 Kilo bereits verabredet war. Craig hatte viel Erfahrung mit dem Schmuggel großer Mengen in Schiffscontainern. Bei einer früheren Aussage hatte Antelo ihn einen seriösen Geschäftsmann genannt, aber davon konnte keine Rede sein. Craig arbeitete seit 30 Jahren als Dealer und mit Gruppen wie der Mafia zusammen.

Antelo und Craig hatten sich 1984 kennengelernt. Im Laufe ihrer Beziehung hatte Antelo auch Dinge wie Möbel und Lederjacken importiert, und zwar auf legale Art und Weise. Doch Haupteinnahmequelle der Eheleute war der Drogenhandel. In den 1980er Jahren betrieben sie eine Firma und handelten mit Ländern wie Korea und China. Nach ihrer Heirat nutzte Antelo ihre Kontakte nach Kolumbien dazu, gemeinsam mit ihrem Mann einen Drogenschmuggel aufzubauen, durch den zwischen 1985 und 1993 Kokain nach Kanada gelangte. Antelo gab an, nur eine Lieferung pro Jahr ins Land gebracht zu haben, wobei sich die Menge zwischen fünf und 50 Kilogramm bewegt habe.

Wie seine Frau war auch Craig als Drogendealer vergleichsweise unauffällig geblieben. Trotzdem konnte er mehrere Vorstrafen aufweisen, darunter auch einige kuriose. 1977 wurde er wegen Erpressung und Körperverletzung zu einem Jahr Gefängnis verurteilt. Er hatte eine Frau gezwungen, ihm 500 Dollar auszuhändigen. Um an ihre Adresse zu kommen, hatte er einen Mann mit einem Baseballschläger eingeschüchtert. In den späten 1970er Jahren wurde er erneut verhaftet, weil er bei dem Versuch, eine Tasche mit chinesischen Lebensmitteln zu stehlen, einen Mann zusammengeschlagen hatte. In beiden Fällen blieb ihm die Haft jedoch erspart. 1980 wurde er erstmals wegen Drogenhandels festgenommen. Es wurde jedoch nie Klage erhoben. 1980 geriet Craig ein zweites Mal in Schwierigkeiten. Seine Freundin, eine Striptease-Tänzerin, hatte eine Kollegin mit nach Hause gebracht, die erst 14 Jahre alt war. Zwei Wochen lang lebten und liebten Craig, seine Freundin und die Minderjährige zu dritt, bis die Polizei aufkreuzte und das Mädchen in das Heim zurückbrachte, aus dem es abgehauen war. Craig wurde wegen Verführung Minderjähriger belangt, kam aber erneut ungeschoren davon.

Auch nach seiner Heirat mit Antelo blieben Craig die Schwierig-keiten treu. 1993 wurde er in Zusammenhang mit einem versuchten Mord polizeilich gesucht und verließ das Land. 1996 kam er zurück und stellte sich der Polizei, um eine mildere Strafe zu bekommen. Zudem erklärte er sich bereit, dem Opfer 25.000 Dollar Schmerzens-geld zu zahlen. Er und Antelo trennten sich, aber Craig interessierte sich weiterhin sehr dafür, mit wem sie bei ihren Drogentransporten zusammenarbeitete. Trotzdem wusste er zunächst nicht, dass ihre neuen Partner die Hells Angels waren. Als er es herausfand, war er alles andere als begeistert.

Antelo zufolge waren Rose und Chouinard ihrerseits auch nicht davon angetan, dass Craig plötzlich auf der Bildfläche erschien.

„Aber ich stellte sie vor die Wahl", sagte Antelo. „Entweder sie akzeptierten es, oder wir kämen nicht zusammen. Schließlich fügten sie sich. Mein Mann wollte aber nicht mit den Hells Angels zusam-menarbeiten. Er hatte es nie zuvor getan und auch nicht die Absicht, es jemals zu tun. Er lehnte es strikt ab. Aber da ich das Geschäft schon eingefädelt hatte, gab es keine Alternative. Mein Mann blieb bei seiner Haltung. Er sagte: ‚Du sprichst weder Französisch, noch stammst du aus Quebec.' Er hingegen meinte zu wissen, wie diese Leute arbeiten, und ließ keinen Zweifel daran, dass er mit ihnen nichts zu tun haben wollte. Er wusste aber auch, dass ich Probleme mit dem Club bekom-men würde, wenn ich die Absprache brechen würde. Also musste er mitmachen, und dass es nicht freiwillig war, hat er mir mehrfach deut-lich gesagt."

Plötzlich begann Antelo zu weinen. Ihre Aussage hatte einen Punkt in ihrem Leben erreicht, an dem sie Entscheidungen getroffen hatte, die sie später bitter bereut hatte.

Ein gefährliches Patt

Antelos nächstes Geschäft mit den Hells Angels war von Schwierig-keiten überschattet.

„Wir konnten uns nicht einigen, weil mein Mann in die Gespräche involviert war", berichtete Antelo, ehe sie eine kurze Pause einlegte, weil die Gefühle sie erneut zu überwältigen drohten. Als sie sich wieder gefasst hatte, berichtete sie von einer Absprache mit Rose und Chouinard, laut der beide Seiten jeweils 50 Prozent der Kosten für die nächste Verschiffung von Kokain übernehmen sollten. Doch dann begann ein kleinlicher Streit über Fragen wie die, welchen Preis die Hells Angels für das Kokain verlangen könnten, wenn es denn erst geliefert wäre. Giauque fragte Antelo, wie sich das Risiko auf den Preis auswirkte.

„Von Risiko zu sprechen ist vor allem für den Transport des Kokains von den USA nach Kanada gerechtfertigt. Aber natürlich ist der gesamte Transport mit einem gewissen Risiko behaftet", erklärte Antelo und fügte hinzu, sie sei immer bestrebt gewesen, das Risiko so gering wie möglich zu halten. Beide Seiten befanden sich in einer Art Pattsituation. Craig war gegenüber den Hells Angels zu keinem Kompromiss bereit, und nun, da die Kräfte ausgeglichen waren, verlangte er, Mom Boucher zu treffen.

„Die erste Begegnung mit Mr. Mom Boucher fand in einem Selbstbedienungsrestaurant im Bahnhof von Montreal statt. Daran teil nahmen André, mein Mann und ich sowie Mom Boucher", erklärte Antelo. „Mein Mann wollte nicht mit irgendwem, sondern mit dem Boss der Gegenseite verhandeln. Und das war nun einmal Mom Boucher. Wir waren uns uneins über die Preise, und mein Mann stritt mit Boucher. Schließlich fanden sie eine Einigung, und Craig meinte, damit wäre alles geklärt. Mr. Boucher sei mit allem einverstanden, was er vorgeschlagen hatte. Am nächsten Tag traf ich mich mit André, um ein paar Dinge zu besprechen, und auf meine Frage, ob alles klar sei, sagte er Nein und fügte hinzu, dass sich Mr. Boucher an die Absprachen des Vortages nicht gebunden fühle. Und dann machte er deutlich, dass die Hells Angels den Preis für das Kokain bezahlen würden, den sie selbst für angemessen hielten.

Geschäfte nach Art der Hells Angels

Offenbar waren die Hells Angels zu dem Schluss gekommen, auf Antelo oder ihren Mann Craig nicht mehr angewiesen zu sein. Einer ihrer Leute verbrachte sehr viel Zeit in Kolumbien, um sich zu vergewissern, dass ihre Investitionen Früchte trugen. Irgendwann im Verlauf des Jahres 1997 wurde Guy Lepage, ein ehemaliger Polizist aus Mont-

Guy Lepage

real, der mit Boucher befreundet war, nach Bogota, der Hauptstadt Kolumbiens, entsandt, um von dort aus für die Hells Angels zu arbeiten. Bei seiner ersten Reise blieb Lepage sechs Wochen lang dort, und im Sommer desselben Jahres verbrachte er erneut zwei Monate in Kolumbien.

Mitte der 1990er Jahre hatte er den Hells Angels dabei geholfen, in British Columbia Fuß zu fassen. Dort hatte er auch wegen Geldwäsche im Gefängnis gesessen. In seiner Zeit als Präsident der Rockers stand er im Mittelpunkt eines mittelgroßen politischen Skandals. Es war bekannt geworden, dass die Rockers für ihr Clubhaus in Montreal bei der kanadischen Bank für Wirtschaftsförderung eine Hypothek aufgenommen hatten. Das Geld war an Lepage geflossen. Der war in den 1970er Jahren des Betrugs verdächtigt worden und hatte daraufhin den Dienst bei der Polizei von Montreal quittiert.

Seit seiner Entsendung nach Kolumbien war Lepage eine wichtige Figur im Drogenhandel der Hells Angels. Wann immer er sich in Kolumbien aufhielt, wohnte er bei einem wichtigen kolumbianischen Drogenhändler. 1998 verhafteten die US-Behörden im Holiday Inn von Miami einen Mann namens Sylvain Roy, der 2,5 Millionen US-Dollar bei sich hatte. Das Geld war für ein kolumbianisches Drogenkartell bestimmt und gehörte Antelo und den Hells Angels. Roy war nach Florida entsandt worden, um die ordnungsgemäße Zustellung des Geldes zu überwachen. Später fand die Polizei heraus, dass er in den Jahren 1998 und 1999 15 Mal in die USA eingereist war.

Wenn das Kokain in Florida angekommen war, wurde es von Lastwagen in geheime Verstecke gebracht. Die Fahrer übernahmen oft auch den Transport des Geldes. Wenn sich Lepage mal nicht in Kolumbien aufhielt, wurde er mitunter in Quebec gesehen, wo er sich mit Boucher und anderen Mitgliedern des Nomads Charters traf. 1999 fuhr er Boucher regelmäßig in das Studio, in dem sich der Anführer der Hells Angels fit hielt.

Im Juli 2000 reiste Lepage erneut nach Bogota. Er blieb bis September. In dieser Zeit brachte er mehrere Transporte auf den Weg. Dann aber wechselte Antelo die Seiten. Und sie wusste nur zu genau, wer dieser Lepage war.

Als er im Dezember 2001 von einer längeren Reise nach Mexiko zurückkam, musste er sich am Flughafen einer Leibesvisitation unterziehen. Den Zollbeamten gab er spöttisch zu verstehen, dass er schon in wenigen Tagen erneut nach Mexiko reisen und sich nach seiner Rückkehr im April 2002 gern erneut durchsuchen lassen würde. Stattdessen fand sich sein Name schon wenige Wochen später auf einem Schriftstück, das von US-Außenminister Colin Powell unterschrieben war. Es handelte sich um ein Auslieferungsersuchen der US-Behörden, die ihn wegen mehrerer in Florida begangener Drogendelikte suchten. Als er dort schließlich vor Gericht stand, leisteten ihm Victor und Miguel Mejia Múnera Gesellschaft, die Zwillingsbrüder, die die staatliche Anti-Drogenbehörde DEA schon 1998 als aufstrebende Drogenhändler mit besten Kontakten zu den einschlägigen Kartellen ausgemacht hatte. Auch zu Antelo hatten die beiden Kontakt.

Lepage widersetzte sich der Auslieferung nicht, und weil er sich im Sinne der Anklage schuldig bekannte, wurde er im September des Jahres zu nur zehn Jahren Gefängnis verurteilt, die er überwiegend in Kanada absitzen durfte. Kurz nachdem er dort angekommen war, erhielt er die Möglichkeit, seine Sicht der Ereignisse erstmals in der Öffentlichkeit vorzutragen. Am 26. Oktober 2005 trat er vor die nationale Bewährungskommission und legte ein ausführliches Geständnis ab, um sich die Möglichkeit zu erhalten, nach Verbüßung von zwei Dritteln der Strafe auf freien Fuß zu kommen.

Während der fast dreistündigen Anhörung sprach Lepage mehr über seine Beziehung zu Antelo, als sie es umgekehrt bei ihrer Aussage tat. Lepage sagte, Antelo habe in der selben Straße wie sein Bruder gelebt, und er habe sie bereits gekannt, bevor Michel Rose oder André Chouinard sie ihm vorgestellt hatte. Er behauptete sogar, dass er manchmal mit ihr Joggen gegangen war.

Der Vorschlag, nach Kolumbien zu gehen, sei von Antelo gekommen. „Ich war nicht als Dealer dort, sondern als eine Art Sicherheitsbeauftragter", erklärte er. Antelo habe ihn gebeten, für sechs Wochen nach Kolumbien zu reisen, wo ihre Kontaktpersonen auf das Geld aus der Verschiffung einer größeren Menge Kokain warteten. In den 90er Jahren war es nicht ungewöhnlich, dass die kolumbianischen Drogenkartelle auf die Anwesenheit einer Vertrauensperson ihrer Geschäftspartner bestanden, bis das Geld den Besitzer gewechselt hatte.

Einen solchen Auftrag zu übernehmen war mit Gefahren für Leib und Leben verbunden. „Mir ging es ums Geld. Das war das Einzige, was mich interessiert hat", sagte Lepage, als ein Kommissionsmitglied wissen wollte, warum er sein Leben aufs Spiel gesetzt hatte. Doch obwohl bei der Abwicklung des Geschäfts etwas schieflief, kam Lepage heil nach Hause. Allerdings behauptete er, für seine Mission nie auch nur einen Cent bekommen zu haben.

Als die Beziehungen zwischen Antelo, den Hells Angels und den Kolumbianern wegen des Verlustes von 1,8 Millionen US-Dollar massiv gestört waren, reiste Lepage erneut nach Bogota. Einer der Einheimischen, den Lepage seit seiner ersten Reise kannte, hatte ihn angerufen und gesagt, dass Antelo behaupte, die Hells Angels würden sie hinhalten. Lepage, der annahm, dass die Hells Angels den Kontakt nach Kolumbien gefährden wollten, sprach darüber mit Maurice „Mom" Boucher. Doch der meinte, dass es die Angelegenheit von Michel Rose sei und er nichts damit zu tun haben wolle.

Unterm Strich fuhr Lepage also nach Kolumbien, nur um dort Michel Rose, André Chouinard und Normand Robitaille vorzustellen. Dann übernahmen die Biker.

„Sie wissen ja, wie das ist. Als Hells Angel wird man von anderen Ganoven wie ein König behandelt", sagte Lepage. „Und wenn die Hells Angels über Drogengeschäfte gesprochen haben, durfte ich nie dabei sein."

Lepage erklärte, dass er Maurice Boucher 1988 kennengelernt hatte, weil er damals in Sorel eine Diskothek besaß. Und in Sorel war Bouchers damaliges Charter beheimatet. Sehr bald soll Boucher Lepage gebeten haben, ein Haus für einen befreundeten Club anzumieten.

Mit der Zeit wurden die beiden Männer Freunde, aber Lepage beteuerte, nie die rechte Hand Bouchers gewesen zu sein. So hatten ihn die Polizei und die Medien genannt. Er gab zu, 1996 auf Bouchers Anwesen in Contrecoeur gearbeitet und bei der Renovierung des Pferdestalls, der Garage und des Hauses geholfen zu haben. Von November 1993 bis April 1994 war er Mitglied der Rockers, jedoch nie Präsident des Clubs. Weil er einst eine Polizeiuniform getragen hatte, konnte er kein Mitglied der Hells Angels werden. Das verboten die Regeln des Clubs.

Antelo machte keine Angaben dazu, woher sie Lepage kannte. Allerdings erwähnte sie seinen Namen, als sie den Geschworenen davon berichtete, wie sie irgendwann merkte, dass sich die Lage zuspitzte.

Es begann nach ihrer Rückkehr von einer Reise nach Kolumbien am 10. Juni 2000. Sie war mit dem Vorsatz zurückgekommen, das Gespräch mit Chouinard zu suchen und die Konflikte beizulegen. In Kolumbien hatte sie einen Drogentransport für die Hells Angels vorbereitet, aber auch ein weiteres Geschäft, an dem nur sie und ihr Mann beteiligt sein sollten. Nach ihrer Rückkehr traf sie sich zwar mit Chouinard, doch das Gespräch brachte nicht den erhofften Erfolg. Trotzdem verabredeten sich die beiden für den nächsten Montag erneut. Später rief Chouinard sie an und bat sie, das Treffen auf Dienstag zu verschieben. Antelo dachte sich nichts dabei und willigte ein. Immerhin waren die Hells Angels offenbar weiterhin interessiert.

„Das Treffen an jenem Dienstag sollte um zehn Uhr Vormittags stattfinden. Kurz bevor ich den Treffpunkt erreichte, rief ich an, um mich anzukündigen." Antelo unterbrach sich und atmete tief durch. Als sie fortfuhr, war sie emotional sehr aufgewühlt, und ihre Stimme versagte ihr mehrfach den Dienst.

„An diesem Tag haben sie versucht, mich umzubringen" sagte sie zögerlich. „An der Autobahnauffahrt unweit meiner Wohnung. Ich saß in meinem Auto und wollte auf den Highway 15. Plötzlich überholte mich ein Auto mit großer Geschwindigkeit." Um einen Zusammenstoß zu vermeiden, machte Antelo ein Ausweichmanöver. Dabei fiel ihr Handy zu Boden, und das rettete ihr möglicherweise das Leben. Denn als sie sich bückte, um es aufzuheben, hörte sie Schüsse.

„Aus Angst, sie würden mich weiter beschießen, wollte ich nicht anhalten", erklärte Antelo.

Obwohl ihre Aussage den Verdacht nahelegte, dass Chouinard und die Hells Angels hinter dem Anschlag steckten, warteten die Verteidiger bis zu diesem Punkt, ehe sie widersprachen und verlangten, die Geschworenen aus dem Saal zu beordern. Dann stellten sie in Zweifel, dass Antelo in der Lage war, über den Anschlag auf sie oder den anschließenden Mord an ihren Mann auszusagen. Der Richter beschloss, dass Antelo Gelegenheit haben sollte, alles vorzubringen, was sie zu wissen meinte, aber dabei nicht über Craigs Mörder sprechen durfte. Die Geschworenen wurden wieder in den Saal gerufen, und Madeleine Giauque fragte Antelo, was sie nach dem Anschlag auf sie getan hatte. Antelo erwiderte, dass sie Chouinard angerufen habe. Er habe ihr aber kaum zugehört und das Gespräch sehr bald beendet.

Den Geschworenen gegenüber erklärte sie, dass sie „Gott sei Dank" nicht schwer verletzt worden war und sich nur wegen ein paar Kratzern im Krankenhaus behandeln lassen musste. Anschließend fuhr sie zu einer Wohnung in Montreal, die ihr Mann gemietet hatte. Später beschloss sie, mitsamt ihren Kindern Montreal zu verlassen. Im September traf sie sich in einem Büro des US-amerikanischen Konsulates in Ottawa mit Beamten der DEA. Im Gegenzug für ihre Aussage und die Beweise, die sie gegen die Hells Angels und die kolumbianischen Zwillinge vorlegen konnte, wurde ihr versprochen, in den USA nicht strafrechtlich verfolgt zu werden. Die US-Behörden sagten darüber hinaus zu, sie und ihre Kinder zu beschützen. Verboten war es Antelo, den Geschworenen vom Mordanschlag auf ihren Mann Raymond Craig zu berichten, der am 20. August 2000, zwei Monate nach dem Mordanschlag auf sie selbst und wenige Wochen vor seinem 60. Geburtstag, vor der Bar Chantadel in Sainte-Adele nördlich von Montreal erschossen worden war.

Die Strategie der Verteidigung sah vor, die Zeugin Antelo im Kreuzverhör damit zu konfrontieren, dass sie auch andere Feinde hatte als Chouinard und die Hells Angels. Antelo gestand zu, dass sie von 1977 bis gegen Ende der 1980er Jahre mit Drogendealern aus Bolivien zusammengearbeitet hatte und 1983 wegen Drogengeschäften in Kalifornien im Gefängnis gewesen war. Interessanterweise war das aber die einzige Verurteilung in ihrer langen Karriere als Drogendealerin.

Während des Kreuzverhörs durch einen weiteren Anwalt kam auch der Mord an Craig zur Sprache. Antelo wurde nach den Jahren 1991 und 1992 befragt, die sie und Craig in Spanien verbracht hatten. Der Verteidiger Roland Roy wollte wissen, ob Craig auf diese Weise der Verhaftung wegen versuchten Mordes entgehen wollte.

Doch da schaltete sich Richter Beliveau ein: „Diese Frage ist nicht zulässig."

Nach einer kurzen Diskussion durfte der Verteidiger die Befragung der Zeugin fortsetzen. Doch die Dolmetscherin erlaubte sich einen groben Schnitzer. Anstatt Antelo nach der Anklage wegen versuchten Mordes gegen ihren Mann zu befragen, fragte sie nach den näheren Umständen des Mordes an ihrem Mann.

Als Antelo zu antworten begann, sprangen diejenige Anwälte, die Spanisch verstanden, empört auf und protestierten. Beliveau musste die Geschworenen erneut aus dem Saal schicken und mit den Anwälten darüber verhandeln, welche Auswirkungen der Fehler auf die Entscheidungsfindung der Jury haben könnte. Antelos Antwort war noch nicht übersetzt worden, aber die Verteidiger waren sicher, dass manche von ihnen Spanisch verstanden. Beliveau forderte Antelo erneut auf, nicht über den Mord an ihrem Mann zu sprechen. Dann rief er die Geschworenen herein und forderte sie auf, alles zu ignorieren, was mit Craigs Tod zu tun hatte.

„1993 war mein Mann nicht in Kanada, Nach dem versuchten Mord ging er für zwei Jahre nach Kolumbien. Im Februar oder März 1996 kam er zurück", sagte Antelo. Nach seiner Rückkehr hatte sich das Paar getrennt, sich aber nie scheiden lassen. „In dieser Zeit haben wir auch nicht zusammen gearbeitet. Nur deshalb habe ich Kontakt zu Michel Rose aufgenommen."

Damit war ihre Aussage für diesen Tag beendet. Am nächsten Tag trat sie erneut in den Zeugenstand, doch nun stand ihr ein anderer Dolmetscher zur Seite. Ein Verteidiger wollte von Antelo mehr über ihre Absprache mit den US-Behörden wissen. Er wunderte sich, dass sie ohne einen Tag Gefängnis davongekommen war. Antelo wies den Richter darauf hin, dass ihre Antwort gegen das Verbot verstoßen könnte, über den Mord an ihren Mann zu sprechen. Also entließ der Richter die Geschworenen, und erst dann antwortete Antelo. „Es wurde für meine Sicherheit so gehandhabt", sagte sie und stellte klar, dass erst der Mord an Craig sie dazu bewogen hatte, den Kontakt zur DEA zu suchen.

„Dass ich mich den US-Behörden anvertraut habe, hat also Gründe, die Sie nicht hören wollen. Sie sollten mich also auch nicht danach fragen", erklärte sie dem Anwalt Roy. Ihr sei klar gewesen, dass die Hells Angels hinter ihr her waren, und auch der Name Lepage wurde mehrfach genannt.

Das Kreuzverhör wurde von einem Verteidiger fortgesetzt, der den Fehler beging zu betonen, dass auch die Kolumbianer Interesse an ihrem Tod gehabt haben könnten. Dann fragte er nach den 2,5 Millionen Dollar, die man im Sommer 1999 bei Sylvain Roy in Miami gefunden hatte. Dadurch lieferte er jedoch nur einen weiteren Beleg dafür, dass die Hells Angels auf vielen Ebenen Konflikte mit Antelo hatten. Ihr zufolge hatte das Geld Rose, Chouinard und ihr selbst gehört. Es war dafür gedacht, die Kolumbianer zu bezahlen. Dann wurde sie gefragt, wer die Verluste zu tragen hatte.

„Wir haben lange mit André, Mom Boucher und Michel Rose darüber diskutiert. Es hieß, wir sollten die Verluste gemeinsam tragen. Die Vertreter der Hells Angels waren sogar untereinander uneins, aber die Kolumbianer boten von sich aus an, die Hälfte zu übernehmen. Sie waren halt keine Neulinge in dem Geschäft. Wer in solchen Dimensionen denkt wie sie, weiß, dass ein Fehlschlag passieren kann."

Der Versuch der Verteidigung, andere Feinde als mögliche Täter zu präsentieren, war nicht von Erfolg gekrönt. Also änderten die Anwälte die Taktik und griffen Antelos Glaubwürdigkeit an. Sie musste erklären, warum sie in Hampstead, einem vornehmen Vorort von Montreal, ein luxuriöses Haus gemietet hatte, obwohl sie von ihrem Mann schon getrennt lebte. Außerdem wurde ihr vorgehalten, dass sie und Craig lange in einem großen Haus in Candiac gelebt hatten, das mit Einkünften aus dem Drogenhandel bezahlt worden war. Als Craig starb, war Antelo die alleinige Besitzerin des Hauses und verkaufte es für 280.000 Dollar – für Candiac ein sehr hoher Preis.

Der Verteidiger Guy Quirion zog gar Antelos Eignung als Mutter in Zweifel. Er legte ein Foto vor, dass sie und zwei Kinder in Begleitung eines bekannten Drogendealers zeigte. Dann fragte der Anwalt, ob es sich um ihre Kinder handelte. Antelo war empört. Sie bezichtigte Quirion unmoralischen Verhaltens und warf ihm vor, ihre Kinder durch die Veröffentlichung der Fotos in Gefahr zu bringen. Quirion wartete die Übersetzung durch den Dolmetscher nicht ab – er schien Antelo auch so verstanden zu haben.

„Haben Sie denn nicht das Leben ihrer Kinder in Gefahr gebracht, indem Sie sie in Ihre Drogengeschäfte hineingezogen haben?" Antelo erwiderte nichts.

Pierre Panaccio setzte die Befragung fort. Er erkundigte sich nach den legalen Geschäften, denen Sandra Antelo nachgegangen war. Sie erklärte, dass sie in erster Linie Möbel aus Korea nach Kanada importiert hatte. Panaccio wollte wissen, ob sie je eine Steuererklärung abgegeben hatte, woraufhin Antelo erwiderte, dass sie diese Dinge ihrem Mann überlassen habe. Dann fragte Panaccio, ob sie mit anderen Männern weitere Kinder habe. Die Staatsanwältin protestierte gegen diese Frage. Der Richter aber ließ sie zu, und so erwiderte Antelo, dass sie zwei Kinder im Alter zwischen 20 und 30 Jahren hatte. Panaccio traf einen wunden Punkt, als er wissen wollte, wie sie den erwachsenen Kindern ihren hohen Lebensstandard erklärt hatte.

„Ich hatte mehrere Firmen, um die Einkünfte zu verschleiern", sagte Antelo. „Meine Kinder haben die High School absolviert und stehen mit beiden Beinen im Leben. Sie leben weder auf der Straße, noch sind sie kriminell. Sie sind in einer Familie aufgewachsen und haben eine Erziehung genossen. Obwohl mein Mann und ich auch in einem anderen Geschäftsfeld tätig waren, sind meine Kinder aufgewachsen wie andere Kinder auch." Daraufhin wollte Panaccio wissen, ob sie für ihre Kinder ein Lügengebäude errichtet habe.

„Und ich würde gern wissen, ob Sie Ihren Kindern erklären, dass Sie Verbrecher verteidigen", erwiderte Antelo. „Das ist doch Ihr Beruf, oder?"

Panaccio begriff, ehe die Dolmetscherin übersetzt hatte. Weil er nicht wollte, dass die Geschworenen Antelos Entgegnung verstanden, wurde er laut. Beliveau ließ die Übersetzung zwar zu, war aber nicht sonderlich glücklich, als er sie hörte. Dann erinnerte er die Geschworenen daran, dass der Beruf des Anwalts ehrenhaft sei.

12. Kapitel

Der Blick von der anderen Seite

Als die „Operation Springtime" langsam dem Ende entgegenging und Vorbereitungen getroffen wurden, die Clubmitglieder vor Gericht zu bringen, wurde der Staatsanwaltschaft bewusst, dass sie sich in einer einzigartigen Lage befand. Dank ihrer Informanten verfügte sie nicht nur über ein detailliertes Bild des Innenlebens im Drogennetzwerk der Hells Angels, sondern auch über fundierte Kenntnisse der anderen Seite der Medaille – wie es war, von den Hells Angels gejagt zu werden. Um ein Beispiel zu nennen: Lange vor der Festnahme der fraglichen Clubmitglieder war Peter Paradis, ein Vollmitglied der Rock Machine, aus der Szene ausgestiegen und hatte in einem Drogenprozess gegen seine früheren Kameraden ausgesagt. Und nur wenige Wochen vor dem Höhepunkt der „Operation Springtime" wurden vier seiner früheren Kollegen nach einem Gesetz gegen die organisierte Kriminalität verurteilt, das das kanadische Parlament 1997 verabschiedet hatte. Für die Beteiligung am Handel mit Kokain erhielten sie 45 Monate, 45 weitere gab es, weil sie dadurch die Rock Machine unterstützt hatten. Im Laufe des Prozesses wurde Paradis über das Leben in der Rock Machine und danach gefragt, in welcher Weise der Club vom Drogenhandel profitierte. Nun sollte er beschreiben, was er für sein Leben bedeutet hatte, dass er die Rock Machine in Verdun vertrat, einem Gebiet, das die Hells Angels für sich beanspruchten.

Mit zwölf Jahren Haft war seine Strafe höher ausgefallen als für die, gegen die er ausgesagt hatte. Doch als er am 10. Juli 2002 in den Zeugenstand trat, um vor Richter Jean-Guy Boilard und den Geschworenen auszusagen, war er schon seit mehreren Wochen wieder auf freiem Fuß. Möglich war das dank einer Vereinbarung, laut der er seine Strafe in einem Provinzgefängnis antreten musste und daher dem Recht der Provinz, nicht kanadischem Bundesrecht unterlag. Dank dieses Tricks hatte er nur ein knappes Sechstel seiner Zeit absitzen müssen.

„Ich war Vollmitglied der Rock Machine", antwortete Paradis auf die Frage des Staatsanwaltes François Briere nach seiner Rolle im Bikerkrieg. „In der Zeit, über die ich reden kann, war der Club im Wandel begriffen. Vor 1999 gehörten viele, die uns nahestanden, gar keinem Club an. Dann schloss sich die Rock Machine den Bandidos an, einem international operierenden Motorradclub." Paradis beschrieb detailliert, wie er 1994 in Kontakt mit der Rock Machine gekommen war. Zuvor hatte er fast ein Jahrzehnt lang auf eigene Rechnung mit Kokain gedealt, vor allem in Verdun.

„Auf eigene Rechung, was bedeutet das ganz praktisch?" fragte Briere.

„Das bedeutet, dass man niemandem verpflichtet ist. Man kann zwar mit anderen zusammenarbeiten, aber … Das ist schwer zu erklären. Es bedeutet, dass man unabhängig ist, frei in seinen Entscheidungen. Man kann den Stoff kaufen, wo man will." Seine Arbeit in Verdun sei ziemlich unspektakulär gewesen, zumindest bis 1994. Er war in Verdun aufgewachsen, und die meisten Dealer, die dort arbeiteten, respektierten die Reviere der jeweils anderen.

„Können Sie uns etwas dazu sagen, unter welchen Umständen Sie 1994 die Unabhängigkeit aufgegeben und sich der Rock Machine angeschlossen haben?" fragte Briere.

„Ende des Jahres 1993 sah ich die Chance umzusatteln. Ich war besorgt, weil die Geschäfte nicht so gut liefen. Deshalb hatte ich sogar schon Verdun verlassen. Und irgendwie hatte ich auch keine richtige Lust mehr auf die Art von Geschäft." Genau zu dem Zeitpunkt, als seine Karriere als Drogendealer auf der Kippe stand, wurde Paradis zu einem Treffen in einer Boutique eingeladen. Dort traf er Renaud Jomphe, der eine wichtige Rolle bei der Rock Machine spielte. Er gab Paradis seine Telefonnummer und fügte hinzu, dass er ein Angebot für ihn habe. Schließlich stellte sich heraus, dass es darum ging, im Auftrag von Jomphe und der Rock Machine große Mengen Kokain zu transportieren.

Nach mühsamen Jahren in Verdun sah Paradis in Jomphes Angebot die Chance, endlich das große Geld zu verdienen. „Ich hatte die Hoffnung auf eine Art Karriereschub. Von dem Leben, das ich führte, hatte ich jedenfalls die Nase voll. Und von Renaud wusste ich, dass er viel Geld verdiente und ein entsprechendes Leben führte. Das Gleiche galt für Ti-Bum [Pierre Beauchamp – Anm. d. Autoren]. Ich dachte mir: Warum sollte ich das nicht auch können?"

Paradis' erster Auftrag lautete, ein Netzwerk aus Kunden oder Straßenverkäufern auszubauen, die ihm regelmäßig Kokain abkauften.

Das Thema Loyalität wurde dabei zusehends wichtiger, weil die Rivalen von den Rockers bereits vor Ausbruch des Bikerkrieges keinen Zweifel daran aufkommen ließen, dass sie selbst an Verdun interessiert waren. Paradis berichtete, dass einer seiner Kunden ihn 1993 darauf angesprochen hatte, dass die unabhängigen Dealer ein Auslaufmodell wurden. Der Kunde hatte gemeint, dass Paradis sich mit Patrick Lock treffen sollte, der damals Präsident der Rockers war. Doch Paradis wollte mit Lock nichts zu tun haben.

„Haben Sie je mit ihm gesprochen?"

„Nur um ihm zu sagen, dass ich nicht für ihn arbeiten will. Er erwiderte, dass meine Zeit als unabhängiger Dealer abgelaufen sei, und gab mir 24 Stunden, um mich zu entscheiden. Ich sagte, dass ich mich schon entschieden hätte, und zwar gegen ihn. Dann bin ich gegangen und habe von der Sache nie wieder etwas gehört."

Lock, der Sohn von Mom Bouchers Freund Richard „Sugar" Lock, verbrachte große Teile des Bikerkrieges in Haft und vor Gericht. 1995 wurde er von Jean Dubé belastet, einem Mann, der sich nach seiner Festnahme als Informant angedient hatte. Ihm wurde vorgeworfen, im Auftrag Locks einen Mord geplant zu haben. Dank eines Hinweises hatte die Polizei in einer Wohnung in der 25. Avenue ein Versteck ausheben können, in dem sich große Mengen Drogen, Sprengstoff und Waffen befanden. Lock war außer sich vor Wut, blieb aber auf freiem Fuß. Als undichte Stelle hatte er einen Mann namens Marcel Picard im Verdacht und ordnete an, den Verräter zu beseitigen. Tatsächlich war der Tipp aber von Dubé gekommen, der verdeckt mit der Polizei zusammenarbeitete.

Dann wurde Lock verhaftet und verbrachte die folgenden fünf Jahre hinter Gittern. Noch im Gefängnis handelte er mit Drogen und trieb für andere Dealer das Geld ein. Auch den Rockers blieb er in dieser Zeit treu. Im Jahr 2000 musste er freigelassen werden, weil er zwei Drittel seiner Strafe abgesessen hatte. Doch nur wenige Monate später wurde er wegen gravierender Verstöße gegen die Bewährungsauflagen erneut festgenommen.

Er war gesehen worden, wie er in einer Bar anderen Männern Instruktionen erteilte. Als er die Bar verließ, bemerkte er, dass er von Polizisten verfolgt wurde. Daraufhin richtete er einen Gegenstand gegen die Beamten, den sie für eine Waffe halten mussten. Bei der

Durchsuchung seines Autos wurden zwar keine Waffen, aber die Visitenkarten mehrerer Mitglieder der Rockers gefunden, was die Behörden als Indiz dafür nahmen, das Lock wieder in die Szene integriert war. Im März 2001, ungefähr zu der Zeit, als die Polizei zum großen Schlag gegen seine Kameraden ausholte, wurde Locks Entlassung auf Bewährung offiziell widerrufen. Erst im darauffolgenden Oktober kam er wieder frei.

Locks Annäherungsversuch an Paradis und die Tatsache, dass er in Lasalle, einem Vortort Montreals unweit von Verdun, Waffen hortete, legte die Vermutung nahe, dass Boucher und die Hells Angels bestrebt waren, ihr Revier auf das Gebiet westlich von Hochelaga Maisonneuve auszuweiten, und zwar schon vor Ausbruch des Bikerkrieges. Und durch die Anwerbung von Figuren wie Paradis wollte die Rock Machine dem Rivalen einen Strich durch die Rechnung machen.

„Renaud Jomphe brachte das Ganze ins Rollen", sagte Paradis. „Wir haben mit einer Unze Koks angefangen, nach zirka einem Monat waren wir schon bei der vierfachen Menge. Und je schneller das Geschäft wuchs, desto mehr sprach es sich herum. Das geht in der Szene ziemlich schnell. Gleichzeitig habe ich für die Rock Machine geworben, weil ich nun ja für sie arbeitete."

Paradis behauptete, dass Jomphe an jeder Unze, die im Namen der Rock Machine verkauft wurde, 100 Dollar verdiente. Und auch er erntete sehr rasch die Früchte der Arbeit für eine schlagkräftige Organisation. Denn schon nach wenigen Monaten Zusammenarbeit mit der Rock Machine wurden ihm größere Mengen anvertraut.

„Wir hatten ein gutes Pfund bekommen, und ich hatte keine Lust, so viel Kokain in meinem Auto herumzukutschieren."

„Warum nicht?"

„Weil ich damit nicht von der Polizei erwischt werden wollte."

Paradis zufolge benutzten die Mitglieder der Rock Machine überwiegend große Fahrzeuge wie SUVs, weil sich in deren Armaturenbrettern leichter ein Drogenversteck einrichten ließ. Diese Verstecke waren extrem ausgefeilt bis zu der Raffinesse, dass sie sich nur elektronisch öffnen ließen und man dafür einen Code benötigte. Um das Versteck in Paradis' eigenem Wagen zu öffnen, musste der Leerlauf eingelegt sein und der Regler für die Heizung in eine bestimmte Stellung gebracht werden. Darüber hinaus wurden große Mengen Drogen auch in den Wohnungen von vertrauenswürdigen Menschen ohne Vorstrafen versteckt. Paradis arbeitete mit einer Frau zusammen, die in einem Krankenhaus arbeitete. Und um Orte wie Verdun unter Kontrolle zu bringen, wandte die Rock Machine dieselben Methoden an, wie es die Rockers im Auftrag der Hells Angels in Hochelaga Maisonneuve taten.

„Das war mitunter ein mühsamer Prozess", sagte Paradis. „Zum Beispiel sind wir von Zeit zu Zeit durch die Bars gezogen, um zu demonstrieren, dass wir sie als unser Revier betrachten. Aber die Gegenseite machte das natürlich auch."

„Und wie demonstriert man, dass man etwas als sein Revier betrachtet?"

„Man stellt einen Trupp aus fünf, sechs, vielleicht acht, selten auch mal einem Dutzend Männern zusammen, zieht ihnen ein T-Shirt mit den Abzeichen der Rock Machine an und geht in die entsprechenden Bars. In den meisten Fällen kennt man aber auch jemanden in dem Laden, den man besucht. Das kann der Geschäftsführer sein, aber auch eine Bedienung, eine Tänzerin oder sonst jemand."

Dann wurde Paradis nach den Anfängen des Bikerkrieges gefragt, und wie andere Zeugen vor und nach ihm, erklärte er, dass der Mord an Sylvain Pelletier im Jahr 1994 den Stein ins Rollen gebracht hatte.

„Und wie hat sich dieser Krieg anfangs ausgewirkt?" fragte Briere. „Ich meine nicht die Vorfälle, von denen wir alle wissen. Ich meine den Alltag."

„Das ist schnell erklärt", erwiderte Paradis. „Man stand entweder auf der einen Seite oder auf der anderen. Das war der Anfang von allem. Nach meinem Eindruck war es so, dass wir, die Rock Machine, unseren Besitz verteidigen wollten, den uns Rockers und Hells Angels streitig machten."

„Und was war Ihr Besitz?"

„Für mich war es mein Einflussbereich. Aber das ging jedem Vollmitglied so, und zwar nicht nur in Verdun, sondern überall."

Briere wollte wissen, ob Paradis jemals Leute hatte ersetzen müssen, die für ihn arbeiteten.

„Da fällt mir spontan Jean-Marc Caissy ein", antwortete Paradis. „Er lieferte für mich Drogen aus und kassierte das Geld. Er wurde ermordet."

„Und was haben Sie gemacht? Ihn ersetzt?"

Alias: Merlin			
D.D.N.: 58-01-30		**F.P.S.:** 953576A	
Taille: 183		**Statut:** Membre	
Date Photo: 98-08-03			
Club Motard: Rock Machine		**Chapitre:** Montréal	
Nom: Roy, Louis			

Alias: Fred			
D.D.N.: 69-12-16		**F.P.S.:** 146180D	
Taille: 175		**Statut:** Membre	
Date Photo: 98-08-06			
Club Motard: Rock Machine		**Chapitre:** Québec	
Nom: Roy, Yvon			

Alias: Melou
D.D.N.: 59-07-20 — **F.P.S.:** 314007B

Alias: Mon-Mon Bill
D.D.N.: 40-12-05 — F.P.S. 874361

Erkennungsdienstliche Akten von Mitgliedern der Rock Machine.

„Das musste ich, damit mein Geschäft weiterlief."

„Gab es neben Jean-Marc Caissy weitere Opfer, die Sie ersetzen mussten?"

„Mir fällt keiner ein."

„Gab es andere Gründe, warum Sie einen Mitarbeiter ersetzen mussten?"

„Ein paar haben die Seite gewechselt oder sind ganz ausgestiegen, weil ihnen der Boden unter den Füßen zu heiß wurde."

Nach dem Entschluss, künftig für die Rock Machine zu arbeiten, änderten sich die Dinge für Paradis von Grund auf. Er wurde aufgefordert, stets eine Waffe bei sich zu tragen, und engagierte Bodyguards. Den Geschworenen erklärte er, dass er das Haus nie allein verließ. Zwei der Männer, die ihn beschützen sollten, Simon „Chiki" Lambert und Éric „Beluga" Leclerc, gehörten schließlich zu jenen Männern, gegen die Paradis aussagte, nachdem er unter dem Vorwurf des organisierten Drogenhandels verhaftet worden war.

Im Mai 1994 hatte er sich als Drogendealer der Rock Machine bewährt und wurde offiziell zum Hangaround des Clubs ernannt. Ganz nebenbei verriet dieser Schritt, dass die Rock Machine dieselbe hierarchische Struktur hatte wie ihre Gegner von den Hells Angels. Seither durfte Paradis auch den Ring der Alliance tragen, ein großes, von Diamanten eingefasstes A. Die Alliance war erst kurz vorher entstanden. „Als sie mir den Ring übergaben, erklärten sie mir, dass mich das als Mitglied der Alliance auswies. Aber sie sagten auch, dass ich ein Hangaround war."

Paradis will den Ring in einem Restaurant während eines Treffens mit anderen Clubmitgliedern bekommen haben. Er selbst will von der Ernennung überrascht gewesen sein und führte sie auf die Fürsprache von Jomphe zurück. Fortan hatte Paradis Zutritt zu den Besprechungen der Rock Machine, auf denen die entscheidenden Weichen gestellt wurden.

„Waren Sie in dem sogenannten Krieg je selbst Ziel eines Angriffes?"
„Ja."

„Können Sie den Geschworenen sagen, wann und wie es sich zugetragen hat?"

„Im August. Am 10. August 1998."

„Welchen Rang hatten Sie zu dieser Zeit bei der Rock Machine?"
„Ich war Vollmitglied."

Paradis berichtete, dass er sich zu jenem Zeitpunkt bewusst war, dass die Rockers namhafte Dealer wie Bruno Lefebvre und Pierre Provencher rekrutiert hatten, um Verdun unter ihre Kontrolle zu bringen. Er selbst sei eines Tages in Begleitung seines Leibwächters Daniel „Poutine" Leclerc unterwegs und auf Ärger gefasst gewesen. Obwohl sie nur bis zum nächsten Fleischer wollten, trug Paradis eine kugelsichere Weste. „Jeden Tag wechselte irgendjemand die Fronten. Ich tat gut daran, mich abzusichern", so Paradis, fügte aber hinzu, dass er sich auf dem Rückweg sicher gefühlt und die Weste abgelegt hatte, kurz bevor sie sein Haus erreichten.

Da bemerkte er, dass ihnen ein Auto folgte, und er befahl Leclerc, die Waffe zu ziehen. Paradis beobachtete, wie sich der schwarze Toyota Corolla neben seinen GMC Jimmy setzte. An einer roten Ampel kamen sie nebeneinander zum Stillstand. Die Seitenscheibe des Toyotas wurde geöffnet, und urplötzlich geriet Paradis' Auto unter Beschuss. Die Scheiben barsten, und er spürte einen Schmerz in der Brust.

Paradis wurde von vier Kugeln getroffen, zwang sich aber, wie er den Geschworenen berichtete, den Fuß auf der Bremse zu lassen, weil er, kurz bevor die Schüsse fielen, gesehen hatte, dass Frauen und Kinder die Kreuzung überquerten. Im Anschluss an den Vorfall verbrachte Paradis acht Tage im Krankenhaus.

Er ging davon aus, dass jeder aus dem Drogenmilieu von Verdun wusste, welchen Wagen er fuhr. Deshalb war es für die Hells Angels ein Leichtes, ihn als Ziel eines Anschlages auszusuchen. Zu dieser Zeit hatte die Rock Machine Verdun schon fast aufgegeben und ihn quasi als Nachhut allein zurückgelassen. Jomphe, sein Mentor und der wichtigste Vertreter der Rock Machine in Verdun, wurde am 18. Oktober 1996 zusammen mit einem anderen Mitglied der Alliance erschossen, als sie in einem chinesischen Restaurant in Verdun zu Mittag aßen.

„Renauds Tod hat mir selbst, aber auch der Rock Machine sehr zugesetzt. Das ist nicht nur meine Meinung, das war objektiv so. Außer mir war keiner mehr da. Die Vollmitglieder meinten, sie überlassen Verdun mir, und weg waren sie. Aber es kann nicht die Aufgabe eines Anwärters sein, die Arbeit eines Vollmitglieds zu erledigen, erst recht nicht, wenn zehn oder zwölf Vollmitglieder in Frage kommen. Das war ihr Job, nicht meiner. Aber sie weigerten sich, und ich denke, sie hatten gute Gründe."

Die Polizei erfuhr später durch den Informanten Dany Kane, dass der Anschlag auf Jomphe wahrscheinlich von drei Mitgliedern der Evil Ones ausgeführt wurde, die wiederum den Hells Angels nahestanden. Die drei wurden wenig später zu Mitgliedern der Hells Angels ernannt. Kanes Behauptung wurde von einer anderen Quelle bestätigt und dahingehend ergänzt, dass einer der drei Männer kurz vor dem Mord an Jomphe schwarze Jogginghosen und ein schwarzes T-Shirt gekauft hatte. Der Mann, der den Anschlag überlebte, Raymond Lareau, sagte der Polizei, dass die Angreifer schwarz gekleidet waren.

Jomphe hatte offenbar keine Angst vor den Hells Angels. Nach dem Tod des elfjährigen Daniel Desrochers 1995 ging Jomphe an die Öffentlichkeit und sagte in einem Interview mit dem «Journal de Montréal», dass die Rock Machine mit dem tragischen Geschehen nichts zu tun habe. Dann beschuldigte er die Hells Angels und nannte sie „gemeine Verbrecher".

Während des Gerichtsverfahrens wurde Paradis von Staatsanwalt François Briere gebeten zu beschreiben, wie sich die Rock Machine auf den Krieg eingestellt hatte, vor allem in Verdun.

„Wir haben Teams zusammengestellt", erwiderte Paradis. „Ein Team für Morde, ein Team für Brandstiftungen, ein Team für Sprengstoffanschläge. Andere hatten die Aufgabe, Straßenecken zurückzuerobern, die den Rockers oder wem auch immer gehörten, der aufseiten der Hells Angels stand."

Eines von Paradis' Zielen war die Champlain Bar in Ville-Émard. Er gab zu, dort eine Bombe gezündet zu haben, weil er in der Bar ein Mitglied der Rock Machine vermutete, das verdächtigt wurde, den Club hintergangen und Jomphe ans Messer geliefert zu haben.

„Mir war zugetragen worden, dass sich der Kerl im Obergeschoss der Champlain Bar mit Mom Boucher trifft", berichtete Paradis.

„Und was haben Sie daraufhin getan?" fragte Briere. Paradis antwortete, dass er es für nötig hielt, vor der Sprengung der Bar die Erlaubnis der Familie Dubois einzuholen. Ein befreundetes Mitglied der Rock Machine übermittelte das Einverständnis von Alain Dubois, der zu jener Zeit noch kein Mitglied der Rockers war. Ursprünglich hatte Paradis auch ein italienisches Restaurant sprengen wollen, in dem sich, wie er gehört hatte, regelmäßig die Rockers trafen. Doch die dort angebrachte Sprengladung explodierte nicht. Das Restaurant lag gegenüber einem privaten Club, der Pierre Beauchamp gehörte, einem der ersten Opfer der Hells Angels im Bikerkrieg.

Paradis' nächster Auftrag war es, eine weitere Bar in die Luft zu sprengen. „Sie lag in der Nachbarschaft von Robert Leger. Die Rockers wollten den Club übernehmen, aber die Italiener, die ihn betrieben, wollten lieber unabhängig bleiben. Da kam Robert Leger zu mir und fragte, ob ich in der Sache Rat wisse. Ich sagte Ja und sprengte den Laden in die Luft."

Paradis gestand den Geschworenen, dass er auch in einer Bar am Saint-Laurent Boulevard einen Sprengsatz deponiert hatte, weil die Rock Machine annahm, dass sie von Normand „Biff" Hamel und Denis Houle, zwei Mitgliedern des Nomads Charters, kontrolliert wurde. Die Anweisung soll André „Frisé" Sauvageau gegeben haben, ein Mitglied der Rock Machine, das die Hells Angels seit Langem im Visier hatten. Ein Informant berichtete der Polizei, dass Maurice Boucher und Scott Steinert Sauvageau einst über jenen Teil des Trans-Canada-Highway verfolgt hatten, der durch Montreal verläuft. Erst als ein Streifenwagen der Sûreté von Quebec aufkreuzte, beendeten sie die Verfolgungsjagd.

Als Paradis erfuhr, dass ein bestimmtes Sonnenstudio in Verdun dem Mann gehörte, den er für den Jomphes Verräter hielt, beschloss er das Studio zu zerstören und diesmal nicht Sprengstoff zu verwenden, sondern Feuer zu legen.

„Ich kannte die Gegend ziemlich gut und wusste, dass über dem Studio eine Frau wohnte. Also beschloss ich, es nicht zu sprengen, sondern mithilfe eines Molotow-Cocktails Feuer zu legen", erklärte er vor Gericht. Briere zeigte ihm ein Fotoalbum, das bei Richard „Dick" Mayrand beschlagnahmt worden war. Es enthielt ein Bild von praktisch jedem, der mit der Alliance in Verbindung stand. Als er sich das Album ansah, erkannte Paradis einige Typen, die im Grunde genommen Spinner waren und sich nur aus Faszination an der Gewalt, die mit dem Bikerkrieg einherging, der Rock Machine genähert hatten.

„Was hat Ihnen der Krieg bedeutet? Warum haben Sie sich beteiligt?" fragte Briere.

„Gute Frage. Anfangs …"

„Welches Ziel hatte man, wenn man sich als Mitglied der Rock Machine an dem Krieg beteiligte?"

„Im Grunde … Es war wie … Wie kann ich das erklären? Am Anfang stand der Wunsch, mit dem Verkauf von Drogen Geld zu verdienen. Irgendwann mussten wir uns schützen. Das war eine schleichende Entwicklung. Erst schützt man sich nur, dann mischt man sich immer mehr ein."

„Und welches Gebiet hatten Sie zu Beginn des sogenannten Krieges zu schützen und zu verteidigen?"

„Verdun", erwiderte Paradis und fügte hinzu, dass die Rock Machine zum Zeitpunkt seiner Verhaftung die Kontrolle über das Gebiet längst verloren hatte.

„Und wer kontrollierte es?"

„Wir jedenfalls nicht. Bleibt nur die Gegenseite."

Paradis' jüngerer Bruder Robert wurde im Laufe des Bikerkrieges ebenfalls zur Zielscheibe. Die beiden waren zusammen aufgewachsen und standen sich sehr nahe. So war Robert seinem großen Bruder auch zur Rock Machine gefolgt. 1999 wurde ein Anschlag auf ihn verübt, den er aber überlebte. Interessanterweise wurde er 2001 Vollmitglied der Bandidos, obwohl sein Bruder mit der Polizei zusammenarbeitete.

2002 wurden er und zahlreiche weitere Bandidos festgenommen und angeklagt. Robert kam mit einer vergleichsweise milden Strafe von zwei Jahren und vier Monaten Gefängnis davon. 2004 wurde sein Antrag auf vorzeitige Entlassung jedoch abgelehnt.

Patrick Henault

Ein weiterer Zeuge, der aus der Warte des Gegners im Bikerkrieg berichten konnte, war Patrick Henault. Wie Paradis war auch er von den Bandidos und jenen Männern enttäuscht worden, die er durch die Alliance kennengelernt hatte. Schon 1998, im Alter von 20, war Henault Mitglied der Palmers und saß eine zweijährige Haftstrafe wegen Drogenhandels und des Besitzes einer nicht registrierten Schusswaffe ab. Im Zuge der Vorbereitung auf seinen Termin bei der Bewährungskommission sagte er zu einem der Aufseher: „Wenn man mich in den offenen Vollzug verlegt, bin ich ein toter Mann." Die Entlassung auf Bewährung wurde ihm verwehrt, aber die Kommissionsmitglieder, die ihn befragt hatten, beschrieben ihn einhellig als intelligenten Mann mit großer Überzeugungskraft.

Als Henault im Dezember 1998 Besuch von einer Frau erhielt, schlug der Drogenspürhund an. Sie verweigerte die Durchsuchung, was die Beamten in ihrer Annahme bestärkten, dass Henault hinter Gittern mit Drogen handelte. Bei der Durchsuchung seiner Zelle wurden Zigaretten gefunden. Henault behauptete, es handele sich um den Einsatz für eine Sportwette, die er verwahre. Auch im Umgang mit Waffen schien Henault recht versiert, was er selbst darauf zurückführte, dass er als Jugendlicher bei den Royal Canadian Air Cadets gewesen war.

Wie Paradis fiel Henaults Entschluss, mit den Behörden zusammenzuarbeiten, nach seiner Verhaftung. Henault traf dieses Los im Juni 2002, als die Polizei nahezu jeden aus dem Umfeld des Bandidos Chapters Montreal festnahm, der nicht ohnehin schon hinter Gittern saß. Die Operation trug den Namen „Amigo".

Während er auf seinen Prozess wartete, wuchs Henaults Sorge davor, was ihn vor Gericht erwartete. Er wollte die Sache schnell hinter sich bringen, weil die Polizei Videos besaß, die bewiesen, dass Henault einen Mordanschlag auf Steven „Bull" Bertrand vorbereitet hatte, den engsten Freund von Mom Boucher und einen der wichtigsten Dealer aus dem Umfeld der Hells Angels. Daraufhin beschloss Henault, gegen die Bandidos auszusagen. Er bekannte sich des Drogenhandels, des versuchten Mordes und zudem der versuchten Brandstiftung schuldig, weil er geplant hatte, mehrere Bars anzuzünden, in denen Dealer verkehrten, die den Hells Angels nahestanden.

Am 8. Oktober 2003 unterschrieb Henault einen Vertrag mit den Behörden, und nur wenige Monate später, am 21. Januar 2004, begann er seine Zeugenaussage vor Gericht.

„Ich habe mich entschlossen, mit den Behörden zusammenzuarbeiten, weil ich mein Leben satt hatte. Außerdem haben mich die anderen Angeklagten unter Druck gesetzt … Ich wollte einen Schlussstrich ziehen. Mir reichte es. Ich wollte in ein anderes Gefängnis verlegt werden, meine Strafe absitzen und von Bikern nichts mehr wissen. Es entsprach mir einfach nicht mehr. Und die anderen Gefangenen drängten mich, nichts zuzugeben, um ein mögliches Verfahren gegen die Bandidos zu behindern", so Henault zu den Geschworenen. Er wies darauf hin, dass er sich mit einem Pflichtverteidiger begnügt hatte, während andere Bandidos bekannte und teure Anwälte engagiert hatten. Und spätestens das Erlebnis, dass zahlreiche Bandidos die Seite gewechselt und zu den Hells Angels übergelaufen waren, hätte ihn desillusioniert. So oder so habe er genug vom Leben als Verbrecher.

Wie andere Informanten fragte Briere auch Henault, wann er mit dem Handel von Drogen begonnen hatte.

„Das war 1992", erwiderte der. „Ich war 18 Jahre alt und versuchte, in einer kleinen Bar Drogen zu verkaufen. Nach acht Tagen wurde ich verhaftet. 1993 trat Stéphane Deslauriers an mich heran, ein unabhängiger Drogenhändler, und bot mir an, für ihn in Hochelaga Maisonneuve als Straßenverkäufer anzufangen. Das war der eigentliche Anfang meiner Laufbahn als Dealer." Briere wollte wissen, was Henault mit „unabhängig" meinte.

„Damit meine ich einen Dealer, der kaufen kann, wo und bei wem er will, gleich ob bei einem Motorradclub oder der Mafia. Auch verkaufen darf er, wo er will."

„Und Sie haben für diesen Deslauriers gearbeitet?"

„Ja, und zwar von 1993 bis Anfang 1995", bestätigte Henault und fügte hinzu, dass er im Osten Montreals eingesetzt wurde, überwiegend in Rosemont und Hochelaga Maisonneuve. Der Staatsanwalt wollte wissen, wann Henault in Kontakt mit der organisierten Kriminalität gekommen war.

„Im Sommer 1994", lautete die Antwort. „Das genaue Datum weiß ich nicht mehr, aber es war im Sommer 1994. Ich bekam einen Anruf von jemandem, der mich im White Elephant treffen wollte, einem Club an der Ontario Street, Ecke Amherst. Ich bin am Nachmittag hingegangen, und der Barmann hat mich in den Keller geschickt, wo ein paar Leute zusammensaßen. Soweit ich mich erinnern kann, waren es mindestens fünf. Zwei von ihnen, die ich später besser kennenlernen sollte, Paul Fontaine und ein Typ namens D. J. Labonte, forderten mich auf, sie nach draußen zu begleiten. Dort sagten sie mir, dass sie meinen Boss sehen und sprechen wollten." Er will Stéphane Deslauriers die Nachricht übermittelt haben, aber ob ein Treffen stattgefunden hatte, konnte er nicht sagen.

Henault sagte, dass er sich 1995 von Deslauriers hatte auszahlen lassen und ein halbes Jahr lang aus einer Bar heraus mit Drogen gehandelt hatte. Indirekt habe er in dieser Zeit für André Desormeaux und Franco Fondacaro gearbeitet. Er wusste, dass sie Mitglieder der Palmers waren, einer Untergruppierung der Alliance. Desormeaux hatte länger im Gefängnis gesessen, weil er Mitte der 90er Jahre den Mord an mehreren Hells Angels geplant hatte. Bis September 1995 arbeitete Henault von der Bar aus. Dann flogen zwei Molotow-Cocktails durch die Scheibe. Verletzt wurde niemand, aber die Botschaft war angekommen.

„Noch im September habe ich begonnen, offiziell für Franco Fondacaro und André Desormeaux zu arbeiten. In der Brasserie St. Michel habe ich … der Mann nannte sich Fritz [der Spitzname von Jean Jacques Roy – Anm. d. Autoren]. Ihn und Louis Jacques Deschenes habe ich da getroffen, beides Mitglieder des Dark Circle."

Es gehörte zu den Kuriositäten des Bikerkrieges, dass Henault plötzlich lauter Mitglieder der Alliance kennenlernte.

Gegen 13 Uhr am 21. September 1995 fuhren vier Männer, die der Rock Machine nahestanden, mit einem Van zu einem Clubhaus in Saint Luc, einem Städtchen einige Kilometer südlich von Montreal. Es gehörte den Jokers, einem Puppet Club der Hells Angels. Am Ziel angekommen, stiegen drei der Männer aus dem Van aus und gingen auf das Clubhaus zu. Dabei trugen sie eine schwere Bombe. Ein 24-jähriger Mann namens Stéphane Doucet stand vor dem Haus Wache und bemerkte die drei Männer. Der Polizei sagte er später, dass er nur einen Schuss auf sie abgegeben hatte, weil er meinte, Mitglieder der Rock Machine vor sich zu haben, die ihm nach dem Leben trachteten. Der Schuss brachte jedoch die Bombe zur Explosion, die die Männer vor der Haustür ablegen wollten. Benoit Grignon, 28, Daniel Paul, 26, und Pierre Patry, 27, wurden durch die Explosion auf der Stelle getötet. Der Fahrer des Vans, Brett Simmons, wurde schwer verletzt. Doucet kam ohne Straf davon, weil ein Staatsanwalt ihm attestierte, dass er in Notwehr gehandelt hatte.

Patrick Henault

Simmons hatte weniger Glück. Noch im Krankenhaus wurde ihm der Haftbefehl präsentiert. Der Mann aus Kingston, Ontario, musste mehrere Wochen in der Klinik bleiben und anschließend eine halbjährige Rehabilitation antreten. Zum fraglichen Zeitpunkt war er Anwärter der Rock Machine. Der Kontakt hatte sich aus seinem Beruf ergeben: Er arbeitete als Rausschmeißer in einer Bar. Für seine Beteiligung an dem versuchten Anschlag wurde er zu acht Jahren Haft verurteilt. Nach Verbüßung von zwei Drittel der Strafe kam er auf freien Fuß, musste aber schon im Frühjahr 2002 zurück ins Gefängnis, weil er sich weiterhin mit Angehörigen von Motorradclubs traf. Nach seiner endgültigen Entlassung wechselte er zu den Hells Angels und schloss sich einem Charter in Ontario an.

Henault ging zu der Beerdigung der drei Männer, die sich quasi selbst in die Luft gejagt hatten. Dort traf er auf mehrere Leute mit Verbindungen zur Alliance. Kurz darauf bot man ihm die vorläufige Mitgliedschaft bei den Palmers an.

Briere wollte wissen, welche Aufgaben Henault hatte.

„Anfangs musste ich Botengänge und Wachdienste übernehmen."

„Für wen?"

„Für Fondacaro und Desormeaux."

Doch schon nach 30 Tagen endete diese Phase, weil Fondacaro gegen Ende des Jahres 1995 verhaftet wurde. Er stand im Verdacht, an einem fehlgeschlagenen Mordversuch an mehreren Mitgliedern der Hells Angels beteiligt gewesen zu sein, die in einem Gefängnis in Laval saßen. Desormeaux tauchte unter und bat Henault, sich um seine schwangere Frau zu kümmern. Fondacaro wurde in einem Restaurant in Montreal verhaftet. Desormeaux' Frau brachte im Dezember ein Kind zur Welt, während sich ihr Mann in einem Haus im Norden Kanadas versteckte, das die Alliance angemietet hatte. Schließlich aber wurde er doch verhaftet und umgehend wegen versuchten Mordes an Mitgliedern der Hells Angels schuldig gesprochen.

Am 29. Januar 1998 hatte er zwei Drittel seiner Strafe abgesessen und wurde in den offenen Vollzug verlegt. Er zog es aber vor, dorthin nicht zurückzukehren. Sechs Monate später wurde er wegen unerlaubten Waffenbesitzes festgenommen. Der Bewährungskommission erklärte er später, dass er den offenen Vollzug als zu gefährlich empfunden habe. Schließlich sei er immer noch eine wandelnde Zielscheibe für Racheaktionen. Er wurde wieder ins Gefängnis gesteckt, wo er sehr bald in den Verdacht geriet, seine Mitgefangenen mit Drogen zu versorgen.

Henault unterstand Desormeaux, daher wurde Henault häufig als Bodyguard eingesetzt. Und von der Beute aus diversen bewaffneten Überfällen ging ein nicht unerheblicher Teil an Desormeaux.

Während dieser Phase des Bikerkrieges musste Henault diverse Aufgaben für die Alliance übernehmen. So will er zusammen mit einem gewissen Jean-François Cyr ein fingiertes Bombenattentat auf ein Fitness-Studio ausgeführt haben, das Steven „Bull" Bertrand gehörte. Cyr hatte ein Auto mit gefälschten Nummernschildern auf dem Parkplatz abgestellt. Dann hatte Henault im Studio angerufen und eine Explosion angekündigt. Später sollte er eine Bar im East End von Montreal abfackeln. Dafür engagierte er zwei Männer, zu denen François Barbeau gehörte, der kurz darauf verhaftet wurde. Weil er einen Molotowcocktail in die Bar geworfen und damit das Leben der zirka 15 Gäste in Gefahr gebracht hatte, wurde er zu sechs Jahren Gefängnis verurteilt – zusätzlich zu einer älteren Strafe von 40 Monaten, die er Mitte der

1990er Jahre wegen eines bewaffneten Überfalls bekommen hatte. Während seiner Bewährungszeit hatte er sich an dem Versuch beteiligt, Roger Hardy, den Sprengstoffexperten der Rock Machine, aus dem Hochsicherheitsgefängnis von Donnacona, unweit von Quebec City, zu befreien.

Hardy verbüßte eine Haftstrafe von 32 Jahren, die er 1977 angetreten hatte und mit jeder Entlassung auf Bewährung anwuchs. So waren allein 1990 wegen mehrerer bewaffneter Überfälle, die er kurz nach seiner Entlassung auf Bewährung verübt hatte, 14 Jahre hinzugekommen. Und Hardy galt nicht nur als Sprengstoffexperte, sondern stand auch im Ruf, jedes Schloss öffnen zu können. Fakt war, dass er mehrfach versucht hatte, sich aus dem Gefängnis zu befreien. Er gehört zu den wenigen Einprozentern, die auch nach Verbüßung von zwei Drittel ihrer Strafe hinter Gittern bleiben müssen.

Am 10. März 2005 beschloss die nationale Bewährungskommission, Hardy die vorzeitige Entlassung dauerhaft zu verwehren. Das dreiköpfige Gremium sah sich außer Stande, bestimmte Vorfälle zu ignorieren. Unter anderem hatte Hardy zwei Aufseher bedroht, und ein Jahr zuvor hatte er angegeben, im Falle einer Entlassung mit Drogen oder Waffen handeln zu wollen. Die Rock Machine plante, Hardy und zwei weitere Insassen durch die Kanalisation zu befreien. Der Plan flog auf, als die Sûreté einem Tipp nachging, dass Drogen ins Gefängnis geschmuggelt wurden, und dabei auf das Einstiegsloch in einen Fluchttunnel stieß. Barbeaus Haftstrafe verlängerte sich wegen des geplanten Fluchversuchs um 23 Monate.

Im Februar 2005 ließen die Gesetze den Behörden keine Wahl, und nach Verbüßung von zwei Drittel der insgesamt elf Jahre Haft musste Barbeau entlassen werden. Aus einer Vielzahl von Gründen, unter anderem war er offensichtlich drogenabhängig, wurde ihm auferlegt, sich einer Rehabilitationsmaßnahme zu unterziehen und an einem Entzugsprogramm teilzunehmen. Barbeau, der den Kontakt zu seinen alten Freunden, die inzwischen den Bandidos angehörten, nie hatte abreißen lassen, hatte jedoch andere Pläne.

„Beides könnt ihr vergessen", erklärte er den Beamten, die ihm die Bedingungen für eine Entlassung nannten. Er fügte hinzu, dass er sich von niemandem wie eine Marionette behandeln lassen würde, nicht einmal von seinem Club. Einmal sei er deswegen sogar ausgetreten.

Dennoch hatte er hinter Gittern mit Drogen gehandelt und damit eine Kettenreaktion ausgelöst, die 2003 das Ergebnis hatte, dass sich die strikte Trennung von Anhängern der Hells Angels und der Bandidos aufzulösen begann. Die Behörden werteten das als sicheres Indiz dafür, dass der Bikerkrieg zu Ende war.

Henault sagte aus, dass er 1997 einen Auftrag ausgeführt hatte, der von Michel Bertrand gekommen war, einem Mitglied der Palmers. Es ging darum, ein Sonnenstudio in Brand zu stecken, das, soweit bekannt, den Hells Angels gehörte. Später sollte dasselbe aus demselben Grund mit einem Lokal am Pie IX Boulevard geschehen. Die zuverlässige Arbeit steigerte Henaults Ansehen im Club, und fortan war er ein gern gesehener Gast im Stammlokal der Rock Machine in der Lesage Street und selbst im Clubhaus in der Huron Street, wo er auf Mitglieder der Rock Machine wie Yves Murray traf. Parallel dazu wurde Henault natürlich auch vermehrt zur Zielscheibe der Hells Angels.

„Eines Tages, an den Grund kann ich mich nicht mehr erinnern, machten sich Yves Murry, Michel Bertrand, der sozusagen mein Boss war, und ich auf den Weg in den Westen Montreals. Wir fuhren auf der Ontario Street, und in Fullum fiel Michel Bertrand ein Wagen auf, der auf einem Parkplatz stand." Als sie sich näherten, erkannten Murry und Bertrand sofort, mit wem sie es zu tun hatten. Das Auto nahm die Verfolgung auf, und als Henault nach hinten sah, bemerkte er, dass die Verfolger die Fenster geöffnet hatten. Auf der Beifahrerseite glaubte er eine Schusswaffe zu erkennen.

Henault zufolge öffnete Bertrand ein Geheimversteck im Armaturenbrett des Wagens, in dem sich eine Waffe befand. Um sicherzugehen, dass sie tatsächlich verfolgt wurden, bogen sie mehrfach unmotiviert ab. Der andere Wagen, in dem insgesamt drei Personen saßen, folgte ihnen immer noch. Irgendwann wurde der Sprit knapp, und Henault erhielt die Anweisung, auf das andere Auto zu schießen.

„Ich habe das Fenster geöffnet. Ich saß auf der Rückbank, habe mich rausgelehnt und vier Schüsse auf das andere Auto abgegeben. Zwei Kugeln schlugen auf der Fahrbahn ein, wo die anderen landeten, konnte ich nicht erkennen, aber das Auto der Verfolger blieb stehen. Ich sah noch, wie der Beifahrer einen Revolver zog und auf uns schoss."

Bertrand gelang es, das Auto von der Hauptstraße weg in eine Gasse zu steuern. Damit war die Verfolgungsjagd beendet. Später stellte sich heraus, dass die Männer, die ihnen nach dem Leben getrachtet hatten, Pierre Toupin und Kenny Bedard hießen. Doch der Zwischenfall war nicht die einzige Gelegenheit, bei der Waffen im Spiel waren. Bei einer anderen Fahrt durch die Straßen Montreals war Murray ein roter Pickup aufgefallen, an dessen Steuer er Jean-Marie Fontaine, einen Verwandten von Paul Fontaine, erkannt haben wollte. Kaum hatte Murray Henault über den Verdacht informiert, zog er auch schon eine Waffe.

„Er drehte die Scheibe runter und rief Fonraine etwas zu. Der hob beide Hände und erklärte, dass er mit Murry sprechen wollte. Aber Murray wollte davon nichts wissen, sondern sagte nur: ‚Ich rede nicht mit Arschlöchern.‘"

Henault will Murray aufgefordert haben, Fontaine zu erschießen. Tatsächlich feuerte Murray einen Schuss ab, doch Fontaine war in seinem Pickup in Deckung gegangen, ließ den Motor an und raste davon.

Konfrontationen wie diese spielten sich nicht nur in den umkämpften Regionen Montreals ab. Henault berichtete, wie er zusammen mit Luc Beaupré und Michel Bertrand zum Gericht fuhr, um die Verhandlung gegen Yvon „Mon Mon" Roy und Gilles Lambert zu verfolgen, die sich wegen eines geplanten Anschlages auf Maurice „Mom" Boucher verantworten mussten. Als die drei den Gerichtssaal betraten, waren mehrere Mitglieder der Rockers schon da.

„Wenn ich mich richtig erinnere saß Paul Fontaine direkt am Gang, neben ihm Stéphane Gagné und eine dritte Person. Michel Bertrand saß unmittelbar hinter Fontaine, ich hinter Gagné. Paul Fontaine schüttelte den Kopf. Er spürte, dass wir ihn beobachteten, und drehte sich um. Michel Bertrand fragte: ‚Na, wie geht's?‘ Dazu muss man wissen, dass Bertrand im Verdacht stand, 1995 einen Mordanschlag auf Fontaine verübt zu haben. Aber Fontaine reagierte cool und erwiderte: ‚Ganz gut.‘"

Plötzlich soll Fontaine beschlossen haben zu gehen. Henault und Bertrand folgten ihm. Fontaine suchte ein Münztelefon, und Bertrand nahm an, dass er Verstärkung rufen wollte. Also trug er Henault auf, dasselbe zu tun und im Clubhaus der Rock Machine anzurufen. Kurze Zeit später waren mehrere Mitglieder des Clubs vor Ort, auch Stéphane Morgan. Die Verhandlung war unterdessen aber vertagt worden, und Fontaine stand auf dem Flur und unterhielt sich mit dem Anwalt Gilles Daudelin.

Auf Geheiß von Henault ging Beaupré zu Fontaine und holte aus. Sein Schlag verfehlte jedoch das Ziel und traf stattdessen den Juristen. Daraufhin brach ein Tumult aus. Henault sprang auf Gagnés Rücken. Ein Hüne von Mann, der zum Umfeld von Fontaine und Gagné gehörte, nahm einen Aschenbecher aus Granit und warf ihn auf Beaupré und die anderen, um dem Kampf ein Ende zu setzen.

Henault bekannte freimütig, dass es nicht immer beim Einsatz der Fäuste blieb. Im Sommer 1998 fuhren er und André Desormeaux durch die Altstadt Montreals, als sie André Chouinards Jeep Cherokee entdeckten. Sie folgten ihm bis zu einem Parkplatz. Unterwegs entwarf Desormeaux einen Schlachtplan für einen Angriff auf Chouinard. Zur Vorbereitung fuhren sie in eine Wohnung, von wo aus sie auch Yvan Nadeau zu Hilfe riefen, der den Club bei Bedarf mit gestohlenen Fahrzeugen versorgte.

„Ich habe mich umgezogen, eine Sonnenbrille aufgesetzt und eine Pistole mit Schalldämpfer eingesteckt", erzählte Henault, der sich unter die Touristen in Montreals Altstadt mischen wollte. Er sollte Chouinard umbringen, aber ein Hausmeister vertrieb ihn von der Stelle, an der er sich auf die Lauer gelegt hatte. Er will sich zusammen mit Desormeaux ein neues Versteck gesucht haben, aber bis dahin war Chouinard schon verschwunden.

„Wenn wir zu jener Zeit jemanden sahen, der auf der Seite unserer Gegner stand, dann versuchten wir, wenn es irgendwie ging, ihn umzubringen. Und wenn wir selbst aus welchen Gründen auch immer nicht dazu in der Lage waren, dann riefen wir telefonisch jemanden, der es übernehmen konnte", erzählte Henault. Er selbst war im Sommer 1998 an einem Anschlag auf einen Dealer aus dem Umfeld der Hells Angels beteiligt. Ziel war Paul Cosette, ein Mitglied der Scorpions, jener Gruppe, die die Alliance hinter dem Anschlag auf Michel Bertrand vermutete. Dessen Zwillingsbruder Daniel war gleich zu Beginn der Bikerkrieges im Alter von 26 Jahren erschossen worden, nur eine Woche nach den tödlichen Schüssen auf Sylvain Pelletier in einer Bar in der Ste. Catherine East Street. Eine der Kugeln, die auf ihn abgefeuert wurden, hatte seinen Körper durchschlagen und dabei den linken Lungenflügel, eine Vene und schließlich die Leber verletzt. Henault zufolge war die Alliance darauf erpicht, den Anschlag auf Michel Bertrand zu rächen.

Die Hells Angels hatten Ryan Wolfson aus dem Umfeld der Rockers damit beauftragt, Bertrand zu töten. Wolfson benutzte eine gestohlene .375 Magnum. Den Anschlag verübte er in einem belebten Park, und einer der Schüsse verletzte einen unbeteiligten Passanten am Bein. Auch Bertrand war getroffen und lag blutend am Boden. Wolfson ging zu ihm, um ihn in den Kopf zu schießen, doch das Magazin war leer.

Wolfson konnte auf eine lange Karriere als Gewaltverbrecher zurückblicken. 1996 hatte er sich mit der Polizei ein wildes Verfolgungsrennen geliefert, dass erst an einer Straßensperre endete, die die Polizei eingerichtet hatte. Während seiner sechsjährigen Haftstrafe stellte sich heraus, dass er drogenabhängig war. Am 10. November 2004 wurde er auf Bewährung entlassen, tauchte aber noch am selben Tag unter. Zwei Tage später wurde er bei dem Versuch erwischt, ein Auto zu stehlen. Bei der Befragung durch die Bewährungskommission gab Wolfson an, mit einer Freundin gefeiert und Drogen genommen zu haben.

Während sich Michel Bertrand von den Verwundungen erholte, die Wolfson ihm zugefügt hatte, hielt Henault Wache. Später soll Franco Fondacaro ihn aufgefordert haben, Paul Cosette umzubringen. Einen Grund aber soll er nicht genannt haben. Desormeaux und Fondacaro fuhren mit Henault zu dem kleinen Lebensmittelgeschäft, in dem Cosette arbeitete, um ihm die Zielperson zu zeigen. Später erfuhr Henault, dass die Alliance Cosette verdächtigte, den Anschlag auf Bertrand angeordnet zu haben. Anschließend fuhr das Trio aus der Stadt, um ein Gewehr auszuprobieren, das für das Attentat verwendet werden sollte. Doch der Anschlag wurde nie durchgeführt.

Vielmehr machte Henaults Aussage deutlich, dass die Versuche der Alliance, Mitglieder der Hells Angels oder Personen aus deren Umfeld umzubringen, nie richtig durchdacht und immer schlecht vorbereitet waren. Meistens war allenfalls klar, wem der Anschlag gelten sollte.

„Im Sommer 2000 habe ich in der Durocher Street gewohnt", berichtete Henault. „Dort erreichte André Desormeaux und mich ein Anruf von Jean Duquaire, der damals der Rock Machine angehörte. Er hatte Mom Boucher in unserem Viertel gesehen. Er rief von einer nahegelegenen Tankstelle aus an. Desormeaux und ich sind hingefahren, und Jean Duquaire präzisierte, dass Mom Boucher in einem grünen Volkswagen unterwegs war. Daraufhin sind André Desormeaux und ich in der Gegend herumgefahren und haben die Augen nach Mom aufgehalten, um ihn umzubringen. Aber wir haben weder ihn noch den Wagen gefunden."

Bleu Marin

Als Nächstes wurden Henault Fotos von anderen Clubmitgliedern vorgelegt. Nachdem er sie identifiziert hatte, sprach er über ein Treffen der Spitzen von Hells Angels und Rock Machine in dem Restaurant Bleu Marin in Montreals Innenstadt, bei dem ein Waffenstillstand ausgehandelt werden sollte. Aus demselben Grund hatte bereits Wochen zuvor ein Treffen von Mom Boucher und weiteren hochrangigen Mitgliedern beider Clubs im Gericht von Montreal stattgefunden.

Obwohl es bei der Verhandlung um eine Art Friedensvertrag ging, hatten beide Seiten eine Vielzahl von Bodyguards und Sicherheitskräften dabei. Auch Henault war vor Ort. Sein Auftrag lautete, in einem nahegelegenen Schnellimbiss etwas zu essen und zu warten, bis man ihn ins Bleu Marin rief.

Als die Verhandlungen beendet waren, erhielt Henault einen Anruf von André Desormeaux, der ihn zu einer Party in einem bekannten Strip-Club einlud. Dort machte Desormeaux ihn mit Normand Robitaille und Richard Mayrand bekannt – zwei Männer, die Henault noch vor wenigen Stunden lieber umgebracht als per Handschlag begrüßt hätte. In dieser Nacht aber feierten die beiden verfeindeten Clubs gemeinsam in einem Strip-Club. Nach dieser Nacht aber ereignete sich etwas, was Henaults Loyalität gegenüber dem Club erschüttern sollte.

Der Friedensschluss war noch nicht alt, als sich Henault und Desormeaux mit Salvatore Brunetti und Nelson Fernandez in einem italienischen Restaurant verabredeten, das einem Verwandten Brunettis gehörte. „Dort erfuhren wir von Brunetti und Nelson Fernandez, dass die Initiative für den Friedensschluss nicht von den Hells Angels, sondern von der Rock Machine ausgegangen war", so Henault.

„Wie haben Sie darauf reagiert?" fragte Briere.

„Wir waren verwundert und enttäuscht."

Die Polizei brachte später in Erfahrung, dass am Anfang der Verhandlungen ein Ultimatum der Hells Angels gestanden hatte, die mitbekommen hatten, dass sich die Rock Machine den Bandidos anschließen wollte. Im Zuge der Verhandlungen, die zum Waffenstillstand führen sollten, machten die Hells Angels deutlich, worum es ihnen wirklich ging: Sie boten diversen Mitgliedern der Alliance an, sich ihnen anzuschließen, ohne die übliche Ochsentour bis zur Vollmitgliedschaft durchlaufen zu müssen. So wurde Salvatore, der lange beim Dark Circle gewesen war, Vollmitglied der Hells Angels. Und ein Anwärter, der die Seiten wechselte, wurde auch bei den Hells Angels Anwärter. Das Angebot war aber zeitlich befristet, und kaum war die Frist abgelaufen, flammte die Feindseligkeit wieder auf. Und auch der Abschluss der „Operation Springtime" machte dem Spuk kein Ende.

Nach dem Übertritt von Brunetti und Fernandez zu den Hells Angels versuchte Henault, seinen Einfluss geltend zu machen, damit nicht noch weitere Mitglieder wechselten. Umgekehrt soll Guy Langlois, ein früheres Mitglied der Alliance, der sich den Hells Angels angeschlossen hatte, Henault bedrängt haben, es ihm gleichzutun.

„Guy Langlois hat mir gesagt: ‚Sei doch nicht blöd. Da kannst du viel Geld verdienen. Ich für meinen Teil habe noch nie so viel Geld verdient wie jetzt.‘ Da habe ich beschlossen, dass ich weder bei den Hells Angels noch bei der Rock Machine sein will. Und mit Langlois habe ich nie wieder ein Wort gewechselt."

„Was hat Sie daran gehindert, sich den Hells Angels anzuschließen?" fragte Briere.

„Es hat mich nicht interessiert. Und trauen konnte ich den Leuten auch nicht. Sie hatten Männer ermordet, die ich gut kannte. Wie sollte ich denen trauen?"

Die Ankunft der Bandidos

Wenn es wirklich die Absicht der Hells Angels war, mit ihrem Friedensangebot zu verhindern, dass die Bandidos in Quebec Einzug hielten, dann war ihr Plan gescheitert. Henault zufolge tauchte schon kurz nach dem Treffen im Bleu Marin Jean Duquaire mit einem Abzeichen der Bandidos auf. Der Krieg ging also weiter. Und dass nun die Bandidos mitmischten, die wie die Hells Angels international aufgestellt waren und überall auf der Welt Chapter unterhielten, war eine Provo-kation.

Henault berichtete, dass auch Desormeaux die Seiten wechselte und das neue Patch trug. Kurz darauf wurde auch ihm der Wechsel ange-tragen. Diejenigen Mitglieder der Alliance, die zu den Hells Angels gewechselt waren, hatten ihren neuen Partnern offenbar berichtet, wo sich ihre ehemaligen Clubkameraden aufhielten und wie sie am ehe-sten aus dem Wege zu räumen waren. Die Polizei hatte am Morgen des 15. Februar 2001 ein Treffen von Brunetti und Mitgliedern des Nomads Charters wie Mayrand beobachtet, bei dem es um die Frage ging, welche Personen die nächsten Ziele sein sollten. Und bei der Durchsuchung der Wohnungen und Häuser von Mitgliedern der Hells Angels und der Rockers im Zuge der „Operation Springtime" fand man eine Liste mit Treffpunkten der Bandidos. Henault bestätigte, dass er an einigen der genannten Orte an Clubtreffen teilgenommen hatte, darunter die Metrostation Guy und mehrere Restaurants in großen Shoppingmalls.

Ein Ergebnis der „Operation Springtime" war, dass das gesamte Nomads Charter entweder im Gefängnis saß oder auf der Flucht war. Das, so Henault, eröffnete neue Möglichkeiten.

„Meine Hauptbeschäftigung war es, Drogen zu verkaufen. Nach-dem ich das Patch der Bandidos bekommen hatte, ging es vor allem darum, neue Gebiete zu erschließen oder es zumindest zu versuchen."

Im Kreuzverhör wurde Henault vor allem nach den Auswirkungen der „Operation Amigo" gefragt, die sich wenige Monate nach Abschluss der „Operation Springtime" gegen die Bandidos richtete. Mit Éric Nadeau hatte die Polizei einen wichtigen Informanten im engeren Umfeld des Clubs. Eines Tages bekam sie mit, dass Nadeau, Henault und Desormeaux einen Anschlag auf Steven „Bull" Bertrand planten, der eng mit Boucher befreundet war. Ein Video, das dabei ent-stand, landete schließlich bei der Presse. Zu sehen war, wie die drei Männer den Anschlag vorbereiteten, und es hatte den Anschein, dass die Polizei nichts tat, um einzugreifen. Im Gegenteil: Obwohl sie in die Pläne eingeweiht war, trat sie erst nach den Schüssen auf Bertrand auf den Plan. Der Anschlag, für den Henault umgehend verhaftet wurde, war verübt worden, als das Opfer in einem Sushi-Restaurant im belieb-ten Viertel Plateau zu Mittag aß. Wie sich herausstellte, war Bertrand dort Stammgast, was es den Bandidos leicht machte, ihr Ziel auszuspionieren. Glücklicherweise überlebte Bertrand den Anschlag auf sein Leben.

Der Verteidiger Guy Quirion eröffnete das Kreuzverhör und fragte Henault, was genau am fraglichen Tag passiert war. Henault war wegen der Schüsse auf Bertrand zwar verhaftet, aber nicht umgehend angeklagt worden, weil er ohnehin nur auf Bewährung auf freiem Fuß war und die Behörden ihn ohne Haftbefehl festhalten konnten. So mussten auch keine Beweise vorgelegt werden, die Nadeaus Tätigkeit als Informant hätten verraten können. Zu diesem Zeitpunkt war Henault seit 28 Monaten auf freiem Fuß, und Gründe, ihn festzuhalten, gab es zuhauf, darunter die Tatsache, dass er sich den Bandidos angeschlossen hatte. Die Schüsse auf Bertrand wurden ihm erst zur Last gelegt, als es Monate später im Zuge der „Operation Amigo" zu zahlreichen Festnahmen kam.

„Erst im Juni 2002, also nach den ganzen Festnahmen, habe ich erfahren, dass Éric Nadeau für die Polizei gearbeitet hat", erklärte Henault.

„Wie haben Sie und Mr. Desormeaux darauf reagiert?" fragte Quirion.

Henault gab zu, dass er und Desormeaux versucht hatten, Nadeau den versuchten Mord an Bertrand in die Schuhe zu schieben. Doch schon bald nach der Verhaftungswelle hatte die Polizei ihm ein Video vorgespielt, das ihn bei der Vorbereitung des Anschlags auf Bertrand zeigt. Am Rande der Szene ist auch Nadeau zu sehen. Später will Henault erfahren haben, dass Nadeau eine Vorrichtung am Körper trug, mit deren Hilfe die Polizei mithören konnte, was gesprochen wurde. Im Mai 2003 behauptete Henault, dass die Polizei ihn reingelegt hatte und es in Wirklichkeit Nadeau war, der den Anschlag auf Bertrand geplant und vorbereitet hatte.

Monate später aber, nachdem er sich selbst der Polizei anvertraut hatte, widerrief Henault diese Aussage und gestand, dass er und Desormeaux den Anschlag auf Bertrand verübt hatten. Éric Nadeau sei mehr oder weniger zufällig in der Nähe gewesen.

„Der Entschluss, Steven Bertrand zu ermorden, kam von André Desormeaux und mir. Éric Nadeau war weder daran beteiligt, noch war er in dem konkreten Moment in der Nähe. Er stand zirka vier, fünf

Meter von uns entfernt", erklärte Henault und fügte hinzu, dass die Entscheidung nicht noch einmal diskutiert wurde. Und auf Steven Bertrand sei die Wahl eher zufällig gefallen, als sie ihn in dem Sushi-Restaurant gesehen hatten.

Schon wenige Monate nach seinem Schuldeingeständnis durfte Henault das Gefängnis tageweise verlassen. Wie fast alle Verbrecher, die sich dazu durchgerungen hatten, mit der Polizei zusammenzuarbeiten, wurde er in einem Gefängnis untergebracht, das der Provinzregierung unterstellt war, was bedeutete, dass er eher entlassen werden konnte. Und obwohl er eingestandenermaßen erst zwei Jahre zuvor einen kaltblütigen Mordanschlag verübt hatte, durfte Henault das Gefängnis schon 2004 auf Bewährung verlassen.

13. Kapitel

Die Geschworenen haben das Wort

In Anbetracht der Tatsache, dass alles darauf ankam, wie die Geschworenen die Beweise bewerten würden, die die Staatsanwaltschaft in mehr als drei Jahren zusammengetragen hatte, wirkte Madeleine Giauque erstaunlich ruhig. Nachdem sich die Jury zur Beratung zurückgezogen hatte und von der Außenwelt abgeschnitten über das Schicksal des Hells Angels Richard „Dick" Mayrand und acht weiterer Biker beriet, rief der Richter Pierre Beliveau jeden Morgen die Vertreter der Anklage und der Verteidigung im Gerichtssaal zu einem informellen Treffen zusammen. Die Stimmung war gelöst, und die Spannungen, die sich während des Verfahrens aufgebaut hatten, verflogen allmählich.

Die Meldung des Tages

Beliveau gestattete, dass die Geschworenen verschiedene Tageszeitungen lesen durften, allerdings nur unter der Voraussetzung, dass zuvor alle Artikel, die sich auf das laufende Verfahren bezogen, entfernt wurden. Ein Vertreter der Verteidigung versicherte sich jeden Morgen, dass kein Bericht zu der Jury langte, die sie in ihrer Urteilsfindung hätte beeinflussen können. Eines Morgens entbrannte sogar ein Streit darüber, ob ein Artikel über Martha Stewart, die mit Haushaltstipps ein Vermögen gemacht hatte und wegen Aktienbetrugs angeklagt war, an die Geschworenen gelangen durfte.

Einer Gerichtsdienerin fiel die Aufgabe zu, die fraglichen Artikel auszuschneiden. Besonders fiel zu tun bekam ihre Schere an jenem Tag, an dem die „Operation South" zu ihrem Höhepunkt kam. Auch wenn diese Operation weniger umfangreich und weniger wichtig als die „Operation Springtime" war, führte sie zur Verhaftung von mehreren Mitgliedern des Hells Angels Charters South sowie mehrerer Biker aus dessen Umfeld.

Éric Bouffard, Mitglied der Hells Angels, wurde im Zuge des „Projektes Ocean" verhaftet.

Unter denen, die am 26. Februar 2004 verhaftet wurden, war auch Éric Bouffard, der dabei erwischt wurde, wie er Geld zur illegalen Bank des Nomads Charters brachte. Bouffard, der bereits im Zuge des „Projektes Ocean" verhaftet worden war, hatte sich seinerzeit in allen Anklagepunkten schuldig bekannt und war schon wieder auf Bewährung frei, als er erneut festgenommen wurde. Die Ermittlungen konzentrierten sich auf das Charter Süd, das in Saint-Basile-le-Grand östlich von Montreal beheimatet war. Das Charter stand im Verdacht, dass es die Lücke im Drogennetzwerk geschlossen hatte, die durch den Schlag gegen die Nomads entstanden war. Zugleich ging es bei den Ermittlungen aber auch um Kreditwucher. Als die Verhaftungen vorgenommen wurden, landete die Aktion in den Schlagzeilen aller Tageszeitungen von Montreal, und in den Innenteilen fanden sich lange Berichte. Einige Anwälte scherzten, dass die Geschworenen an jenem Tag nicht schlecht darüber gestaunt haben dürften, wie zerfleddert ihre Morgenzeitungen waren.

Auch Giauque konnte sich während des langen Wartens auf den Spruch der Geschworenen ihren Sinn für Humor erhalten. Nach einem der morgendlichen Treffen mit Richter Beliveau sagte sie den wartenden Journalisten, dass sie und die Mitglieder ihres Teams sich die Zeit mit dem Ansehen von Spielfilmen auf DVD vertrieben. „Nur der Film «Das Urteil – Jeder ist käuflich» ist tabu." Der fragliche Film mit Gene Hackman und John Cusack war soeben auf DVD erschienen, er handelt von dem Versuch zweier Konfliktparteien, die Geschworenen durch Beeinflussung auf ihre Seite zu ziehen.

Die Damen und Herren Geschworenen

Es schien eine kleine Ewigkeit zu dauern, bis die Geschworenen endlich über die Anklagen beraten konnten, die aus dem „Projekt Rush" resultiert waren. Viele standen vor der Frage, ob das Einzahlen in eine illegale Bank, die Übernahme von Wachdiensten oder der Einsatz als

Bodyguard schon als Verbrechen einzustufen war. Noch länger hatte es allerdings gedauert, bis die Geschworenen an diesem Punkt angelangt waren. Ihre Auswahl hatte am 13. Januar 2003 begonnen. In etwas mehr als einem Jahr hatte die Jury an 118 Verhandlungstagen teilgenommen, und wenn sie nicht häufig auf Antrag der Verteidigung ausgeschlossen worden wäre, wären es noch mehr geworden.

Das Beweismaterial wurde den Geschworenen in zehn systematisch geordneten Blöcken vorgelegt. In einem ersten Schritt wurden sie darüber informiert, was im Zuge der „Operation Springtime" in den Wohnungen und Häusern der Biker beschlagnahmt worden war. Und anstatt die Beweiskraft der fraglichen Gegenstände pauschal anzuerkennen, bestand die Verteidigung darauf, jedes einzelne Detail haarklein zu prüfen. Das bedeutete, dass die an der Aktion beteiligten Beamten als Zeugen vorgeladen werden mussten. Die Verzögerungen, die daraus entstanden, bezeichnete Beliveau später als unnötig und überflüssig.

In einem zweiten Schritt wurde der Jury das umfangreiche Videomaterial gezeigt, das bei der verdeckten Ermittlung der Biker entstanden war. Es zeigte Clubmitglieder, die an einem Treffen teilnahmen, oder solche, die Wache standen. Interessant wurde es erst mit der dritten Etappe, bei der Videos präsentiert wurden, die Geheimtreffen der Rockers zeigten. Die Tipps hatte die Polizei von Dany Kane bekommen. Der fünfte Block umfasste Aussagen von Informanten, der siebte alle Beweise, die sich auf die Nomads-Bank bezogen.

Am 3. Februar 2004 konnte Giauque mit ihrem Schlussplädoyer beginnen und versuchen, den Geschworenen sämtliche Beweismittel, die ihnen vorgelegt worden waren, so in Erinnerung zu rufen, dass sie für die Schuld der Angeklagten sprachen. In einer ausgeklügelten Multimedia-Präsentation, die sich über vier Tage erstreckte, fasste Giauque zusammen, warum sich die Geschworenen stundenlang mit Videoaufzeichnungen und Tonaufnahmen hatten befassen müssen. Sie erinnerte an Dinge, die auf manchem Kirchgang besprochen worden waren, und wies darauf hin, dass das Gesagte den Vorwurf der Bandenkriminalität erhärtete. Bei einem Kirchgang war zum Beispiel diskutiert worden, wohin Éric „Pif" Fournier gehören sollte, wenn sich die Rockers in zwei Charter aufspalteten, um dadurch im Osten wie im Westen Montreals präsent sein zu können.

Aus den Aufnahmen ging hervor, dass Fournier von Louis „Melou" Roy als Bodyguard geschätzt wurde. Michel Rose und Roy hatten das Thema und sogar die Möglichkeit diskutiert, Fournier das Patch abzunehmen. Klar war aber auch, dass Roy Schutz benötigte und es für die anspruchsvolle Aufgabe kaum geeignete Männer gab. Zudem nahm man an, dass Fournier, seit er 1996 in Kontakt zu den Hells Angels kam, für den Club mehrere Morde begangen hatte.

Die Polizei fand zu ihrer Verwunderung heraus, dass Fournier einige Jahre nach seinem Beitritt zu den Rockers für mehrere Wochen von der Bildfläche verschwand, und zwar etwa zur selben Zeit wie sein Vorgesetzter Louis „Melou" Roy. Das langjährige Mitglied der Hells Angels wurde im Juni 2000 zum letzten Mal lebend gesehen, dann verschwand er spurlos. Die Polizei ging davon aus, dass der Club ihn beseitigt hatte. Roys Name war auch auf den Mitgliederlisten nicht zu finden, die der Polizei in die Hände fielen. Dort fanden sich hingegen die Namen von Männern wie Paul „Fon Fon" Fontaine und Richard Vallée, die abgetaucht waren und sich irgendwo versteckt hielten.

Als Fontaine im Mai 2004 gefunden wurde, hatte er mehr als sechs Jahre im Untergrund verbracht. Am 24. Juni 1998 war er zum Vollmitglied des Nomads Charters ernannt worden, und schon zu

Michel Rose

jener Zeit war er auf der Flucht. Als die Polizei ihn festnahm, hatte er sein Aussehen geändert und sich einen Bart wachsen lassen. Auch zugenommen hatte er. Er wurde nach Montreal gebracht, wo ihm eröffnet wurde, dass er sowohl wegen länger zurückliegenden Verbrechen wie dem Mord an einem Gefängnisaufseher als auch wegen jener Straftaten angeklagt werden würde, die Gegenstand des „Projektes Rush" waren. Nach Fontaines Verhaftung war David „Wolf" Caroll das einzige Mitglied des Nomads Charters auf freiem Fuß.

Ein weiterer Hinweis darauf, dass Roy ermordet worden war, ergab sich aus den Kontobewegungen bei der Nomads-Bank. Roys Konto war gelöscht, das Guthaben unter den Mitgliedern des Charters Trois

Rivières aufgeteilt worden. Und weil Roy und Fournier zeitgleich von der Bildfläche verschwunden waren, hatte die Polizei zunächst angenommen, dass beide das gleiche Schicksal ereilt hatte.

Doch irgendwann tauchte Pif wieder auf. Er wurde gegen Ende des Jahres 2000 in Jonquiere verhaftet, einem Ort in Quebec. Bei sich hatte er eine .375 Magnum und etwas Bargeld, von dem die Polizei annahm, dass es aus dem Handel mit Drogen stammte. Offenbar war Fournier nach dem Verschwinden von Roy angewiesen worden, die Öffentlichkeit zu meiden.

Wie erwähnt, war bei dem besagten Kirchgang auch Fourniers Mitgliedschaft in Frage gestellt worden. Aus den Aufnahmen ging aber auch hervor, wie erfolgreich die Rockers als Drogenhändler waren. In dem Video war zu sehen und zu hören, wie sich Normand „Pluche" Bélanger darüber beklagte, dass er nach jedem Kirchgang, bei dem er die üblichen zehn Prozent einsammelte, mit den Taschen voller Geld nach Hause ging.

Bei einem weiteren Treffen, an das Giauque die Geschworenen in ihrem Plädoyer erinnerte, hatte Dany Kane ein Abhörgerät getragen und der Polizei auf diesem Wege wichtige Beweise geliefert. Bei dem Treffen am 4. Juli 2000 in einem Restaurant hatte Robitaille verkündet, dass der Preis für ein Kilo Kokain künftig 50.000 Dollar betrage.

So konnte sich die Polizei davon überzeugen, wie einträglich der Drogenhandel für das Nomads Charter unterdessen geworden war. Robitaille trug dazu mit einem Abriss der Geschäftstätigkeit bei. Und schließlich berichteten die auf dem Treffen anwesenden Rockers, dass sie Monat für Monat zirka 30.000 Dollar an „Provision" einsammelten – was im Klartext bedeutete, dass sie mit dem Drogenhandel Monat für Monat mindestens 300.000 Dollar einnahmen.

Auf den Aufnahmen war zu hören, wie Paul Brisebois Robitaille nach den nördlichen Stadtteilen Montreals fragte, in denen Banden wie die Bo-Gars den Drogenhandel kontrollierten. Robitaille erwiderte, dass die Hells Angels grundsätzlich auf alle Gebiete Anspruch erhoben.

Pierre Laurin meinte daraufhin, dass man sich in den entsprechenden Gebieten ansiedeln und die dort herrschende Mafia unter Druck setzen sollte. Doch Robitaille wandte ein, dass ein solcher Schritt mit Mom besprochen werden müsse. Bis dahin sollten die Rockers das Hoheitsgebiet der „Italiener", wie er sich ausdrückte, respektieren.

Einer Ausweitung der Konkurrenten sollten sie jedoch nicht tatenlos zusehen. Dann forderte Robitaille die Rockers auf, auf die Qualität ihres Kokains zu achten. Das Nomads Charter lege viel Wert darauf, dass es unverschnitten in den Handel kam.

Giauque wies die Geschworenen darauf hin, dass aus den Aufnahmen klar hervorging, dass die Rockers auf Anweisungen der Hells Angels handelten. Die Rockers hatten zwar ein Mitspracherecht, aber am Ende entschied das Nomads Charter. Eine der für den Prozess entscheidenden Fragen war es, ob

Pierre „Peanut" Laurin

die Rockers von ihrem zehnprozentigen Anteil Waffen gekauft hatten. Wenn das bewiesen werden könnte, wären die Geschworenen leichter davon zu überzeugen, dass der Mord an missliebigen Menschen zum System gehörte, das der Club mitfinanzierte. Giauque verwies in diesem Zusammenhang besonders auf ein Treffen, bei dem Pierre Provencher einem anderen Clubmitglied erklärt hatte, dass der zehnprozentige Anteil für das Clubhaus und für „das hier" verwendet wurde. Auf dem Video war zu sehen, wie er zu den Worten mit den Fingern eine Pistole formte.

Dann erinnerte Giauque die Geschworenen daran, dass die Informanten mit ihren Aussagen nicht einzelne Personen belasten, sondern einen grundsätzlichen Einblick in die Struktur und Hierarchie des Clubs geben wollten. Sie fügte hinzu, dass sie aufgrund der vorliegenden Beweise auch ohne Informanten Anklage erhoben hätte. Deren Aufgabe sei es, die Beweise zu erhärten, indem sie etwa bestätigten, dass der Club mit dem verharmlosenden Ausdruck „Geschäfte" nichts anderes als den Drogenhandel meinte, oder erklären konnten, warum auf den Videos immer wieder zu sehen war, dass sich Mitglieder nur flüsternd unterhielten.

„Wenn ein schweres Verbrechen geschah, wussten nur wenige vertrauenswürdige Mitglieder, wer es begangen und wie es sich genau

Pierre Provencher

zugetragen hatte. Das geschah aus Gründen der Sicherheit, weil so auch Informanten nicht mit Sicherheit sagen konnten, wer für was verantwortlich war." So erklärte Giauque das Flüstern.

Die Staatsanwältin gab zu, dass auch die Informanten Kriminelle waren, die sich erst besonnen hatten, als sie in der Sackgasse steckten. „Die Verteidigung wird behaupten, dass sie das unglaubwürdig macht. Ich denke aber, dass wir ihnen Glauben schenken sollten, weil ihre Aussagen durch die Beweise bestätigt werden. Es sind sicherlich keine Männer, die wir zu uns nach Hause einladen würden. Aber alles, was sie gesagt haben, hat sich bestätigt."

Dann erklärte sie, warum sie Stéphane „Godasse" Gagné trotz des abscheulichen Mordes an zwei Gefängnisaufsehern in den Zeugenstand gerufen hatte. Gagné war für die erste Tat zum Striker der Rockers ernannt wurden, für die zweite winkte ihm die Vollmitgliedschaft. Daran möge die Jury ermessen, was man alles tun müsse, um es bis ins Nomads Charter zu schaffen.

Gagné sei ein wichtiger Zeuge, sagte Giauque, weil er die Sprache, die die Biker benutzten, „übersetzen" konnte. Wenn jemand „beschäftigt" war, hieß das im Klartext, dass er für das Nomads Charter im Einsatz war und nicht darüber reden wollte. Und dann fühlte sich Giauque genötigt zu erklären, warum sie Zeugen wie Peter Paradis vorgeladen hatte.

„Seine Situation war eine andere: Er gehörte zu den Feinden, denen mit den Enten auf dem Rücken." Mit der Bemerkung, für die sie einige Lacher erntete, spielte die Staatsanwältin auf das Abzeichen der Rock Machine an, das zwar den Kopf eines Adlers darstellen sollte, aber doch mehr an eine Ente denken ließ. „Und wer die Aufnäher sieht, weiß, warum die Hells Angels ihre Rivalen ‚Enten' genannt haben."

Ronald „Popo" Paulin (links), Mitglied der Rockers.

Obwohl Paradis, so Giauque weiter, einst einer der führenden Dealer in Verdun war, war er als Mitglied der Rock Machine so sehr vor die Hunde gekommen, dass er selbst seine täglichen Mahlzeiten irgendwo stehlen musste. Ungefähr zur selben Zeit hatte Pierre Provencher erklärt, dass die Rockers den Osten Montreals für sich beanspruchten, Orte im Westen der Stadt, so auch Verdun, aber noch erobert werden wollten.

In Giauques Augen war Paradis kein Informant, sondern ein gewöhnlicher Zeuge. Mit der Aussage gegen seine früheren Kameraden hatte er seine vertraglichen Pflichten bereits erfüllt. Als er sich entschloss, erneut mit der Polizei zusammenzuarbeiten, war er schon nicht mehr im Gefängnis. Doch statt seine wiedergewonnene Freiheit zu genießen, hatte er sich entschlossen auszusagen. Giauque gestand zu,

362

dass Stéphane Sirois möglicherweise Rache für seine geplatzte Hochzeit im Sinn hatte, als er sich entschloss, mit den Behörden zu kooperieren. Auch die Aussicht auf 100.000 Dollar war für einen Mann, der im Grunde pleite war, verlockend. „Aber Sirois hat unstrittig Beweise geliefert, die sich direkt gegen einzelne Mitglieder der Organisation richten", so Giauque.

Zu diesen Beweisen zählte eine Unterhaltung mit André Chouinard, bei der Sirois sich erkundigt hatte, was er tun könne, um die Gunst des Nomads Charters zurückzugewinnen. Chouinard hatte ihm geraten, Jean-Guy Bourgoin anzurufen und ansonsten weiter zu arbeiten und über ihre Rivalen so viele Informationen wie möglich zusammenzutragen.

Am 23. Dezember 1999 traf sich Sirois mit Chouinard und bat offiziell darum, Mitglied der Rockers werden zu dürfen. Chouinard erwiderte, dass darüber die Mitglieder einstimmig zu entscheiden hätten, von denen es zu jener Zeit 25 gab, und jeder hatte eine andere Meinung. Nicht einmal er selbst habe sie noch unter Kontrolle. Dann sprach Giauque das berühmt-berüchtigte Sushi-Essen und die Liste der Hells Angels an, auf der, wie Bourgoin behauptete, für jeden Rivalen ein Kopfgeld genannt war. Doch Bourgoin hatte auch gesagt, dass Sirois es auch ohne Mord zum Mitglied der Hells Angels bringen könne. Es würde nur länger dauern. Giauque erinnerte die Jury an den Teil der Aussage Gagnés, die sich um den geplanten Anschlag der Hells Angels auf das Clubhaus der Rock Machine in Verdun drehte.

„Es belegt, dass es nicht auf konkrete Personen ankam, sondern einzig auf die Frage, auf welcher Seite sie standen. Das wiederum beweist, dass es dem Club darum ging, Widersacher zu beseitigen, indem sie ermordet wurden."

Es geht ans Eingemachte

Tags darauf, am 4. Februar 2004, setzte Giauque ihr Plädoyer fort, indem sie die Beweise gegen jeden Angeklagten im Einzelnen würdigte. Dafür rief sie den Geschworenen bestimmte Ereignisse in Erinnerung, als Erstes ein Treffen auf Provenchers Farm, das viele einsitzende Rockers zum Anlass nahmen, sich per Telefon mit den Kameraden in

Verbindung zu setzen. Dabei erwähnte Ronald Paulin gegenüber Beauchamp, dass sich 30 Mitglieder der Rockers auf der Farm aufhielten.

„Wir gehen davon aus, dass die Hells Angels den Handel mit verschiedenen Arten von Drogen kontrolliert und damit große Gewinne erwirtschaftet haben. Und wir können nachweisen, wie das Geschäft abgelaufen ist", sagte Giauque. „Aus den Beweisen geht zweifelsfrei hervor, dass es sich nicht um unabhängige Drogendealer handelt, sondern um einen organisierten Zusammenschluss." Zudem ginge aus Videos hervor, dass Männer wie Beauchamp als Bodyguard für Michel Rose gearbeitet haben, der wiederum für die Nomads große Mengen Kokain ins Land geschmuggelt hat.

Sie erinnerte die Geschworenen daran, dass die Polizei in einem der Häuser von Luc Bordeleau mehrere Waffen und einen Kalender gefunden hatte, dem zu entnehmen war, dass er für die Hells Angels Informationen beschafft und zu diesem Zweck sogar Mitglieder ausspioniert hatte. Er verfügte auch über Aufzeichnungen, die das Café Cosenza betrafen, das zu Vito Rizzutos Stammlokalen gehörte. Hinter dem Spiegel in Bordeleaus Bad hatte die Polizei erhebliche Mengen Bargeld gefunden.

André Couture, ein Mitglied der Rockers.

Als Giauque auf André Couture zu sprechen kam, erwähnte sie ein Video, das ihrer Ansicht nach dessen Verstrickung in Robitailles Drogengeschäfte bewies. Und Couture hatte sich quasi selbst ans Messer geliefert, indem er bei einem der abgehörten Treffen offen darüber gesprochen hatte.

„Schon die bloße Anwesenheit auf einem dieser Treffen kann als Beweis gelten. Vollmitglieder müssen daran teilnehmen, oder sie laufen Gefahr, bestraft zu werden beziehungsweise sich gegenüber den Nomads verantworten zu müssen. Schon die bloße Anwesenheit dient also dem Club und der Durchsetzung seiner Interessen."

Am 27. April 2000 gab Couture bei einem Clubtreffen in einem Motel bekannt, dass Dubois den Club verlassen hatte. Daraufhin wurde er daran erinnert, dass er der Clubkasse noch 3.400 Dollar schuldete. Er erwiderte, dass er das Geld locker bezahlen könne. Die Schulden stammten noch aus seiner Zeit im Gefängnis – ein deutlicher Hinweis darauf, dass seine Geschäfte auch dann noch weiterliefen, als er hinter Gittern war.

Seit er sich den Rockers angeschlossen hatte, hatte Couture regelmäßig mit der Polizei zu tun gehabt. Am 29. November 1997 wurde er in Hochelaga Maisonneuve verhaftet. Zwei Polizisten auf Streife war aufgefallen, dass er mehrfach am Clubhaus der Hells Angels in der Bennett Street vorbeigefahren war und schließlich an einem ehemaligen Eisenbahnübergang geparkt hatte. Als die Beamten seine Papiere kontrollierte, öffnete er das Handschuhfach. Darin lag ein glänzender verchromter Revolver.

Couture weigerte sich auszusteigen. Und als die Beamten ihn festnehmen wollten, rief jemand aus dem Anwesen der Hells Angels: „Wenn ihr ihn tötet, töten wir euch." Einer der beiden Beamten sagte später aus, dass er in diesem Moment so schnell wie möglich verschwinden wollte, weil er wusste, wer die Bewohner des Hauses 2101 Bennett Street waren.

Couture hatte eine Sporttasche bei sich, in der sich ein Stapel Papiere und ein Notizblock befanden. Aus unerfindlichen Gründen war Couture damit einverstanden, dass sich die Polizei davon Kopien anfertigte. Wegen Waffenbesitzes wurde Couture zu einer Geldstrafe von 350 Dollar verdonnert, die Haft wurde für zwei Jahre auf Bewährung ausgesetzt.

Doch genau diese Papiere enthielten Beweise, die in dem nun anstehenden Prozess gegen Couture verwendet werden konnten. Seine Anwälte forderten die Herausgabe der Unterlagen, weil sie aus einem früheren Verfahren stammten. Der Antrag wurde abgelehnt. So konnte anhand der Papiere nachgewiesen werden, dass Couture für Normand Robitaille gearbeitet und bei säumigen Zahlern Geld eingetrieben hatte. Zu den Papieren gehörte auch eine Liste mit Aufgaben, darauf fanden sich Einträge wie „das Auto entwanzen".

Stéphane „Godasse" Gagné berichtete später, wie sehr sich Robitaille über Couture aufgeregt hatte, als er erfuhr, dass die Polizei die Papiere fotokopieren durfte. Schließlich waren sie auch Couture nur vorübergehend anvertraut worden. Gagné zufolge waren sie für Robitaille und das Nomads Charter sehr wichtig, weil sie Informationen über den Drogenhandel und die Namen der wichtigsten Kunden enthielten, darunter auch einer von Gagnés Brüdern. Zudem ging aus den Unterlagen hervor, dass Robitaille damit begonnen hatte, über die Mitglieder des Nomads Charters Informationen zusammenzutragen, um zu verhindern, dass sich einer von ihnen der Polizei als Informant anbieten könnte. Gagné sagte aus, dass Maurice „Mom" Boucher eines Tages alle, die für ihn arbeiteten, angewiesen hatte, ihm sämtliche persönlichen Informationen auszuhändigen, darunter auch Dinge wie die Sozialversicherungsnummer. Und so fanden sich in den Unterlagen auch die entsprechenden Daten von Donald „Pup" Stockford und Walter „Nurget" Stadnick, den beiden Männern im Nomads Charter, die aus Ontario stammten.

Bruno Lefebvre

Gegen Ende ihres Plädoyers kam Giauque im Detail auf die Beweise zu sprechen, die die Staatsanwaltschaft gegen jeden einzelnen Angeklagten zusammengetragen hatte. So seien bei der Durchsuchung von Bruno Lefebvres Haus in Sainte-Marthe-sur-le-Lac westlich von Montreal in der Küche Unterlagen gefunden worden, die darauf hindeuteten, dass Lefebvre das Haus für 435.000 Dollar verkaufen wollte. Zudem lastete auf der Immobilie eine Hypothek in Höhe von 150.000 Dollar. Die Polizei fand aber auch ein Dokument, laut dem Lefebvre bei einer Firma arbeitete, die ihm wöchentlich 317 Dollar netto auszahlte. Und doch hatte er es sich leisten können, beim Kauf des Hauses 50.000 Dollar in bar anzuzahlen. Zudem fuhr er mit einem nagelneuen Cadillac durch die Gegend. Stéphane Sirois zufolge war Lefebvre zu den Rockers gestoßen, als er für Pierre Provencher in Verdun mit Drogen handelte. Das war zwischen 1996 und 1998. Doch schon 1997 hatte er sich für den Club beinahe geopfert, als er bei dem Versuch, ein Drogenversteck der Rock Machine auszuheben, angeschossen wurde. Die Kugel kam interessanterweise aber nicht aus einer Waffe der Rock Machine.

Der Informant Aimé Simard hatte einige Jahre zuvor bei einem Prozess ausgesagt, dass Lefebvre schon nach wenigen Minuten klar gewesen sei, dass der Schuss versehentlich von einem Mitglied der Rockers abgegeben worden war. Nun standen sie vor der heiklen Aufgabe, einen Arzt finden zu müssen, der die Kugel aus Lefebvres Oberkörper entfernte, ohne die Polizei darüber zu informieren.

Bei den Beweisen gegen Richard „Dick" Mayrand konzentrierte sich Giauque auf seine Rolle bei dem kurzfristigen Friedensschluss zwischen der Rock Machine und den Hells Angels. Mayrand hatte an dem Essen im Bleu Marin teilgenommen, bei dem der Waffenstillstand verabredet worden war. „Und wer an dem Treffen teilgenommen hat, hatte auch die Macht, den Krieg, der schon seit zwei Jahren tobte, zu beenden, denn er gehörte zur Spitze einer der beiden Organisationen", argumentierte Giauque.

Mithilfe von Tonbandaufzeichnungen wollte sie zudem belegen, dass Mayrand von Anfang an eine führende Position in der Hierarchie des Nomads Charters eingenommen hatte, in erster Linie dann, wenn es um diplomatische Fragen ging. Am 28. November 2000 hörte die Polizei mit, als Mayrand gegen 21 Uhr mit George Wegers telefonierte, dem Anführer der Bandidos aus den USA. Wegers lebte im Bundesstaat Washington. Das Gespräch war kurz, aber höflich, erst recht wenn man bedenkt, dass die Anführer von zwei rivalisierenden Clubs miteinander sprachen.

„Wie geht's?" fragte Wegers. Mayrand lachte und erwiderte: „Es könnte besser gehen." Dann wiederholte er seine Bereitschaft, in ein Flugzeug zu steigen und sich mit Wegers irgendwo zu treffen und „Nägel mit Köpfen zu machen".

Offenbar war Mr. Mayrand von den Hells Angels dazu auserkoren worden, sich für Verhandlungen mit den Bandidos zu treffen", sagte Giauque und fügte hinzu, dass es in dem Gespräch fraglos um den Bikerkrieg gegangen sei. „Das dürfte auch den Letzten davon überzeugen, welch wichtige Stellung Mr. Mayrand in dem Club bekleidete."

Den Geschworenen nicht sagen durfte Giauque, dass die Polizei ihn bei dem Treffen mit Wegers beschattet hatte. Guy Ouellette von der Sûreté wurde davon in Kenntnis gesetzt, dass das Treffen in British Columbia stattfinden sollte. Aufgrund von Erfahrungen aus der Vergangenheit nahm Ouellette an, dass sich Mayrand und Wegers im Peace Arch Park treffen würden, der sich unmittelbar auf der Grenze zwischen Kanada und den USA befindet. Der Park ist eine Art Niemandsland, was den beiden die Möglichkeit gab, sich zu treffen, ohne dass einer die Grenze passieren musste. Beide waren mehrfach vorbestraft und liefen Gefahr, an der Grenze des jeweils anderen Landes abgewiesen zu werden. Wegers war sogar schon einmal verhaftet worden, weil er sich mit Mitgliedern der Rock Machine in Quebec hatte treffen wollen.

Die Polizei sah einen Zusammenhang zwischen dem Treffen und einem Vorfall, der sich eine Woche zuvor bei einem Motorradtreffen in Europa zugetragen hatte. Daran hatten mehrere Mitglieder der Rock Machine teilgenommen, um sich bei der Gelegenheit auch damit vertraut zu machen, wie ihre neuen Patches aussahen, die sie von den Bandidos übernehmen sollten. Offiziell herrschte zwischen den Hells Angels und der Rock Machine Waffenstillstand. Tonaufnahmen belegen jedoch, dass Mayrand David „Gyrator" Giles anrief, der das Charter Montreal verlassen hatte, um in British Columbia eine neue „Filiale" der Hells Angels zu gründen. Ihn bat er um die Abstellung von Bodyguards für das Treffen. Giles versprach sich darum zu kümmern.

Am 30. November 2000 traf sich Mayrand mit Wegers im Peace Arch Park, die Polizei sah aus der Ferne zu. Mayrand war in Begleitung von zwei Leibwächtern gekommen: Rick Ciarnelo und John Bryce. Auch Wegers hatte Verstärkung mitgebracht. Die beiden Anführer unterhielten sich eine Weile, wobei Mayrand die aktivere Rolle übernahm. Wegers hörte meistens nur ausdruckslos zu. Das Treffen endete ohne besondere Zwischenfälle. Danach zu urteilen, was sich unmittelbar anschließend zutrug, muss Mayrand Wegers klargemacht haben, dass die Hells Angels es nicht tatenlos hinnehmen würden, wenn sich die Mitglieder der Rock Machine aus Quebec und aus Ontario den Bandidos anschließen würden.

Schon wenige Tage nach dem Treffen mit Wegers wurde deutlich, dass Mayrand die Gründung eines neuen Charters der Hells Angels in Ontario vorbereitete. Am 7. Dezember 2000 besprachen Mayrand und Mathieu am Telefon die Bestellung von hundert neuen Patches der Hells Angels. Am 12. Dezember ging es bereits um 160 Patches, vor allem aufgrund des Einsatzes von Donald „Pup" Stockford. Die Polizei hörte mit, als Mayrand Jacques Emond, ein langjähriges Mitglied das Charters Sherbrooke, die guten Nachrichten übermittelte. Emond hatte früher in British Columbia gelebt und wohl noch immer gute Verbindungen dorthin.

„In acht Tagen ist es also so weit?" fragte Emond und meinte damit die geplante Aufnahme neuer Mitglieder in Sorel.

„Genau."

„Dann weiß ich Bescheid."

„Passt dir das?"

„Ich werde mal die Leute im Westen informieren."

„Die und dein Charter", erwiderte Mayrand, ehe er sich von Emond verabschiedete. Giauque wies die Geschworenen darauf hin, dass solche Telefonate belegten, wie weit oben Mayrand in der Clubhierarchie stand.

„Die Verteidiger werden Ihnen weiszumachen versuchen, dass Mayrand den Nomads erst am 12. Januar 2000 beigetreten ist und alles, was vor diesem Tag stattgefunden hat, irrelevant ist. Ich kann mir nicht vorstellen, dass Sie ihnen das abnehmen. Hält einer von Ihnen es für möglich, dass Mayrand mehr als 15 Jahre Mitglied der Hells Angels ist, aber angeblich nur freundschaftliche Kontakte zu den Mitgliedern unterhält? Das ist ausgeschlossen", sagte sie.

Als Giauque über Sylvain Moreau sprach, wies sie auch darauf hin, dass aus den Stempeln in seinem Pass hervorging, dass er am 4. November nach Barbados und im Februar 2001 nach Cancun gereist war. Giauque meinte, dass das für einen Mann, der in zwei Wochen offiziell 511 Dollar verdiente und für 1999 ein Jahreseinkommen von 10.915 Dollar angegeben hatte, ziemlich kostspielige Reisen seien.

Gewichtige Argumente

„Alle Straftaten wurden mit dem Ziel begangen, jene Konkurrenten auszuschalten, die namentlich in der Anklageschrift genannt sind, und sie können jedem der Angeklagten nachgewiesen werden", sagte Giauque und leitete so den Abschluss ihres Plädoyers ein. Selbst Gegenstände, die bei den Angeklagten beschlagnahmt worden waren und zunächst eher unwichtig und banal gewirkt hatten, waren inzwischen wichtige Beweismittel.

„Die Staatsanwaltschaft geht davon aus, dass die gefundenen Gegenstände belegen, dass es zwischen den Angeklagten eine Absprache gegeben hat und dass sie in allen Anklagepunkten als Beweismittel dienen können, weil sie dafür verwendet wurden, um ein allen gemeinsames Ziel zu erreichen. Nehmen wir nur die Abzeichen, die wir auf verschiedenen Kleidungsstücken gefunden haben, die Listen mit den Telefonnummern aller Mitglieder, die Trophäen und Medaillen, die Glückwunschkarten, die Fotos von Freunden und von Feinden, aber auch die Landkarte, die Waffen, das Geld, das gefunden wurde, und das Geld, das in der Nomads-Bank steckte. All das hatte nur einen Zweck, nämlich den, den Zusammenhalt im Club, seine Sichtbarkeit und seine Vormachtstellung zu verstärken."

Die Staatsanwältin betonte erneut die Wichtigkeit der Videos, die sich die Jury hatte ansehen müssen, obwohl darauf nichts anderes zu sehen war als Clubmitglieder, die vor irgendwelchen Restaurants oder Hotels Schmiere standen.

„Sie belegen die Wichtigkeit des Clubs und seiner Hierarchie. Nehmen wir nur die Wach- und Schutzaufgaben, die die Rockers für die Nomads übernahmen. Es war ihre Pflicht", so Giauque. „Das gemeinsame Ziel findet seinen Ausdruck am ehesten in dem sogenannten Kirchgang. Wer sich diese Veranstaltungen näher anschaut, dem wird auf Anhieb einsichtig, dass sie dem Funktionieren des Clubs und seiner vielfältigen Aktivitäten dienten. Einen anderen Grund und Anlass gibt es nicht. Die Treffen wurden vor der Öffentlichkeit geheim gehalten, Anwesenheit war Pflicht. Wer fehlte, musste sich rechtfertigen. Der Gedanke, dass wir selbst einmal an einem solchen Treffen teilnehmen könnten, verbietet sich. Wir kommen an eine verschlossene Tür, öffnen sie und setzen uns dazu? Ausgeschlossen."

Auch die Tonbänder, die den Geschworenen präsentiert worden waren, verrieten viel über das Leben des Nomads Charters und der Rockers. Vor allem die Telefonate, die Clubmitglieder im Gefängnis führten, waren aufschlussreich.

„Selbst hinter Gittern bekämpften sie ihre Feinde. Selbst in Haft änderten sie ihre Haltung nicht. André Couture und Sylvain Moreau konnten aus dem Gefängnis sogar ihre zehnprozentige Abgabe weiter leisten", zählte Giauque auf. „Was das Geschäft anging, blieb im Gefängnis alles beim Alten. Und dass sie in Haft waren, bedeutete nicht, dass sie an den Aktivitäten des Clubs nicht mehr teilnehmen konnten oder sich ausgeschlossen fühlen mussten. Im Gegenteil, wer hinter Gittern saß, dem wurde besonders viel Aufmerksamkeit zuteil."

Schließlich kam die Staatsanwältin auf den Anklagepunkt der schweren Bandenkriminalität zu sprechen. „Meines Erachtens geht aus den vorgelegten Beweisen zweifelsfrei hervor, dass die Clubmitglieder regelmäßig Straftaten begangen haben, für die Strafen von fünf Jahren und mehr gerechtfertigt sind. Und diese Straftaten wurden gemeinsam und im Wissen aller begangen. Also wussten auch alle, dass im Namen des Clubs mit verbotenen Substanzen gehandelt wurde."

„Ich wiederhole, dass die Mitgliedschaft bei den Hells Angels allein nicht strafbar ist. Wir haben aber zweifelsfrei nachgewiesen, dass der Club eine kriminelle Vereinigung ist. Eine kriminelle Vereinigung wiederum wird aus ihren Mitgliedern gebildet, und die sind es auch, die die Verbrechen begehen."

Als die Verteidiger an der Reihe waren, legten sie das Hauptgewicht ihrer Plädoyers darauf, dass die Staatsanwaltschaft in ihren Augen keine stichhaltigen Beweise für die unmittelbare Beteilung ihrer jeweiligen Mandanten vorgelegt hatte. Das vielleicht schlagkräftigste Argument, das die Verteidiger vorbrachten, stammte von Lucie Joncas, der Verteidigerin von Sebastien Beauchamp, die sagte, dass für die Verurteilung ihres Mandanten „intellektuelle Verrenkungen" nötig seien, die „einem Schlangenmenschen im Cirque du Soleil" zur Ehre gereichen würden. Und um die Glaubwürdigkeit eines der wichtigsten Zeugen der Anklage zu erschüttern, beschrieb Joncas Serge Boutin als Mann, der einzig von der Wut über die Schmähungen getrieben wurde, die seine Frau hatte erdulden müssen.

„Es gibt einen Informanten, der meinen Mandanten hängen sehen will, und das ist Serge Boutin", erklärte Joncas. Sie erinnerte die Jury an eine Tonaufnahme einer Unterredung vom 7. Oktober 2000, als Boutin zwar schon in Haft, aber noch nicht Informant war und wegen des Todes von Claude De Serres mit einer Anklage wegen Mordes rechnen musste. Boutin war außer sich vor Wut darüber, dass ein Mann, der nicht einmal Vollmitglied der Rockers war, seine Frau auf einem Clubfest beleidigt hatte. Zu diesem Zeitpunkt stand Beauchamps Aufnahme in den Club unmittelbar bevor. Boutin behauptete, dass zwei oder drei Freunde ihn im Gefängnis über das Ereignis informiert hatten. Provencher, der sich der Explosivität der Situation offenbar bewusst war, versuchte noch, die Wogen zu glätten.

„Wusste er denn nicht, dass er meine Frau vor sich hatte?" fragte Boutin.

„Du kennst ihn doch", erwiderte Provencher.

„Es ist egal, ob er es wusste oder nicht. Man muss aufpassen, was man sagt."

„Das stimmt."

„Egal, wer die Frau ist."

„Manche verlieren halt gelegentlich die Kontrolle über sich", wandte Provencher ein.

„Hm."

„Wenn man zu viel getrunken hat, zum Beispiel."

„Das soll vorkommen."

„Und am nächsten Morgen hat er sich ja auch entschuldigt."

Joncas behauptete, dass Boutin mit der Entschuldigung nicht zufrieden war und deshalb ausgesagt hat, dass Beauchamp in der Saint Denis Street für die Hells Angels Drogen verkauft hatte. Beweisen wollte sie diese These mit dem Hinweis auf eine andere Unterhaltung, die eine Woche später stattfand und ebenfalls mitgeschnitten wurde. Zu hören ist, wie Boutin Beauchamp gegenüber einem anderen Mitglied der Rockers einen Verrückten nennt und ankündigt, den Dingen auf den Grund zu gehen, sobald Beauchamp aus dem Gefängnis entlassen würde.

Der Anwalt Jean-Pierre Sharp widmete sich dem vermeintlich klarsten Beweis gegen seinen Mandanten Bruno Lefebvre und versuchte, ihn zu entkräften. Vor seiner Festnahme besaß Lefebvre ein Haus in Sainte-Marthe-sur-le-Lac, das er für 435.000 Doller verkaufen wollte. Gekauft hatte er es für 200.000 Dollar und 50.000 Dollar in bar angezahlt, obwohl er angeblich wöchentlich nur 370 Dollar verdiente. Sharpe vertrat die Ansicht, dass dieses Detail nicht als Beleg dafür verstanden werden durfte, dass sein Mandant mit Drogen gehandelt hatte. „Es gibt viele, die mit solchen Immobiliengeschäften ihren Lebensunterhalt verdienen", sagte er. „Nehmen wir nur Donald Trump. Wollen Sie ihn deshalb vor Gericht zerren?"

Guy Quirion, der Éric „Pif" Fournier vertrat, versuchte die Geschworenen davon zu überzeugen, dass die Angeklagten Opfer einer

Verschwörung der Behörden waren. Dafür wies er auf die Ungereimtheiten hin, die vor allem die Entstehung der geheimen Mitschnitte betrafen, und beschuldigte die Polizei, Beweisstücke manipuliert zu haben, so etwa die Alben mit Fotos von führenden Mitgliedern der Alliance.

Lise Rochefort, die Anwältin von Ronald „Popo" Paulin, versuchte die Jury auf humorvolle Art und Weise für sich zu gewinnen, indem sie vorschlug, dass alle an dem aufwendigen Verfahren Beteiligten ein T-Shirt mit der Aufschrift „Ich habe Gouin überlebt" bekommen sollten. Das war der Name der Straße, an dem das Gebäude stand, das eigens für den Prozess errichtet worden war. Ihren Mandanten verglich sie mit einem kleinen Jungen, der unbedingt in einer Eishockeymannschaft spielen wollte, aber nicht Schlittschuhlaufen konnte.

„Dieser Junge übernimmt für das Team bereitwillig niedere Dienste, gehört aber selbst nicht zum Team dazu", sagte sie und erinnerte die Geschworenen daran, dass sie den Mitschnitt eines Gesprächs gehört hatten, in dem ein Mitglied der Rockers über Paulin sagte, dass der für den Club nichts weiter tue, als T-Shirts und Anstecker zu besorgen.

Nachdem Richter Beliveau die Geschworenen an ihre Aufgaben und Pflichten erinnert hatte, zogen sie sich zurück, um über all das zu beraten, was sie im zurückliegenden Jahr gehört und gesehen hatten. Bis sie zu einem einhelligen Urteil fanden, sollten zwölf lange Tage vergehen.

Die Urteile

Am 1. März 2004 herrschte in Montreal außergewöhnlich gutes Wetter. Statt wie ein Löwe über die Stadt herzufallen, sandte die Sonne ihre sanften Strahlen aus und rief den Menschen ins Bewusstsein, dass der Frühling nahte. In einem Park, kaum einen Kilometer vom Gerichtsgebäude entfernt, stand schweres Gerät bereit, um die Eisschollen zu entfernen, die mit der einsetzenden Wärme über die Ufer des Rivière des Prairies drängten. Die Menschen, die zum Gericht am Gouin Boulevard drängten, konnten die Arbeiter sehen, die sich an großen Eisklumpen zu schaffen machten, um eine Überflutung von Laval am anderen Ufer zu verhindern. Die Nachricht, dass die Geschworenen sich geeinigt hatten, wurde am frühen Nachmittag publik.

Aufgrund der Vielzahl der beteiligten Anwälte lag zwischen dem Moment, in dem die Jury Richter Beliveau informierte, und der tatsächlichen Bekanntgabe der Urteile eine kleine Ewigkeit. Éric „Pif" Fournier vertrieb sich die Wartezeit damit, dass er in dem gläsernen Käfig, in dem die Angeklagten untergebracht waren, hin und her lief. Er wirkte wie ein Raubtier im Zoo. Sein Clubkamerad André Couture tat es ihm gleich. Richard „Dick" Mayrand wirkte hingegen vergleichsweise entspannt. Er scherzte mit seinem Anwalt, mit dem er per Telefon verbunden war. Mayrand zuckte häufiger mit den Schultern, als ginge es ihn nichts an, welches Urteil ihn erwartete. Kaum hatte er das Gespräch mit seinem Anwalt beendet, scherzte er mit Beauchamp weiter.

Doch je länger das Warten dauerte, desto größer wurde die Anspannung im Gericht. Beliveau fühlte sich genötigt, das Publikum zu ermahnen. Wem der Druck zu groß wurde, solle den Saal verlassen. Er wollte jede Gefühlsäußerung bei der Urteilsverkündung vermeiden.

Als die Geschworenen den Saal betraten, waren ihre Augen starr auf die Angeklagten gerichtet. Nachdem sie Platz genommen hatten, dankte Beliveau ihnen für die geleistete Arbeit und die Opfer, die sie dafür erbracht hatten. In den Dank bezog er auch ihre Verwandten ein, die den langen Prozess klaglos ertragen hatten. Dann forderte er den Sprecher der Jury, einen jungen Mann, auf, die Urteile zu verkünden.

Gemäß dem Alphabet wurde das Urteil gegen Beauchamp als erstes verlesen. Einige Zuschauer schnappten nach Luft, als sie hörten, dass das Urteil im ersten Anklagepunkt „nicht schuldig" lautete. Doch weil Beauchamp schon fast seit Beginn des „Projektes Rush" hinter Gittern saß, waren diejenigen, die den Prozess aufmerksam verfolgt hatten, nicht sonderlich überrascht darüber, dass ihm die geplanten Morde an Mitgliedern der Alliance nicht angelastet wurden. Schuldig gesprochen wurde er hingegen in den Anklagepunkten gewerbsmäßiger Drogenhandel und Bandenkriminalität. Trotzdem war Beauchamps Reaktion ziemlich eindeutig: Er hatte ein Lächeln auf den Lippen, das von einem Ohr zum anderen reichte, und seiner Verteidigerin Lucie Jonas blinzelte er so offenkundig zu, dass man es auch aus den hinteren Reihen erkennen konnte.

Die anderen acht Angeklagten wurden in allen drei Anklagepunkten für schuldig befunden. Luc „Bordel" Bordeleau wirkte ziemlich erstaunt, als der Sprecher der Jury dreimal hintereinander das Wort „schuldig" aussprach. Dann wandte er seinen Blick dem Publikum zu, wo seine Augen nach einem Freund suchten. Er zeigte keinerlei Emotionen. Alain Dubois schien über das Urteil regelrecht erbost. Er hatte die Arme vor dem Bauch verschränkt, und sein Gesicht wurde puterrot. Ganz unerwartet schien das Urteil aber nicht zu kommen. Er war als Einziger der Angeklagten auf freiem Fuß, und zum Tag der Urteilsverkündung hatte er eine mit Kleidung gefüllte Sporttasche mitgebracht. Als er in die gläserne Zelle zu seinen Kumpanen geführt wurde, kochte er innerlich vor Wut. Einer der Rockers versuchte einen Scherz zu machen, aber Dubois war nicht nach Lachen zumute. Er zischte dem anderen zu, er solle seinen Mund halten. Paulin saß schweigend daneben und schüttelte nur gelegentlich ungläubig den Kopf. Die schlimmsten Taten, für die er bis dahin verurteilt worden war, waren die Erschleichung von Arbeitslosengeld und die Vernachlässigung seines Hundes. Nun bescheinigten ihm die Geschworenen, dass er ein Verbrecher und Schwerkrimineller war.

Das Strafmaß

Nun stand nur noch die Entscheidung aus, welche Strafe die Verurteilten bekommen würden. Einige Wochen nach der Urteilsverkündung, am 22. März, kam das Gericht erneut zusammen und beriet darüber, welches Strafmaß angemessen war. Giauque plädierte für eine drastische Strafe, weil sich keiner der Angeklagten schuldig bekannt hatte. Luc „Bordel" Bordeleau musste laut auflachen, als Giauque für Richard „Dick" Mayrand eine Haftstrafe von 29 Jahren vorschlug. Er lachte erneut, als sie hinzufügte, dass sie für ihn selbst 24 Jahre für angemessen hielt. Alain Dubois stand am Ende dieser „Rangliste". Doch obwohl er nur wenige Monate Mitglied der Rockers gewesen war, forderte Giauque für ihn 14 Jahre Gefängnis.

Die erwogenen Strafen waren nicht aus der Luft gegriffen, wenn man bedenkt, dass erst zwei Wochen zuvor zwei Mitglieder des Nomads Charters, André Chouinard (der den Club kurz vor Abschluss der „Operation Springtime" verlassen hatte) und Michel Rose, wegen ähnlicher Vergehen trotz eines Schuldeingeständnisses 20 Jahre aufgebrummt bekommen hatten. Anders als Mayrand hatten sie der Provinz die Kosten für ein langwieriges Verfahren erspart. Andere Mitglieder wie Mathieu und Robitaille hatten sich gegen die Zusage, maximal 20 Jahre Haft zu bekommen, ebenfalls schuldig bekannt.

Bevor sich die Vertreter der Verteidigung ihrerseits zum Strafmaß äußerten, forderte François Bordeleau befremdlicherweise das Verbot der Veröffentlichung der Namen von Zeugen, die seinem Mandanten Bruno Lefebvre einen guten Charakter bescheinigt hatten. Zur Begründung sagte er, dass er Zeugen aufbieten könne, die nur aussagen würden, wenn ihre Namen geheim blieben. Zu den Personen gehörte der Betreiber eines Golfplatzes, der zwar für Lefebvre aussagen, aber nicht mit den Hells Angels in Zusammenhang gebracht werden wollte. Richter Beliveau brachte für die Haltung zwar ein gewisses Verständnis auf, lehnte den Antrag jedoch ab.

Auch für Paulin wollte ein Zeuge aussagen, und zwar der Besitzer jenes Geschäfts, in dem Paulin in all den Jahren die T-Shirts mit dem Hells-Angels-Abzeichen hatte anfertigen lassen. Das Geschäft lief so gut, dass der Ladeninhaber Paulin im Jahr 2000 angestellt hatte, nachdem der die Rockers verlassen hatte.

Zeugen beschrieben Dubois als liebevollen Vater eines eishockeybegeisterten Sohnes, den er häufig zu seinen Spielen begleitete. In seiner Freizeit leistete Dubois ehrenamtliche Verbandsarbeit und stellte sich als Schiedsrichter zur Verfügung. Nach seiner Entlassung aus dem Gefängnis arbeitete er weniger, um sich häufiger bei Eishockeyturnieren von Kinder- und Jugendmannschaften engagieren zu können.

„Ich kenne kein Kind, bei dem Dubois nicht beliebt wäre", sagte ein Zeuge. Eine Zeugin, die die Familie Dubois seit vielen Jahren kannte, ergänzte: „Diese Familie hat noch Werte." Diese Worte hörte auch Jean-Guy Dubois, Dubois' Vater und ein verurteilter Mörder, der im Publikum saß.

Am 8. April 2004 konnte Beliveau endlich für jeden Angeklagten das Strafmaß verkünden. Das 69-seitige Urteil über die Angeklagten enthielt zugleich ein Urteil über die Arbeit der Staatsanwaltschaft. Mit ihr kam Beliveau darin überein, dass zumindest für Bordeleau, Couture, Fournier, Lefebvre, Mayrand und Moreau eine exemplarische

Strafe angemessen war. Er gestand zwar ein, dass es nicht erwiesen war, dass Bordeleau und Fournier für die Hells Angels mit Drogen gehandelt hatten. Bewiesen hingegen sei es, dass alle Mitglieder der Rockers zehn Prozent ihres Einkommens an den Club abgeführt hätten, was im Umkehrschluss bewiese, dass die beiden mit irgendetwas Geld verdient haben mussten. Fest stehe auch, dass Fournier bei mehreren Gelegenheiten Wachdienst übernommen und Bordeleau den Einsatz koordiniert hatte. Damit hätten sie zum Funktionieren des Drogennetzwerkes zumindest beigetragen.

Dubois billigte Beliveau zu, dass er offenbar schon sehr lange als Drogenhändler gearbeitet hatte. Der Rückzug von den Rockers nach nur wenigen Monaten bringe aber zum Ausdruck, dass er nicht an die Werte des Clubs glaubte. Zu diesen Werten gehörte die Überzeugung, dass man mit dem Beitritt auch eine Lebenshaltung übernimmt. In seiner Urteilsbegründung zitierte Beliveau Sylvain Laplante, der einmal gesagt hatte, dass man entweder kein Hells Angels war, oder man war es rund um die Uhr.

Paulins Engagement für den Club bewertete Beliveau als „mittel". Denn auch wenn er die Werte des Clubs offensichtlich teilte, gab es keinerlei Hinweise darauf, das er sich an den wichtigen Aktivitäten beteiligt hatte. Daher sah er einzig für Paulin und Dubois eine Chance auf Resozialisierung. Den Vergleich mit einem kleinen Jungen, den Paulins Anwältin angestellt hatte, fand der Richter treffend. Dennoch legte er Wert auf die Feststellung, dass auch

Sylvain Laplante

Luc „Bordel" Bordeleau (links) und René Charlebois (rechts)

das Verrichten niederer Dienste eine Gefahr für die Gesellschaft darstellte, wenn es im Zusammenhang mit den Hells Angels geschah. Ebenso wenig konnte er ignorieren, dass Paulin nie einer geregelten Arbeit nachgegangen war und sich als junger Erwachsener den Rockers angeschlossen hatte. Dort war er sechs Jahre lang geblieben, obwohl er wusste, was die Mitglieder taten und ließen.

Beliveau sprach freimütig auch das Verhalten einiger Verteidiger während des Prozesses an. Als aufgerechnet wurde, wie viele Jahre acht der neun Angeklagten bereits hinter Gittern verbracht hatten, kam Beliveau nicht umhin, die Verzögerungstaktik zu kritisieren, auf die sich manche Verteidiger verlegt hatten. Seiner Überzeugung nach hätte der Prozess in der Hälfte der Zeit beendet werden können, wenn sich manche Verteidiger nicht immer wieder geweigert hätten, bestimmte Tatsachen anzuerkennen. Er wies zudem darauf hin, dass in dem Verfahren gegen Donald Stockford und Walter Stadnick, das gerade begonnen hatte und bei dem auf Englisch verhandelt wurde, die beteiligten Verteidiger 213 Änderungsanträge zurückgezogen hatten, so dass der Staatsanwalt Randall Richmond nur vier Verhandlungstage und einige Flaschen Wasser benötigt hatte, um die Anklageschrift zu verlesen.

Für Sebastien Beauchamp hielt Beliveau acht Jahre Haft wegen Drogenhandels und weitere fünf Jahre für die Beteiligung an schwerer Bandenkriminalität für angemessen.

Dann wies Beliveau auf das Vorstrafenregister von Luc Bordeleau und seine lange Mitgliedschaft bei den Hells Angels hin, die ihn schließlich und endlich zu den Nomads führte. Der Richter verurteilte ihn zu zehn Jahren Haft wegen geplanten Mordes, zu zehn Jahren wegen Drogenhandels und zu zehn weiteren Jahren wegen Mitgliedschaft in einer kriminellen Vereinigung.

Für den Plan, Mitglieder rivalisierender Clubs zu ermorden, kam Alain Dubois mit zwei Jahren Haft davon, acht Jahre bekam er aber wegen Drogenhandels, zwei weitere wegen der Beteiligung an Bandenkriminalität. Beliveau ließ ihm jedoch die Chance, sich vorzeitig um die Entlassung zu bemühen.

Bei Richard Mayrands Urteil wurde die langjährige Mitgliedschaft bei den Hells Angels berücksichtigt. Daher betrug die Strafe in den ersten beiden Anklagepunkten jeweils zehn Jahre, im dritten jedoch zwölf. Die Untersuchungshaft eingerechnet, würde die Strafe mindestens 16 Jahre und neun Monate betragen, und mindestens die Hälfte davon wird Mayrand auch tatsächlich absitzen müssen.

Die besten Aussichten auf Resozialisierung sah Beliveau für Paulin. Er bekam zweimal sieben Jahre und einmal fünf Jahre Haft. Abzüglich der Untersuchungshaft blieb eine Mindeststrafe von sechs Jahren und neun Monaten übrig, von denen er zweieinhalb Jahre absitzen musste, ehe er die vorzeitige Entlassung beantragen konnte.

Vielen Beobachtern gefiel die Strenge, mit der Beliveau der Verteidigung begegnete. Das Appellationsgericht jedoch vertrat einen anderen Standpunkt. Im Juni 2005, mehr als ein Jahr nach der Urteilsverkündung, reduzierte das Gericht die Strafen für Beauchamp und Dubois um neun Monate.

In der Urteilsbegründung schrieb Richter François Doyon, dass Beliveau mit seiner pauschalen Schelte an acht Verteidigern zu weit gegangen sei. Allen voran Beauchamps Verteidigerin Lucie Joncas hatte sich an der Hinhaltetaktik ihrer Kollegen nicht beteiligt, sondern sich um einen fairen Prozess bemüht, weshalb ihr Klient nicht zusätzlich bestraft werden dürfte.

Das Appellationsgericht sah darüber hinaus auch keine Belege dafür, dass die Angeklagten vorab von dem zweifelhaften Vorgehen ihrer Anwälte gewusst hatten.

Schluss

Patrick Turcotte spielte in dem Bikerkrieg allenfalls eine untergeordnete Rolle. Er war Straßenverkäufer für die Rock Machine in Verdun, das den nördlichen Teil der Insel bildet, auf der auch Montreal liegt. Als Turcotte von Pierre „Peanut" Laurin und Paul Brisebois, zwei Mitgliedern der Rockers, die sich dem Nomads Charter beweisen wollten, erschossen wurde, hatte die Rock Machine das Gebiet schon weitgehend aufgegeben. Turcotte verfügte auch nicht über denselben Einfluss wie Renaud Jomphe oder gar Peter Paradis, jene beiden Männer, die für den Versuch, die Hells Angels aus Verdun herauszuhalten, einen hohen Preis zahlen mussten. Trotzdem werden mir einige Umstände seines Todes aus bestimmten Gründen in Erinnerung bleiben.

Am Nachmittag des 1. Mai 2000 machte ich mich auf den Weg, um für «The Gazette» über den Mord zu berichten. Im Grunde kam mir der Auftrag eher ungelegen, und zu allem Überfluss kündigten die dunklen Wolken auch noch Regen an. Zu jener Zeit verlief der Bikerkrieg in derart geordneten Bahnen, dass ich dem Fotografen, der mich begleitete, vorschlug, die Straßen unweit des Tatorts abzufahren und nachzusehen, ob irgendwo ein Auto brannte.

Nur wenige Minuten stand der Fotograf vor dem schwelenden Minivan, der bei dem Anschlag benutzt worden war. Man hatte im Inneren des Wagens Brandbeschleuniger ausgegossen und angesteckt.

Und wie bei anderen Anschlägen zuvor war das brennende Auto eine Art Fanal, das die Hells Angels hinterließen – wie Zorro einst sein Z.

Zu behaupten, man kenne das Motiv eines Mordes, bevor auch nur die Identität des Opfers bekannt ist, mag anmaßend klingen, ist es aber nicht. Der Mord an Turcotte dient mir mitunter als Beispiel, wenn ich versuche, die allgemeine Stimmung zu beschreiben, die in Quebec während des Bikerkrieges herrschte. Der tobte damals schon seit sechs Jahren. Zahlreiche Drogendealer waren am hellichten Tage auf offener Straße ermordet worden.

Nur eine knappe Stunde nach ihrem Eintreffen am Tatort bestätigte die Polizei, dass Turcotte für die Rock Machine mit Drogen gehandelt hatte. Man konnte mir auch sagen, mit wem aus dem Club er in Verbindung gestanden hatte. Das Wissen darum stammte fraglos von Informanten mit unmittelbarem Zugang zum Club.

Am meisten überraschte mich jedoch, wie die Anwohner vor Ort auf die brutale Tat reagierten, die sich quasi vor ihren Augen ereignet hatte. Als der Nachmittag allmählich in den Abend überging, ging ich in ein nahegelegenes Restaurant und versuchte, mit einigen der Gäste, die hier Hamburger und Pommes Frites aßen, ins Gespräch zu kommen. Viel war es nicht, was sie zu sagen hatten. Obwohl erst vor einigen Stunden ein grausiger Mord stattgefunden hatte, war das schäbige Lokal mit Gästen gefüllt, die ihren Appetit bereits wiedergefunden hatten. Einige waren sogar schon wieder zu schlechten Scherzen aufgelegt und sagten Dinge wie: „Den wird keiner vermissen."

Diejenigen, die am Fenster saßen, konnten beim Essen beobachten, wie der einsetzende Regen Turcottes Blut von der Straße in die Kanalisation spülte. Neben der roten Pfütze lag Turcottes Pager, der zur Standardausrüstung eines jeden Drogenhändlers gehörte. Und wenige Straßenecken entfernt glimmte weiterhin ein Minivan vor sich hin. Die drei Dinge zusammengenommen, erzählten, was sich hier vor wenigen Augenblicken ereignet hatte. Die Bürger von Montreal würden die Bilder abends in ihren Fernsehgeräten sehen und selbst ohne Ton zu dem Schluss kommen, dass die grausige Nachricht etwas mit den Hells Angels zu tun haben musste.

Als ich den Schauplatz mit dem Taxi verließ, hing mir die gleichgültige Atmosphäre in dem Restaurant nach, und sie bedrückte mich mit jeder Minute mehr. Verdun war schon immer ein raues Pflaster, aber dass erwachsene Menschen ihre Kinder in ein Restaurant führten und mit Pommes vollstopften, während quasi vor ihren Augen Beamte nach Beweisstücken wie weggeworfenen Schusswaffen suchten, war ein denkbar schlechtes Zeichen. Die Bewohner von Montreal hatten sich so sehr an den Bikerkrieg gewohnt, dass sie inzwischen regelrecht abgestumpft waren.

Als Alain Dubois beschloss, sich den Rockers anzuschließen, werden die Gedanken seines Vaters Jean-Guy zurück in die 1970er Jahre gegangen sein, als sich der Club in einem Krieg befand, der dem aktuellen frappierend glich. Damals kannten sich die Anführer beider Seiten, die um die Vorherrschaft im Südwesten Montreals kämpften, ebenfalls schon viele Jahre, ehe die Gier sie packte und die Hölle losbrach. Und wie im Bikerkrieg wurde der Konflikt zwischen den Brüdern Dubois und einer rivalisierenden Gang dadurch ausgelöst, dass die Dubois' einen Drogendealer töteten, der sich weigerte, seine Ware bei ihnen zu beziehen. Und mindestens drei der Hells Angels, die zu den Gründungsmitgliedern des Nomads Charters gehörten, stießen in den frühen 1980er Jahren zu dem Club, als das Charter Montreal die Outlaws, einen Club, der 1977 in Quebec angekommen war, aus der Provinz vertrieben hatte. Vorausgegangen war ein Krieg, der dasselbe Ausmaß an Gewalt, Bombenattentaten und Morden mit sich gebracht hatte wie der Krieg des Nomads Charters gegen die Alliance.

Eines der deutlichsten Anzeichen dafür, dass der Krieg beendet war, zeigte sich, als inhaftierte Mitglieder der Hells Angels und der Bandidos 2003 beantragten, nicht länger in verschiedenen Trakten des Donnacona-Gefängnisses untergebracht zu werden. Seit dem Ende der „Operation Springtime" waren nur wenige Morde in Montreal mit irgendwelchen Motorradclubs in Verbindung gebracht worden. Nach all den Verurteilungen, in die das „Projekt Rush" gemündet war, war das Nomads Charter quasi „eingefroren". So nannten es die Biker, wenn ein Charter nicht mehr die Mindestanzahl von sechs Mitgliedern auf freiem Fuß erreichte. Die meisten der Nomads von Quebec gehören inzwischen zur Big House Crew, wie die Hells Angels diejenigen Mitglieder nennen, die hinter Gittern sitzen. Alle einsitzenden Mitglieder werden regelmäßig darüber informiert, wie sie mit welchem anderen Mitglied in Kontakt treten können.

Doch die Hells Angels, erst recht die in Kanada, dulden auf Dauer keine Konkurrenz. Das sollte man sich stets vor Augen halten, zumal sich die in Ontario gegründeten Charter eines regen Zulaufes erfreuen.

Nachdem sie sich jahrzehntelang geweigert hatten, sich in Ontario anzusiedeln, brachen die Hells Angels von Quebec im Jahr 2000 mit diesem Prinzip und gründeten überall in der Provinz neue Charter. Schätzungen besagen, dass die Hells Angels 2002 in Ontario 178 Mitglieder hatten, hinzu kamen 66 Beitrittskandidaten im Rang eines Anwärters oder eines Hangarounds. Untereinander kommunizieren die Mitglieder per E-Mails, die in einer Geheimschrift verfasst sind. Der Einfluss des Clubs nimmt weiter zu, was daran sichtbar wird, dass 2005 ein Charter in Hamilton entstand. Gerüchte besagen, dass weitere folgen sollen. Außerdem gibt es gerichtsfeste Beweise, die belegen, dass Mitglieder aus Ontario die Gründung eines Charters in New Brunswick zumindest erwogen haben.

Dass die Charter in Ontario unter dem Einfluss der Hells Angels aus Quebec stehen, ist klar erwiesen. Viele Mitglieder des Nomads Charters haben den Bikerkrieg von Quebec mitgemacht – und zwar auf beiden Seiten. Brett Simmons, der 1995 als Fahrer des Fluchtwagens bei dem Angriff der Rock Machine auf das Clubhaus eines den Hells Angels nahestehenden Clubs verletzt wurde, wurde im Juni 2005, also zehn Jahre später, verhaftet, weil er als Mitglied der Hells Angels zu einem einflussreichen Drogenring gehörte.

Eine Schießerei in North York im April 2004, bei der eine Mutter von drei Kindern so schwer verletzt wurde, dass sie gelähmt bleiben wird, ist ein weiteres Anzeichen dafür, dass die Hells Angels von Ontario dem Beispiel ihrer Vorbilder aus Quebec folgen, zu denen einige der größten Verbrecher der kanadischen Geschichte gehören. Die Anklagen wegen der Schießerei enthalten zwei Punkte, die für eine erschreckende Ähnlichkeit mit dem Vorgehen des Nomads Charters sprechen. Der eine ist, dass der Club enge Verbindung zu anderen kriminellen Organisationen wie der Mafia unterhält, der zweite ist, dass er genauso rücksichtslos vorgeht wie seinerzeit in Quebec.

Es gibt aber auch Anzeichen dafür, dass die Charter aus Ontario zumindest den Versuch machen, auf Probleme mit anderen Mitteln zu reagieren als mit Gewalt. Die Präsidenten der betreffenden Charter sollen dieses Vorgehen bei einem Treffen im Jahr 2002 beschlossen haben.

Doch es zeigen sich auch schon die ersten Risse in der vermeintlich intakten Oberfläche, so zum Beispiel im Charter Sherbrooke, dass eines der mitgliederstärksten und reichsten in ganz Kanada ist. Gerichtsverfahren in Quebec erbrachten Beweise dafür, dass sich das Charter Sherbrooke den monopolistischen Plänen von Maurice „Mom" Boucher zu widersetzen suchte und unabhängig bleiben wollte. Im Bikerkrieg von Quebec spielte es nur eine untergeordnete Rolle. Dafür stehen zwei Mitglieder im Verdacht, mehrere Millionen Dollar gewaschen und die Herkunft von weiteren hohen Beträgen durch den Verkauf von Autos verschleiert zu haben.

Im Frühjahr 2005 durchsuchten Beamte der RCMP an verschiedenen Orten in Quebec Wohnungen und Geschäfte von Mitgliedern des Charters Sherbrooke. Die Aktion begann in London, Ontario, wo einer der beiden Mitglieder, gegen die ohnehin schon ermittelt wurde, im Jahr 2001 ein neues Charter auf Probe gegründet hatte.

Es gibt auch Anzeichen dafür, dass die Menschen nicht vergessen, dass die Anwesenheit der Hells Angels in Ontario ein Resultat des blutigen Bikerkrieges in Quebec ist. Im März 2005 zeigte ein Staatsanwalt in Barrie, Ontario, zum Abschluss seines Plädoyers in einem Prozess gegen zwei Hells Angels aus Woodbridge, denen räuberische Erpressung zur Last gelegt wurde, ein Video, dass ein sogenanntes „Patchover" zeigte, einen massenhaften Beitritt von neuen Mitgliedern im Dezember 2000 in Sorel. Der Staatsanwalt wollte damit beweisen, das die beiden Angeklagten zu einer kriminellen Vereinigung gehörten und nicht bloß „Motorradliebhaber" sind, wie die Hells Angels die Bevölkerung gern glauben machen wollen.

Der Prozess endete mit einem wegweisenden Urteil, als die Richterin Michel Fuerst am 30. Juni 2005 die Hells Angels in Kanada offiziell als kriminelle Vereinigung einstufte. Steven „Tiger" Linsay, der sich die Worte „Hells Angels" auf die Brust hatte tätowieren lassen, und Ray Bonner wurden der räuberischen Erpressung und der Zusammenarbeit mit einer kriminellen Vereinigung schuldig gesprochen. Das kanadische Recht sieht allein für den letzten Tatbestand bis zu 14 Jahre Haft vor. In diesem Fall war die Anwendung des Paragrafen möglich, weil ein Experte für organisiertes Verbrechen die Möglichkeit, von einer kriminellen Vereinigung zu sprechen, an die Frage geknüpft hatte, ob sie auch ohne die Leitung durch einen Anführer weiterbesteht.

Die Hells Angels verfügten 1957 über drei Charter in Kalifornien, inzwischen gibt es 227 Charter in 29 Ländern mit insgesamt über 2.500 Mitgliedern. Dazu gehören 118 Männer aus Quebec.

Guy Ouellette, Sergeant der Sûreté von Quebec im Ruhestand, trat in dem von Richter Barrie geleiteten Prozess ebenfalls in den Zeugenstand und sagte aus, dass die Mitglieder der Charter South, Trois Rivières und Sherbrooke den Drogenmarkt in Montreal übernommen hatten, nachdem das Nomads Charter 2001 geschlossen worden war. Fuerst schrieb in ihrem Urteil: „Die Annahme, dass eine Gruppierung, die derart eng mit der Kriminalität von Quebec verwoben ist, irgendein Interesse daran haben könnte, in der Nachbarprovinz eine Art Ableger zu etablieren, widerspricht dem gesunden Menschenverstand. Eine solche Gruppierung würde auch keine etablierten Drogenhändler als Vorhut losschicken, wenn sie mit der Ausweitung friedliche Absichten verfolgte. Und selbst wenn das der Fall wäre, würde sich die Gruppierung für die Ausweitung nicht auf einen etablierten Motorradclub stützen, sondern wie in anderen Fällen auch den Weg über die Aufnahme neuer Mitglieder gehen. Dem gesunden Menschenverstand entspricht hingegen die Annahme, dass die Gruppierung zu einer Zeit, in der sie in Quebec massiv unter Druck stand, die Ausweitung wählt, um ihr Drogennetzwerk zu stabilisieren und zu versuchen, jegliche Rivalen auszuschalten."

Hoffentlich sitzt in Ontario niemand dem Irrtum auf, bei den Hells Angels handelte es sich um friedliebende Motorradenthusiasten.

Anhang

Personenverzeichnis

Sebastien „Bass" Beauchamp

Trat den Rockers am 26. März 1999 als Striker bei und wurde am 16. Oktober 2000 zum Vollmitglied ernannt. Er wurde wegen Drogenhandels und Bandenkriminalität verurteilt, konnte aber von Glück sagen, dass die Geschworenen ihn vom Vorwurf des Mordes an Mitgliedern rivalisierender Banden freisprachen. Er wurde am 8. April 2004 zu sieben Jahren und neun Monaten Haft verurteilt. Das Urteil wurde im Berufungsverfahren auf sieben Jahre reduziert.

Normand „Pluch" Bélanger

Ein enger Freund von Maurice „Mom" Boucher. Er gilt als einer der treibenden Kräfte hinter dem Einstieg der Hells Angels in den Handel mit Ecstasy. Bélanger trat den Rockers am 26. März 1998 bei und wurde am 5. Oktober 2000 zum Anwärter des Nomads Charters ernannt. Weil er wegen Hepatitis B, Diabetes, Bluthochdruck und den Nachwirkungen von zwei Herzinfarkten an einer Zirrhose litt, musste er sich nicht zusammen mit anderen Clubmitgliedern vor Gericht verantworten. Nachdem er wegen des Verdachts auf Kreditwucher erneut verhaftet worden war, erschien er im Februar 2004 im Rollstuhl vor Gericht. Er starb im Mai 2004.

Luc „Bordel" Bordeleau

Bordeleau gehörte zu den Gründungsmitgliedern der von Boucher am 26. März 1992 aus der Taufe gehobenen Rockers. Er wurde festgenommen, nachdem er tauchend nach großen Mengen Kokain gesucht hatte, das Mitglieder der Rockers in den früheren 1990er Jahren über Bord eines Schmuggelbootes hatten werfen müssen. Bekam fünf Jahre Gefängnis. Er stand in engem Kontakt mit Boucher und wohnte auch in dessen Nähe. Am Tag, an dem das Nomads Charter fünf Jahre bestand, wurde Bordeleau zum Anwärter ernannt. Bei der Durchsuchung seines Hauses im Jahre 2001 fand die Polizei einen Granatwerfer und eine Sammlung weiterer Waffen. Bordeleau wurde in dem Prozess verurteilt, der aus dem „Projekt Rush" resultierte. Am 8. April 2004 wurde er zu einer Haftstrafe von mindestens 14 Jahren verurteilt. Erst nach der Hälfte der Zeit hat er die Möglichkeit, die vorzeitige Entlassung zu beantragen.

Françis „Le Fils" Boucher

Der Sohn des Anführers der Nomads, Maurice „Mom" Boucher. Wurde am 26. März 1999 Mitglied der Rockers. Am 18. November 2002 bekannte er sich schuldig, am Bikerkrieg teilgenommen zu haben, und wurde zu zehn Jahren Haft verurteilt. Frühestens nach Verbüßung der Hälfte darf er auf vorzeitige Entlassung hoffen.

Maurice „Mom" Boucher

Trat den Hells Angels am 1. Mai 1987 bei. 1992 gründete er die Rockers, deren Mitglieder in der Hauptsache Schlägertypen und Drogendealer waren. Trennte sich vom Charter Montreal, um am 24. Juni 1995 das Elite-Charter Nomads zu gründen. Viele Informanten beschreiben Boucher als Kopf der Nomads in der Zeit des Bikerkrieges und als denjenigen, der den Konflikt vom Zaun gebrochen hat. Wegen zweier Morde und eines versuchten Mordes, den die Rockers in seinem Auftrag verübt hatten, um die Justiz zu destabilisieren, wurde er zu lebenslanger Haft verurteilt, legte aber Berufung ein.

Jean-Guy Bourgoin

Gründungsmitglied der Rockers, deren Mitglied er während des gesamten Bikerkrieges und auch noch bei seiner Festnahme 2001 war. Am 23. September 2003 stimmten er und eine Reihe weiterer Mitglieder der Rockers und der Hells Angels während des Prozesses gegen sie einer Abmachung mit der Staatsanwaltschaft zu, aufgrund der eine Mordanklage fallen gelassen wurde. Bourgoin wurde zu 15 Jahren Gefängnis verurteilt. Abzüglich der bereits verbüßten Strafe blieben noch zehn Jahre übrig.

Serge „Pacha" Boutin

Trat als Drogendealer für die Alliance, den Rivalen der Hells Angels, in den Bikerkrieg ein. Schloss sich am 12. Oktober 1999 den Rockers an. Als er sich der Anklage wegen der Beihilfe zum Mord an einem Informanten und zahlreichen anderen Verbrechen gegenübersah, entschloss er sich, mit der Polizei zusammenzuarbeiten. Er wurde zwar zu lebenslänglicher Haft verurteilt, kann sich aufgrund seines Geständnisses jedoch Hoffnung machen, vorzeitig aus der Haft entlassen zu werden.

Paul Brisebois

Galt als Mitglied der Rockers, als er und Laurin in Verdun einen Drogenhändler töteten. Am 11. Dezember 2000 wurde er zum Anwärter des Nomads Charters ernannt. Der Prozess gegen ihn wurde von dem gegen die anderen Angeklagten abgetrennt. Er

bekannte sich des Totschlags am Drogendealer Patrick Turcotte schuldig. Und obwohl seine DNA am Tatort gefunden worden war, brachte ihm das Geständnis zwar keine mildere Strafe als lebenslänglich, aber immerhin die Hoffnung auf Entlassung zu Lebzeiten ein.

Salvatore Brunetti

Das Mitglied des Dark Circle saß bei Ausbruch des Bikerkrieges in Haft. Auch als der Krieg endete, war er im Gefängnis, dieses Mal aber als Mitglied der Hells Angels. Den Wechsel zum Nomads Charter vollzog er am 19. Dezember 2000. Am 18. November 2002 bekannte er sich des Drogenhandels schuldig und wurde zu drei Jahren verurteilt. Ende 2004 hatte er zwei Drittel der Strafe abgesessen und wurde auf Bewährung entlassen.

David „Wolf" Carroll

Gehörte zu jenen, die am 5. Dezember 1985 das Charter Halifax der Hells Angels gründeten. Wechselte 1990 zum Charter Montreal, 1995 zu den Nomads. Er verschwand, nachdem im März 2001 Haftbefehl gegen ihn erlassen wurde, und ist bis heute nicht wieder aufgetaucht.

René Charlebois

Schloss sich im April 1997 den Rockers an. War während des Bikerkriegs an mindestens zwei Morden und dem Totschlag an einem Polizei-Informanten beteiligt. Wurde für seinen Einsatz für die Rockers belohnt und am 14. April 2000 zum Vollmitglied des Nomads Charters ernannt. Bekannte sich in dem Prozess gegen ihn und andere schuldig und wurde zu 20 Jahren Haft verurteilt. Wegen des Totschlags an dem Informanten fand ein gesonderter Prozess statt, in dem sich Charlebois erneut schuldig bekannte.

Wurde gleichwohl zu lebenslänglicher Haft verurteilt.

André Chouinard

Wurde am 15. Juli 1994 Mitglied der Rockers. Da er keine Vorstrafen hatte und seriös wirkte, stand er nicht im Fokus des Interesses der Polizei, was ihn wiederum für Boucher interessant machte. 1998 wurde er Vollmitglied des Nomads Charters, verließ den Club aber ehrenhaft am 20. Juli 2000. Trotzdem wurde im Zuge des „Projektes Rush" gegen ihn ermittelt. Er versteckte sich mehrere Monate lang, bis die Polizei ihn schließlich in einem Haus im Osten von Montreal aufstöberte. Am 8. März 2004 bekannte er sich wegen des geplanten Mordes an Mitgliedern rivalisierender Banden, wegen Drogenhandels und wegen Mitgliedschaft in einer kriminellen Vereinigung schuldig. Bekam 22 Jahre, eine der härtesten in Verbindung mit dem „Projekt Rush" ausgesprochenen Strafen. Dass er keine Berufung einlegte, wird damit erklärt, dass ihm die Auslieferung in die USA drohte, wo ihn ein Prozess wegen Drogenschmuggels erwartete. Dort hätte die Strafe noch drastischer ausfallen können.

Raynald Desjardins

Führendes Mitglied der Mafia von Montreal, der während des gesamten Bikerkrieges im Gefängnis saß. Er war der Polizei bei einem Schlag gegen die Drogengeschäfte der Mafia und der Hells Angels in den frühen 1990er Jahren ins Netz gegangen. Im Zuge der Ermittlungen war Desjardins mit Maurice „Mom Boucher" gesehen worden. 2004 kam er auf freien Fuß, nachdem er zehn der 15 Jahre Haft abgesessen hatte. Im Gefängnis hielt er engen Kontakt zu Mitgliedern der Hells Angels.

Paul „Fon Fon" Fontaine

Schon vor Beginn des Bikerkrieges Mitglied der Rockers. Am 1. Juli 1997 wurde er Anwärter des Nomads Charters, 1998 schließlich Vollmitglied. Zum selben Zeitpunkt befand er sich auf der Flucht vor der Polizei, um einer Anklage wegen Mordes an einem Gefängniswärter zu entgehen. 2004 ging er der Polizei ins Netz.

Éric „Pif" Fournier

Schloss sich am 24. Oktober 1999 den Rockers an. Arbeitete als Bodyguard von Louis „Melou" Roy, bis der unverhofft verschwand. Fournier entkam einer Anklage wegen Mordes, weil Beweise versehentlich vernichtet wurden. Wurde aber am 8. April 2004 wegen geplanten Mordes, Drogenhandels und Mitgliedschaft in einer kriminellen Vereinigung zu neun Jahren Haft verurteilt. Im Juli 2004 gestand er, für den Tod eines Unbeteiligten verantwortlich zu sein, der während des Bikerkrieges ums Leben kam, und wurde zu lebenslänglicher Haft verurteilt. Frühestens nach der Verbüßung von 15 Jahren darf er auf eine Entlassung auf Bewährung hoffen.

Stéphane „Godasse" Gagné

Verantwortlich für den Tod von zwei Gefängnisaufsehern. Nach seiner Festnahme 1997 arbeitete er mit den Behörden zusammen und wurde Kronzeuge der Anklage in dem Prozess gegen Maurice „Mom" Boucher und andere.

Normand „Biff" Hamel

Ein enger Freund von Boucher. Wurde am 5. Oktober 1986, also noch vor Boucher, Mitglied der Hells Angels. War auch Gründungsmitglied des Nomads Charters. Wurde im April 2000 in Laval ermordet.

Patrick Henault

Aggressives Mitglied der Alliance, der nach seiner Festnahme wegen des versuchten Anschlages auf einen Freund von Maurice „Mom" Boucher mit der Polizei zusammenarbeitete. Gab wichtige Informationen über Interna des Bikerkrieges preis, die in dem Verfahren gegen die Hells Angels Verwendung fanden.

Stéphane „Archie" Hilareguy

Wurde am 26. März 1999 Mitglied der Rockers. Tauchte etwa ein Jahr später ab, weil er mit zwei Morden in Verbindung gebracht wurde, die für die Hells Angels verübt worden waren. Seine sterblichen Überreste wurden später östlich von Montreal gefunden.

Denis Houle

Trat am 5. Oktober 1982 den Hells Angels bei. Gehörte 1995 zu den Gründungsmitgliedern des Nomads Charters, obwohl er in den Jahren zuvor länger im Gefängnis gesessen hatte. Überlebte während des Bikerkrieges mindestens zwei Attentate. Bekannte sich am 23. September in mehreren Anklagepunkten schuldig und wurde zu 15 Jahren Haft verurteilt. Die fünf Jahre, die er in Erwartung des Prozesses bereits hinter Gittern verbracht hatte, wurden nicht angerechnet.

Dany Kane

Gehörte viele Jahre zum Kreis der Unterstützer der Hells Angels. Arbeitete die meiste Zeit des Bikerkrieges heimlich mit der Polizei zusammen, zunächst als Informant der RCMP. Die ließ ihn jedoch fallen, nachdem Kane in Nova Scotia wegen Mordes angezeigt worden war. Als der Fall niedergelegt wurde, heuerte ihn die Drogenfahndung in Montreal an und schleuste ihn in das Umfeld der Hells Angels ein. Kane lieferte entschei-dende Beweise, nahm sich aber das Leben, ehe er vor Gericht aussagen konnte.

Daniel „Boteau" Lanthier

Mitglied der Rockers seit April 1994. Blieb auch nach Ausbruch des Bikerkrieges eine wichtige Figur in dem Club und gehörte zu dessen Leitungsgremium. War einer jener Männer, die sich am 23. September 2003 schuldig bekannten. Wurde zu zehn Jahren Haft verurteilt.

Sylvain Laplante

Schloss sich auf Vorschlag von Gilles „Trooper" Mathieu den Rockers an. Gehörte zuvor einem anderen Puppet-Club des Hells Angels an, der im westlichen Quebec operierte. Bekannte sich am 23. September 2003 schuldig und wurde zu zehn Jahren Haft verurteilt.

Jean-Richard „Race" Larivière

Wurde am 11. Dezember 2000, am selben Tag wie Gillaume „Mimo" Serra, Anwärter des Nomads Charters. Die Observierung von Larivière gehörte zu den zentralen Maßnahmen der Polizei, um den Geldfluss der Nomads nachzuvollziehen. Im Juni 2004 bekannte er sich in allen drei Anklagepunkten schuldig und wurde zu 18 Jahren Gefängnis verurteilt.

Pierre „Peanut" Laurin

Trat den Rockers am 24. August 1999 bei. Zu diesem Zeitpunkt war er bereits ein etablierter Drogendealer im Westen Montreals. War an dem Mord an einem Drogenhändler in Verdun beteiligt und wurde noch im selben Jahr Anwärter des Nomads Charters. Bekannte sich vor Gericht des Mordes schuldig und wurde zu lebenslanger Haft verurteilt. Konnte 2011 Entlassung auf Bewährung beantragen.

Bruno Lefebvre

Seit Dezember 1998 Mitglied der Rockers, seit dem 11. Dezember 2000 Anwärter der Nomads. Wurde beim Überfall auf ein Drogenlabor rivalisierender Banden versehentlich von einem Mitglied der Rockers angeschossen. Am 8. April 2004 wurde er zu zwölf Jahren und neun Monaten Haft verurteilt. Muss mindestens die Hälfte der Strafe absitzen, ehe ein Antrag auf vorzeitige Entlassung Aussichten auf Erfolg hat.

Guy Lepage

Mitglied der Polizei von Montreal, bis er sie in den 1970er Jahren verlassen musste. Trat später den Rockers bei und galt als enger Mitarbeiter von Maurice „Mom" Boucher. Im Zuge des „Projektes Rush" stellte die Polizei fest, dass Lepage Boucher zu wichtigen Treffen mit den Hells Angels und anderen Drogendealern fuhr. Er unternahm auch Reisen nach Kolumbien, wo er, wie die Polizei später herausfand, dabei half, die Verschiffung von Kokain für das Nomads Charter zu organisieren. Lepage wurde nach Florida ausgeliefert und dort im September 2002 wegen Drogenhandels zu zehn Jahren Haft verurteilt. Im Gegenzug für sein Geständnis durfte er große Teile der Strafe in Kanada absitzen.

Gilles „Trooper" Mathieu

Trat am 5. Dezember 1980 den Hells Angels bei. Der Polizei fiel auf, dass er sich ständig in der Nähe von Boucher aufhielt. War 1995 Gründungsmitglied des Nomads Charters und gehörte zu jenen Hells Angels, die darüber entschieden, auf welche Rivalen Mordanschläge verübt werden sollten. Mathieu, Mayrand, Houle und einige andere wurden 2001 dabei beobachtet, wie sie sich in einem Hotel über Fotos ihrer Feinde beugten. Er bekannte sich am 23. September 2003 schuldig und wurde zu 15 Jahren Haft verurteilt.

Die Untersuchungshaft wurde nicht angerechnet.

Richard „Dick" Mayrand

Seit dem 1. März 1984 Mitglied der Hells Angels. Blieb dem Club auch dann noch treu, als Mitglieder 1985 in einem internen Machtkampf seinen Bruder Michel ermordet hatten. Wurde am 14. Januar 2000 ins Nomads Charter aufgenommen. War an den meisten diplomatischen Unternehmungen des Charters beteiligt. Trug das Seine dazu bei, dass Mitglieder anderer Clubs aus Ontario massenhaft den Hells Angels beitraten, und flog nach Vancouver, wohl um ein einflussreiches Mitglied der Bandidos aus den USA davor zu warnen, den rivalisierenden Club nach Kanada auszuweiten. Wurde am 8. April 2004 wegen geplanten Mordes, Drogenhandels und Mitgliedschaft in einer kriminellen Vereinigung zu 16 Jahren und neun Monaten Haft verurteilt. Muss die Hälfte der Zeit absitzen, um einen Antrag auf vorzeitige Entlassung stellen zu können.

Sylvain „Vin Vin" Moreau

Trat den Rockers am 24. August 1999 bei. Zuvor war er ein Kleinkrimineller, der mehrfach wegen Scheckbetrugs erwischt wurde. Ehe er zum Mitglied ernannt wurde, trieb er im Auftrag der Hells Angels Drogenschulden bei Mitinsassen ein. Wurde von den Geschworenen schuldig gesprochen und am 8. April 2004 zu 14 Jahren und neun Monaten Haft verurteilt. Auch er muss die Hälfte der Zeit absitzen, um einen Antrag auf vorzeitige Entlassung stellen zu können.

Peter Paradis

Ein früheres Mitglied der Rock Machine, entschloss sich, mit den Behörden zusammenzuarbeiten. Sagte später vor Gericht gegen die Hells Angels aus, die ihn während des Bikerkrieges ermorden wollten.

Pierre Provencher

Während des gesamten Bikerkrieges Mitglied der Rockers. Nach einem Schuldeingeständnis wurde er am 23. September 2003 zu 15 Jahren Haft verurteilt. Da die Untersuchungshaft angerechnet wurde, hatte er davon noch zehn Jahre abzusitzen.

Normand Robitaille

Trat den Rockers am 23. Juni 1994 bei. Ein ambitionierter junger Krimineller, der sich für Drogengeschäfte oft mit Charlebois zusammentat. Überlebte während des Bikerkrieges mindestens zwei Attentate. Wurde am 5. Oktober 1998 ins Nomads Charter aufgenommen. Bekannte sich am 23. September 2003 in allen drei Anklagepunkten schuldig und wurde zu 20 Jahren Haft verurteilt. Im März 2005 kam ein Jahr hinzu, nachdem er schuldig befunden worden war, die Einnahmen aus dem Drogenhandel durch den Kauf von Immobilien gewaschen zu haben.

Michel Rose

Galt bereits als wichtiger Drogenhändler, ehe er am 5. Oktober 1998 zum Anwärter des Nomads Charters ernannt wurde. Am vierten Geburtstag des Charters wurde er zum Vollmitglied ernannt. Am 8. März 2004 bekannte er sich in mehreren Anklagepunkten schuldig und wurde zu 22 Jahren Haft verurteilt. Abzüglich der Untersuchungshaft verblieben 16 Jahre; nach Verbüßung der Hälfte kann er die vorzeitige Entlassung beantragen.

Louis „Melou" Roy

Seit dem 24. Juni 1991 Mitglied der Hells Angels. Überlebte einen Anschlag auf ihn, entging im Gegenzug einer Anklage wegen Mordes. Verließ das Charter Trois Rivières, um sich dem Nomads Charter anzuschließen. Wurde zuletzt am 20. Juni 2000 lebend gesehen. Es wird vermutet, dass die Hells Angels ihn eliminiert haben.

Guillaume „Mimo" Serra

Wurde am 11. Dezember 2000 zum Anwärter des Nomads Charters ernannt. Wenige Monate später brachte ihn die „Operation Springtime" hinter Gitter. Informanten behaupteten später, dass mit Serra internationales Flair bei den Nomads einzog, weil der über gute Kontakte in andere Länder verfügte. Bekannte sich am 23. September 2003 in allen Anklagepunkten schuldig und bekam zehn Jahre Gefängnis.

Stéphane Sirois

Drogendealer, der den Rockers zu Beginn des Bikerkrieges beitrat. Wurde später aus dem Club gedrängt, kam aber als Informant zurück. Beschaffte Material, das in den Prozessen Verwendung fand.

Walter „Nurget" Stadnick

Mitglied der Hells Angels seit dem 26. Mai 1982. War eine Zeitlang nationaler Präsident für Kanada. Verließ gemeinsam mit Boucher das Charter Montreal, um 1995 das Nomads Charter zu gründen. Einflussreich in der Organisation der Hells Angels in ganz Kanada. Wird als Schlüsselfigur des Versuches angesehen, landesweit neue Charter zu gründen. Wurde am 23. Juni 2004 schuldig gesprochen und am 13. September 2004 zu 20 Jahren Haft verurteilt, wovon ihm abzüglich der bereits abgesessenen Zeit noch immer 13 Jahre und ein Monat blieben. Stadnick und Donald Stockford von den Hells Angels aus Ontario wurde nachgewiesen, für den Club binnen weniger Monate mit Kokain im Wert von mehr als elf Millionen Dollar gehandelt zu haben. Der Reingewinn soll in derselben Zeit zwei Millionen Dollar betragen haben.

Donald „Pup" Stockford

Wurde am 26. Mai 1993 Mitglied der Hells Angels. Wie Stadnick stammte er aus Ontario, schlug sich aber während des Bikerkrieges auf die Seite der Hells Angels von Montreal und trat 1995 dem Nomads Charter bei. Wenn er nicht gerade für die Hells Angels unterwegs war, arbeitete er als Stuntman. Wie Stadnick wurde er am 23. Juni 2004 schuldig gesprochen und am 13. September 2004 zu 20 Jahren Haft verurteilt. Ihm blieben davon noch 13 Jahre und sechs Monate abzusitzen.

André „Toots" Tousignant

Gründungsmitglied der Rockers, wollte unbedingt vom Nomads Charter aufgenommen werden. Arbeitete als Bodyguard von Maurice „Mom" Boucher. War 1997 am Mord an einem Gefängnisbeamten beteiligt. Am 1. Juli 1997 wurde er zum Anwärter des Nomads Charters ernannt. Verschwand spurlos, nachdem die Hells Angels erfahren hatten, dass sich unter ihnen ein Informant befand. Seine Leiche wurde am 27. Februar 1998 östlich von Montreal gefunden.

Kampf und Untergang der Bandidos aus Toronto

Hardcover
488 Seiten
24,90 Euro

ISBN: 978-3-937542-06-5